工商管理国家特色专业系列教材

管理学的实证研究方法入门

黄晓治　孔庆民　编著

机械工业出版社

本书是介绍管理学实证研究方法的入门书籍，主要读者对象为工商管理、市场营销以及人力资源管理等专业的高年级本科生。希望通过对本书的学习，高年级本科生能够尽早了解管理学的实证研究方法，并开始尝试进行研究设计和执行研究计划。另外，本书也能够帮助高年级本科生进行毕业论文的研究设计和写作。

图书在版编目（CIP）数据

管理学的实证研究方法入门/黄晓治，孔庆民编著. —北京：机械工业出版社，2014.5（2025.8重印）
ISBN 978-7-111-46439-6

Ⅰ.①管… Ⅱ.①黄…②孔… Ⅲ.①管理学-研究方法-高等学校-教学参考资料 Ⅳ.①C93-3

中国版本图书馆 CIP 数据核字（2014）第 074896 号

机械工业出版社（北京市百万庄大街22号 邮政编码100037）
策划编辑：常爱艳 责任编辑：常爱艳 刘 静 版式设计：常天培
责任校对：申春香 封面设计：鞠 杨 责任印制：单爱军
中煤（北京）印务有限公司印刷
2025年8月第1版第6次印刷
184mm×260mm·14.75印张·351千字
标准书号：ISBN 978-7-111-46439-6
定价：45.00元

电话服务　　　　　　　　　网络服务
客服电话：010-88361066　　机 工 官 网：www.cmpbook.com
　　　　　010-88379833　　机 工 官 博：weibo.com/cmp1952
　　　　　010-68326294　　金 书 网：www.golden-book.com
封底无防伪标均为盗版　　　机工教育服务网：www.cmpedu.com

工商管理国家特色专业系列教材

编 审 委 员 会

主　任：阎世平

副主任：梁运文　曹　平　朱少英

委　员（按姓氏笔画排序）：

孔庆民　王宝荣　王谷成　王　玻　计春阳　韦荷琳
韦慧民　叶　映　田　源　邬丽萍　李维胜　阳瑾瑜
劳可夫　邱志强　张　林　陆善勇　陈增春　范　伟
胡小坤　胡　峰　柯　颖　唐玉生　莫秀德　莫　鸿
梁戈夫　梁修庆　黄晓治　黄　瑛　彭　娟　熊小果
潘思谕　黎　鹏

秘　书：常爱艳

序

　　一个学科与专业的发展是否臻于成熟,主要体现在以下方面:一是要有从本科、硕士、博士到博士后一体化的人才培养平台;二是建设成一支结构合理,既能洞悉学科研究全貌与前沿,又能善于并乐于传道解惑授业的高水平师资队伍;三是沉淀出一系列作为知识传承载体的学术论著与优秀教材。作为一名立志在高校终身从事科研与教学工作的教师,其事业发展应包括:一是要在科学研究领域能有一席之地;二是要建设形成或隶属一个优秀的教学与科研团队;三是要建立或隶属一个研究机构;四是要有一本或一系列总结自己科研工作与教学经验成果的优秀教材。因此,一本好的教材,对于学科专业建设以及教师个人事业发展,都是十分重要的:一本能反映学科全貌与最新学术前沿知识的教材,能有效引导学生沿着正确的知识方向迈进科学殿堂;一本总结自身科研观点与教书育人心得的教材,能驱使教师本人不断了解学科发展动向以免故步自封,能有效帮助教师对自己的日常教学心得加以总结,并最终系统化成一家之言。

　　具体对广西大学工商管理学科与专业发展而言,一方面由于广西地处南疆,属于后发展欠发达地区,长期缺乏经济社会发展的强力支撑;另一方面则由于人的主观思想观念等综合因素,结果使得我们在专业教材建设方面相对滞后,尚未能完成能涵盖工商管理专业主要核心课程的系列教材建设任务,更缺乏能入选国家规划教材的高水平精品教材。教材建设的相对滞后,已经较严重阻碍了广西大学工商管理学科与专业自身的进一步发展,一是授课教师个人的教学难以成一家之言,无法培育出有影响力的专业教学名师;二是教学团队建设往往流于形式;三是专业知识的传承缺乏载体,随着骨干师资的流动或退休,多年辛苦积累的专业教学知识也随之东流;四是人云亦云,专业的人才培养缺乏特色,更无法创新。"十二五"期间,随着广西大学向具有区域特色的高水平研究型大学建设推进,以及国家中西部高校综合实力提升计划的实施,出版系列高水平的特色教材成为了广西大学工商管理专业发展的核心任务之一。

　　自2007年以来,随着教育部本科教学"质量工程"和"本科教学工程"的推进,广西大学工商管理专业获得了重要的战略发展机遇:一是2009年获得国家特色专业建设立项;二是2011年获得广西特色专业与课程一体化建设立项;三是2012年获得国家专业综合改革试点资格。以此为契机,组织一批老师,在两三年内出版一套"工商管理国家特色专业系列教材"。这是本专业发展历程中的一件大事,而且这一出版计划也一定能圆满完成。第一,近10年来,本专业中的一批中青年教师不断茁壮成长,不仅勤奋刻苦地从事科学研究工作,而且也不断地努力提高教学质量,教学与科研已呈齐头并进发展之势;第二,本专业经过长期积累,在中国—东盟研究与企业诊断学研究方面,以及创新创业教育方面,已形成了自身的特色优势之处。

  本系列教材，是国家特色专业建设项目（批准号：TS11670），广西高等学校特色专业及课程一体化建设项目（批准号：GXTSZY060），以及国家专业综合改革试点建设的标志性成果。为此，特向每部教材的写作团队，提出几点殷切期望：第一，希望能严格按照出版社的要求，严把质量关，做到精益求精；第二，优化教材编写团队成员的组成结构，通过以编写出版教材为契机，达到建设学科专业教学与科研团队的目的；第三，要有长远的战略意识与坚韧持续的毅力，在未来的5年、10年、20年甚至30年里，不断丰富、完善教材；第四，要有眼光向外以及海纳百川的胸怀，努力吸纳区内、国内甚至海外高校同行的加入。

广西大学工商管理学科专业带头人、商学院院长

阎世平

2013年春于广西大学

前 言

运用实证的方法对管理学问题进行研究,在西方已经成了主流,在国内,近十几年以来,越来越多的研究者开始运用实证的方法研究管理学的问题,同时,管理学的实证研究方法也开始在国内传播开来。本书是介绍管理学实证研究方法的入门书籍,主要读者对象为工商管理、市场营销以及人力资源管理等专业的高年级本科生。希望通过对本书的学习,高年级本科生能够尽早了解管理学的实证研究方法,并开始尝试进行研究设计和执行研究计划。同时,本书也能够帮助高年级本科生进行毕业论文的研究设计和写作。

本书由广西大学商学院工商管理系黄晓治副教授和孔庆民副教授合作编写,黄晓治负责全书的框架设计和统筹工作,编写第1~7章,以及第12章;孔庆民编写第8~11章。

在编写过程中,本书借鉴了一些国内外专家、学者的观点,参考了许多论文和专著,在此向他们一并表示感谢。同时,由于时间和水平有限,本书难免有疏漏和错误之处,敬请同行和读者批评指正。

编 者

目 录

序
前言

第 1 章 管理学研究方法概论 ... 1
  1.1 什么是科学 ... 1
  1.2 科学研究过程 ... 3
  1.3 管理学的研究方法 ... 10
  小结 ... 12
  思考题 ... 12
  参考文献 ... 12

第 2 章 研究问题与信息收集 ... 14
  2.1 管理学研究中的提问 ... 14
  2.2 研究问题的来源 ... 17
  2.3 研究问题的转化 ... 22
  2.4 管理学期刊与文献检索 ... 26
  2.5 例子 ... 28
  小结 ... 34
  思考题 ... 34
  参考文献 ... 34

第 3 章 理论框架与研究设计 ... 36
  3.1 科学哲学简介 ... 36
  3.2 理论建构 ... 38
  3.3 研究设计 ... 47
  小结 ... 52
  思考题 ... 52
  参考文献 ... 53

第 4 章 探索性研究 ... 54
  4.1 定性研究的分类 ... 54
  4.2 案例研究 ... 57
  小结 ... 62
  思考题 ... 62
  参考文献 ... 62

第 5 章 实验研究 ... 63

5.1 因果关系 ··· 63
5.2 实验设计的相关概念与定义 ·· 66
5.3 实验研究的效度 ··· 67
5.4 外生变量 ··· 67
5.5 实验设计的分类 ··· 70
5.6 例子 ··· 73
小结 ·· 82
思考题 ··· 83
参考文献 ·· 83

第6章 问卷调查法 ·· 84
6.1 问卷设计的目标和过程 ··· 84
6.2 问卷设计中关于量表的使用 ·· 94
6.3 抽样设计简介 ·· 96
6.4 抽样设计过程 ·· 99
6.5 抽样技术 ··· 100
6.6 网上抽样技术 ·· 104
6.7 确定样本容量的一些简单方法 ··· 105
小结 ·· 107
思考题 ··· 107
参考文献 ·· 107

第7章 二手数据的运用 ·· 108
7.1 原始数据与二手数据 ·· 108
7.2 二手数据的优点与缺点 ··· 108
7.3 二手数据的评价 ··· 109
7.4 例子 ··· 110
小结 ·· 118
思考题 ··· 119
参考文献 ·· 119

第8章 理论构念的测量 ·· 120
8.1 测量的基本概念 ··· 120
8.2 测量误差 ··· 123
8.3 量表的类型与编制 ·· 125
8.4 量表的信度和效度 ·· 128
小结 ·· 137
思考题 ··· 137
参考文献 ·· 137

第9章 因子分析 ··· 138
9.1 探索性因子分析 ··· 138
9.2 验证性因子分析 ··· 144
9.3 探索性因子分析与验证性因子分析的关系 ··································· 145
9.4 SPSS 中因子分析的操作 ··· 148
小结 ·· 161

思考题 ··· 161
参考文献 ·· 162

第10章　回归分析 ··· 163
10.1　回归分析的基本概念 ·· 163
10.2　例子 ··· 169
小结 ··· 180
思考题 ··· 180
参考文献 ·· 180
本章附录 ·· 181

第11章　结构方程模型 ··· 184
11.1　结构方程模型的内涵 ·· 184
11.2　拟合指数 ··· 190
11.3　中介变量与调节变量 ·· 193
小结 ··· 199
思考题 ··· 199
参考文献 ·· 199

第12章　管理研究论文写作 ··· 200
12.1　演绎式论文写作 ·· 200
12.2　摘要、引用和参考文献的写作 ··· 211
12.3　例子 ··· 213
小结 ··· 224
思考题 ··· 224
参考文献 ·· 224

第1章 管理学研究方法概论

对于本科生来说，无论是学习工商管理、市场营销，还是学习人力资源管理等，大多数是在学习前人已经创造出来的知识，而不是接受如何创造知识的训练。知识的创造需要基于一个科学的研究过程，本书就是向工商管理、市场营销以及人力资源专业高年级的本科生介绍管理学科学研究方法的入门知识。一方面，本书介绍的方法可以帮助那些有志于并有潜力进行管理学研究工作的学生尽早进入科学研究的大门；另一方面，对于那些从事企业管理实际工作的读者，本书介绍的方法也可以帮助他们更好地解决实际工作中遇到的问题。那么，什么是管理学的科学的研究方法呢？下面从科学的定义与科学的研究过程开始介绍。

1.1 什么是科学

1.1.1 科学的定义

科学是人类获取知识的一种方法，因此许多人把科学定义为：以有系统的实证的方法获得的有组织的知识，或是能以实验的方法验证的知识。然而这样的定义虽然指出了科学的一些重要特征，但却没有说明科学的本质，本书引用如下对科学的定义：科学是以语言文字以及抽象概念，描述人生活动中所接触的事物，所描述的内容主要是这些事物的共同普遍性以及相互关系。根据这个定义，科学的本质可以包括如下四个方面：

（1）科学所描述的是人生活动中所接触到的事物，这些事物可以分为三个领域：自然世界、人类世界以及抽象的形与数的世界。与这三个领域相对应的科学领域分别为：自然科学，如物理学、化学等；社会科学，如经济学、管理学等；数学科学，如几何学、微积分等。这里所讨论的管理学，是属于社会科学的一部分，管理学所描述的对象则主要为社会中的商业机构。

（2）科学描述的是事物的共同普遍性及其相互关系。例如，在自然科学中，科学并不是要描述某一天的天气情况，而是要描述哪些因素影响天气以及这些因素之间的相互关系；在管理学中，科学也不是要描述某一个公司的盈利情况，或某一个公司员工的离职情况，而是要描述哪些因素影响了公司的盈利情况以及这些因素之间的相互关系，或哪些因素影响公司员工的离职意向以及这些因素之间的相互关系。因此，科学描述的是一个普遍的原则，当建立了这些普遍性的描述之后，就可以根据某一天的天气因素预测这一天的天气情况，也可以解释为什么有些公司盈利而另一些公司亏损。

（3）科学始于以语言文字和抽象概念描述事物，而理论正是以语言文字和抽象概念描述事物的普遍性及相互关系，因此，科学的核心是理论。例如，物理学中的质能方程描述了能量、质量以及光速之间的关系，是物理学中的重要理论之一；而在市场营销学中，研究人员发现市场导向是企业获取优越绩效的原因之一，对市场导向以及企业绩效的定义以及这两个概念之间的相互关系，则构成了市场营销学中的市场导向理论的一个部分。

（4）科学的本质是描述事物，因此，判断科学知识的正确与否有一个内在的标准，这个标准就是这些描述是否与客观事实相符，可以通过系统地检验事物，来判断是接受还是推翻一个描述这些事物的理论。例如，在人力资源领域，原来认为员工的工作满足感是促进其工作绩效的原因之一，但是经过数十年的观察和实证检验，人们发现员工的工作满足感并不是导致工作绩效的原因，因此现在人们已经不接受这个理论了。

1.1.2　科学的目标

科学的目标是追求真理，解释并预测自然或社会现象。从科学的方法中获取的知识包括逻辑和证据两个部分，二者相辅相成，缺一不可，没有逻辑的数据，或者没有数据的逻辑，都只是科学方法的一半。科学解决"是什么"的问题，而不是谁好谁坏的问题，科学的目标是对现象进行解释，寻求理解并作出预测。

1.1.3　获取知识的四种途径

科学是人类获取知识的途径之一，但是，科学并非人类获取知识的唯一途径，人类获取知识至少可以通过以下四个途径：

（1）神话和宗教。神话和宗教是人类获取知识的一个途径。在人类起源时，大多数人是通过神话，或者通过从祖先流传下来的智慧获取知识，而宗教也是最有影响力的获取知识的途径之一。

（2）权威。权威是人类获取知识的第二个途径。在有些情境下，人们通过权威获取知识。例如在生病时，人们往往会到医院寻求医生的帮助，而不是去寻求非专业人士；同样，关于地质灾害是如何形成的，人们往往更愿意从百科全书而不是小说或时尚杂志中寻找答案。这里需要指出的是，对权威的知识应该保持谨慎，有些时候，医生也会出现错误，并且随着新的证据出现，知识也会不断更新。

（3）逻辑。逻辑是人类获取知识的第三个途径。逻辑是通过推理的方法来寻求问题的答案。逻辑是理论的核心，无论是理论物理学还是数学，都以逻辑为基础，物理学运用逻辑推理来推断在某一特定的情况下某一特点的粒子有什么特定的运动方式。在社会科学领域，律师非常擅长使用逻辑来进行辩护。因此，逻辑是求知的第三个途径，科学研究的目的就是运用实证的数据来验证逻辑的正确性。

（4）科学。科学是人类获取知识的第四个途径。其中，认识论是指求知的科学，而方法论则指的是寻求真理的科学方法。科学既包含逻辑也包含证据，波普尔（Karl R. Popper）将既包含逻辑推理又包含数据或实证观察的科学称为实证科学。本书所讨论的，就是如何运用实证的方法，寻求管理学中遇到问题的答案的过程。

1.1.4　对待现实的三种观点

科学是人们对所接触到的事物的描述。那么，首先要问的是，什么是人们所接触到的事物，也就是什么是现实（Reality）这个问题。科学的目标是探索真理，而真理依赖于科学家对现实的看法。如果科学家认为同一个现象只有一个现实，那么表示存在一个真理；如果科学家认为同一个现象可以有多个现实，则存在多个真理。一般来说，科学家看待现实可以分为三种观点。

1. 前现代观点

持前现代观点（Premodern View）的人认为只有一个现实，现实是独立于主观经验的。前现代观点认为，玫瑰花是美丽的，这个现实是客观存在的，任何反对这一观点的看法都是脱离现实的。在管理学领域，持前现代观点的人认为，如果一个企业采取全面质量管理的策略，则对于企业中的每一个人来说，全面质量管理都是同一个现实。

2. 现代观点

然而，一些人也认为，人类的经验具有多样性，同一个客观现象可能有多个现实，存在多种解释。例如，一些人认为玫瑰花是美丽的，但也有一些人认为玫瑰花是多刺的、丑陋的，这些不同的看法依赖于感知者不同的经验或感受。如果玫瑰是美丽的是一个被多数人接受的普遍的观点，但同时人们也接受另外一个可能存在的现实——玫瑰并不美丽，则表明人们持有的是现代观点（Modern View）。现代观点既承认存在客观现实，也承认对统一客观现实的主观经验的多样性。在管理学领域，还是全面质量管理的例子，持现代观点的人认为全面质量管理是客观存在的，但是，企业中不同部门的成员由于经验不同，因此对全面质量管理的认识不同。

3. 后现代观点

科学家看待现实的第三种观点是后现代观点（Postmodern View）。后现代观点认为现实是完全与经验相关的，玫瑰的美丽只是存在于观察者的眼中，而并不存在美丽的花朵这一现实，美丽只是一个没有意义的概念，只有人们的主观看法才是有意义的。按照后现代观点，全面质量管理只是一个主观经验，只存在企业成员的主观经验，而不存在全面质量管理这一客观现实。

总的来说，前现代观点认为只存在一个现实，而个人的主观经验并不重要，也不能够改变客观现实；现代观点则认为存在一个客观现实，但同时，也存在人们对同一个客观现实的不同的主观经验，认为客观现实与主观经验可以并存；后现代观点认为并不存在客观现实，存在的只是人们对现实的印象或主观经验。本书所讨论的科学的研究方法所持有的是现代观点。

1.2 科学研究过程

科学研究过程是对自然或社会现象作系统性的、受到控制的、实证的和批判的调查，它可以始于理论，也可以终于理论。科学研究过程是系统性的，科学研究在决定样本的代表性与测量的效度时，会使用已经确立的准则与标准，并运用理论来指导研究设计，解释研究的发现；科学研究是受到控制的，指的是研究者在研究过程中，不仅要发现在研究情境下有意义的因素，还要排除或者控制其他有可能对结论产生影响的因素；科学研究同时还是实证的，是指科学研究利用实证观察得到的数据来研究理论推理的正确性；科学研究是批判的，是指研究者应该对用于解释的理论的效度、数据的质量以及结果的可信度保持怀疑的态度。

1.2.1 科学研究过程中的归纳与演绎

科学研究过程是一个包含许多活动的不断循环的过程。本书讨论的科学研究过程，从确定一个有意义的研究问题开始，当研究者通过现实观察或文献研究确定一个有意义的研究问题之后，科学研究就可以从理论推理或现实观察两个角度推进，一般将从理论推理开始的研究称为演绎（Deduction），而将从现实观察开始的研究称为归纳（Induction）。图 1-1 显示了科学研究过程中的归纳与演绎。

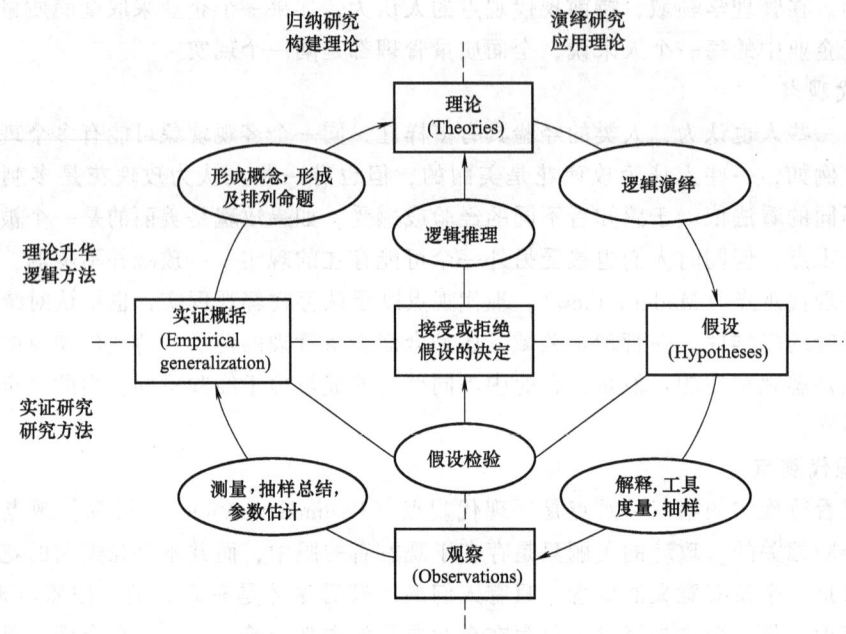

图 1-1 科学研究过程中的归纳与演绎

资料来源：陈晓萍，徐淑英，樊景立. 组织与管理研究的实证方法［M］. 北京：北京大学出版社，2008.

图 1-1 的左半部分描述的是归纳法的研究过程，右半部分描述的是演绎法的研究过程，上半部分是理论逻辑的方法，下半部分则是实证研究的方法。

1. 演绎研究

演绎研究从理论开始，通常是对理论进行应用和检验。下面通过一个例子来说明演绎研究的过程。

1995 年 Mark A. Huselid 在《美国管理学会学报》（*Academy of Management Journal*）发表了一篇论文，该论文获得了 1995 年度《美国管理学会学报》最佳论文奖。论文讨论的主题是人力资源管理工作实践对员工流失率、生产率和公司财务绩效的影响。该论文遵循规范的演绎研究过程，是典型的管理学实证研究文章。一篇好的管理学实证研究论文，都从一个有意义并且有趣的研究问题开始。Huselid 的论文提出，在人力资源、劳资关系以及组织心理学领域，人力资源管理政策和实践对公司业绩的影响是一个重要的话题，这表明该论文的研究问题具有重要的理论和实践意义。同时，Huselid 通过对文献的回顾，指出人力资源管理实践有助于公司建立持续的竞争优势，即如果公司的资源配置合理，则人力资源政策可以在经济上为公司绩效作出直接的、重大的贡献，但是，支持这个推断的经验证据却少之又少，因此，Huselid 提出可以从三个方面对现有研究进行改进：①从公司整个人力资源系统的层面来估计人力资源实践对公司绩效的影响，即从公司人力资源战略层面，而不是人力资源的功能层面进行分析；②论文分析的焦点不仅包括有关员工的中间结果，还包括公司层面的财务绩效，因此分析是综合的；③从人力资源体系来说，它对公司绩效的影响，还取决于人力资源政策之间的互补程度和人力资源体系与公司战略之间的配合程度。

交代清楚研究问题之后，一个演绎研究就要基于相应的理论进行推理。Huselid 的论文基于 Barney（1991）的资源基础理论（Resource-based Theory）进行推理。资源基础理论认为，在满足四个基本条件的情况下，人力资源可以成为公司持续竞争优势的源泉，这四个基本条件是：①人力资源必须为公司的生产流程增值，也就是说，个体的业绩水平应该与公司的业绩相关；②公司寻求的技能是稀有的；③人力资源实践体系不应该被轻易模仿；④人力资源实践体系不能轻易地被技术进步所取代。基于这个理论基础，Huselid 大量回顾了人力资源管理实践与公司业绩的相关研究，并提出了三个研究假设：①假设高绩效的工作实践体系能够降低员工流失率，提高生产率以及公司绩效；②假设高绩效工作实践之间的互补性或协同作用可以降低员工流失率，提高生产率和公司财务绩效；③假设公司的高绩效工作实践体系与公司竞争战略的匹配会降低员工流失率，提高生产率和公司财务绩效。

研究假设提出来之后，下一个问题是，实际的情况是否与理论推导的假设一致呢？这个问题可以说是科学研究的魅力所在，即研究人员根据理论的演绎推断出若干的猜想，然后通过实际观察的数据来验证这些猜想是否成立，无论最终实际数据与这些猜想是否一致，研究人员都可以从中获取新的知识。如果实际观察的数据与理论所描述的猜想是一致的，则说明通过实证检验了一个理论，可以接受这个理论是正确的；如果实际观察的数据与理论描述不符，则研究人员可以重新回到理论分析，看看已有的理论是否需要进行修正，才能够更加准确地描述现实，对现实作出解释与预测。整个演绎研究就是通过这个过程获取和更新知识的。在实证过程中，需要遵循一个重要的原则：大胆假设，小心求证。研究人员在理论推理的过程中，可以充分发挥想象力和创造力，大胆进行假设，不要害怕突破常规；但是，在进行求证的过程中，则需要非常小心、仔细和谨慎，要能够拿出令人信服的证据，验证假设是否正确。从理论推导到研究假设的提出，这属于演绎研究的逻辑部分，这一部分的原则是大胆假设；而接下来的假设检验，则属于实证研究方法的部分，这一部分的原则，是小心求证，需要做的工作包括选择数据来源、确定样本量、确定样本接触方法、选择测量工具、收集数据、分析数据等。

再回到例子中来，为了进行假设检验，Huselid 进行了仔细、严谨的研究设计。Huselid 选择《简洁信息披露》数据库中的公司，这个数据库中有近 1.2 万家美国上市公司的综合财务数据，Huselid 最终选择了员工人数 100 人以上的不包括外资控股公司的 3452 家上市公司作为样本，这个样本代表了所有主要行业中的公司。采用问卷调查的方法采集一手数据，样本接触的方法是通过邮寄问卷给每个公司的高级人力资源管理人员，有 28% 的公司回复了有效问卷。对于构念的测量，Huselid 在已有量表的基础上，重新进行了因子分析，为每个构念构建了新的量表。为了排除其他因素的干扰，Huselid 还控制了公司规模、资本密度等多个变量，使得研究更加严谨。通过数据收集工作，研究假设被转化成了现实观察，接下来的工作，就是要对这些数据所提供的信息进行统计分析，以验证假设是否得到数据的支持。

在分析变量之间的关系之前,首先要报告数据的可靠性和准确性,即对构念的测量进行信度和效度的分析,这个工作是要向其他研究人员展示,论文的数据是可靠的和有效的,是符合学术规范的,因此,数据所反映的变量之间的关系是可以接受的。在报告了测量的信度和效度之后,Huselid 运用回归分析的方法对数据进行了分析,结果发现高的人力资源实践水平的确与较低的员工流失率、较高的生产率以及较高的公司财务绩效相关;高绩效工作实践之间的互补性的作用也得到了实证数据的支持,但是高绩效工作实践体系与公司竞争战略之间的匹配则没有发现有力的证据。这说明 Huselid 的多数研究假设得到了实证数据的支持,但个别假设并没有得到支持,这个结果就非常有趣,对于这样的结果,就可以从理论和实证两个方面去分析原因,并提出今后要继续在这个主题上作研究,应该从哪些方面进行改进。

以上就是一个演绎研究的基本过程。从理论开始,经过理论推断,提出研究假设,然后通过实际观察,收集数据来进行检验假设。演绎研究的成果是证实或者拒绝一组假设关系,实际上是对已知的理论进行验证和应用,最终的结果是改进一个理论或者是推翻一个理论。

2. 归纳研究

与演绎研究不同,归纳研究从现实观察开始,以理论归纳结束,如果说演绎研究是验证理论和应用理论,那么归纳研究就是在构建理论,因此,归纳研究需要更多的创造性和理论高度。归纳研究所遵循的研究过程是从现实观察开始,通过定性的方法进行数据收集,并对这些数据进行归纳与概括,最后提升到理论高度,从现实观察中归纳出概念,并提出概念之间的相互关系,形成理论命题,最终构建理论。

下面通过一个例子来说明归纳研究的过程。这个例子是 Corley 和 Gioia 于 2004 年在《管理科学季刊》(*Administrative Science Quarterly*) 上发表的一篇论文,该论文获得了 2010 年度《管理科学季刊》最佳论文奖。Corley 和 Gioia 论文的主题是研究企业剥离所导致的身份模糊与变革。

Corley 和 Gioia 对组织的变革这个领域感兴趣。组织的变革是有挑战性的,任何组织的变革都有可能带来未知,有了未知,也就有了模糊,当模糊影响到组织身份的识别时,将使得组织的成员很难清楚"我们的组织到底是谁"这个问题。人们对于扩张型的组织变革带来的结果比较了解,但是,当组织进行缩减型变革时,组织中一些原来的局内人将变为局外人,这种身份的变化将带来什么影响,人们还知之甚少。因此,Corley 和 Gioia 通过一个案例来研究这个问题,希望构建一个理论来解释缩减型变革所带来的影响。这是一个归纳研究,主要是从采用生动经验进行阐释的视角来创建一个新的理论。

Corley 和 Gioia 选择了美国《财富》100 强中的一家公司进行案例研究,这家公司由于产业的竞争,对公司的业务进行了重组,将其子公司剥离,以使得母公司与子公司之间能够更加有效地展开竞争。Corley 和 Gioia 对公司的观察分为三个阶段:剥离前的 18 个月、剥离期的 1 个月以及剥离后的 6 个月;抽样的方法采用"立意抽样",即先选择那些最能够提供关于组织身份变革相关信息的受访者,然后运用滚雪球的方法扩大抽样;数据的收集采用三种方法:半结构式的一对一访谈、书面和电子文件以及无介入者的观察。Corley 和 Gioia 收集到了定性的数据,他们接着对数据进行了内容分析,进而产生了一阶段编码和二阶段编码,在这些编码的基础上,产生了实证概括,在实证概括的基础上,Corley 和 Gioia 进一步归纳出了概念与命题,并将其上升为理论。

这个过程就是归纳研究过程,归纳研究的结果往往是提出一个新的理论,而这个新的理论是否能够得到大量现实数据的支持,又可以运用演绎法进行实证研究。

1.2.2 理论框架概述

科学方法的核心是理论,理论解释了一个现象"是什么"(What)、"怎样形成的"(How)、"为什么"(Why)、"什么时候"(When)以及"对谁"(Who)等问题。管理学中的经典理论包括:讨论个人及其环境的社会认知理论、镜像理论、公平理论等;讨论组织行为的组织学习理论、资源基础理论等;讨论环境事件与组织关系的利益相关者理论、资源依赖理论、制度理论等。

科学的理论是为了解释相应学科的现象,管理学也是如此,管理学理论是为了解释组织与管理的相关现象与问题。那么,人们如何运用理论来解释现象呢?一个基本的原则是透过现象看本质。理论不是就现象而论现象,而是从现象当中进行抽象,从现象当中提炼出相关概念与概念的组合,并讨论这些概念之间的关系,这些概念之间的关系不仅在当前讨论的现象当中适用,在其他现象中,只要条件符合,也可以解释其他现象的发生。那么,这些概念又是什么呢?在理论抽象中,把从现象中抽象出来的概念称为构念(Construct),每一个理论都有一系列的构念,并阐明这些构念之间的关系。那么,构念又是什么呢?可以将构念理解为人们为了解释某一现象产生的原因而构造出来的概念,人们只要阐明了构造出来的这些构念之间的关系,也就解释了某一现象产生的原因了。

实际上,无论是自然科学还是社会科学,人们所熟知的很多术语都是构念。例如,温度是一个构念,它反映了一个物体或环境冷热的程度,冷热程度是客观存在的,是一个现象,人们为了解释这个现象,从而构造出来温度这个构念。实际上,即使没有温度这个构念,自然界中仍然存在冷热现象,有了温度这个构念,人们就可以说明什么情况下是热、什么情况下是冷、为什么某些条件下是热、而另一些条件下是冷等问题。又如,物理学中大家所熟知的质能方程 $E=mc^2$,其中 E 代表能量,是一个物理学构念,m 代表质量,是一个物理学构念,c 代表光速,也是一个物理学构念。质能方程解释了物理学中的质量与能量之间的关系,是物理学中的一个经典理论。管理学理论也是一样的,例如人力资源领域对员工为什么要离开一个企业这个现象感兴趣,于是提出了"离职倾向"这个构念来描述员工希望离开一个企业的程度;为了说明是什么原因导致了员工想要离开一个企业,又提出了"工作满足感"这个构念,用来描述员工工作满意的程度。理论是一个员工的工作满足感越强,就越不倾向于离开企业;一个员工对工作非常不满意,则这个员工离开企业的可能性就非常大。

管理学中许多理论都包含了不同的构念以及这些构念之间的关系。例如,市场营销学中的顾客满意、顾客信任、顾客忠诚、购买意愿、市场份额、市场导向等。那么,理论如何来描述这些构念之间的关系呢?通常,可以构建一个理论框架来进行描述,一个理论框架通常包括自变量(Independent Variable)、因变量(Dependent Variable)、中介变量(Mediating Variable)、调节变量(Moderating Variable)以及控制变量(Control Variable)。变量之间的关系通常如图1-2所示。

1. 自变量与因变量

图1-2所描述的各种类型的变量中,因变量通常是研究者所感兴趣的那个问题。例如,营销学者对为什么顾客会购买产品这个问题感兴趣,则顾客购买意愿可以是一个因变量;而

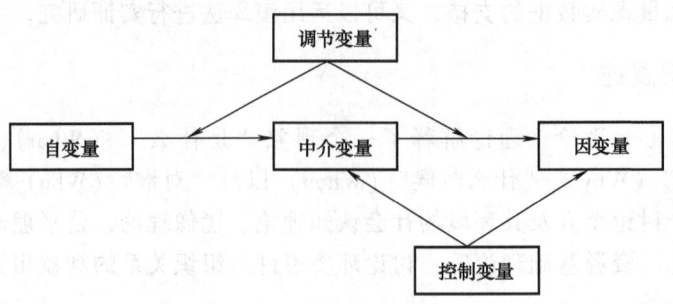

图 1-2　变量之间的关系

人力资源学者对员工为什么会离开一个企业感兴趣，那么员工离职倾向也可以是一个因变量。顾客为什么愿意购买一个产品呢？可能有很多因素影响，从不同的角度出发，可以发现不同的影响因素。例如，一个研究者从顾客满意的角度出发，发现顾客满意度越高，则这个顾客的购买意愿也越高，也就是说，顾客满意度的变化引起了顾客购买意愿的变化，就将能够引起因变量变化的那个变量，称为自变量，因此，在顾客满意与顾客购买意愿这组关系中，顾客满意是自变量，而顾客购买意愿是因变量，顾客满意的变化引起了顾客购买意愿的变化，在这个理论中，顾客满意是假定的顾客购买意愿的原因。

2. 中介变量和调节变量

什么是中介变量和调节变量呢？初学者对于这两个类型的变量通常容易混淆，因为两个类型的变量在图 1-2 中都处于自变量与因变量的中间，本书的第 11 章还将详细介绍中介变量与调节变量，这里先通过两个例子来简单介绍中介变量与调节变量的作用。

首先看中介变量。如果说自变量是因变量变化的原因，那么，中介变量可以说是原因中的原因，或者打个比喻，中介变量是自变量通向因变量的桥梁。用学术语言来说，通常可以将中介变量理解为自变量影响因变量的机制。下面通过一个简单的例子来说明。在市场营销领域，研究者发现，如果一个企业是顾客导向型的企业，则顾客对这个企业产品或服务的购买意愿会增强。所谓顾客导向，就是指一家企业的经营是以顾客为中心的，企业时刻注重顾客的需求，建立了一套体系来获取和了解顾客信息，许多实证研究提供了这样的证据，即顾客导向做得越好的企业，顾客对这个企业产品或服务的购买意愿就越高。在这里，顾客导向是一个构念，可以作为自变量，顾客购买意愿也是一个构念，作为因变量，也就是说，顾客导向是解释顾客购买意愿的原因之一。

那么，可以进一步问一个问题，为什么顾客导向做得好的企业，顾客的购买意愿会增强呢？（注意，这样提问和思考是进行科学研究的一个好的习惯）。研究者经过研究发现，原来在顾客导向与顾客购买意愿之间有一座桥梁，这座桥梁连接了顾客导向与顾客购买意愿，这座桥梁是顾客满意。从逻辑上分析，如果一个企业是顾客导向型的，那么这个企业一切工作的中心就是要满足顾客的需求，当企业满足了顾客的需求之后，顾客对企业的满意度将会提高，一个满意的顾客下一次再购买企业产品或服务的可能性比一个不满意的顾客要高，因此，企业通过顾客导向战略提升了顾客的满意度，满意的顾客将产生更高的购买意愿，这就解释了为什么顾客导向战略能够促进顾客购买意愿。中介变量能够让研究者理解自变量影响因变量背后的原因，即自变量影响因变量的机制。例子中，顾客满意是顾客导向战略能够促进顾客购买意愿的机制。当了解了机制之后，就可以为企业管理实践提供指导。什么样的顾

8

客导向战略是有效的呢？能够提升顾客满意的顾客导向战略是有效的，因为一个企业实行的顾客导向战略，是通过提升顾客满意来获取优越的绩效的。但是，如果战略的方向不是促进顾客满意，那么，即使实行了顾客导向战略，最终也可能不会提高顾客的购买意愿，因此，顾客满意这个中介变量可以使企业了解到，实施顾客导向战略的重点是要满足顾客的需求，而不是仅仅收集顾客的信息，只有真正做到满足顾客需求，才能促进顾客的购买意愿。

接下来再来看调节变量。中介变量是自变量通向因变量的桥梁，而调节变量则是自变量影响因变量的条件。也就是说，自变量能够影响因变量，但并不是在所有的条件下都是如此的，只有在某些条件下，自变量才能影响因变量，在另外一些条件下，自变量不能影响因变量或影响效应显著减弱；或者说在某些条件下，自变量正向影响因变量，而在另外一些条件下，自变量负向影响因变量。这个条件就是调节变量，也可以将调节变量称为理论的边界条件，即任何理论的解释力是在一定条件下才具备的，满足了这些条件，理论可以解释相应的现象，不满足这些条件，则理论对现象的解释力将显著降低或没有解释力。调节变量影响的是自变量与因变量之间的关系。

下面仍然通过一个例子来说明调节变量的作用。在人力资源领域，研究者发现员工的工作满意度会影响员工的离职意向，工作满意度越低的员工，离开企业的可能性就越大，在这里，员工的工作满意度是自变量，而员工的离职意向是因变量，那调节变量是什么呢？可以先问这样的一个问题（再次强调，学会提问是一个好的研究习惯），员工的工作满意度对其离职意向的影响在所有情况下都是一样的吗？是否存在某些情况，员工对工作不满意，其离职的可能性非常高，而另一些情况，即使一个员工对工作非常不满意，他也不会离职？对于这个问题的回答，就是寻找调节变量的过程。研究者通过研究发现，宏观经济环境可以影响工作满意度与离职意向之间的关系。在经济繁荣期，许多企业需要雇佣大量的员工，人们找工作非常容易，因此，如果一个员工对工作不满意，则他离职的可能性就非常高，因为即使离职了，他也很容易在其他企业找到工作；相反，在经济萧条期，许多企业都在裁员，一个人如果失去工作，那他再就业的难度将非常大，因此，即使一个员工对工作不满意，但是为了生存下去，他离职的可能性将非常小。在这里，宏观经济环境就是员工工作满意度与离职意向之间关系的一个调节变量，其调节效应可以这样描述：当经济繁荣时，工作满意度越低，则员工离职意向越高；当经济萧条时，工作满意度对离职意向没有显著影响。

3. 控制变量

控制变量实际上与自变量的作用是类似的，都会对因变量产生影响。例如，在市场营销领域中，研究者发现，企业实行市场导向战略将促进企业绩效，在这里，市场导向战略是自变量，企业绩效是因变量，市场导向战略的变化引起了企业绩效的变化。接下来问这样的一个问题，只有市场导向战略能够影响企业绩效吗？还有其他因素可以影响企业绩效吗？显然，影响一个企业绩效的因素非常多，不仅仅是市场导向战略，企业的规模、企业所处的行业、企业的资本结构、企业家的创业精神、企业的薪酬制度等，这些因素都会影响企业绩效。但是，在一个研究当中，研究者不会对所有的因素都感兴趣，一个研究不可能解决所有的问题，通常研究者在一个研究中只对其中的个别因素感兴趣，希望能够解释这个因素的作用。例如，研究者只是想知道，市场导向战略对企业绩效的影响有多大，因此，研究者把市场导向战略作为自变量，把企业绩效作为因变量进行研究，但是，如果研究者只考虑市场导向一个因素，那怎么知道哪些绩效的变化是由市场导向引起的，哪些绩效的变化又是由其他因素引起的呢？这个时候就需要用到控制变量了，由于有很多因素会影响企业绩效，因此，在分析市场导向战略作用大小的时候，需要把其他因素的影响作用控制住，只观察市场导向战略的作用大小，那么，被控制住的那些变量就称为控制变量。具体分析的时候，通常的做法是，在进行回归分析的时候，把自变量和所有控制变量都放进回归方程，最后，只关注自变量对因变量的影响效应，不需要关注控制变量的影响效应。

1.3 管理学的研究方法

1.3.1 因果关系

本书将介绍多种常用的管理学研究方法，包括案例研究、调查研究以及实验研究等。无论是哪种具体的方法，管理学研究的主要目的是通过收集证据来验证和修正管理学理论。理论主要描述的是事物之间的因果关系，管理学研究主要就是为了弄清楚发生管理现象背后的原因。在科学研究中，因果关系是一个非常严谨的概念，很多时候人们讨论的大多是相关关系而不是因果关系。例如，每天当太阳升起来的时候，床头的闹钟就会响，那能说闹钟响的原因是太阳升起来吗？恐怕不能吧，要说明两个事物之间存在因果关系，至少需要满足三个条件。

假设要讨论的是 X 和 Y 之间是否存在因果关系，X 代表原因，Y 代表结果，那至少需要同时满足如下三个条件，才能说 X 是 Y 的原因：

（1）X 和 Y 要有共变的关系，即如果 X 发生变化，则 Y 一定也发生变化。例如上文所举的太阳与闹钟的例子，这就属于共变关系，即太阳升起来了，这是太阳的变化，闹钟响了，这是闹钟的变化，因此，太阳升起与闹钟响起之间存在共变关系。管理学也是一样的，例如询问一个顾客对某一品牌产品的满意度，并观察这个顾客购买这一品牌产品的情况，如果发现那些满意度高的顾客购买次数更多，则说明顾客满意度与顾客购买行为之间存在共变关系。但是，共变关系只是因果关系其中的一个条件，仅仅满足这个条件，还不能说 X 是 Y 的原因。因此，到目前为止，不能说太阳升起是闹钟响起的原因，也不能说顾客满意是顾客购买的原因。

（2）X 和 Y 要存在时间先后的关系。如果 X 是 Y 的原因，那么除了要满意 X 和 Y 共变之外，还需要同时满足时间顺序关系，原因一定发生在结果之前，即一定是 X 首先发生变化，然后才能观察到 Y 发生变化，如果没有这样的证据，那么就不能说 X 是 Y 的原因。回到太阳与闹钟的例子，如果首先观察到的是太阳升起来，然后才观察到闹钟响了，则可以说太阳升起与闹钟响起之间存在时间先后关系。同样，顾客满意度与顾客购买行为之间也是一样的，需要首先观察到顾客满意，然后再观察到顾客的购买次数增加，满足这样的关系，才能说明顾客满意度与顾客购买行为之间存在时间先后关系。在具体的研究过程中，怎样才能观察到顾客满意与顾客购买行为之间的时间先后关系呢？可以进行如下的研究设计：在月初，调查顾客满意度情况，获取顾客满意度的数据，然后到了月底，再观察顾客的购买行为，如果发现那些在月初表明满意的顾客，在月底其购买次数增加了，则可以说明顾客满意与顾客购买行为之间存在时间先后关系。但是，即使同时满足共变关系与时间先后关系，仍然不能说 X 和 Y 之间存在因果关系，因此，到目前为止，还是不能说太阳升起是闹钟响起的原因，也不能说顾客满意是顾客购买的原因。要说明 X 和 Y 之间存在因果关系，还必须同时满足第三个条件。

（3）只有 X 引起了 Y 的变化，没有其他因素引起 Y 的变化。也就是说，要说明 X 是 Y 的原因，除了同时满足共变关系与时间先后关系之外，还必须提供证据表明 X 是 Y 唯一的原因，Y 不受其他任何因素的影响。如果能做到这一点，则可以说明 X 是 Y 的原因。很显然，这是一个非常严格的条件，很难找到这样一个事物，引起它的变化只有唯一的因素，而不存在其他因素。那么，如何定义科学研究中的因果关系呢？可以把条件放松，X 只是引起 Y 变化的众多原因之一，除了 X，Y 还受到 A、B、C、D 等多个因素的影响，那么，只要能够排除这些因素的影响，即在 Y 变化的时候，让 A、B、C、D 这些因素不发生变化，或者说控制住了这些因素，如果能做到这一点，则可以说 X 是 Y 的原因。例如，闹钟响起的原因，可能是正好将闹钟调到了太阳升起的那个时间，也可能是闹钟在那个时间坏了，还可能是闹钟走快了几个小时，所以提前响了，无论如何，如果没有办法排除这些因素的影响，就不能够判断太阳升起是闹钟响的原因。同样，顾客购买产品存在多种原因，顾客的收入、喜好、心情等众多因素都可能影响顾客的购买行为，但是，如果能够控制住这些因素，只让顾客满意度发生变化，而让收入、喜好、心情等其他因素保持不变，则就能够说明顾客满意是顾客购买的原因。

通过以上的分析可以知道，因果关系是一个非常严格的概念，科学研究中，不能够随便就定义两个变量之间存在因果关系，很多时候，人们讨论的只是相关关系，除非能够有证据表明同时满足了以上的三个条件，否则，就不能够轻易地定义因果关系。

1.3.2 管理学常用的研究方法概述

管理学中常用的研究方法，包括实验研究、准实验设计、调查研究、案例研究等多种方法。每一种方法都有其特点，并不是所有的方法都能够直接推断因果关系的。

如果要同时满足因果关系的三个条件，则一般采用实验研究法。采用实验研究需要同时满足两个条件。第一个条件是可控制要研究的因素，即自变量的变化是可以控制的，称之为实验情境可控制。例如，要运用实验的方法研究消费者的情绪对于消费者选择的影响，在这里，消费者的情绪是自变量，消费者选择是因变量，那么，就必须要能够控制消费者的情绪，即对自变量进行控制。怎样控制消费者的情绪呢？如果要研究快乐和惊讶这两种情绪，哪一种情绪更能影响消费者的折中选择（在大杯、中杯和小杯的可乐中选择中杯的，就是折中选择），就需要能够控制消费者的快乐和惊讶的情绪。在心理学的研究中，至少有两种方法可以控制人们的情绪：第一种方法是给被试者看能调动相关情绪的视频；第二种方法是要求被试者回忆并描述自己曾经有过的相关情绪的事情。当控制了消费者的情绪之后，再让消费者进行选择。实验研究需要满足的第二个条件是随机化，即能够对实验对象进行随机分派，当进行随机分派之后，可以认为实验对象之间不存在个体的差异，如果存在差异，那应该是自变量变化的结果。回到情绪对消费者折中选择的例子，如果最终观察到两种情绪状态下消费者的选择有显著差异，而实验又满足了实验情境可控制和随机化两个条件，则可以得出不同情绪状态会影响消费者折中选择的结论。在实验研究中就可以作出因果关系的推断。

因此，实验研究通常用来推断因果关系。

在管理学研究中，并不是在所有情况下都能够对实验对象进行随机分派的。例如，研究企业的薪酬制度对员工工作绩效的影响，可以在企业的不同部门实行不同的薪酬制度，这就可以满足对实验情境的控制，但是，不一定能够要求企业随机分派员工到不同部门，因此，不能够满足实验对象的随机分派。这个时候的研究设计称为准实验设计，它满足因果关系的前两个条件，即 X 与 Y 的共变以及先后关系，但不满足第三个条件，即排除其他因素，因此，准实验设计不能够直接推断因果关系，如果要进行因果关系的推断，还需用逻辑推理或者统计方法来排除其他因素的可能性。

在实际生活中，更多的情况是实验情境都不能够控制，这时就只能进行调查研究。调查研究主要是通过问卷对 X 和 Y 进行测量，然后分析其共变关系；也可以先测量 X，再测量 Y，以为先后关系提供证据。为了排除其他因素的影响，调查研究通常还测量其他能够影响 Y 的因素，从而使得研究设计能够为因果关系推断提供更严谨的证据。

也可以运用案例研究法进行研究。通常选择一家企业作为研究对象，通过定性的方法对企业进行深入的了解，然后进行逻辑推理，从而推断 X 和 Y 的可能的关系。当作了大量的案例研究之后，才能够对 X 和 Y 的关系进行准确的推断。

小　　结

本章是对研究方法进行概述，讨论了科学的定义、科学研究过程、理论框架、因果关系等科学研究的基本问题。本书将科学定义为科学是以语言文字以及抽象概念，描述人生活动中所接触的事物，所描述的内容主要是这些事物的共同普遍性以及相互关系；介绍了人类获取知识的四种途径：神话和宗教、权威、逻辑与科学；还介绍了人们对待现实的三种观点，介绍了归纳法与演绎法、逻辑推理与实证研究；在理论框架中，介绍了自变量、因变量、中介变量、调节变量与控制变量；还介绍了推断因果关系的三个条件，并简单介绍了管理学常用的研究方法。通过第 1 章的学习，可以对管理学研究有一个概括性的了解。

思考题

1. 科学是人类获取知识的唯一途径吗？除了科学，人类还有什么获取知识的途径？
2. 请描述一个持有现代主义观点的研究人员是如何描述客观事物的。
3. 请描述运用归纳法进行科学研究的主要过程。
4. 请描述运用演绎法进行科学研究的主要过程。
5. 什么是中介变量？什么是调节变量？请描述二者之间的区别。

参考文献

[1] 黄炽森. 组织行为和人力资源研究方法入门 [M]. 北京：中国财政经济出版社，2006.
[2] 陈晓萍，徐淑英，樊景立. 组织与管理研究的实证方法 [M]. 北京：北京大学出版社，2008.
[3] Popper K. The logic of scientific discovery [M]. London: Routledge, 2002.
[4] Huselid M A. The impact of human resource management practices on turnover, productivity, and corporate financial performance [J]. Academy of Management Journal, 1995, 38 (3): 635-672.

[5] Barney J. Firm resources and sustained competitive advantage [J]. Journal of Management, 1991, 17 (1): 99-120.

[6] Corley K G, Gioia D A. Identity ambiguity and change in the wake of a corporate spin-off [J]. Administrative Science Quarterly, 2004, 49 (2): 173-208.

[7] Homburg C, Wieseke J, Hoyer W D. Social identity and the service-profit chain [J]. Journal of Marketing, 2009, 73 (2): 38-54.

[8] Cook T D, Campbell D T, Day A. Quasi-experimentation: Design & analysis issues for field settings [M]. Boston: Houghton Mifflin, 1979.

第2章 研究问题与信息收集

本章所讨论的内容是进行科学研究的起点,这个起点就是提出研究问题。提问在科学研究过程中占据着重要的地位。促使研究人员进行科学研究的一个基本驱动力,就是人们对未知世界浓厚的兴趣,人们有着强烈的冲动,要去询问"为什么""怎么样""如何发生""谁受到影响"等诸如此类的问题,以探寻众多现象背后的原因,揭示现象背后的本质。

管理学领域也是如此,在管理大师彼特·德鲁克(Peter Drucker)看来,管理学研究者的任务不是解答问题,而是提出问题。可见提问对于管理学研究的重要意义,这个意义至少包括两个方面:①提出一个好的研究问题,是一个科学研究成功的关键因素;②研究问题的提出决定了研究的方向。

对于第一个方面,研究问题的好坏在多大程度上影响研究的质量呢?虽然没有精确的统计,但是,许多经验丰富的研究人员都认为,提出一个好的研究问题,科学研究就至少成功了一半。

对于第二个方面,研究问题能够指导研究的方向,决定研究的结果。例如,消费者的个体决策问题,如果提出的问题是"消费者如何决策以达到利益最大化?"那么这个研究将会朝着建立理性模型的方向前进,经济学中的消费者决策理论就属于这种类型,理性模型认为消费者的最优决策是在收入预算线与无差异曲线的切点。然而,如果提出的问题是"消费者究竟是如何作决策的?"那么研究就将朝着解释消费者决策过程的方向推动,消费者行为决策理论就是研究这类问题的:①前景理论(Prospect Theory)讨论人们在决策过程中出现的各种心理偏差和理性局限,卡尼曼(Kahneman)因此获得了2002年诺贝尔经济学奖;②启发式(Heuristics)讨论人们决策的心理捷径;③心理账户(Mental Accounting)讨论消费者进行选择的认知过程和心理过程等。

不仅个体决策的研究问题,企业决策的研究问题也是如此。例如,如果提出的问题是"什么战略可以促进一个企业进行新产品开发?"那么研究的方向就会朝着与新产品开发有关的方法和手段进行,如增加研发投入、鼓励员工创新等;但如果提出的问题是"在产品的不同阶段,企业应该运用什么样的战略获取成功?"则研究者将重点观察不同阶段企业的战略,通过比较之后得出结论。

2.1 管理学研究中的提问

判断一个研究问题的好坏,可以从研究问题的重要性、新颖性,研究问题与理论及实践的相关性等方面进行判断。

2.1.1 研究问题的重要性与新颖性

一个好的研究问题，要在理论上具有重要性，而且提出的角度应该非常新颖，让人意想不到。那么，什么问题才是重要的和新颖的？初学者往往会陷入一个误区，认为只要是他人没有做过的研究，就是重要的、新颖的。实际上，其他研究者没有做过的研究，并不一定就是重要的和新颖的研究问题，有以下两个方面的原因：

（1）其他研究者都没有研究过的问题不一定是重要的研究问题。例如，北京的天气对于广州某个超市销售额的影响，这个问题可能没有研究者研究过，因为这个问题不重要，广州的消费者去超市购物的时候，不会关心北京是什么天气，因此北京的天气变化几乎不会影响广州的消费者在超市的购买情况，所以这个问题虽然没有人研究过，但并不值得去研究。

（2）其他研究者没有研究过的问题也并不一定是新颖的问题。如果一个研究问题只是将旧的问题进行变换，而实质上早已被许多理论讨论过，则这样的研究问题不是新颖的问题。例如，让员工自由选择个人休假、集体休假、保险、幼儿入托费用等个人福利项目，对员工具有激励作用。这个问题看起来像是新颖的，但是实质上却是人力资源领域里的一个基本问题，即激励问题，可以综合运用需求理论、参与决策理论以及期望效用理论等进行讨论。

那么，什么问题才是重要的和新颖的？实际上，与上文的论述正好相反，往往是那些正在被许多学者研究的问题才是重要的问题，正因为这样的问题重要，才引起众多学者的研究兴趣。面对这样的问题，研究者要做到新颖，往往需要从不同的角度切入。

例如，由于当今市场竞争非常激烈，对许多公司来说，人才是非常宝贵的资源，专业的、高端的人才具有其不可替代性，因此通常构成一个公司的独特竞争优势，如果高端人才离开公司，则无疑对公司将造成巨大影响，所以员工离职这个问题，就成为过去几十年中许多学者关注的问题，这样的问题就是重要的研究问题。当然，对于重要的问题，要提出新颖的研究视角，也是十分困难的，因为这些问题已经有很多学者在讨论，要想出新，需要非常独特的研究视角。

下面通过一些例子来说明如何从新的视角研究重要的问题，首先来看品牌丑闻的例子。品牌丑闻（Brand Scandal）指的是企业在经营过程中发生的关于产品、服务或企业整体的具有较大破坏性和传播性的负面事件，包括产品伤害事件和企业道德丑闻。品牌丑闻一旦发生，将对品牌资产产生极大的稀释作用，处置不当可让企业精心培育的品牌毁于一旦，因此品牌丑闻历来是品牌研究与实践界关注的中心问题之一。这说明对品牌丑闻的研究是营销领域的一个重要的研究问题，许多学者讨论了品牌丑闻对企业的影响，因此，如果继续从品牌丑闻如何影响企业品牌资产这个角度进行研究，已经很难有新意了，那么如何从一个新的角度来研究品牌丑闻？最近几年，食品安全问题成为越来越影响人们生活的一个社会问题，从苏丹红到三聚氰胺，许多品牌丑闻遭到曝光，从这些事件可以观察到，有些时候，当一个品牌发生丑闻之后，影响的不仅仅是企业自身，有可能会影响整个行业。乳制品行业的三聚氰胺就是如此，当三鹿的问题曝光之后，不仅三鹿这个企业因此倒闭，整个乳制品行业都受到巨大影响。因此，学者们提出新的研究视角，即品牌丑闻不仅影响发生丑闻的品牌自身，也将波及同行业的其他品牌，这样，从品牌丑闻的溢出效应进行研究，就是一个新的研究视角。

再看企业创新的例子，企业创新是一个重要的问题，但并不是一个新的问题，无论是在经济学领域还是在管理学领域，许多学者都在讨论创新问题。就企业创新来说，管理学的研究大多从增加企业研发投入、鼓励员工大胆创新、建立创新团队，或者从创新的不同阶段企业的不同策略进行研究，无论从什么方面，这些研究的视角都是：一个企业的创新是这个企业自己的事情，与这个企业之外的其他企业和个人没有关系。如果继续从这个角度研究下去，则很难获得新的知识，那么，关于企业创新这个问题，如何提出新的研究视角呢？在战略管理领域，研究者发现，在当今激烈的市场竞争环境下，一个企业如果只是关起门来自己进行创新，其创新的速度以及创新的方向都有可能跟不上市场需求的变化，而一个企业如果与其他企业进行合作创新，则有可能提高创新的效率，因此，研究者提出了开放创新的框架，从一个企业与其他企业合作的角度来研究创新，这就是一个新的视角。当然，新的视角不只有一个，当学者们开始关注一个企业通过与其他企业合作进行创新的时候，主要研究的情境是一个企业与另外一个企业之间的双元合作关系，主要的合作形式是两个企业联盟。当学者们了解了两个企业之间的联盟对创新影响的机制之后又发现，在许多情况下，一个企业不仅仅只是与另外一个企业有联盟关系，它还与其他许多的企业都存在联盟关系，例如，微软公司既与惠普公司存在联盟关系，又与英特尔公司存在联盟关系。因此，学者们提出，还可以从联盟组合的角度来讨论企业创新，即一个企业同时与多个企业存在联盟关系，这个联盟组合如何影响企业创新，是一个新的研究方向。

关于企业创新问题，不仅可以从战略管理的角度提出新的研究视角，也可以从营销的角度提出新的研究视角。从战略管理角度提出的开放创新的框架，其研究视角虽然不仅仅局限于一个企业自身，已经扩展到了一个企业与其他企业的合作对创新的影响，但是，其分析问题的角度都还是从企业出发。营销领域的学者们提出，不仅与企业的合作关系能够影响一个企业的创新，企业与其顾客之间的关系也能够影响企业的创新，当顾客参与到企业创新过程中时，也将对企业创新产生重要影响。于是，可以从顾客参与的角度进行深入的研究。

总的来说，一个研究问题要具有重要性和新颖性：研究问题的重要性体现在它能够加深人们对管理中的重要现象的理解；而其新颖性，则体现在看待问题的不同的研究视角上。

2.1.2 研究问题与理论和实践的相关性

一个研究问题除了要具有重要性和新颖性之外，还应该同时具有与理论和实践的相关性。研究问题的理论相关性是指，一个研究问题在某种程度上可以用现有的理论进行解释，但是，现有的理论又不能够完全解决这个问题，需要研究者从其他角度给予解答。这就是人们通常所说的"站在巨人的肩膀上"，对于每一个研究问题，现有的与该问题相关的理论，是继续深入研究这个问题的基础。这些理论为研究者提供了最初的研究视角，在这样的基础上，研究人员为了给予问题清晰的解答，又试图从新的理论角度进行研究，当研究人员发现了新的理论解释时，现有理论就得到了修正，人类的知识就是这样一点一滴地积累下来的。因此，这就是一个研究问题的理论相关性。

研究问题的实践相关性指的是对一个问题的研究结果，要能够对企业的实际工作具有指导作用，能够帮助企业解决实际中的某个问题，这是管理学研究非常关注的一个问题。一个好的管理研究不仅能够增加人们对于管理现象的认识，还能够为企业的生存和发展提供指导。

2.2 研究问题的来源

怎样才能找到一个好的研究问题呢？这是一项极具创造性的工作，要做一个好的科学研究，最重要的是要找到一个好的研究问题，然后再运用具体的方法和技术手段展开研究。研究方法课程大部分是在讲授技术手段，即如何进行研究设计、如何进行统计分析、如何进行研究控制等，这些技术手段对于初学者来说看起来复杂，但只要用心学习，都能够掌握。然而，如何选择一个好的研究问题，就非常难以讲授了，要完成这项工作，往往既需要研究人员具有一定的专业理论基础，又需要研究人员具有敏锐的学术嗅觉。我的研究方法老师常常说，他往往用将近一个学期的时间来讲授那些进行数据处理的复杂的技术手段，但是，研究过程中最重要也是最具有创造性的寻找研究问题的部分，却往往只用很少的课时来讲授，因为在老师看来，这是只能意会、难以言传的。

虽然寻找一个好的研究问题是研究过程中充满艺术色彩的一个部分，但初学者们仍然能够从前人的经验中总结出一些寻找研究问题的途径。这些途径包括对日常生活的观察，对工作中出现问题的思考、对自身经历的反思、对社会现象的探究；也包括研究人员对文献的广泛阅读、对新闻报道的反应；还包括与同事的聊天、与学生的交流、与企业家的对话等。许多成功的学者就是通过下面的这些途径来寻找研究问题的。

2.2.1 观察与思考

许多研究问题是个人对社会现象、管理现象观察与思考的结果。Lyman Poter、Richard Steers 以及 Richard Mowday 三人对于员工组织承诺的研究，就来源于他们对于员工对组织的态度现象的观察。20 世纪 60 年代末至 70 年代初期，美国社会进入一个动荡和平静相互交错的时期，许多社会不公正和不公平的问题在大学校园里受到了激烈的讨论，与此同时，美国的大部分公司却依然处于相对稳定的状态。在这些公司中，无论是蓝领工人还是白领员工，每天都在全力以赴地工作，从而使得自己未来的生活更加美好，在美国的校园动荡的时期，美国的商业环境却平静如水。

20 世纪 60 年代末的美国社会为什么会出现这两幅截然不同的画面呢？人们在思考到底发生了什么。为什么有些员工，如大学教授和公司的经理，对所属的组织展现出高的忠诚度，然而另外一些人，却对组织表现冷漠，甚至是敌对？是什么样的原因导致一些员工对组织产生了情感上的依赖，而另一些员工却在出现好的机会时毫不犹豫地离开公司？作为组织来说，应该如何激发组织中最优秀的员工，从而使得这些员工长期留在组织？这些问题引起了学者们的研究兴趣，学者们开始思考员工在组织中所承担的义务的本质是什么，如何才能更好地激励员工对组织承担义务。对于美国社会现象的观察以及对于以上这些问题的思考，使得 Lyman Poter、Richard Steers 以及 Richard Mowday 三人决定从组织承诺的角度展开研究，探究组织承诺的起因，以及受到组织承诺的影响将出现什么样的结果。

自从 Lyman Poter 等对组织承诺进行研究以来，公司的工作环境又发生了巨大的变化。公司之间的竞争压力日益加大，许多公司开始缩小规模，保持付酬员工数量的最小化，而那些仍然留在公司里没有被裁减掉的员工，也感受到了来自生产效率提高的压力。同时，与工作压力类似，包括自愿的和非自愿的加班时间在内的工作时间也在不断增加。此外，全球化成为了一个趋势，引发了跨国企业和外部业务的增长，即便是那些白领员工与专业人士，也面临着国际化发展的挑战。而这个时候的年轻人则强烈要求能够在工作和家庭之间保持适当的平衡。

面对这些变化，另外的一些研究者，如 Peter Cappelli 提出，企业原有的雇佣惯例是使得员工内在化，依靠长期承诺以及任职来缓冲就业市场的压力，为了达到这个目的，许多企业尝试把员工对企业整体的承诺，转向为对企业某些部分，如工作团队的承诺。

另一个例子来自于 James Davis 对于团队决策问题的观察与思考。在人们的社会生活和工作生活当中，许多决定是由各种各样的委员会作出的，如招聘委员会、职称评审委员会、学术委员会等。在企业中，许多决策也是由团队来完成的。为什么人们更加愿意使用团队来决定重要的问题呢？团队是如何进行决策的？团队决策与个体决策相比较，具有什么样的优势和劣势？James Davis 致力于对这些问题进行观察和思考。他曾经担任过许多委员会的主席或成员，可以观察到团队决策的许多有趣的现象。通过观察，他发现，团队成员的数量会影响决策的结果，因此，他以团队成员数量为切入点对团队决策问题进行了研究；同时，他也发现，团队决策的原则也会影响决策的过程和决策的结果，例如，少数服从多数的原则与全体成员通过的原则相比较，更能加速团队决策的进程，但有时会因为忽略了少数团队成员的意见而降低决策的质量。在这些观察的基础上，James Davis 经过多年的研究，提出了著名的社会决策模式理论（Theory of Social Decision Scheme）。

2.2.2 个人的研究兴趣

人们之所以愿意深入观察和思考一个问题，常常是因为对这个问题充满兴趣。兴趣是驱动人们尝试不同事情的基本动力。有一些人痴迷于观察星空，因为他们对于探究未知的宇宙充满兴趣；有一些人沉浸在美妙的音阶中，因为热爱音乐；还有一些人专注于黑白的世界，因为喜欢围棋。从事研究工作也是如此，很多时候，研究工作非常艰辛，有时候会经历很多的失败，只有那些对研究工作真正感兴趣的人，才能在这条路上一步一步地走下去。对未知的世界充满兴趣与好奇，是驱动人们寻找研究问题的源泉。

以 Folger 对于公平理论的研究工作为例。公平理论假定意图和动机是人们行为模式的基础，公平理论认为，当一个人似乎应该为自己所做的坏事情受到谴责时，他做这件事情的意图和动机可以影响人们对于不公正的印象。Folger 对"公平"这个问题感兴趣，从他在大学时学习"实验心理学"课程开始。在这门课程中，Folger 学习到了心理学的一个核心问题，即适应水平，当不同的个体面对相同刺激的时候，主观的感受可以有所不同。例如，面对同样一盆水，将手放进水里，感受到水的温度是冷还是热，可以取决于不同的个体在这之前把手放入另外一盆水里的情况。之后，Folger 追随 Thibaut 作其博士论文规划，刚开始，Folger，对相对损失问题感兴趣，但是在进行社会比较方面的文献精读时，Folger 看到了 Adams 关于不公平问题的论文，产生了极大的兴趣。在专研了 Adams 关于不公平问题的研究之后，Folger 发现了一个重要的突破口——Adams 的研究脉络几乎完全集中在"有利的"不平等（如报酬过多）中违反直觉的方面，而 Folger 对"不利的"不平等中的相对损失问题更感兴趣。当对公平问题发生强烈的兴趣之后，Folger 非常注意观察身边的现象，他观察了他妻子在公司得到晋升的情况：他的妻子凭着优异的工作表现从一个普通的秘书晋升到了公司的经理，这同时提高了家庭的收入，在这个时候，他们还迎来了第一个孩子的降临，但他却发现他的妻子开始表现出越来越多的不满，通过研究他很好地解释了这个现象，他认为这是改善的状态比不变的状态引起更多负面反应造成的，这也就是不平等中的相对损失问题。

2.2.3 阅读文献

阅读大量文献是学习一个领域的经典理论和前沿研究的基础工作，许多管理学博士研究生在校期间的一项基本工作，就是不断大量地阅读文献。通过阅读文献，可以发现某个领域近期的研究热点，从而从中发现有价值的研究问题。

从所阅读文献中寻找研究问题有以下几个好处：

（1）研究的风险相对较小。这里的研究风险指的是论文的研究得不到其他同行认可以及论文得不到发表的可能性。虽然前面讨论过，个人的研究兴趣是寻找研究问题的一条途径，但是，如果一个课题的研究纯粹从个人兴趣出发，这个问题几乎没有被其他同行研究过，但其他同行没有关注这个问题的原因不是他们没有发现这个问题，而是这个问题在他们看来没有研究价值，那么，即使个人觉得该问题非常重要且非常有趣，但是发表研究结果可能会相当困难。当然，还有一种可能，就是这个问题确实重要而且有趣，但是其他同行居然都没有发现，需要扭转其他同行的观念和视角，这也是一项十分困难的工作。相反，如果研究的是一个在近期的文献中得到广泛关注的问题，那么，就会有许多人愿意对话，这样，研究结果发表出来的可能性就增大了。

（2）通过阅读文献寻找的研究问题，往往具有比较坚实的理论基础，同时往往可以运用比较成熟的研究工具和方法。一般来说，那些在顶级学术期刊上发表出来的文章，基本上都具有较为扎实的理论基础，广泛阅读这些文章并努力从这些文章中寻找出可以继续推进研究的问题，这些问题本身就已经具备了一定的理论基础。通过阅读文献寻找问题是许多初学者通常采用的方法，这其中的一个原因，就是因为这样的研究问题具有理论基础。很多博士研究生就是通过阅读文献来寻找研究问题的，我的很多同学也是这样。他们在报告研究课题的时候，老师和其他同学通常会问这样的一个问题："你的研究的理论贡献在哪里？"如果这个研究课题是从文献中来的，那么可以较容易地推导出理论的贡献，因为这个理论贡献正是做这个课题的原因。

通过阅读文献，可以从一个新的理论视角或者从一个整合的视角推进现有的研究，这是对现有研究的一个理论贡献。例如，在企业联盟对企业创新影响的问题中，原来的文献讨论的都是一对一的联盟关系对企业创新的影响，即一个企业与另外一个企业进行战略联盟，这个联盟对企业创新将产生什么样的影响。通过对文献的阅读，可以提出另外一个研究视角，即如果一个企业是与多个企业同时存在联盟关系，那这样的联盟将对企业创新产生什么样的影响呢？这样，从联盟组合的视角来研究创新问题，是对创新研究的一个理论贡献，联盟组合对于创新影响的一篇文章就发表在 2012 年第 4 期的 *Journal of Marketing* 上。

通过阅读文献，可以从自变量对因变量的影响机制上推进现有研究。也就是说，可以去寻找那些有意义的、还没有被现有文献讨论的中介变量进行研究。例如，原来的文献对于服务利润链的研究主要关注的影响路径是，企业的服务水平影响顾客满意，通过顾客满意，进一步影响企业绩效，这就是传统的服务利润链，在这里，顾客满意是中介变量，是联通服务水平与企业利润的机制与桥梁。有学者通过阅读文献提出，服务影响企业利润不仅仅只是通过顾客满意这一条路径的，还可以从社会认同理论的角度出发进行分析，即服务还可以影响顾客对公司的认同感，当顾客对公司的认同感提升的时候，顾客对于公司产品和服务的购买意愿就会提高，这样就会进一步提升企业绩效。这个研究就从影响机制问题出发，在传统的服务——→顾客满意——→企业绩效的影响链条的基础上，提出了另外一条路径，即顾客认同，这样，通过文献找到了另外一个中介变量，这条影响路径也是这个研究的一个理论贡献。这个研究发表在 2009 年第 2 期的 *Journal of Marketing* 上。

通过阅读文献，可以从自变量影响因变量的边界条件进行研究，即从文献中寻找那些有意义的、还没有被文献讨论过的调节变量。例如，关于顾客导向对企业绩效影响的研究，许多研究已经发现了公司采用顾客导向战略，能够提升企业绩效，进一步，通过文献研究也发现，顾客导向战略能够通过顾客信任与顾客承诺两条中介路径影响企业绩效。但是，顾客导向战略对企业绩效的影响，以及顾客导向战略对顾客信任和顾客承诺的影响，在所有的情况下都是一样的吗？对于这个问题，还没有文献进行深入的讨论。于是，有研究者就从制度理论和社会网络理论出发，讨论了制度网络对于顾客导向与企业绩效关系的调节作用。这个研究将公司的制度网络分为渠道网络与政府网络两个部分，渠道网络指的是公司与其他公司之间的社会关系网络，而政府网络指的是公司与政府部门的社会关系网络。研究发现，渠道网络在顾客导向与企业绩效之间起到了调节作用，企业建立的渠道网络水平越高，则顾客导向战略对企业绩效的正向影响就越强。更有意思的是，这个研究还发现了政府网络在顾客导向战略与企业绩效战略中的倒 U 形关系的调节作用：当企业与政府之间的关系较弱时，顾客导向战略对企业绩效的正向影响也较弱；而当企业与政府之间的关系较强时，顾客导向战略对企业绩效的正向影响也同样较弱；只有当企业与政府之间的关系适中时，顾客导向战略对企业绩效的正向影响才最强。原因是虽然企业与政府加强联系能够获得市场信息，有利于企业绩效的提高，但是如果企业花费过多的资源维持与政府的关系，反而会对企业的绩效造成不良的影响，因此，一个适中的政府关系对企业是最有利的。这个研究所发现的顾客导向对企业绩效影响的边界条件，就是对理论的一个贡献，这个研究发表在 2008 年第 2 期的 *Journal of the Academy of Marketing Science* 上。

通过阅读文献，可以了解做该类研究的方法，从而使得自己在做研究之前就能够比较清楚将来运用什么方法讨论问题。例如，关于消费者自我控制方面的研究，通常都是运用实验的方法，如消费者在什么情况下愿意选择享乐型的消费，而在什么情况下又倾向于选择消费必需品。那么，如果自己通过阅读文献也想在自我控制领域进行研究，就应该对实验研究有所了解。

当然，通过阅读文献来寻找研究问题也存在一些不足。

（1）研究问题新意不浓，理论贡献也可能比较小。因为从文献中寻找的题目，基本上已经被许多学者研究过了，已经形成了基本的理论框架，仅仅是在保留已有框架的基础上，通过增加一两个变量来进行研究，这样的研究新意不足，同时贡献也甚微。

（2）如果仅仅从文献出发寻找研究问题，那么，在研究过程中，如果遇到困难，也许很难坚持下去。因为从文献中寻找出的研究问题，有时候并不一定是研究者自己真正感兴趣的问题。例如，一个刚从事研究工作的研究人员为了职称晋级的需求，需要尽可能多地发表文章，这个时候，他可能不去理会自己的兴趣，而是想方设法从现有文献中尽可能多地寻找研究问题；又如，一个即将毕业的研究生，为了完成毕业论文，而从文献中寻找问题。

科学研究往往不是一帆风顺的，很多时候会遇到困难。例如，对消费者的自我控制进行研究，需要进行实验设计，很可能一次实验没有控制好，收集到的数据反映不出任何问题；又如，对顾客导向问题进行研究，往往需要进行问卷调查，如果问卷设计没有做好，也很可能收集到的数据质量非常差。这时如果研究人员并不是对该研究问题充满兴趣，希望去探寻背后的原因，那他很可能就此放弃了。

因此，通过文献阅读寻找研究问题是一个常用的方法，也是初学者比较容易接受的方法，但在阅读文献的时候，一定要注意结合自己的兴趣去发现那些有意义的研究问题。

2.2.4 与他人交流

第四种发现有价值的研究问题的途径，是通过广泛地与他人交流，包括与自己的老师沟通，与同学沟通，与企业管理者和工作者沟通，与学术界的同行沟通，在沟通交流的过程中，往往可以找到研究的灵感。

（1）作为还在学习研究方法的学生，无论是本科生还是研究生，都应该学会与自己的老师进行良好的沟通。特别是对于初学者来说，往往不知道从哪里入手开始研究，不知道如何阅读文献，这时可以请教自己的老师，向老师学习经验，可以很快地找到一些学习的方法。

（2）要学会与自己的同学进行交流。在学习的过程中，许多同学对研究是充满热情的，也有许多非常有趣的想法，因此要学会多与同学进行交流，了解他人的想法。同时，自己在想到一个问题的时候，也可以与同学交换意见，使得自己能够更好地开展研究。我在博士研究生学习阶段，经常与我的同学交流，我们交流的方式很多：我们有定期的文献讨论会，在讨论会上，同学们会介绍自己最近阅读到的文献；我们还会不定期地召集同学一起交流，主要是交流自己想到的一些研究问题和正在进行的研究工作；我们在食堂吃饭的时候通常也是几个同学一起，一边吃饭一边交流。通过深入的交流，我们可以发现有趣的研究问题，也可以改进自己的研究。例如，我有一个课题是研究消费者情绪状态（确定或不确定的状态）对于折中效应的影响，我最开始关注这个问题，是在定期的文献讨论会上，有一段时间，我们讨论了关于折中效应的几篇文献，我对这个问题十分感兴趣，于是想在折中效应这个主题下寻找有价值的角度继续研究，但总是觉得难以发现新的研究视角。后来，还是在文献讨论会上，在学习关于信任问题的文献时，同学告诉我心理学中有一些文献是从人们情绪的角度来讨论信任问题的。我觉得这个角度很有趣，于是就找来了相应的心理学文献阅读，在阅读这些心理学文献的过程中，我发现人们的情绪状态可以影响人们进行启发式的决策，而折中效应就是一种启发式。于是，我将心理学关于情绪研究的文献与折中效应通过启发式这个概念联系起来，完成了一个关于消费者情绪确定与不确定的状态下折中选择的研究。这个研究选题，就是主要来自于与同学的沟通和交流。

（3）要学会与企业家或在企业工作的人员进行交流。因为从这些实际工作者的身上，研究人员可以了解到企业最关注的实际问题。对于初学者来说，与企业工作人员进行交流也是发现研究问题的一个非常好的途径。例如，我的一个本科学生，做毕业论文时正好在一个企业中实习，于是我建议她根据实习过程中发现的问题选择毕业论文的选题。她通过与实习单位的人员广泛的交流发现，这个企业的管理人员和员工都十分关心企业品牌形象问题，于是，她以品牌形象建设作为选题，并以实习的企业作为案例，通过调查问卷的方法，优秀地完成了毕业论文。

（4）如果是已经从事研究工作的研究人员，还可以通过与同行进行交流来发现研究问题。例如，我原来做过一个研究，讨论的是网络调查与纸笔调查这两种调查方法是否具有测量不变性的问题，我的一个同行也对这个问题十分感兴趣，于是他与我沟通，想从人力资源角度讨论网络调查与纸笔调查的测量不变性问题。我们进行了合作，从人力资源的角度，讨论在领导成员交换和员工离职意向关系情境中，网络调查与纸笔调查的测量不变性问题。

以上仅仅讨论了寻找研究问题的四种途径，当然寻找研究问题还可以有其他多种方法，这里不一一论述。需要指出的是，这四种途径并不是相互排斥的，在寻找研究问题的过程中，人们往往是将这些途径综合运用。总之，在科学研究的道路上，保持对研究的兴趣和敏锐的观察力是从事研究工作应该具备的基本素质。

2.3　研究问题的转化

前文介绍了寻找研究问题的四种途径，当一个研究问题提出来之后，研究人员就需要将这个研究问题转化为具体的可以操作的问题，将研究问题转化为可以测量的构念以及这些构念之间的关系，并根据研究问题提出研究假设，这些假设能够通过实际的数据进行分析和检验。

初学者在提出研究问题的时候非常容易犯的一个错误就是总想提出一个宏大的问题，似乎小问题不值得研究。例如，初学者通常愿意讨论"中国国有企业改革""中国管理学出路"等宏大的问题。我本科学习阶段就总是想讨论中国国有企业改革这样的大问题，但是当进入硕士研究生学习阶段，我的老师告诉我，不要总是去想大的问题，实际上一个学术问题通常都是从小处入手的，一个研究能解决一个问题就可以了。所以从那时我开始学会不再思考"什么因素影响区域合作绩效"这样的大问题，而是思考"从什么角度研究区域合作绩效"的问题。我的第一个研究问题就是区域之间的经济发展差异如何影响区域合作绩效，我以泛珠三角区域合作为例研究了这个问题。

接下来就来讨论如何将研究问题转化为具体的、可以操作的问题。

2.3.1　将研究问题化大为小，化抽象为具体

之所以要将一个大问题转化为一个小问题，是因为不可能通过一个研究就解决一个大问题，很多人毕其一生都在研究一个问题，例如 Jeanne Brett 一生都在关注商业谈判问题，Toshio Yamagishi 则一生痴迷于信任问题。因此，一个研究必须将大问题分解为小问题，使得问题中所涉及的概念能够准确地定义、操作、测量，并且能够把概念与概念之间的关系通过实际的数据进行验证。

例如，管理学许多领域都关注企业绩效问题，那么"什么因素会影响企业的绩效"就是一个非常大的问题，可以从金融、会计、物流、战略、技术创新、市场营销、人力资源等多个领域展开研究。在企业管理领域，可以从宏观管理和微观管理两个方面入手：宏观管理方面，可以研究的视角包括企业联盟、产品创新、企业经营方法、企业社会关系网络等；微观管理方面，企业的组织架构、运作流程、企业领导的风格、企业文化、企业的人力资源管理政策（员工招聘、选拔、入职培训、绩效考核、薪酬管理等）也会影响企业绩效。因此，

想要回答清楚"什么因素会影响企业的绩效"这个问题，一个人可能终其一生也未必能够找到全面的答案。

在这种情况下，就需要将研究问题进行分解，从而确定自己可以入手的领域，然后再对该领域中的各个因素进行选择与分析，找出自己感兴趣的、与企业绩效关系密切的因素开始研究。例如，在营销领域，人们希望了解企业的营销投入或营销刺激如何给企业带来绩效，许多学者对这个问题感兴趣，这样，"什么因素会影响企业的绩效"就分解为相对较小的一个营销学问题，即"营销投入如何影响企业绩效"。在这个问题上，营销学者 Rust 提出的营销回报模型是一个在营销领域影响较大的理论。

Rust 认为，公司的高层管理者通常会面对这样一个问题，即如何协调各种竞争性战略的营销行动。例如，公司是应该增加广告开支还是投资于忠诚计划，或者提高服务质量？或者以上任何一个营销行动都不实行？这些高层决定一般是由公司的营销总监或者首席执行官来进行判断，但是这些管理者却很少把他们的决定建立在除了他们自己的经验以及直觉之外的基础上。一个统一的、以数据为导向的用来制定广泛的战略营销决策权衡的基础还是无法获得。为了提供一个可以用来权衡营销战略决策的逻辑框架，Rust 等以顾客资产理论为基础，建立了一个用来考察营销战略预期财务影响的营销回报模型。

虽然已有的研究已经考察了特定的营销支出，如广告、促销等支出所产生的财务收益，但是还没有发展出一个大体上可以用于协调营销战略的理论模型。国际上领先的营销公司已经把这个问题看得非常重要，因此，美国营销科学研究把评估营销效率（即营销投资收益）和营销衡量标准作为 2002~2004 年度的研究重点。在这个背景下，Rust 等人建议，公司可以通过考虑在顾客资产上的战略营销开支的效果以及把顾客资产的改进和所需要的花费联系起来，从而实现财务上的可分析性。

营销的观念自从 20 世纪 60 年代以来就反映了以顾客为中心的观点，营销理论与实践在过去的四五十年中变得日益以顾客为中心。以顾客为中心的观点反映在驱动营销管理的概念与标准中，包括诸如顾客满意、市场导向、顾客价值等。这种以产品为中心的思维到以顾客为中心的思维的变化意味着需要相应实现从以产品为基础的战略到以顾客为基础的战略的演变，因此，一个公司的战略机会可能通过公司在改进顾客资产因素的机会方面得到恰当的评估。

Rust 等人提出，由于营销被认为是产生顾客资产因素改进的一项重要投资，这会导致顾客认知的改善，这又进一步产生更强的顾客吸引力和保持能力，而更强的顾客吸引力和保持能力则增加了顾客终身价值和顾客资产，在考虑到营销投资成本的基础上，顾客资产的增加会导致营销投资收益。这个逻辑关系就是营销回报模型，图 2-1 展示了用来评价营销收益的营销回报模型。

营销回报模型的一个基本逻辑就是，企业的营销投资影响顾客关系，通过顾客关系，最终影响营销投资回报。在这个逻辑的基础上，又可以将研究问题进一步分解。

如果对企业社会责任这个问题感兴趣，就想知道企业从事社会责任活动如何影响企业绩效，于是在营销回报模型的基础上提出研究问题，如从逻辑上说，企业社会责任作为公司的一项营销战略，可以视为营销投资，通过投资于企业社会责任战略，公司能够获得良好的顾客关系，最终获得投资回报。

通过文献回顾发现，自 Rust 提出营销回报模型之后，营销领域也开始关注企业社会责

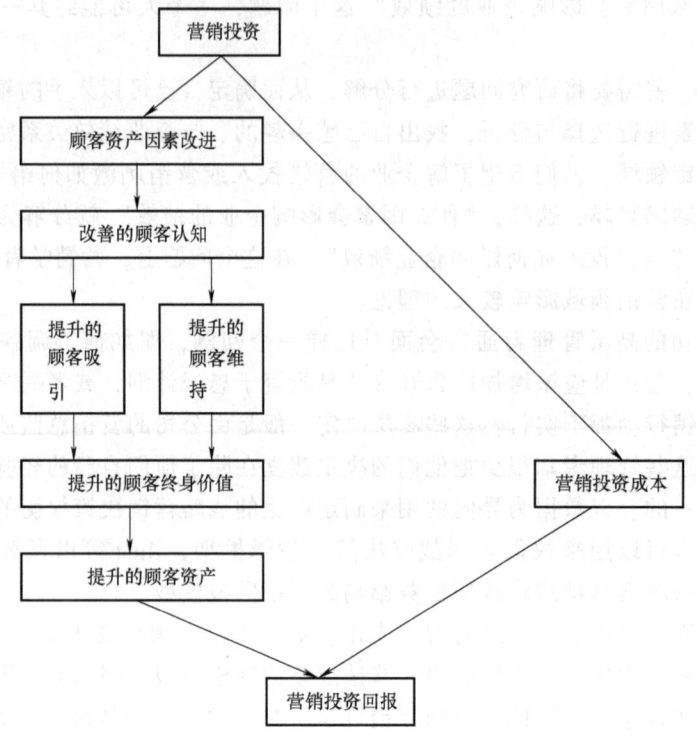

图 2-1　营销回报模型

资料来源：Rust，Lemon，Zeithaml. Return on Marketing：Using customer equity to focus marketing strategy. P112.

任通过顾客关系对企业绩效产生的影响，如 Luo 和 Bhattacharya 考察了顾客满意在企业社会责任与企业绩效关系中的中介作用。进一步回顾关系营销中的信任理论以及社会心理学中的社会认同理论，发现信任与认同有可能是除了顾客满意之外，解释企业社会责任影响企业绩效的其他路径，于是可以提出了这样的研究问题："企业社会责任是否通过影响顾客信任与顾客认同，最终影响企业绩效？"

通过层层分解，一个宏大的"什么因素会影响企业的绩效"这样的问题，通过一个中层理论的营销回报模型所描述的逻辑，最后转化为了一个可以操作的"企业社会责任是否通过影响顾客信任与顾客认同，最终影响企业绩效？"这样一个具体的研究问题。

2.3.2　将研究问题转化为研究变量与研究假设

要把一个一般问题转化为具体的研究问题，还有一个重要的工作是要确定问题中所涉及的变量，以及这些变量之间的关系。

例如，在对联盟组合与企业创新关系的研究中，建立如图 2-2 的理论框架，根据这个理论框架，发展如下研究假设：

（1）资源多样性与企业创新的关系。基于联盟组合的观点，不同联盟伙伴带来的资源多样性是考察企业创新时所需要考虑的一个重要议题。资源多样性增强了新的资源和知识的数量及其组合的可能性，这能够增强企业的创造力和学习能力，因此，作为一项探索性活动，创新可以从资源多样性中获取利益。近期的研究识别了资源多样性的潜在协同作用，认为多个联盟伙伴的组合能够增强企业获取新的信息的机会，从而促进创新。因此，提出以下

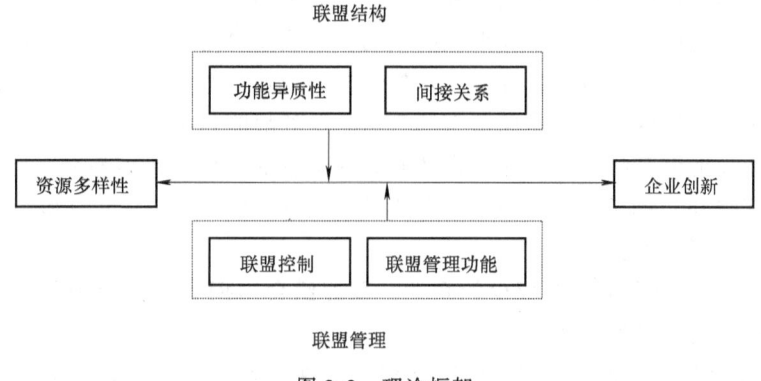

图 2-2 理论框架

假设：

H1：资源多样性对企业创新具有正向的影响作用。

（2）功能异质性的调节作用。企业间组成联盟可能是为了某项功能活动，如制造、营销以及研发等。联盟组合中的不同联盟有可能从事同样的功能活动，也有可能从事不同的功能活动。虽然不同的联盟关注不同的功能，如一个联盟关注营销，另一个联盟关注研发，可以给企业带来潜在的协同作用，但研究者也发现，要实现协同作用，信息必须能够在不同的联盟中有效地交换。然而相对于不同的功能活动，信息更加容易在相同的功能活动的联盟之间共享，因为不同联盟关注同样的活动，前期所积累的知识能够叠加（Overlap），从而增强企业对知识的吸收能力；而跨功能的交流由于缺少共同的语言，沟通起来比较困难，特别是对于不同的企业来说，跨功能的沟通将更加具有挑战性。因此，在联盟组合中，如果功能异质性过高，由于知识难以叠加，将降低企业的吸收能力，从而限制知识在联盟中的传递，进而降低了资源多样性对创新的正向影响。因此，提出以下假设：

H2：相对于联盟组合中的高水平的功能异质性，当功能异质性水平低时，资源多样性对企业创新的正向影响更强。

（3）间接关系的调节作用。在联盟中，A 企业与 B 企业联盟，B 企业又与 C 企业联盟，虽然 A 企业没有直接与 C 企业联盟，但通过 B 企业的关系，间接与 C 企业产生联系。这在社会网络理论中称为弱关系或间接关系。Granovetter（1973）的研究发现，人们通过弱关系或间接关系更容易找到新的工作，这是因为弱关系能够给人们带来更多新的信息，能增强灵活性和探索性；而强关系带来的信息往往是相似的信息，主要是提高交换的效率。也有学者认为在社会网络中，弱关系能带来非冗余的信息。在联盟组合中，既存在直接关系，即强关系，也存在间接关系，即弱关系。以往的研究发现，间接关系可以提高供应链的灵活性，创造信息优势，企业可以从间接关系中获得更多经验和知识，从而提升企业价值。因此，可以推断在联盟组合中，如果目标企业的某个或者某些合作伙伴也同时拥有其他的联盟关系，则目标企业将拥有间接关系，并能够从间接关系中获取更多新的信息。为此，提出以下假设：

H3：相对于联盟组合中目前企业较少的间接关系，联盟组合中目标企业的间接关系越多，则资源多样性对企业创新的正向影响就越强。

（4）联盟控制的调节作用。本项目考察联盟控制的调节作用，并以多数控制权作为联盟控制的衡量指标，这里的多数控制权指的是联盟中目标企业对联盟拥有比联盟伙伴更多的控制权。控制权是联盟中影响资源共享和知识流动效率的一个重要因素，而研究营销渠道的文献也发现，控制是影响渠道关系和渠道绩效的一个重要决定因素。企业之间组成联盟通常具有不同的战略目标。在联盟中，拥有更多控制权的企业，能够影响联盟伙伴的活动，并能有效地管理联盟，使得联盟的合作向着有利于该企业的战略目标方向发展。在联盟中拥有多数控制权的企业还能够影响联盟伙伴共享的知识或信息的类型，更容易在联盟组合中从其他联盟伙伴那里获得补充的资源，因此，多数控制权能使得联盟中的资源和信息共享更有效率。因此，提出以下假设：

H4：相对于联盟组合中控制权少的企业，联盟组合中拥有多数控制权的企业，其资源多样性对企业创新的正向影响更强。

（5）联盟管理功能的调节作用。随着伙伴关系在企业战略中变得越来越重要，许多企业开始建立专门的机构或部门，赋予这些部门管理有关联盟战略和活动的功能。当企业建立了专门管理联盟战略的相关部门时，能够对资源和信息在联盟组合中的共享提供组织上的多方面的支持。例如，当企业拥有联盟管理功能的部门时，这些部门能够将企业在之前的联盟战略中学习到的知识和经验加以系统的总结，从而更有效地与现在的联盟伙伴合作；有专门的部门对联盟活动进行监控，收集联盟信息，能够使得企业更有效地利用联盟组合的协同作用，从而更有效地管理复杂的联盟组合。因此，提出以下假设：

H5：相对于没有建立联盟管理功能部门的企业，那些建立联盟管理功能部门的企业，其资源多样性对企业创新的正向影响更强。

通过这些转化，接下来就可以设计具体的数据收集方案，通过实际的数据验证提出的研究假设是否成立。

2.4 管理学期刊与文献检索

从研究过程来说，提出研究问题后，下一步工作是进行研究设计，为实证分析做好准备，但是，在提出研究问题的过程中，还有一项工作非常重要，就是信息收集，这里的信息收集，主要指的是进行广泛的文献检索。但是，初学者面对浩瀚的文献海洋往往觉得无从下手，有些人甚至还不清楚哪些学术期刊是优秀的，因此，下面给大家介绍一下管理学中的优秀期刊，也可以称之为顶级期刊（Top Journal），以及进行文献检索的一些经验。

2.4.1 管理学期刊介绍

从事学术研究工作，首先要知道自己的研究领域有哪些顶级学术期刊，因为从这些顶级学术期刊上，能够了解本领域的经典是什么，发展脉络是什么样的，而这个领域的热点问题和前沿问题又在哪里。接下来就分别从英文期刊和中文期刊两个方面，介绍管理学中的顶级学术期刊。

1. 英文期刊

管理学中的顶级英文学术期刊大概如下：

（1）AMJ。*Academy of Management Journal*（AMJ）是美国管理学会的期刊，在管理学中有非常大的影响力，每年大概发表 45~50 篇论文。

（2）ASQ。*Administrative Science Quarterly*（ASQ）是另一份影响非常大的期刊，每年大

概只发表 25 篇左右的论文，论文质量都非常高。

（3）AMR。*Academy of Management Review*（AMR）主要发表综述类和理论框架类型的论文，想要了解管理学某个领域理论的发展情况可以找这份期刊的文章来看。

（4）*American Journal of Sociology* 和 *American Sociological Review* 是两份社会学期刊。

（5）JAP。*Journal of Applied Psychology*（JAP）则是心理学的顶级期刊，现在营销领域中有许多学者在研究消费者行为，需要阅读大量心理学的文献，JAP 是顶级的。

（6）JIBS。在国际企业管理领域，首推的期刊是 *Journal of International Business Studies*（JIBS）。

（7）在组织管理领域，*Organization Science* 和 *Research in Organizational Behavior* 两份期刊的水准也非常高。

（8）SMJ。而在战略管理领域，*Strategic Management Journal*（SMJ）有着非常大的影响力。

英文期刊的分类非常细致，每个领域都拥有自己的顶级期刊。例如，在营销学领域，影响力最大的是四大营销学顶级期刊：*Journal of Marketing*，*Journal of Marketing Research*，*Journal of Consumer Research*，*Marketing Science*。其中，*Journal of Marketing*，*Journal of Marketing Research* 是美国市场营销协会（AMA）办的期刊，*Journal of Marketing* 是一份营销学综合类型的期刊，无论是关于营销战略还是消费者行为领域的文章，无论运用的是问卷调查法、二手数据法还是实验研究法，都可以在这份期刊上发表；*Journal of Marketing Research* 则侧重于对营销计量的分析；*Journal of Consumer Research* 是一份非常专业的消费者行为学的期刊，主要发表运用心理学的理论和实验的方法研究消费者行为问题的文章，也被称为一份应用心理学期刊；*Marketing Science* 则注重数理模型，是营销领域中较为偏向经济学研究范式的一份期刊，是营销建模学者最关注的营销学期刊。在营销学领域，除了这四份顶级期刊，还有一些期刊的水准也很高，这些期刊是：*Journal of the Academy of Marketing Science*，*International Journal of Research in Marketing*，*Journal of Retailing*，*Journal of Public Policy & Marketing*。

2. 中文期刊

管理学的中文期刊在专业上没有英文期刊的分类那么细致，一般都是较为综合的管理学期刊，需要关注的主要是中文社会科学引文索引目录（CSSCI）上的管理学期刊，最新的一期目录（2012～2013）版本共收录了 29 份管理学期刊，这 29 份管理学期刊目录见表 2-1。

表 2-1　CSSCI 收录的管理学期刊

《管理世界》	《南开管理评论》	《科研管理》	《科学学研究》	《管理科学学报》
《中国软科学》	《外国经济与管理》	《研究与发展管理》	《公共管理学报》	《科学学与科学技术管理》
《管理科学》	《管理工程学报》	《中国管理科学》	《管理学报》	《管理评论》
《中国行政管理》	《预测》	《系统工程理论与实践》	《科技进步与对策》	《中国科技论坛》
《科学管理研究》	《软科学》	《系统工程》	《经济管理》	《经济体制改革》
《系统管理学报》	《华东经济管理》	《宏观经济管理》	《管理现代化》	

《管理世界》是国务院发展研究中心主管主办的、反映中国经济管理理论、政策研究和管理实践的中国经济管理类权威刊物。《南开管理评论》的水准也非常高，是由南开大学商学院主办的管理学权威期刊，刊发关注中国管理实践热点与难点的研究成果，追踪国际管理

理论前沿，服务中国管理与实践的创新。这两份期刊在国内管理学界都有非常大的影响力。如果想要了解国外管理学研究的最新动态，可以关注《外国经济与管理》，这份刊物是由上海财经大学主办的，主要发表介绍国外管理学研究动态和进展方面的文章。

此外，有一些管理学学术刊物是采用以书代刊的方式出版的，其中几份刊物的水平很高，CSSCI将这些刊物作为集刊收录到了目录中，管理学中收入的四份集刊是：《第一资源》《公共管理评论》《营销科学学报》《中大管理研究》。其中，《营销科学学报》是中文专业的营销学期刊，期刊的风格向营销学国际的顶级期刊看齐，目前所发表的论文在中文营销学论文中水平处于领先地位。《中大管理研究》是由中山大学管理学院主办的刊物，也是一份水平较高的管理学刊物。

CSSCI还收录了73份经济学期刊，由于中文学术期刊的分类不像英文期刊那么细致，所以有一些管理学的论文也发表在了经济学期刊上。其中顶级的有《经济研究》，还有《世界经济》，发表管理学论文较多的是《中国工业经济》。

还有一份期刊是综合类型的，是中文社会科学类的顶级刊物，就是《中国社会科学》。

以上对英文和中文的学术期刊作了一个简要的介绍，接下来介绍如何检索文献。

2.4.2　文献检索

从哪里可以检索到国内外顶级学术期刊的文章呢？这里介绍几种方法。

最常用的一种方法就是到大学图书馆检索。外文管理学期刊一般可以从以下的一些数据库检索：EBSCOhost、Elsevier SDOL、Wiley Online Library、SpringerLink。这几个数据库一般大学的图书馆都有其中的一个或多个。在这些数据库中，可以检索到包括上述英文管理学顶级期刊在内的上千份期刊的文章，现在这些数据库已经做到了与国外同步，所以能够下载到最新发表的文章。此外，还一个JSTOR数据库，主要收录英文过刊，一些经典的文章可以在这个数据库中查找。中文文献也可以到大学图书馆检索，最常用的数据库是中国知网（CNKI），各大学的图书馆都有这个数据库。

还有一种检索方式就是收录各顶级学术期刊的官方网站。在这些网站上，至少可以看到最新发表文章的摘要，如果喜欢某篇文章，可以再到上文介绍的相应的数据库中查找。

当对自己感兴趣的领域有了一定了解的时候，就可以收录这个领域内杰出学者的个人网站。通常在这些学者的个人网站上，不仅可以看到这些学者已经发表的文章，还可以看到他们还没有发表的工作论文。这是追踪一个研究主题和研究前沿的好方式。

2.5　例子

下面以本书编者的一篇文章的部分为例，说明如何描述研究问题，并将研究问题转化为研究假设（原文发表于《营销科学学报》2010年第6卷第2辑（14~31页））。

引　言

启发式（Heuristic）的运用在决策和态度文献里是一个主要的研究主题（Drolet、Luce和Simonson，2009）。自Simon（1955）提出有限理性（bounded rationality）以来，消费者决策领域的研究者们已经研究了多种消费者在决策过程中所运用的启发式（简单的规则和捷径，综述见 Bettman、Luce 和 Payne，1998）。为了解释人们运用启发式的原因，研究者们提出了多种解释机制，包括认知繁忙或认知懒惰（Petty 和 Wegenet，1999）、调整不足（Epley 和 Gilovich，2004，2006）和直觉信心（Simmons 和 Nelson，2006）等。但是，这些文献忽略了情绪因素对于启发式运用的影响。态度文献也同样对启发式进行了讨论，其中，大量文献讨论了情绪对信息加工的影响，基于情绪效价理论的文献认为，处于正面情绪状态的人更多地运用启发式加工系统，而处于负面情绪状态的人更多地运用分析加工系统（综述见 Tiedens 和 Linton，2001），Tiedens 和 Linton（2001）进一步在情绪评价理论（emotion appraisal theory）的基础上，认为处于确定性情绪状态下的人将更多地运用启发式加工系统，而处于不确定性情绪状态下的人将更多地运用分析加工系统。这些文献虽然集中讨论了情绪状态对信息加工的影响，但关注的焦点主要是人们的判断和劝说问题，较少关注人们在不同情绪状态下的选择问题。然而，判断问题和选择问题并非等价的，当消费者面临判断任务的时候，将采用更少的选择性，基于备择（alternative-based）地加工；而当消费者面临选择任务的时候，将采用更多的选择性，基于属性（attribute-based）地加工，具体的情况视选择策略的不同而定（Bettman、Luce 和 Payne，1998）。因此，有必要将情绪因素引入消费者选择问题进行研究。

本研究建立在以上两类文献的基础之上，我们将讨论消费者情绪状态对于消费者选择的影响。具体的，我们基于情绪评价理论的视角，考察不同的确定性状态的情绪如何影响消费者在包含折中选项的情境选择（choice in context）问题中对于"选择中间项"的折中启发式（compromise heuristic，见 Drolet、Luce 和 Simonson，2009）的运用。我们认为，相对于处于不确定性情绪状态的消费者，处于确定性情绪状态的消费者将更多地运用折中启发式，因此将更多地选择折中选项。

理论背景与研究假设

1. 折中效应与启发式

消费者通常面临从多个备择中进行选择的问题，例如，消费者要购买一个移动硬盘，他可能会比较几个不同品牌的移动硬盘，然后从中进行选择；或者比较同一个品牌的不同价位和不同型号的移动硬盘，并从中进行选择。理论研究把这个问题抽象为消费者从一个由多个产品（通常是两个或三个）组成的选择集里选择其中一个的问题。理论研究发现，选择集的结构会影响消费者的偏好，从而影响消费者的最终选择。一个产品在某一个选择集里可能是消费者最偏好的选项，但在另外一个选择集里可能就不是消费者最偏好的产品了。这个发现称为情境效应（context effect）。常见的情境效应有吸引力效应（attraction effect）（Huber、Payne 和 Puto，1982），也称非对称占优（asymmetric dominance），和折中效应（compromise effect）（Simonson，1989）。本研究主要讨论折中效应。

Simonson（1989）发现，在选择集 $\{x, y\}$ 中加入产品 z 构成选择集 $\{x, y, z\}$，这三个产品只是在两个属性上有所不同，在其他属性上都相同。x 和 z 分别在某一个属性上水平最高，而在另外一个属性上水平最低，x 和 z 称为极端项（extreme option），y 在两个属性上都处于中间水平，y 也可称为中间项（middle option），见图 2-3。当 z 加入选择集后，y 在选择集里变为了中间项，则 y 将从极端项获得更多的选择份额（choice share）。Simonson 称之为折中效应。

对折中效应的一个解释是消费者通常基于"选择中间项"这个好的理由（good reason）进行选择（Simonson，1989）。Simonson（1989）通过有声思考（think-aloud protocols）分析发现，选择中间项的被试者通常把他们选择的原因描述为"选项 y 包含了两个属性的特性，因此选择折中是好的"。当要求描述折中选项的优点时，被试者通常会提到，折中选项是一个安全（safe）并且可能较少受到批评（less likely to be criticized）的选项。另一个对折中效应的解释基于前景理论（property theory）的损失规避（loss aversion）概念，即消费者在选择集里所选择的任意一项，相对于被放弃的其他项，都包含有某些方面的获得（gains）和某些方面的损失（loss），而选择折中选项能够最小化损失（Simonson 和 Tversky，1992；Tversky 和 Simonson，1993）。

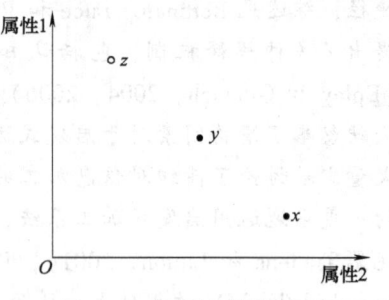

图 2-3 折中效应示意图

无论是基于"选择中间项"是一个好的理由，还是基于损失规避的解释，折中效应表明消费者的偏好并不是固定的，消费者的偏好会随着选择问题的不同而改变，也就是说，消费者的偏好是不确定的。因此，选择折中选项的趋势违背了价值最大化理论（Tversky 和 Simonson，1993）。价值最大化理论（value maximization theory）假设消费者的偏好是确定的。

折中效应表明，在消费者偏好不确定的情况下，在面临权衡（trade-off）的时候，消费者通常不是去思考自己的偏好是什么，而是运用一些简单的规则进行选择，如基于一个好的理由或基于最小化损失来进行选择。因此，最终的选择通常是折中的结果，而不是基于消费者潜在的偏好。实际上，消费者是在运用启发式来解决权衡决策问题。Simonson 和 Tversky（1992）认为，消费者本质上（in nature）是运用了选项间的相互关系（relational）和知觉（perceptual）信息进行启发式决策。这种类型的启发式强调目标选项与其他选项之间的关系。Bettman、Luce 和 Payne（1998）对这种类型的启发式进行了归纳，一种启发式就是运用选项在选择集里的占优关系信息来进行决策，非对称占优属于这种启发式。另外一种启发式就是消费者将比较相关选项之间的优点和缺点，并利用这个比较的结果进行决策，折中效应属于这类启发式。Drolet、Luce 和 Simonson（2009）在一个消费者是基于启发式还是基于目标（self-goal）进行选择的研究中指出，折中选择并不是一个基于有用性（usefulness）和愉悦性（enjoyment）目标的函数，而是一个基于呈现在消费者面前的选项间的关系结构信息的函数，因此，折中效应实际上是一种基于"选择中间项"的启发式。

通过以上的分析，我们发现，无论是用"选择中间项"作为一个好的理由来解释，还是用规避损失来解释，折中效应都是一种启发式。正如 Drolet、Luce 和 Simonson（2009）指出的，无论折中选择是消费者快速决策的结果，还是经过比较属性间的优劣的结果，折中效应都是消费者作为一种捷径进行决策的启发式。

在 Simonson 及其合作者早期的文献里，折中效应是作为一种现象来研究的，研究的目的致力于解释为什么会有折中效应，以及什么因素影响了折中效应（Simonson 等，1989；1992；1993；2000；2003）。在近期的文献里，折中效应作为一种启发式来研究，Drolet、Luce 和 Simonson（2009）从认知的角度，认为认知需求（need for cognition）和认知负荷（cognition load）对折中启发式有交互效应。但是，还没有文献讨论消费者的情绪因素对于折中启发式的影响，本研究将讨论这个问题。

2. 情绪与评价

不同于传统的情绪效价（valence）理论将情绪分为正面情绪和负面情绪，情绪评价理论认为情绪还可以在更为细微（fine-grained）的水平上进行区分。情绪的维度可以细分为责任性（responsibility）、控制（control）、预计努力（anticipated effort）、愉悦度（pleasantness）、注意力（attentional activity）和确定性（certainty）（Smith，1989；Smith 和 Ellsworth，1985；Smith 和 Lazarus，1993）。情绪评价理论认为，人们所经历的特定的情绪是与情绪评价的某些维度的集合相关的。例如，当人们感到生气或回忆起生气的感觉时，他们通常会报告所处的环境令人不愉快，生气的原因不是由于他们自己所做的事情，而是他人引起的，他们比较确定当时发生了什么事情。人们在报告生气这种特定情绪时，从愉悦度、控制、确定性等维度进行了报告。同样，当人们感到害怕时，人们通常会报告负面的环境。不是他们自身的原因引起的害怕，是他们比较不确定当时发生了什么事情，也不清楚将要发生什么事情。这种报告范式显示，情绪可以部分地用组成这种情绪的评价维度进行定义（Mauro、Sato 和 Tucker，1992；Smith，1989）。

研究证据显示，由特定情绪导致的判断与组成该情绪的评价维度具有一定的一致性。例如，Keltner、Ellsworth 和 Edwards（1993）发现，处于生气状态的被试者更容易在后续的负面事件中责备他人，与生气时容易责备他人（控制维度）是一致的。同样，Lerner 和 Keltner（2000，2001）发现，当经历害怕情绪状态时，如果被试者评价当时的环境具有风险，则会增加被试者对后续的环境风险程度的感知。Lerner 和 Keltner（2000）将情绪的评价维度与后续判断相一致的这种现象称为评价倾向（appraisal tendencies）。Tiedens 和 Linton（2001）对评价倾向进行了实证研究，发现经历了确定性情绪的被试者，对后续的判断任务报告了更高的确定性；而经历了不确定性情绪的被试者，在后续的判断任务中报告了更高的不确定性。

Smith 和 Ellsworth（1985）指出，情绪评价的各个维度是正交的，是独立存在的实体（distinct entities）。因此，可以单独地对各个维度进行研究，本研究主要讨论确定性维度。在确定性维度上，情绪可以分为确定性的情绪和不确定性的情绪。情绪评价理论发现，当人们经历某些情绪时，人们通常能感觉到一种确定性，能够理解当时发生了什么事情，也能够比较确定接下来将会发生什么事情。相反，当人们经历了另外一些情绪时，人们能感觉到一种不确定性，人们不太清楚当时发生了什么事情，也不太确定接下来将要发生什么事情（Ellsworth 和 Smith，1988；Smith 和 Ellsworth，1985）。具体的，诸如生气（anger）、厌恶（disgust）、快乐（happiness）、满意（contentment）等属于确定性的情绪；而诸如希望（hope）、惊讶（surprise）、害怕（fear）、担忧（worry）等属于不确定性情绪（Smith 和 Ellsworth，1985）。

3. 确定性与信息加工

确定性是情绪评价中的一个有趣的维度，因为文献研究显示，确定性可能与信息加工相关。例如，Weary 和 Jacobson（1997）研究发现，经常处于不确定性状态的人比经常处于确定性状态的人更多地运用分析系统进行信息加工。相似的，忧郁的（depressed）的人由于对他们的判断缺乏信心，因此将更多地运用分析系统加工信息（Edwards 和 Weary，1993；Gleicher 和 Weary，1991）。

早期的社会认知理论已经认识到，当人们经历不确定性时，人们有动机在认知过程中更加努力。Festinger（1954）提出，当人们对自己感到不确定时，会更多地进行社会比较。Pelham 和 Wachsmuth（1995）对 Festinger 的研究进行了扩展，他们认为，相对于对自己的观点比较确定的人，对自己的观点感到不确定的人在社会比较过程中会更多地运用分析系统加工信息。

进一步，态度的双加工系统理论更加强调感觉的确定性的作用。Eagly 和 Chaiken（1993）在描述 Chaiken 等（1989）提出的自足理论（sufficiency threshold theory）时，提到人们"将尽可能地付出努力以对信息的有效性获取足够的信心"（P330）。当人们感到他们的信心或确定性水平低于他们期望的水平时，将对信息加工付出更多的努力（Tiedens 和 Linton, 2001）。感觉确定性为人们提供了一个暗示（cue），即当前的状态是正确的（correct）和精确的（accurate），不需要对信息进行进一步的加工（Mackie、Asuncion 和 Rosselli, 1992）。

基于情绪效价理论的研究认为，当人们经历正面情绪时，将更多地运用启发式信息加工系统；而当人们经历负面情绪时，将更多地运用分析信息加工系统。例如，情感信息（affect as information）模型认为，经历负面情绪会向人们暗示一种信息，即人们的目标有可能会遭到破坏，这种状态要求人们运用分析系统加工信息；而当人们经历正面情绪时，这种情绪提供的信号是目前的状态是安全的，总体的知识结构足够进行判断，因此，人们将更多地运用启发式系统加工信息（Schwarz, 1990; Bless, 2000）。情绪注入模型（aftection infusion model）的研究则认为，经历正面情绪的人之所以更多地运用启发式信息加工系统而不是分析加工系统，是因为正面情绪提供了一种主观上的确定性（Martin 等，1993）。虽然这些结论描述了不同的心理机制，但都认为是情绪的效价影响了认知过程。然而，另外一些研究却发现同样是负面情绪，有可能导致不同的信息加工过程。例如，悲伤情绪更多地导致分析加工，而生气情绪更多地导致启发式加工（Bodenhausen, 1993; Bodenhausen、Kramer 和 Susser, 1994; Lerner、Goldberg 和 Tetlock, 1998）。这些研究结果显然不符合情绪效价理论的预测，情绪效价理论无法解释为什么同样是负面情绪，悲伤和生气导致了不同的信息加工过程。因此，对于这些发现，需要新的理论进行解释。

Tiedens 和 Linton（2001）将情绪与信息加工的研究由情绪效价理论扩展到了情绪评价理论。他们的研究发现，当人们经历确定性情绪时，将更多地运用启发式信息加工系统；而当人们经历不确定情绪时，将更多地运用分析加工系统。他们认为是情绪的确定性维度，而不是情绪的效价，影响了人们对启发式的运用。情绪评价理论解释了情绪效价理论所不能解释的现象，虽然同样是负面情绪，但悲伤属于不确定性的情绪，因此将导致分析加工系统，而生气属于确定性的情绪，因此将导致启发式系统。

进一步，Tiedens 和 Linton（2001）根据情绪的评价维度与后续判断相一致的评价倾向认为，在情绪的确定性维度对人们信息处理影响的过程中，人们对任务的确定性起到了中介的作用。Tiedens 和 Linton（2001）在一个关于情绪的确定性对刻板印象影响的实验中，在测量被试者对于运动员的刻板印象之前，询问了被试者对于即将执行任务确定性的程度，结果发现，经历确定性情绪的被试者比经历不确定性情绪的被试者报告了更高的任务的确定性，并且被试者对于即将执行的任务确定性的程度中介了情绪的确定性对于刻板印象的影响。

通过以上的分析，我们认识到，人们对自己当前所处的状态是否确定，会影响人们的信息加工方式。当人们感到更多的确定性时，人们通常运用启发式系统加工信息；当人们感到更多的不确定性时，人们将倾向于运用分析系统加工信息。正是由于确定性的影响作用，因此情绪评价理论得出了经历确定性情绪将使人们更多地运用启发式的结论。由于选择中间项是一种启发式，我们推测，当消费者面临选择问题时，如果选择集的结构中包含有折中选项，则经历确定性情绪的消费者，相对于经历不确定性情绪的消费者，将更多地运用折中启发式，因此，将更多地选择折中选项。同时，根据评价倾向的逻辑，我们认为，相对于经历了不确定性的情绪，经历确定性情绪时，人们对即将执行的任务有着更高的确定性，人们对任务的确定性中介了情绪的确定性对于折中启发式的影响。

在具体的研究过程中，我们将通过几个特定的情绪来检验我们的推测，我们选择了确定性情绪快乐（正面）、厌恶（负面）和不确定性的情绪惊讶（正面）、害怕（负面）进行研究。为此，我们提出如下假设：

假设1a：相对于经历惊讶情绪状态（不确定性）的被试，经历快乐情绪状态（确定性）的被试者将更多地选择折中选项。

假设1b：相对于经历害怕情绪状态（不确定性）的被试，经历厌恶情绪状态（确定性）的被试者将更多地选择折中选项。

假设2：被试者对于任务确定性的程度中介了情绪的确定性对于折中启发式的影响。

4. 折中启发式的一个边界条件

如前文所述，Simonson和Tversky（1992）认为消费者本质上是运用了选项间的相互关系进行启发式决策。但他们并没有讨论这种关系呈现的显著（salience）程度是否会影响消费者对启发式的运用。Bettman、Luce，和Payne（1998）提出，关系信息的运用取决于选择集的结构呈现是否精确（exact）。他们以非对称占优为例进行分析，认为消费者之所以运用选项的占优信息进行决策，是因为实验中选项的这个占优关系被显著地呈现在被试者面前，因此占优信息很容易被识别。当决策问题变复杂时，如增加需要权衡的属性的数量，则占优关系信息就难以被识别。因此，Bettman、Luce和Payne（1998）得出推论，当决策问题变得复杂，或者关系信息难以识别以及关系信息呈现不清晰（less transparent）时，消费者将较少地运用关系信息进行决策。但是，Bettman、Luce和Payne并没有对这个推论进行实证检验。直到2009年，Drolet、Luce和Simonson的实证研究发现，当选择集里的折中选项的呈现信息不清晰时，认知需求与认知负荷对折中效应的交互影响将减弱。根据以上分析，我们提出如下假设：

假设3a：当折中选项以高清晰方式呈现时，经历快乐情绪（确定性）的被试将比经历惊讶情绪（不确定性）的被试者更多地选择折中选项；当折中选项以低清晰方式呈现时，经历快乐情绪与经历惊讶情绪的被试者对折中选项的选择没有显著差异。

假设3b：当折中选项以高清晰方式呈现时，经历厌恶情绪（确定性）的被试者将比经历害怕情绪（不确定性）的被试者更多地选择折中选项；当折中选项以低清晰方式呈现时，经历厌恶情绪与经历害怕情绪的被试者对折中选项的选择没有显著差异。

我们将通过四个研究来验证我们的假设。在研究一中，我们将检验两个正面的情绪——快乐（确定性）和惊讶（不确定性），是否对折中启发式的运用有差异；研究二要检验的假设与研究一是类似的，不同之处在于研究二检验的都是负面的情绪，研究二的目的是为了验证结果的稳定性；研究三分为两个小实验，分别在正面情绪和负面情绪状态下检验任务确定性的中介作用;研究四同样分为两个小实验,目的是检验折中启发式运用的边界条件,选择集里折中选项呈现的清晰度作为一个调节变量,分为两个水平,即高清晰呈现水平和低清晰呈现水平。根据四个研究的结果,我们还将讨论本文的理论贡献和营销管理意义。

小　结

　　本章的主题是讨论研究过程的第一步——提出研究问题与收集信息。首先,分析了什么才是重要的、新颖的研究问题,强调了研究问题的理论和实践相关性;其次,介绍了寻找研究问题的四种途径,个人的观察与思考、个人的研究兴趣、阅读文献以及与他人交流;再次,介绍了如何将一个一般的管理学问题转化为研究问题;再次,介绍了管理学的一些重要学术期刊;最后,通过一篇文章的实例,说明提出研究问题和研究假设的过程。

思考题

　　1. 本章介绍了寻找研究问题的四个主要途径,请运用这些途径中的一种或多种,自己尝试着去寻找一个研究问题。

　　2. 本章介绍了检索中文文献与英文文献的方法,请在课后到图书馆尝试进行中文文献与英文文献的检索。

参考文献

[1] Kahneman D, Tversky A. Prospect theory: An analysis of decision under risk [J]. Econometrica, 1979, 47 (2): 263-291.

[2] Tversky A, Kahneman D. Availability: A heuristic for judging frequency and probability [J]. Cognitive Psychology, 1973, 5 (2): 207-232.

[3] Thaler R. Mental accounting and consumer choice [J]. Marketing science, 1985, 4 (3): 199-214.

[4] Davis J H. Group decision and social interaction: A theory of social decision schemes [J]. 1973, 80 (4).

[5] Folger R G, Cropanzano R. Organizational justice and human resource management [M]. Newbury Park: Sage, 1998.

[6] Cui A, O'Connor G. Alliance portfolio resource diversity and firm innovation [J]. Journal of Marketing, 2012, 76 (4): 24-43.

[7] Homburg C, Wieseke J, Hoyer W D. Social identity and the service-profit chain [J]. Journal of Marketing, 2009, 73 (2): 38-54.

[8] Luo X, Hsu M K, Liu S S. The moderating role of institutional networking in the customer orientation – trust/commitment – performance causal chain in China [J]. Journal of the Academy of Marketing Science, 2008, 36 (2): 202-214.

[9] Rust R T, Lemon K N, Zeithaml V A. Return on marketing: Using customer equity to focus marketing strategy [J]. Journal of marketing, 2004, 68 (1): 109-127.

[10] Berger P D, Bolton R N, Bowman D, et al. Marketing actions and the value of customer assets [J]. Journal of Service Research, 2002, 5 (1): 39.

[11] Landrigan M. Improving your measurement of customer satisfaction: A guide to creating, conducting, analyzing and reporting customer satisfaction measurement programs [J]. Journal of Consumer Marketing, 1999, 16 (4): 1-4.

[12] Oliver R L. A cognitive model of the antecedents and consequences of satisfaction decisions [J]. Journal of Marketing Research, 1980, 17 (4): 460-469.

[13] Narver J C, Slater S F. The effect of a market orientation on business profitability [J]. The Journal of Mar-

keting, 1990, 54 (4): 20-35.
[14] Bolton R N, Drew J H. A longitudinal analysis of the impact of service changes on customer attitudes [J]. The Journal of Marketing, 1991, 55 (1): 1-9.
[15] Luo X, Bhattacharya C B. Corporate social responsibility, customer satisfaction, and market value [J]. Journal of Marketing, 2006, 70 (4): 1-18.
[16] Goerzen A, Beamish P W. The effect of alliance network diversity on multinational enterprise performance [J]. Strategic Management Journal, 2005, 26 (4): 333-354.
[17] Jiang L, Tan J, Thursby M. Incumbent firm invention in emerging fields: evidence from the semiconductor industry [J]. Strategic Management Journal, 2010, 32 (1): 55-75.
[18] Sampson R C. R&D Alliances and firm performance: The impact of technological diversity and alliance organization on innovation [J]. Academy of Management Journal, 2007, 50 (2): 364-386.
[19] Swaminathan V, Moorman C. Marketing alliances, firm networks, and firm value creation [J]. Journal of Marketing, 2009, 73 (5): 52-69.
[20] Song M, Droge C, Hanvanich S, et al. Marketing and technology resource complementarity: An analysis of their interaction effect in two environmental contexts [J]. Strategic Management Journal, 2005, 26 (3): 259-276.
[21] Sethi R, Smith D C, Park C W. Cross-functional product development teams, creativity, and the innovativeness of new consumer products [J]. Journal of Marketing Research, 2001, 38 (1): 73-85.
[22] Cohen W M, Levinthal D A. Absorptive capacity: a new perspective on learning and innovation [J]. Administrative Science Quarterly, 1990, 35 (1): 128-152.
[23] Oxley J E, Sampson R C. The scope and governance of international R&D alliances [J]. Strategic Management Journal, 2004, 25 (8-9): 723-749.
[24] Granovetter M S. The strength of weak ties [J]. American Journal of Sociology, 1973, 78 (6): 1360-1380.
[25] Uzzi B. Social structure and competition in interfirm networks: The paradox of embeddedness [J]. Administrative Science Quarterly, 1997, 42 (1): 35-67.
[26] Levin D Z, Cross R. The strength of weak ties you can trust: The mediating role of trust in effective knowledge transfer [J]. Management Science, 2004, 50 (11): 1477-1490.
[27] Wathne K H, Heide J B. Relationship governance in a supply chain network [J]. Journal of Marketing, 2004: 73-89.
[28] Walter A, Ritter T, Gemünden H G. Value creation in buyer-seller relationships: Theoretical considerations and empirical results from a supplier's perspective [J]. Industrial Marketing Management, 2001, 30 (4): 365-377.
[29] Boyd D E, Spekman R E. The market value impact of indirect ties within technology alliances [J]. Journal of the Academy of Marketing Science, 2008, 36 (4): 488-500.
[30] Wu Z, Choi T Y, Rungtusanatham M J. Supplier-supplier relationships in buyer-supplier-supplier triads: Implications for supplier performance [J]. Journal of Operations Management, 2010, 28 (2): 115-123.
[31] Blodgett L L. Research notes and communications factors in the instability of international joint ventures: an event history analysis [J]. Strategic Management Journal, 1992, 13 (6): 475-481.
[32] Kale P, Dyer J H, Singh H. Alliance capability, stock market response, and long-term alliance success: the role of the alliance function [J]. Strategic Management Journal, 2002, 23 (8): 747-767.
[33] Koka B R, Prescott J E. Designing alliance networks: the influence of network position, environmental change, and strategy on firm performance [J]. Strategic Management Journal, 2008, 29 (6): 639-661.
[34] Li N, Boulding W, Staelin R. General alliance experience, uncertainty, and marketing alliance governance mode choice [J]. Journal of the Academy of Marketing Science, 2010, 38 (2): 141-158.
[35] Cui A, O'Connor G. Alliance portfolio resource diversity and firm innovation [J]. Journal of Marketing, 2012, 76 (4).

第3章 理论框架与研究设计

科学研究的核心是建立理论，检验理论，修正或者发展现有的理论。本章将介绍理论构建的过程和中层理论的概念，以及如何作出理论贡献等问题。

3.1 科学哲学简介

在介绍理论构建问题之前，先简单地介绍一下科学哲学的发展过程，将按照实证主义、逻辑哲学论、逻辑实证论、进化认识论的发展脉络进行介绍。之所以要作这样的介绍，是因为本书所介绍的科学的研究方法，以及对待科学的一个基本的态度，就是认为科学是可以被证伪的，也就是科学理论的可证伪性（Falsifiability），也就是说，科学的理论都是有可能在未来的某个时候被证明是错误的，这里的"被证明是错误"的，指的是现有的理论都会在未来的某一天被新的证据所推翻，现有的理论终有一天会对某些现象无法解释，需要人们发展新的理论来解释新的问题，所以，科学的可证伪性认为，所有那些没有办法证明是错误的，都不是科学。这是一个对现代科学影响极大的观念，为了理解这个观念，需要介绍科学哲学的发展历程。

3.1.1 实证主义

科学主义的风潮发生于18世纪工业革命之后的欧洲，那时人类的科技在不断进步，这使得许多人相信科学能够回答人类所有的疑问，解决所有的问题。实证主义（Positivism）正是在这样的背景下由法国科学家孔德（Auguste Comte）提出来的，他认为科学知识应当仅限于收集事实，寻找其相关关系，并以此对现实作出正确的描述。到了20世纪初期，物理学家马赫（Ernst Mach）提出物理现象论，主张现象就是唯一的真实，知识的内容应当仅限于感官经验。科学的目的是要通过实验，揭示支配事物的法则。

3.1.2 逻辑哲学论

逻辑哲学论是维根斯坦（Luwig Wittgenstein）的主张，主要包括逻辑图像论和真值函数论两个部分。逻辑图像论认为，科学家的主要任务是用语言精确地描述现实世界，而现实世界是由事实、原子事实和简单物件三个层次组成的，与这三个层次相对应，包括命题、基要命题和简单名称三种语言。

逻辑哲学论认为简单物件（Single Object）是构成现实世界的实体，是构成原子事实、事实甚至是这个世界的终极结构元素，无论发生什么事情，都不会改变。原子事实则是简单物件一定方式的组合，是许多简单物件在一定的时间内和一定的空间内结合的一种状态。原子事实与简单物件的区别是：构成原子事实的某种组合分解之后，原子事实也将随之消失；构成这些组合的简单物件却不会消失，而是又与其他物件重新组合在一起，从而构成新的原子事实。

逻辑哲学论中的语言是描述世界的图像，而命题又是描述一个事实的图像。在语言和事实的深处，隐藏有一定的逻辑结构，将此逻辑结构揭示出来的唯一的方法，就是运用逻辑分析。

真值函数通常以命题的形式出现，是从语言的句子生成的函数，采用来自 $\{T, F\}$ 的真值，其中，T 表示真实，F 表示虚假。例如句子 A→B 生成真值函数 $h(A, B)$，它的真值是 F，当且仅当 A 的值是 T 而 B 的值是 F。

3.1.3 逻辑实证论

描述原子事实的语言，是组成命题的一个基本单位，维根斯坦将之称为基要命题。可以用语言来描述世界，但是，这其中只有基要命题与世界有直接的关系。一个基要命题代表了一种事物的状况，它们的真假并不取决于其他命题，而是取决于事实。根据逻辑图像论，可以运用实验的方法，或者是其他的实证研究方法，判断情况或者原子事实是否存在，并以此来判断基要命题的真伪，然后，再利用逻辑符号之间的真值函数关系，将"真"的基要命题结合成为命题，这就是科学家们描述世界的语言。总的来说，近代科学由两个最重要的成分组成，一是以实验为核心的实证研究方法，二是逻辑。这就是逻辑实证论（Logical Positivism）的主张。

3.1.4 进化认识论

进化认识论是由波普尔（Karl R. Popper）提出的，其核心观点就是科学是可以证伪的，即证伪论，认为科学家的主要任务不是在于证实一个命题，而是在于证伪一个命题。如果一个命题是可以被证伪的，则这就是一个科学的命题；反之，如果一个命题不能够运用实证的方法来进行检验，即没有办法证明这个命题是"错误"的，则这个命题就不能够称为科学的。这是对现在的科学研究影响非常大的科学哲学，也是本书所介绍的研究方法的基本哲学观点。

关于波普尔提出进化认识论还有一个故事，从这个故事中也可以体会科学的证伪性这个观点。

物理学中有一个基本定律，就是牛顿的万有引力定律牛顿认为宇宙中的物体之间存在着引力，正是引力主宰着宇宙万物的运动，牛顿还计算出物体间引力的大小，自然界中任何两个物体都是相互吸引的，引力的大小与两物体质量的乘积成正比，与两物体间距离的平方成反比。万有引力提出来之后，得到了许多物理学家和天文学家实际观察的验证，成为了物理学的经典理论。

但是爱因斯坦并不这么认为，爱因斯坦认为宇宙中可以不存在引力，宇宙中的物体之所以会存在人们观察到的那些运动规律，不是由于物体间的引力引起的，而是由运行轨道引起的，时空中存在一个光线弯曲的现象，天体之间不是由于引力的作用而运行，而是由于其运行轨道发生了弯曲。而光线弯曲现象在牛顿的经典力学中并没有预测到，所以，如果现实当中真的存在光线弯曲的现象，那么说明牛顿的经典力学是错误的，而爱因斯坦的广义相对论是正确的。

现实是什么样的呢？1919年，欧洲学术界发生了一件影响巨大的事情，英国天文学家爱丁顿（A. S. Eddington）在日食时观察，真的发现了爱因斯坦所预言的光线弯曲的现象，这使得科学界掀起了一阵相对论的热潮，而牛顿的万有引力定律则受到了怀疑。这使得当时正在维也纳大学旁听的波普尔产生了一个重大的疑问，这个疑问影响了波普尔的一生，也影响了现代科学研究的基本观点，波普尔的疑问是：牛顿的万有引力定律多年来已经经历了千百次的检验，为什么有一次的观察数据与牛顿定律不符，就会产生动摇？而在爱丁顿发布其观测结果之前，爱因斯坦谦卑的态度也给年轻的波普尔留下了深刻的印象，爱因斯坦公开宣称，广义相对论只是他自己理论上的一个猜想而已，如果爱丁顿的观测结果否定了爱因斯坦的预测，那么广义相对论就会被否决。

爱因斯坦的治学风格极大地影响了波普尔，使得他致力于研究科学哲学，并于1932年完成了著作《科学发现的逻辑》，主张科学方法应当是以理性批判作为基础的演绎推理，科学家应当先针对特定的问题提出假说和猜想，然后再根据对现实的观测进行假设检验，并在检验的过程中不断地修改原有的假设和猜想。这也是如今管理学实证研究的基本范式。当管理学者对某一个特定问题感兴趣，首先通过理论演绎，推导出若干研究假设，然后通过各种实证的方法，包括问卷调查法、实验法、二手数据法等，收集现实的数据进行假设检验。如果数据反映的结果与之前提出的研究假设一致，那么就接受这个研究假设；如果数据反映的结果与之前提出的研究假设不一致，就对原有理论进行修正。正是在这个不断进行实证检验的过程中，管理学知识得到了积累。

从牛顿的万有引力定律和爱因斯坦的广义相对论的例子中，还可以对第1章中所提到的构念这个学术术语有一个直观的理解。（关于构念的测量第8章还将详细地讨论。）构念是人们为了进行科学研究而创造出来的，自然科学和管理学的学者们研究的就是这些构念之间的关系，如管理学中的顾客满意、顾客忠诚、离职倾向等这些都是构念，自然科学中的温度、速度、引力等也都是构念，既然构念是人们创造出来的，那么就存在这样一个问题——构念是真实存在的吗？自然界中真实存在"温度"吗？营销领域中真实存在"顾客满意"吗？实际上，在讨论这些构念的关系时，往往不去关注一个构念是否真实存在，这个问题对于理论的演绎不重要。也就是说，即使现实中不存在"温度"，也可以通过其他的方式演绎出一套规则。万有引力和广义相对论就是这样，万有引力的一个基本观点就是自然界中存在引力，引力就是一个构念，牛顿创造出引力这个构念，并在此基础上解释了物体运动的规律。现在要问一个基本的问题，现实中真的存在引力吗？在牛顿的物理世界中，引力是存在的，但是在爱因斯坦的物理世界中，引力并不存在，爱因斯坦利用时空的弯曲解释物体的运动，没有引力这个构念，一样解释物理运动的规律，而且，就人们现在的认识来说，爱因斯坦广义相对论的解释力要好于牛顿运动定律。这个例子有助于理解构念的定义。

3.2 理论建构

3.2.1 什么是理论

什么是理论呢？不同的学者有不同的理解。默顿（Robert King Merton）将理论定义为：在逻辑上相互联系并能获得实证性检验的若干命题。而Bacharach认为理论是一个概念和变量构成的系统,在这个系统中,概念之间通过命题联系在一起,而变量之间则通过假设联系在一起。

我们可以在抽象和操作两个层面上形成理论。在抽象层面,抽象的概念在现实世界中没有直接的对照物,例如社会地位,在抽象的世界中,它就是一个概念,人们不能够在现实的世界中找到。在这里,就需要将抽象的概念与现实世界的对照物区别开来。例如,有人会说,一个人的职位高,他的社会地位也高啊,可是,一个人的工作职位就是社会地位吗?显然不是的,有些人的工作职位可能很普通,但仍然有较高的社会地位。也有人可能会说,一个人越富有,他的社会地位越高,那么,富有就是社会地位吗?也不是,有些人可能并不富有,但也同样值得人尊敬。所以,社会地位在抽象层面只是一个概念,它在现实世界中没有直接的对照物。既然是这样,那么怎么来判断一个人的社会地位呢?在这里就需要理论的操作层面,操作层面的概念是能够在现实的世界中观测到的,例如职位高或者收入高或者接受正规教育的年限长的人,社会地位往往就高,因此就可以将一个抽象的社会地位的概念,操作化地定义为由职位、收入、接受正规教育的年限等在现实世界中能够直接观察得到的因素的组合所构成的一个概念。通过这样的一个操作化处理,就可以将一个抽象的概念在现实的世界中观测出来,或者说是测量出来。

抽象的理论由概念和命题构成,而操作的理论则由变量和假设构成,在我们所阅读到的论文中,那些运用归纳的方法、旨在建立理论而不是验证理论的概念性的论文,通常包含的是概念和命题,这是抽象层面的理论;而那些运用演绎的方法、旨在检验理论的实证性论文,则通常是由变量和假设所构成,这是操作层面的理论。第 2 章所介绍的那些管理学顶级学术期刊,AMR 主要发表概念性的论文,而 AMJ 主要发表实证性的论文。大多数实证性论文从验证理论的角度出发,主要关注的是对变量进行清晰的界定,根据概念和命题提出可以验证的假设,而往往对理论的抽象和操作层面没有进行清晰的区分。

3.2.2 中层理论

在社会科学领域,理论层次通常可以包括三个层面,即宏大理论(Grand Theories)、中层理论(Middle Range Theories)和细微理论(Trivial Theories)。宏大理论通常是那些包罗万象的系统原则和规律,帕森斯(T. Parsons)的功能主义理论就是一个宏大理论,中国道家的阴阳理论也是一个宏大理论,它认为可以将自然界和社会生活中的所有事情都分为相互冲突而又相互补充的阴和阳两种成分,事物的任何一种状态都可以通过阴和阳两种成分的平衡和变量来进行解释。细微理论则被称为是工作假设,是人们在日常生活中建立起来的常识。例如,如果头一天晚上有球赛直播,第二天早上有一个员工上班迟到了,则管理人员会假设这个员工是因为头一天晚上看球赛而睡过了头才迟到的,这样的假设就是细微理论。中层理论是由 Merton 提出的,指的是介于日常研究中低层次的但又必需的研究假设与无所不包的系统化统一性理论之间的那类理论,统一性理论的目的在于试图解释社会行为、社会组织和社会变迁中一切可观察到的一致性。中层理论是介于宏大理论和细微理论之间的理论。

Merton 提出中层理论主要基于三个方面的原因:①20 世纪 30 年代以前,注重经验研究、强调社会调查、关注社会现实问题的芝加哥学派在美国社会学界长期处于正统地位。这种过分重视经验与现实而忽视理论研究的倾向使得社会学出现了碎片化倾向,引起了许多社会学家的不满。②20 世纪 40 年代以后,在反对芝加哥学派基础上诞生的 Parsons 功能主义理论改变了美国社会学轻视理论的传统，在美国逐渐成为主流。但是，Parsons 功能理论又走向了另一个极端，那就是过于抽象、过于重视理论研究而忽视甚至拒斥经验研究。③20 世纪 60 年代以来，美国社会动荡不堪，冲突不断，在社会危机面前 Parsons 的宏大理论显得力不从心，遭到了各方面的大量批判。中层理论就是这样一种范围有限的理论，它不仅可以融入到所谓的社会学理论体系中，以区分出微观社会学问题与宏观社会学问题，它本身还构成了经典理论研究工作的直接延续，指明了社会学研究的未知方面，从而大大增强了社会学的应用性、适应性和指导性。

宏大理论是最全面的，因为它包括了一套相互联系的法则，这是一套相互联系的命题和假设，这些法则涉及许多不同情境下的各种各样的现象；宏大理论同时也是最为抽象的，其中的概念与假设之间、命题与假设之间的距离最大，从可以观察到的现象来识别其背后所隐含的法则也最为困难。细微理论则只是集中于有限的概念，这些概念也只是与有限情境下的极少数现象有关；细微理论也是最具体的，理论与可观察的现象之间几乎是相同的。中层理论则是介于宏大理论与细微理论之间，中层理论在全面性和抽象程度上都是中等的，中层理论通过抽象化的学术概念来揭示所观察到的特定情境下的现象背后的模式。所以说，中层理论是有边界的，它只适用于某些特定情境下的现象，而不适用于所有现象。

Merton 的中层理论主要包括以下四个方面的内容：

（1）强调区分负功能（Dysfunction）和正功能（Positive Function）。Merton 认为，在进行功能分析时，应裁定所分析对象系统的性质和界限，因为对某个系统具有某种功能的事项，对另一个系统就不一定具有同样的功能。凡社会结构要素及其关系对社会调整与社会适应起促进和帮助作用的是正功能，而导致社会结构及其关系破裂的是负功能。

（2）区别了显性功能和隐性功能。Merton 认为，在进行功能分析时，应注意分析社会文化事项对个人、社会群体所造成的客观后果。那些有意造成并可以被认识到后果的是显性功能，而非有意造成的和不被认识到后果的是隐性功能。Merton 指出，社会学者的特殊贡献不仅在于研究社会行动者有意安排的预期后果（显性功能），更在于研究社会行动者未预期的或不为一般人所觉察的后果（隐性功能）。

（3）提出了一整套功能分析的范式。Merton 认为，要改变目前的社会学状况，就必须确立起一整套社会学定性分析的范式。Merton 以功能主义思想为基础，提出了著名的功能分析范式，其中包括 11 个方面的问题：①功能归属问题；②主观意向问题；③客观后果问题；④功能指向问题；⑤功能需求问题；⑥功能实现机制问题；⑦功能选择问题；⑧结构约束问题；⑨动态与变迁问题；⑩功能分析的效度问题；⑪功能分析的意识形态问题。

（4）提出了社会失范理论。Merton 认为，当个人以正统的手段去实现目标时，个人行为是符合社会规范和社会要求的，但是目的与手段不一致时，失范现象便出现了。在他看来，失范可以被想象为文化结构中的一种断裂，这种情况在文化的规范和目标同该群体成员在社会结构层次上以符合这些规范和目标的方式行事的能力之间分裂时特别容易出现。为此，Merton 列举了四种失范：①创新失范，是最常见的失范现象，这种行为虽然承认文化目标但却无法采取社会所承认的手段实现目标；②形式主义，是指人们接受了正统手段但囿于缺乏教育机遇而没有接受社会认可的目标；③退却主义，背离并拒绝社会公认的目标和手段，是社会"异化者"，如无赖、流浪人、乞丐；④造反，是企图以创新的目标和手段来取代原因的目标和手段。失范侧重于其积极的方面。另外他始终坚持失范的根源在于文化和社会结构，不能归咎于社会成员个人的缺点。因为他认为，个人的欲望和要求不一定出于人的本能，可能由社会文化决定的。

按照 Merton 的理解，他的中层理论具有以下几个特点：

（1）它主要用于指导经验研究，并且这一理论是可以通过经验加以验证的，如社会流动理论、社会分层理论、角色冲突理论、参照群体理论等。

（2）它只涉及有限的社会现象，一般由几组有限的假定组成，且通过逻辑推导可以从这些假定中产生出能够接受经验调查证实的具体假设。

（3）它可以融入到所谓的社会学理论体系中，成为社会学思想体系的一部分。

（4）它能区分出微观社会学问题与宏观社会学问题，从而划清微观与宏观问题的界限。

（5）它承传了早期社会学家的思想观点和理论建构策略，是经典理论研究工作的直接延续。

（6）它没有认定自己可以对当今一切紧迫的实际问题提出理论解决的终极办法，实际上在某种意义上为人们指明了未知的或需进一步研究的问题。

在管理学领域，建立中层理论具有一定的挑战性，但是也是一个现实的选择。因为管理学的主要研究对象是像企业那样的商业组织或一些非商业组织，而组织的现象又是高度情境化的，许多因素都会影响到组织管理实践中的解决方案。这些特性使得管理学研究者可以较容易地运用实用的术语来构建理论，并通过发现在组织情境中存在的具体关系而建立一些细微理论。

3.2.3 构成理论的主要成分

本小节主要讨论中层理论的构成要素，包括概念、构念、变量、命题与假设、中介机制、调节因素等。概念是有关某些事件、事物（Objects）或现象的一组特性，它是代表事件、事物或现象的一种抽象意义。概念通常来源于个人的经验及观察，任何一个人都会从类似的事物中归纳出一些独立的共同属性，概念是构成理论的基石。构念是被赋予一组具体语意的有意义的名词，构念是概念，但概念未必是构念。变量则是赋予数值的符号。中介机制和调节因素在第 1 章已经介绍过，第 11 章还将继续介绍。下面重点介绍命题与假设。

1. 命题

命题是一个有关两个以上构念的叙述句，它们用一种有关系的形式将构念连接起来，命题旨在说明两个或以上构念之间的关系，无法验证。例如，营销学者 Ruth N. Bolton、Katherine N. Lemon 和 Peter C. Verhoef 认为顾客的价格感知会影响企业与顾客的关系，包括关系长度、关系深度和关系宽度。在这里，价格感知、顾客关系首先是概念，当对这些概念进行操作化定义时，它们就变为了构念，当对构念进行测量，赋予其数值时，就变为了变量，当讨论这些构念之间的关系，并且旨在建立理论时，就是人们所说的命题了。

Ruth N. Bolton、Katherine N. Lemon 和 Peter C. Verhoef 提出命题的论述如下：

（1）价格感知和关系长度。更高水平的顾客价格感知（如更高水平的价格公平）会导致更长的顾客—企业关系，但对此的实证研究非常少。参考价格理论提供了可信的解释，即对价格变化而非价格水平的感知，影响企业关系的长久程度（Kalyanaram 和 Winer，1995）。首先，对一段时间内的价格感知的负面变化（如价格公平度降低）相对于正面改变的影响更大（Tversky 和 Kahneman，1991）。例如，金融服务公司频繁地观察到当保险费涨价时，顾客流失率提高。其次，价格改变必须超过一定程度才能对顾客评价和决定有影响（Galanter，1990；Monroe，1990）。最后，对服务提供者及其竞争对手的价格感知的差异会导致后悔（Tsiros 和 Mittal，2000）。例如，在一项研究顾客信用卡使用的调查中，与竞争对手相关的正面的价格感知对顾客维系影响较大，而与竞争对手相关的负面价格感知影响较小（Bolton 等，2000）。在以上观察的基础之上，我们提出以下命题：

命题1：对价格公平的感知增长（降低）对关系的长度有正面（负面）影响，与价格降低相比（相对于顾客临界价格），价格增长对关系长度的绝对影响相对较小。

（2）价格感知和关系深度。尽管绝大多数商品的价格和需求是负相关的，但在顾客与服务组织关系中价格对顾客关系有着微妙的影响。价格在获取新顾客时起着重要的作用。而在关系建立之后，价格的角色不再那么突出，而关系体验，如服务质量，则变得更重要（Kordupleski、Rust 和 Zahorik，1993；Reichheld 和 Sasser，1990；Rust 和 Zahorik，1993；Rust、Zahorik 和 Keiningham，1995）。总之，价格感知对服务使用有正面的影响，但要区分固定费用（如入网费）、可变费用（使用费）以及半可变定价政策（Bolton 和 Lemon，1999）之间的区别。所以，我们提出以下命题：

命题2：相对于固定入网费用政策来讲，可变费率定价政策会减少顾客服务使用。减少的幅度取决于包括可变定价和固定定价的实际价格。

联合定价计划在此过于复杂（见 Goldman 等，1984；Gourville，1998；Gourville 和 Soman，1998；Ng 和 Weisser，1974；Rappoport 和 Taylor，1997）。然而，我们注意到，当公司向消费者提供在固定定价和可变定价之间选择时，顾客会根据自己的使用模式自行挑选最喜欢的定价政策。

（3）价格感知和关系宽度。与其他购买行为相比，交叉购买的一个关键特征是顾客现有消费经历并不一定和新的购买相关。顾客可以增加与现有消费服务几乎不相关的服务。与重复购买相比，新增服务需要更多详尽的搜索和决策制定过程，包括改变使用方式。所以，相对于关系的长度和服务的使用，竞争价格（而不是对之前的价格感知）对交叉购买的影响更大。对一项新增服务的价格认知通常基于顾客对同一服务提供商过去购买的服务价格。

我们期望当一个服务组织有一个持续定价政策时，这个定价政策对顾客服务交叉购买的价格认知有正面影响，但是实际上没有。这里的持续定价政策，是指服务组织对于所有产品提供接近的价格主张（如不变的利益成本比例）。突出价格持续的角色，带有正面价格感知的顾客可能更倾向于搜寻低价，因此展示出更低的交叉购买可能性（Verhoef 等，2001）。在这些观察的基础之上，我们提出以下命题：

命题3：相对于不使用持续定价政策的服务组织来说，使用持续定价政策的组织，其顾客对现有服务的价格感知对交叉购买有更大的影响。

2. 假设

什么是假设呢？为实证建立命题，将命题加以明确陈述以供实证的统计检验，形成可验证明命题的过程，就称为假设。

下面以我的关于消费者决策中的机会成本忽略与消费者选择之间关系的研究为例来说明研究假设提出的过程：

1. 机会成本忽略

机会成本是经济学中一个基本概念，指的是人们在作决策时放弃的机会而未能实现的效用的现金流（Nozick，1977）。例如，如果人们选择读书而不是工作，那么因为读书而放弃了工作的机会，工作所能获得的收入就是选择读书的机会成本。根据经济学的经典假设，人们在作决策的时候需要考虑机会成本。"在作决策时考虑机会成本的假设不仅是经济学教科书里理想消费者所遵循的法则（Law），同样也是实际消费者行为的一个假设"（Frederick、Novemsky、Jing Wang、Dhar 和 Nowlis，2009，第 553 页）。一些行为决策的文献也同样支持这样的假设，例如，Becker、Ronen 和 Sorter（1974，第 372 页）提到："当决策者面对橱窗里的鱼子酱时，他们会考虑，用来买一磅鱼子酱的钱可以买多少面包……在这里，人们直觉地考虑机会成本。"Okada 和 Hoch（2004，第 313 页）同样提到："金钱的机会成本很容易被识别。金钱在市场上很容易交换，具有高流动性和可替代性，能够被存储。1 美元就是 1 美元……因此，一笔金钱的另外一种最好的用途将很自然地被人们考虑到。"

有趣的是，消费者行为决策的这些文献在面对机会成本与消费者选择问题时并没有从有限理性的框架进行分析，而仍然根据理性选择理论的假设来描述消费者的行为。难道是机会成本与消费者选择问题不存在有限理性框架所描述的非理性偏差吗？答案是否定的，Frederick、Novemsky、Jing Wang、Dhar 和 Nowlis（2009）的一个研究报告了有关机会成本信息呈现方式与消费者选择问题的一个非理性偏差。

Frederick 等人（2009）认为，对于消费者来说，在决策中考虑机会成本需要消费者能够考虑到购买决策之外的其他备择。但是，这个假设与一些心理学的研究结论不一致，心理学研究认为，人们的判断与偏好主要基于清晰地呈现在人们面前的信息（Kahneman 和 Frederick，2002；Slovic，1972）。根据心理学的研究逻辑，Frederick 等人（2009）认为，消费者在决策时并不像经济学教科书描述的那样会自然地考虑机会成本，机会成本通常是被忽略的，消费者的偏好受到机会成本信息呈现方式的影响。

在 Frederick 等人（2009）的研究中，他们询问被试者是否愿意花 14.99 美元购买一张新的影碟。被试者分为两组，控制组的被试者在"（A）购买这张影碟"和"（B）不购买这张影碟"这两个选项中进行选择，实验组的被试者在"（A）购买这张影碟"和"（B）留着 14.99 美元购买其他商品"这两个选项中进行选择。Frederick 等人认为，如果消费者不购买影碟，而把 14.99 美元留作他用，这 14.99 美元就是购买影碟的机会成本。按照经典的经济学理论，消费者应该自然地考虑购买影碟的 14.99 美元的机会成本，因此，控制组的"不购买这张影碟"与实验组的"留着 14.99 美元购买其他商品"的效果应该是一样的，即如果消费者选择不购买影碟，那么消费者实际上是考虑了留着钱购买其他商品，消费者在控制组与在实验组的选择就应该没有显著的差异。但是，按照心理学的研究，消费者并不会自然地考虑机会成本，实验组的"留着 14.99 美元购买其他商品"这个选项提醒了消费者购买影碟的机会成本，只有在看到这类信息时，消费者才会在决策过程中考虑机会成本。因此，Frederick 等人预测，实验组与控制组的选择会有显著的差异。实验结果是，控制组的被试者有 75% 选择了购买影碟，而实验组的被试者选择购买影碟的比例下降到了 55%，两组结果差异显著。Frederick 等人在其他几个实验中也发现了同样的规律，因此得出结论：消费者在决策时并不像经济学理论描述的那样，会自然地考虑机会成本，在通常情况下，机会成本是被消费者忽略的，只有提醒消费者决策产生的机会成本时，消费者才会根据机会成本进行决策。机会成本信息的呈现方式影响了消费者的选择，当提醒消费者决策产生的机会成本时，消费者的购买意愿会降低，或者会显著地增加对便宜商品的购买。Frederick 等人

(2009)把这个发现称为机会成本忽略（Opportunity Cost Neglect）。

2. 信息呈现方式与聚焦效应

Russo（1977）认为信息的组织与呈现方式会显著地影响消费者的选择。他报告了一个经典的现象，当为每一个项目单独呈现价格时，消费者很难在项目间进行价格的比较；而当把项目的价格信息组织为表格排序呈现给消费者时，消费者进行价格比较就变得容易了。Kahneman 和 Frederick（2002）提出，人们的判断与偏好主要基于清晰地呈现在人们面前的信息。Frederick 等人（2009）通过向一组被试者提示机会成本信息，而不向另一组被试者提示机会成本信息，发现了机会成本忽略的非理性偏差——当向被试者提示机会成本信息时，被试者的购买意愿会降低，或者会显著增加对便宜商品的购买。由此推断，信息的呈现方式可以解释人们购买选择的偏差。那么，在信息呈现方式与购买选择之间具体的机制是什么呢？

Frederick 等人（2009）认为已有文献对于聚焦效应的研究能够用来分析机会成本忽略，"人们只关注于明确呈现出来的信息，而不能自然地考虑与选择或判断上有逻辑关系的相关信息的暗示，既然考虑机会成本要求决策者主动考虑到并没有被呈现出来的其他信息，那么机会成本同样有可能在决策中被忽略（Frederick 等，2009，第 554 页）"。Frederick 等人（2009）虽然提出了聚焦（Focalism）效应对机会成本忽略有影响作用，但并没有检验聚焦效应的具体作用，本研究将考察聚焦效应是否中介了机会成本信息呈现方式对消费者选择的影响。

已有的文献对于聚焦效应的一个研究领域是人们对于生活满意的预测。例如，Schkade 和 Kahneman（1998）发现，美国加利福尼亚州和美国中西部气候上的差异显著影响了两地的居民对于生活满意的判断。特别是当两地的居民都报告了相同水平的生活满意时，让加利福尼亚州的居民估计中西部居民的生活满意度，同时也让中西部的居民估计加利福尼亚州居民的生活满意度，结果发现估计的加利福尼亚州居民的生活满意度要明显高于估计的中西部居民的生活满意度。Schkade 和 Kahneman（1998）发现，产生这一偏差的原因是人们在预测生活满意度时过多地聚焦于当地的气候对于生活满意度的影响，而忽略了其他有可能影响生活满意度的因素，由于加利福尼亚州阳光充裕，气候比美国中西部要好，因此无论是加利福尼亚州的居民，还是美国中西部的居民，都认为在加利福尼亚州生活会更加愉快。

在情感预测（Affective Forecasting）领域，研究者们发现人们在进行情感预测的时候通常会产生偏差，人们通常会过高地估计自己将来的快乐，产生这种偏差的一个重要的机制就是聚焦效应，即人们通常过高关注于当前事件或目标事件，而忽略了相关的其他事件的发生（Wilson 等，2000）。Wilson 等人（2000）发现，大学生们通常过高地估计某个未来事件（如学校足球队获得一场比赛的胜利）所带来的快乐，因为他们在作预测时过多地把自己的思维聚焦在了目标事件（足球比赛）上，而忽略了其他事件也可能影响他们的情绪。当让大学生们考虑除了球赛以外可能发生的其他事件时，大学生们的情感预测的偏差得到了缓和。研究者们还进一步发现，由于聚焦效应的影响，人们在情感预测中低估了其他事件对于人们的思考以及情感的影响，从而产生情感预测的偏差，这个偏差会影响人们对于自己未来的体验的预测。如果人们高估了未来的正面情感，则这个偏差对于人们是有好处的，它可以促使人们更加努力地工作（Gilbert 和 Wilson，2007；Wilson 和 Gilbert，2005）。

研究者们在推理与决策领域也同样发现了聚焦偏差。Legrenzi、Girotto 和 Johnson-Laird

（1993，第37页）提出"决策者在他们的模型中将自己的思维限制在明确表达出来的信息上"。在实验中，Legrenzi 等人将被试分为两组，即控制组和实验组。控制组的被试者需要决定是否执行一项给定的活动（如去看电影）。没有给控制组提供相关的背景信息，要求被试者向实验指导员提问以获取帮助他们决策的信息。结果发现控制组的被试者没有人询问除了目标选项（如看电影）之外的其他潜在选项（如参观博物馆）的相关信息。而对于另一组被试者，即实验组，同样是需要决定是否执行一项给定的活动，不同于控制组的是，给实验组提供了背景信息，场景描述为假设被试者第一次到一个很有吸引力的城市（如巴黎）访问一天，同时告诉被试者，实验指导员有该城市旅游观光信息的第一手资料，当被试者决定是否执行给定任务时，可以向实验指导员咨询信息。实验组的结果显示，8个被试者里有7个询问了实验指导员除了目标选项之外的其他潜在信息。比较控制组和实验组的结果，Legrenzi、Girotto 和 Johnson-Laird（1993）得出结论，如果不向决策者提供背景信息（实验组的条件），则决策者会将自己的思维限制在明确表达出来的信息上（如控制组的目标选项）。

Häubl、Dellaert 和 Donkers（2009）考察了聚焦效应对于消费者产品搜寻的影响。他们认为，在一个给定的搜寻时间段，消费者将给予当前考察的产品更大的权重，而忽略了之前考察的产品的吸引力，这会影响消费者的产品比较和决策。

Jones、Frisch、Yurak 和 Kim（1998）考察了不同表达框架对于决策的影响，当人们面对单一选项作出是与否（Whether or Not）的决策时（如是否留在家里），这个单一选项很自然地成为人们关注的焦点，但是，当人们面对从两个选项中选择一个的问题时（如是留在家里还是出去看电影），则没有一个选项会自然地成为焦点，除非背景信息引导人们关注某个选项。本研究将同时考察单一选项问题和二选一问题在聚焦效应上是否存在差异。

根据以上的分析，我们发现，由于聚焦效应的影响，人们通常过多地依赖于目标事件提供的信息进行判断与选择，而忽略了其他相关事件的影响，这就可以解释为什么信息呈现方式的不同会影响消费者的选择。关于消费者在选择过程中是否考虑机会成本的问题，如果呈现给消费者的信息里没有提示机会成本，则由于聚焦效应，消费者会忽略机会成本对选择的影响；而当在呈现的信息里明确地向消费者提示机会成本时，消费者才会考虑机会成本对选择的影响。在具体的实验中，我们将同时考察单一选项问题和二选一问题：对于单一选项问题，我们将考察被试者是否愿意花钱购买一件产品；在二选一问题中，我们将让被试者在同一个产品品类的两件产品中进行选择，两件产品中一件贵一些，另一件便宜一些。我们提出如下假设：

假设1：信息呈现方式影响了被试者的购买选择。

假设1A：在单一选项问题中，相对于没有提示机会成本信息的被试，当向被试者提示机会成本信息时，被试者的购买意愿会降低。

假设1B：在二选一问题中，相对于没有提示机会成本信息的被试，当向被试者提示机会成本信息时，被试者会增加对便宜商品的购买。

假设2：聚焦效应中介了信息呈现方式对购买选择的影响。

3. 思维方式差异与聚焦效应

Nisbett 等人（2001）认为，人们的思维方式存在跨文化的差异，即文化的差异被认为是影响人们认知过程的因素。生活在东方社会中的人们，由于嵌入在多种社会关系当中，会更多地关注事物之间的相互关系；相反，西方社会没有东方社会那么复杂的社会关系，西方人通常以分离的、不连续的观点看待事物，通常以规则（Rules）和属性（Properties）来解释物体的行为（Alokparna Basu 和 Deborah Roedder，2007）。因此，东方人更多的是整体思维，而西方人则更多的是分析思维。整体思维倾向于将背景（Context）与场（Field）看作整体，关注目标物体与场之间的关系，偏好在这些关系的基础上解释事件；而分析思维则倾向于将目标物体与背景相分离，关注物体的属性，并根据属性进行分类，偏好用规则来解释和预测物体的行为（Nisbett等，2001）。

大量的研究支持了Nisbett等人的观点。由于东方人关注目标与环境之间的关系，因此，相对于西方人，东方人更多的是场依赖（Field Dependent）的（ji、Peng 和 Nisbett，2000）。Masuda 和 Nisbett（2001）发现，当向人们呈现以鱼为核心，以海藻、岩石等为背景的图片时，日本被试更关注鱼与环境的关系，而美国被试则更关注核心物体——鱼。在另外一个研究中，Chiu（1972）询问美国和中国的儿童，让他们从包含三个物体的集合中选择两个最相似的，并解释选择的原因。研究发现美国儿童采用的思维方式是利用属性或类别的思维来区分物体，例如，美国儿童选择吉普车和船在一起，因为它们都是属于交通工具这个类别。而中国儿童则采用背景关系的思维方式，选择基于物体的功能和关系，例如，中国儿童将桌子和椅子选在一起，因为中国儿童认为桌子和椅子是配套使用的。

Nisbett、Peng、Choi 和 Norenzayan（2001）在研究人们思维方式的差异时，是基于跨文化的角度，即西方文化背景的人以分析思维方式为主，而东方文化背景的人以整体思维方式为主。近期的一些研究表明，人们的思维方式不仅在文化层面上有差异，在同样一个文化内部，在个人层面上人们的思维方式也可以区分为整体思维与分析思维的差异（Choi、Koo 和 Choi，2007）。Alokparna Basu 和 Deborah Roedder（2008）从个人层面研究了品牌负面事件中消费者整体思维和分析思维的调节作用。Sharon Ng 和 Michael J. Houston（2009）在个人层面上讨论了场独立、场依赖与品牌认知结构的关系。Alokparna Basu 和 Deborah Roedder（2009）同样在个人层面上研究了整体思维与分析思维的消费者对于品牌延伸的不同评价。本研究同样基于个人层面考察思维方式与机会成本忽略的关系。如果从思维方式的角度来分析有关机会成本信息呈现方式与消费者选择问题，我们认为，分析思维方式的人更容易产生偏差，因为分析思维的人在看到某个信息以后很少去考虑与这个信息相联系的其他信息；而整体思维的人则不同，整体思维的人更关注事物之间的联系，因此，在看到某个信息后，整体思维的人更容易去考虑与之相关的其他信息，所以整体思维的人可能不太容易产生偏差。

Lam 等人（2005）发现了聚焦效应的跨文化差异，他们认为由聚焦效应引起情感预测的偏差可能不是一个普遍的现象（Universal Phenomenon），由于东方人比西方人更加表现为整体思维，因此东方人可能较少受到聚焦效应的影响。Lam 等人（2005）认为，由于西方人倾向于将目标物体与背景信息分离开来，这就类似于情感预测里的聚焦效应，西方人在情感预测时会过多地关注目标事件，而忽略了其他相关信息，而东方人的这种偏差就要比西方人小。在实证研究中，Lam 等人将被试者分为两组，一组被试者为以分析思维方式为主的欧洲籍加拿大人，另一组被试者为以整体思维为主的东方人。实验的任务是要求被试者在气温还比较寒冷的时候预测当气温回暖到20℃时，自己感到快乐的程度。预测自己在未来的情感是情感预测领域研究的基本问题，如果人们在预测自己的情感时过多地关注问题的目标事件（如气温），则人们就容易忽略掉其他有可能影响自己情感的因素，从而产生情感预测的偏差。Lam 等人的实验在加拿大滑铁卢大学进行，在当地 3 月份的一个阴天（天气比较寒冷）。结果发现，相对于东方人，欧洲籍加拿大人在预测情感时更容易受到天气的影响，从而报告了更高的快乐预测值。这说明分析思维的人比整体思维的人在预测情感时更加容易受到聚焦效应的影响。

根据以上的分析，我们推测，Frederick 等人（2009）之所以发现了机会成本信息呈现方式对消费者选择的影响，是因为他们的实验对象都是美国被试者，可能是由于被试者群体以分析思维为主，因此容易受到聚焦效应的影响，即这些被试者过多地关注呈现给他们的信息，如果信息里没有关于机会成本的提示，则被试者就不会去考虑机会成本，所以表现出了偏差。如果是整体思维的被试，则可能较少受到聚焦效应的影响，从而在决策中不容易产生偏差。为此，我们提出如下假设：

假设 3：当把人们启动到分析思维方式时，信息呈现方式对购买选择的影响显著；当把人们启动到整体思维时，信息呈现方式对购买选择的影响效果不显著。

3.3 研究设计

3.3.1 研究设计的过程

研究设计是在研究中指导收集和分析数据的框架或计划，是整个研究过程的执行计划。一般来说，一个好的研究设计要完成三个基本目标：①能有效地回答研究问题。前文已经论述，在实证研究中，研究问题最终将转化为研究假设，而研究设计的目的，就是要通过数据收集方案的执行收集数据，然后进行统计分析，对研究假设进行检验，从而判断研究假设是否得到了经验数据的支持。②能满足实证研究效度的要求。一个好的研究设计能够使得研究者合理地安排研究过程，提高研究的质量。通过严谨的研究设计，研究人员可以确保对理论构念测量的质量，并根据数据的类型选择正确的统计分析方法和合理的样本，保证研究结果的可靠性。③控制研究中的各种变异。通过严谨的研究设计，研究人员还可以根据研究类型和所需的数据类型选择最合适的研究方法，从而有效地控制那些能够影响因变量变化的各种变异量，从而提高研究的可信度。

一个研究设计的过程一般可以包括八个步骤，这八个步骤是：确定研究主题、文献回顾和探索性访谈、定义研究问题、进行研究假设、前测试、收集数据、分析数据、得出结果。实际上，这也是一个实证研究的一般过程。研究设计过程如图 3-1 所示。

需要指出的是，以上研究过程并不是一个简单的单向推进的过程，在研究过程中，可能会由于最初的研究构想、文献回顾的深度、数据收集等问题需要对

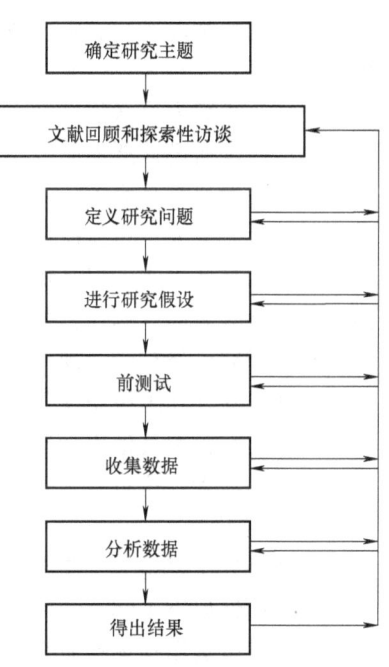

图 3-1 研究设计过程
资料来源：本章参考文献 [5]。

研究设计作出调整,有时还可能会改变原来的设计。

3.3.2 研究设计的类型

研究设计一般可以分为探索性研究和结论性研究,其中,结论性研究包括描述性研究和因果研究,研究设计可以分为探索性研究(Exploratory Research)、描述性研究(Descriptive Research)和因果研究(Causal Research)三种类型,图3-2显示了研究设计的类型。

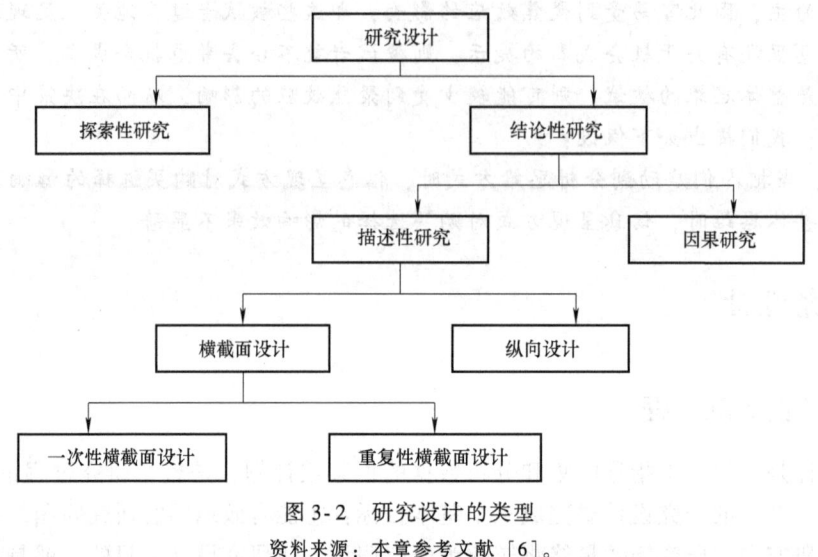

图3-2 研究设计的类型

资料来源:本章参考文献[6]。

1. 探索性研究

当对目前的情况所知有限,或者没有任何信息来帮助了解相关的研究问题时,人们就会进行探索性研究。探索性研究的主要目的是对研究人员所面临的问题提出看法和见解。进行探索性研究,研究人员必须做大量的准备工作,以熟悉在该情况下可能产生的各种问题,才能够为详尽的调研设计严谨的方案。

进行探索性研究是为了更加了解某个过去可能很少有人讨论的问题,为了更清楚地了解问题的状况,研究人员可能需要与许多人进行访谈,才能进行下一步的研究。有些时候,虽然已经了解了某些事实,但是仍然需要更多的信息才能够建立一套可行的理论,这时进行探索性研究也是必要的。例如,想知道影响女性在组织中晋升的主要因素是什么,对于这个问题,现有的研究已经显示,现代女性的独立、好强与果断的特征,男性与女性特征恰当的融合,都有助于女性在组织中获得晋升的机会,这是人们已经了解到的信息,但是,除了这些特征之外,还有没有其他因素影响女性的晋升?这时就可以设计一个探索性研究,访问一些组织中的女性高管,这将有助于了解问题。

2. 描述性研究

描述性研究主要是为了确定或者描述某种情况下研究人员感兴趣的变量的特性。例如,可以运用描述性研究了解企业中一群员工的特征,如员工的年龄分布、受教育程度、职位与年薪等;也可以运用描述性研究了解一个企业的战略事实情况,如市场导向战略如何影响企业绩效、企业社会责任如何影响企业绩效等。描述性研究的目的是为研究人员提供一些基本的资料,从个人、组织、产业等观点来描述某种现象的相关特征。

描述性研究又可以分为横截面设计（Cross-sectional Design）和纵向设计（Longitudinal Design）两种类型。横截面设计是常用的描述性研究，指的是一次性从特定的样本总体中收集信息，又可以包括一次性横截面设计和重复性横截面设计。一次性横截面设计是指在目标总体中仅抽取一个调查对象样本，对这个样本只收集一次信息，因此也称为抽样调查研究设计；重复性横截面设计是指有两个或两个以上的调查对象样本，从每个样本中收集一次信息，但不同样本的信息通常在间隔较长的一段不同的时间收集。纵向设计是指对目标总体中的固定样本组的同一组变量进行重复的测量。纵向设计要求样本或样本组随时间保持不变，随着时间的延续，纵向设计要求对同样的调查对象和同样的变量能够进行多次的测量。

3. 因果研究

因果研究是用来揭示原因与结果关系的研究设计。因果研究的用途包括：理解哪些变量是现象的原因，哪些变量是现象的结果；确定原因变量和结果变量之间关系的性质。前面所论述的描述性研究通常只能够揭示变量之间的相关关系，而要检验因果关系，必须运用因果研究，在相对可控的环境中对自变量进行控制和操纵，从而检验因变量的变化。实验研究是最常用的一种因果研究。

三种研究设计如何运用呢？一般来说，当对于问题的情况几乎一无所知时，应该首先运用探索性研究。当需要更加准确地定义问题、确定行动方案、提出研究问题或者研究假设，或者分离主要变量以及对自变量与因变量作出区分时，通常也运用探索性研究。探索性研究往往是整个研究设计的起步，在多数情况下，当完成探索性研究之后，研究人员就可以进一步进行描述性研究或因果研究。但是，并不是每一个研究都需要从探索性研究开始，这取决于问题定义的准确程度以及研究人员对于解决问题的方法的明确程度。在组织管理领域，大多数的问题都已经被研究人员讨论过了，因此，组织管理领域的大多数研究，都是直接进行描述性研究或者因果研究的。如果在进行描述性研究或因果研究的过程中，研究人员发现了一些新的问题，这些问题并没有得到前人的深入研究，或者人们对这些问题了解甚少，又可以从描述性研究和因果研究回到探索性研究，对新的问题进行分析。表3-1说明了探索性研究、描述性研究以及因果研究各自的特点、目的和方法。

表3-1 三种研究的特点、目的和方法

研究类型	特点	目的	方法
探索性研究	初始阶段 情况不明 灵活 省时、省费用	研究问题的表现与问题的根源 明确进一步调查的重点	专家访谈 预调查 二手数据 定性研究
描述性研究	对情况或事件进行描述 研究事物发展的过程及可能的原因	研究事情是怎样发生的 历史与现状 可能的原因	二手数据 问卷调查 固定样本组 观察数据和其他数据
因果研究	研究两个或多个变量之间的量化因果关系	研究一个因素会以怎样的方式影响另一个变量，以及影响的程度	实验法（三种证据：伴随变化、相续变化、没有其他因素影响） 统计分析

3.3.3 研究的效度

这一部分介绍关于研究效度的几个概念，包括构念效度（Construct Validity）、统计结论效度（Statistical Conclusion Validity）、内部效度（Internal Validity）以及外部效度（External Validity）。提高研究中的这几个效度，是评价一个研究是否可靠的关键因素。

1. 构念效度

构念效度是指对构念测量的准确性，也就是说测量的对象，是不是与构念的理论定义是一致的。构念是不能够被直接观察到的，是看不见的，如顾客满意，人们不能直接观察到一位顾客的满意度到底如何。通过操作化的手段，将不能够直接观察的理论构念，转化为可以观察到的、可以量化的指标体系，这个指标体系通常叫作量表。这样，我们就可以知道一个变量的观测值了。当我们运用量表来测量变量时，不可避免地会引入各种测量的误差，构念效度指的就是测量与理论的一致程度，也就是误差可接受的程度。通常有两种方法可以提高构念效度：

（1）从抽象分析的角度，研究者在定义中明确它的内部结构，尽可能做到精确定义。当然，并不是要求每一个研究者在进行研究时都重新对一个常用的构念定义，管理学中的大多数构念都已经有学者开发出了权威的量表，在研究这些构念时，只需要引用这些量表。这些量表从哪里获得呢？一般可以通过开发这些量表的学者所发表的关于开发量表的文章，或者通过引用这个量表的实证研究的文章。

（2）从变量测量的角度，研究者需要选择合适的测量方式，以控制测量误差。人们在进行实证研究时，往往会从文献中引用量表，但是有些时候，一个构念通常同时存在多个量表，到底选择哪一个呢？要选择那些顶级学术期刊上的量表；另外还要注意所选择的量表的使用情境与自己的研究的情境是否相符。

2. 统计结论效度

实证研究都是通过抽样的方式对变量之间的关系进行统计检验，并推断到总体的情况，所得出的统计结论都是概率性的，是在一定概率的基础上对零假设而作出的，因此，统计结论面临着统计结论效度的问题。一般来说，人们在进行统计决策时面临四种情况：接受正确的零假设；拒绝错误的零假设；拒绝正确的零假设；接受错误的零假设。前面两种情况是正确的决策。后面两种情况则是错误的决策。这种错误分为两种类型：①拒绝正确的零假设，是存伪，称之为第一类型错误（Type I Error），即两个变量之间本来是没有联系的，但是根据的统计结果拒绝了零假设，得出它们之间存在显著关系的结论，就是第一类型的错误；②接受错误的零假设，是去真，称之为第二类型错误（Type II Error），即本来两个变量之间是存在显著关系的，但是根据统计结果却接受了两个变量没有关系的零假设，这就犯了第二类型错误。

现在人们在进行统计决策时，一般都是借助计算机进行，将数据输入计算机，统计程序会自动给出计算结果，如果结果显示很多"＊"号，则预示着很多研究假设得到了数据的支持。那么，在统计上，人们是怎么判断是接受还是拒绝零假设呢？这里通过一个简单的例子来说明零假设、显著性水平、小概率事件等概念。

"大海里捞针"，表示几乎不可能发生的事情，现在假设有一根针掉到大海里，怎样检验这个事情呢？可以作出零假设为 H0：大海里掉了一根针（即只有一根针在海里）。同时还要作出与零假设相对应的假设，即 H1：大海里不只有一根针。把显著性水平定为 0.01，也就是小概率事件，就是说，如果真的像零假设描述的那样，大海里只有一根针，那么进行一次打捞，把这根针捞上来的概率是 0.01，这是一个小概率事件，在统计上认为一个小概率事件在一次观察中是不可能发生的。接下来进行检验，真的到大海里进行一次打捞，看看是否能够打捞上一根针，这一次打捞就是研究中的抽样调查。现在的情况是，如果只用一次打捞，就真的捞上来了一根针，这代表什么呢？这就代表，如果原先的零假设是正确的，即大海里只有一根针是正确的，那只进行一次打捞，是不可能将这根针打捞上来的，因为这是小概率事件（0.01），现在居然打捞上来了，就只能说明不是小概率事件发生了，而是原来的零假设是错误的，即大海里只有一根针这个假设是错误的，于是，根据抽样的结果，拒绝接受零假设 H0 而接受相反假设 H1，即大海中不只有一根针。这就是统计检验的基本思想。

3. 内部效度

内部效度是指测量变量之间的因果关系推论的可信度。在研究中，人们讨论自变量对因变量的影响，关心的是因变量的变化在多大程度上是由自变量的变化引起的，由于因变量的变化不仅可以由人们所关心的自变量引起，也可以由人们的研究不关注的其他因素引起，内部效度就是指人们在多大程度上能够控制那些影响因变量变化的其他因素。

4. 外部效度

外部效度是指将研究结论推广到其他群体、其他时间和其他情境时的可信程度。在通常情况下，研究往往是基于一个特定的情境进行的，那么，在一个特定情境下获得的研究结论，在多大程度上能够推广到其他情境，这就是外部效度，也是研究对实践的指导效力。管理学的多数研究都存在外部效度问题，特别是那些运用实验的方法进行的消费者行为的研究，研究的结论往往是在实验室的环境下，通常是基于大学生的样本得出的，这些结论不一定能够直接地推广到其他情境，如推广到企业 CEO 身上。

3.3.4 变异量的控制

什么是研究中的变异量呢？举例来说，一个企业拥有许多顾客，每一个顾客对企业的满意程度也许都是不一样的，不同的顾客之间可能存在很大的差异；或者在同一个行业中通常存在很多企业，每一个企业的绩效通常也是不一样的，不同企业之间的绩效也可能存在很大的差异。这些个体或组织之间所存在的差异，就是管理学中通常需要研究和解释的，即人们总是希望能够知道，为什么不同顾客之间满意度有这么大的差异，是什么因素引起的；为什么同一个行业的不同企业之间的绩效存在这么大的差异，是什么因素引起的。这些差异就是研究中的变异量，研究设计的目的就是寻找有合适的因素（自变量）可以解释因变量的变异。

在一个研究中，因变量的变化不仅受到自变量变化的影响，也会受到自变量之外的其他因素的影响。例如顾客满意可能同时受到组织特征、个人期望以及人格特征等多个因素的影响，如果研究关心的是个人期望，则个人期望是自变量，由自变量引起的因变量的变化，称之为系统变异；其他因素包括组织特征和人格特征则是自变量之外的影响因变量的变量，将这些变量称为外生变量；除了外生变量，还可能有一些因素是随机的，如测量某个顾客的满意度时，这个顾客当时的心情，这个影响不是系统性的，而是随机的，这样的变异称为误差变异。因此，在实证研究中，对变异量的控制可以分为三个方面，即最大化系统变异、控制外生变量、最小化误差变异。

1. 最大化系统变异

系统变异是由自变量引起的因变量的变化，这是人们的研究中真正关心的变异，研究的目的就是想知道，自变量的变化对因变量的变化产生了多大的影响。在研究设计时，人们希望自变量能够对因变量产生显著的影响，所以研究设计的一个目标就是要实现自变量对因变量的最大化影响，即最大化系统变异。系统变异在因变量的变异中所占的比重越大，说明研究中自变量的作用越明显，也就越容易发现支持研究假设的证据。最大化系统变异要求在研究设计时要充分考虑到样本的选择、自变量的操纵和测量方式。如果自变量可以操纵，则可以通过实验的方法来最大化系统变异；如果自变量的变化难以操纵，则可以通过选择多个样本来进行观察，从而最大化系统变异。

2. 控制外生变量

外生变量指的是实验中自变量之外的能够影响实验所关心的因变量的变化的所有变量。这些变量会对因变量的测量产生干扰，对实验的内部效度和外部效度产生不利的影响，从而削弱实验的结果。通常有四种控制外生变量的方法，即随机化、匹配、统计控制和设计控制，第5.4.2小节将详细介绍这四种方法。

3. 最小化误差变异

误差变异是由于随机因素而导致的因变量的变异。误差变异属于随机性质，不像外生变异那样会在测量中造成系统性的误差。最典型的误差变异就是测量误差，如暂时的分心、情绪的波动或研究者控制不了的意外因素的影响。最小化误差变异就是尽可能使得系统变异显现出来。在通常情况下，误差变异和外生变量对因变量的影响是无法区分的，在统计分析时，它们都是属于残差的部分，即自变量没有办法解释的部分，要尽可能将自变量不能够解释的部分降低，在统计上通过 F 检验来进行分析。

最小化误差变异通常可以通过减少个体差异和测量误差两个方面进行控制：①减少调查对象的个体差异，即减小由于个体差异带来的误差；②减少测量误差，可以通过提高测量信度和有效控制测量的情境来进行。

小　结

本章讨论理论框架和研究设计。首先从介绍科学哲学开始，介绍科学哲学的主要目的是介绍对现代科学影响巨大的波普尔的观点，即科学的可证伪性，这构成了现代科学的基础，科学的可证伪性指的是，科学家的主要任务不是在于证实一个命题，而是在于证伪一个命题。如果一个命题是可以被证伪的，则这就是一个科学的命题；反之，如果一个命题不能够运用实证的方法来进行检验，即没有办法证明这个命题是"错误"的，则这个命题就不能够称为科学的。接下来介绍了中层理论，构成中层理论的主要因素包括概念、构念、命题和假设、中介机制以及调节因素。之后介绍了研究设计过程，一个研究设计的过程一般可以包括八个步骤，这八个步骤是：确定研究主题、文献回顾和探索性访谈、定义研究问题、进行研究假设、前测试、收集数据、分析数据、得出结果。然后介绍了探索性研究、描述性研究与因果研究之间的区别与联系，以及研究设计的效度，包括构念效度、统计结论效度、内部效度和外部效度。最后介绍了研究设计的控制，包括最大化系统变异、控制外生变量和最小化误差变异。

思考题

1. 什么是科学的证伪主义？请描述证伪论的主要观点。

2. 请描述研究设计的主要过程。
3. 什么是研究的外部效度？
4. 研究设计过程中对变异量的控制主要表现在哪些方面？

参考文献

[1] Merton R K. Social theory and social structure [M]. New York: Free Press, 1968.
[2] Bacharach S B. Organizational theories: Some criteria for evaluation [J]. Academy of Management Review, 1989, 14 (4): 496-515.
[3] 徐淑英, 张志学. 管理问题与理论建立: 开展中国本土管理研究的策略 [J]. 南大商业评论, 2006 (7): 1-18.
[4] Bolton R N, Lemon K N, Verhoef P C. The theoretical underpinnings of customer asset management: a framework and propositions for future research [J]. Journal of the Academy of Marketing Science, 2004, 32 (3): 271-292.
[5] Royer I, Zarlowski P. Research design [M] //Thie tart R A. Doing management research: A Comprehensive Guide. London: sage, 2001.
[6] Malhotra Naresh K. 市场营销研究: 应用导向 [M]. 涂平, 译. 北京: 电子工业出版社, 2006.
[7] Cook T D, Campbell D T, Day A. Quasi-experimentation: Design & analysis issues for field settings [M]. Boston: Houghton Mifflin, 1979.

第4章 探索性研究

本章介绍探索性研究,主要介绍定性研究。定性研究是与定量研究相对应的。定性研究(Qualitative research)主要是提供关于问题背景的看法和理解,而定量研究(Quantitative research)通常是利用统计分析将数据进行量化。定量研究包括描述性研究和因果研究,将在接下来的章节进行介绍,本章则介绍定性研究。

4.1 定性研究的分类

根据调查对象是否了解研究的真正目的,定性研究可以分为直接法和间接法两个类型,直接法对研究的目的不进行掩饰,研究目的对调查对象是公开的,或者是从所问的问题中可以明显看出的,主要包括专题组座谈和深度访谈;而间接法则掩饰研究的真正目的,影射法是最常用的间接法,包括联想法、完成法、构筑法和表达法。

4.1.1 专题组座谈

专题组座谈(Focus Group)是指由训练有素的主持人运用非结构化的自然方式对一小群调查对象进行的访谈。在专题组座谈中,通过主持人的引导,调查对象讨论研究人员感兴趣的话题,研究人员以此来获取相关问题的见解。

1. 专题组座谈的特征

一个专题组座谈一般不应太大也不应太小,以 8~12 人为宜,少于 8 人的小组不太可能产生成功的座谈所需要的动力与小组活力,多于 12 人的小组则会因为参加的人员过多而不利于形成紧凑的、自然的讨论。

参加同一个专题组座谈的人员应当在人口统计特征与社会特征上保持同质性。小组成员之间的共性可以避免一些冲突,例如,一个以女性为对象的专题组,如果包括了年轻的未婚女性、有小孩的已婚女性以及年长的离婚女性等,则由于她们的生活方式存在较大差异,容易在讨论的时候引起冲突。解决的办法是,可以分别举办三个专题组座谈,每一个组邀请一种生活方式类型的女性参加。

专题组讨论的时候,物理环境也很重要,如果能够营造轻松的、非正式的讨论环境,则容易激发调查对象参与讨论的兴趣,在会前和会议进程中可以安排一些小食品和茶点以缓和气氛。一个专题组会议可以持续 1~3 个小时,但是以 1.5~2 个小时为宜。在小组讨论的过程中,主持人应该与参与人员保持和睦相处,并深入地发掘参与者的信念、感受、想法、态度以及观点。对于参与人员所讨论的内容,应该进行完整、如实的记录,记录的过程中不应该加入记录人员个人的加工,要反映最原始的资料,参与者的"嗯,啊,呀"等表达语气的词汇都应该记录,以反映参与者在发言时的思考情况。为了完整、如实地记录讨论过程,可以对讨论过程进行录像或录音,但应告知专题组的参加者。

2. 专题组座谈的流程

一个专题组座谈的流程一般可以由以下步骤组成:定义研究问题、确定定性研究的目的、陈述专题组座谈的目的和要回答的问题、编写过滤问卷、起草主持人提纲、进行专题组座谈、重听录音或重看录像,并分析数据、总结结果。

进行一次专题组座谈,首先要定义好研究问题和方法的目的,之后,就是确定专题组座谈的详细目的清单,陈述专题组座谈的目的和要回答的问题,接下来还要准备一份用来筛选潜在参与者的调查问卷。专题组座谈中的主持人提纲应该是结构化的,在访谈过程中,主持人应该与参与者建立良好的关系,并交代小组讨论的规则,设定小组讨论的目标,追问并就有关领域促成热烈的讨论,并努力对小组的发言进行总结以达成共识。在小组讨论之后,研究人员应该回归小组讨论的过程,并分析结果。

3. 专题组座谈的其他形式

专题组还可以采用其他一些形式,包括:

(1)双向专题组。让一个目标群体听取另一个相关群体的观点,并进行学习。

(2)双主持人专题组。由两个主持人主持,其中一个人负责讨论的顺利进行,而另一个人则确保讨论特定的主题。

(3)主持人争辩组。主持人争辩组也有两个主持人,但两个主持人通常对特定问题持有不同的观点,这就可以讨论一个有争论的问题的不同方面。

(4)调查对象与主持人小组。调查对象与主持人小组是指可以让参与专题组的调查对象暂时扮演主持人的角色,以提高小组讨论的活力。

(5)微型小组。微型小组一般由 4~5 人组成,主要目的是为了更为深入地讨论某个问题。

4. 专题组座谈的优缺点

专题组座谈的优点可以用 10S 来总结,缺点可以用 5M 来概括。

(1)专题组座谈的 10 个优点。

1)协同(Synergism)。专题组将一组人聚集在一起能够比个人单独回答问题产生更多的信息和观点。

2)滚雪球(Snowballing)。在专题组中,一个人的观点会引起其他人的一系列反应,所以专题组座谈经常出现连锁反应。

3)刺激(Stimulation)。在专题组座谈中,随着讨论的进行,小组成员的热情会逐步高涨,从而刺激调查对象表达自己的观点。

4)安全(Security)。小组访谈中,小组成员的感受相似,因此他们会感到舒适,会愿意表达自己的观点。

5)自发(Spontaneity)。小组访谈参与者不需要回答特定的问题,他们的反应是自发的,因而可以准确地表达观点。

6)意外(Serendipity)。在专题组座谈中,由于小组成员之间思想的碰撞,因而可能产生意外的观点。

7）专业化（Specialization）。专题组座谈是对专业化要求较高的一项工作，通常需要聘请一名训练有素的访谈员。

8）科学审视（Scientific Scrutiny）。由于观察者可以目击会议，并且可以利用会议记录进行分析，因此专题组座谈可以仔细地审视数据。

9）结构化（Structure）。专题组座谈的问题通常是结构化的。

10）速度（Speed）。专题组座谈能够同时访谈多人，加快了收集数据的速度。

（2）专题组座谈的5个缺点。

1）误用（Misuse）。专题组座谈的结果通常是探索性的，如果将结果作为结论性的，则就会发生误用。

2）判断错误（Misjudge）。由于可能存在参与者和研究人员的偏见，因此专题组座谈的结果容易导致错误的判断。

3）主持技巧（Moderation）。专题组的主持是很难的，主持人需要具备必需的技巧，而专题组座谈收集数据的质量在很大程度上取决于主持人的技巧。

4）混乱（Messy）。专题组座谈的答案是非结构化的，使得对收集的数据进行编码、分析、解释变得困难，专题组的数据比较混乱。

5）不具有代表性（Misrepresentation）。专题组座谈的结果对于整个样本总体来说不具有代表性，也不能够进行推论，因此，专题组的结果是探索性的，不应该作为决策的直接依据。

4.1.2 深度访谈

定性研究的另一种方法是深度访谈（Depth Interview），下面介绍深度访谈的特征和优缺点。

1. 深度访谈的特征

深度访谈与专题组座谈不一样的特征是，深度访谈通常是一对一进行的非结构化的、直接的人员访谈，由调查人员对单个的调查对象进行深入的面谈，从而挖掘关于某个调查对象的潜在的行为动机、态度和感受。深度访谈的时间长度一般为30分钟到1个小时，调查人员事先拟订一个大致的提纲，但在访谈的过程中，可能会随着话题的进展而调整提纲。

2. 深度访谈的优缺点

深度访谈通常能够比专题组座谈揭示更加深层次的观点，深度访谈中的答案是与调查对象直接对号入座的，而在专题组座谈中，很难确定某个观点是哪一个调查对象表达的。深度访谈由于是一对一的，没有专题组座谈中的社会压力，通常能够交换更加自由的信息。但深度访谈也有缺点，深度访谈对调查员的技巧要求也很高，由于访谈是非结构化的，访谈的质量与调查员的经验具有较大的关系。

4.1.3 影射法

专题组座谈与深度访谈都属于直接方法，研究的真实目的对调查对象并不掩饰，而影射法（Projective Technique）则是间接法，通常对调查对象掩饰调查的目的。影射法是非结构化的，以间接的方法进行提问，鼓励调查对象反映他们对于研究所关心的主题的动机、态度或感受。常用的影射法有联想法、完成法、构筑法和表达法。

1. 联想法

联想法指的是给调查对象提供一个刺激，要求他们回答脑海里面最先浮现出的内容。联想法中最常用的就是词汇联想法，调查人员给调查对象一组词汇，每次给一个，要求调查对象说出浮现在脑海里的第一个词。例如，在对超市的调查中，可能测试的词汇有"位置""价格""质量""停车场"等。

2. 完成法

完成法通常要求调查对象完成一个不完整的刺激情境，常用的完成法有句子完成法和故事完成法。

在句子完成法中，调查人员给调查对象一个不完整的句子，要求调查对象将句子补充完整。例如，在超市的调查中，通常会给出的情境是："一个到某超市的顾客是……""当我想去超市时，我……""这个品牌最受到……的欢迎"等。

故事完成法则是给调查对象一个故事的一部分，给出的内容仅仅可以引导调查对象注意到某一个主题，但并不知道结果，要求调查对象用自己的语言给出结尾。例如调查人员给出一个情境："一位男士在百货商场中购买西装，他已经花了一个小时挑选了几套，最后选定了其中的一套。当他准备去付款的时候，一位商场导购走过来对这位男士说'先生，我们这里的西装与您挑选的价格相同，但质量更好，您是否愿意过来看看？'"要求调查对象分析这个顾客会有什么反应。

3. 构筑法

构筑法要求调查对象以故事、对话或者描述的形式来构造一个答案。

4. 表达法

表达法指的是给调查对象提供一个语言或者视觉情境，要求将情境与他人的感受和态度联系起来。

4.2 案例研究

4.2.1 案例研究的概念

什么是案例研究呢？Jennifer Platt 在 1992 年回顾了美国的案例研究方法，认为案例研究"是一种研究设计逻辑，必须要考量情境与研究问题的契合性"。Yin 则在 Platt 的基础之上，提出设计逻辑指的是一种实证性的探究，主要探讨的是当前现象在实际生活场域下的状况，尤其是当现象与场域的界限不清楚，而且不容易清楚地区分的情况下，使用逻辑探究策略就适合了。在通常情况下，现象与场域并不总是能够清楚地区分的，因此，案例研究在资料收集与分析上具有自身的特色，主要是：多重证据；不同的资料能够在三角验证的方式下收敛，并能够得到相同的结论。

案例研究作为一种研究策略，是一种非常完整的研究方法，案例研究不仅包含了设计逻辑，也包含了特定的资料收集以及独特的资料分析方法。如果研究问题的主要目的是在回答"是如何改变的"，或者"为什么变成这样"以及"结果如何"等问题，则运用案例研究就是一种适合的研究方法。

案例研究也可以分为探索性、描述性和因果性的案例研究。探索性案例研究指的是，当研究人员对个案的特性、问题性质、研究假设以及研究工具不是很了解的时候，所进行的初步的研究，目的是为正式研究提供基础材料。案例研究也不总是初步的探索性研究，描述性案例研究指的是，研究人员对于案例的特性和研究问题已经有了初步的认识，通过描述性案例研究对案例进行更加详细的描述与说明，以提升研究人员对于研究问题的理解。因果性案例研究指的是研究人员观察现象中的因果关系，以理解现象之间的函数关系。

4.2.2 案例研究与其他研究方法的比较

管理学的研究方法，除了案例研究，还有历史分析法、问卷调查、实验研究等，在什么情况下用案例研究？为什么用案例研究而不用其他的研究方法？案例研究与其他研究方法有什么区别吗？本节将讨论这些问题，这些问题也会使一些研究人员对于案例研究产生认识误区。

在管理学研究中，无论是案例研究，还是问卷调查或者实验研究等，不同的方法分别代表着不同的研究思路，而每一种研究思路都有它们特定的资料收集与分析资料的方法，每一种研究思路都要遵循其特定的设计逻辑，不同的研究思路有其优点，也各自存在不足。为了能够使案例研究发挥其最大作用，应该了解各种研究方法之间的区别与联系。

一些研究人员常常错误地认为，不同的研究方法具有不同的等级性。所谓等级，就是指一些研究方法只适用于探索性研究，一些研究方法只适用于描述性研究，而因果研究应该严格地运用实验研究方法。一种错误的认识是，认为案例研究只适合用于研究活动的探索阶段，而不适用于描述性研究与因果研究；描述性研究应该使用问卷调查法和历史分析法，而实验研究则是解释事物间因果关系的唯一手段。这种等级观念又反过来强化了这种印象：案例研究法充其量不过是一种初级研究方法，不适合用于描述或者验证某一命题。

实际情况并不是这样。许多研究人员运用实验研究法来处理探索性问题，一些研究人员也运用案例研究来解释因果关系。

对于案例研究与其他一些研究方法，比较正确的观点是，每种研究方法都可服务于三种目的——探索、描述或者解释。既可以有探索性的案例研究、描述性的案例研究、解释性的案例研究，也可以有探索性的实验、描述性的实验与解释性的实验。决定采用哪种研究方法的依据并不在于上述等级性，而是要弄清楚各种研究方法适用的前提条件。需要注意的是，对各种研究方法进行分类，并不意味着各种研究方法之间有明确的界限，相反，它们之间有着很多重叠、交叉之处。对各种研究方法进行对比分析的目的，就是避免出现误用——在本该用这种研究方法的时候，却采用了另一种不恰当的方法，事倍功半。

4.2.3 使用案例研究与其他研究方法的前提条件

在决定采用某种研究方法之前必须考虑的三个条件是：①该研究所要回答的问题的类型是什么；②研究人员对研究对象及事件的控制程度如何；③研究的重心是当前发生的事，还是过去发生的事。表4-1列示了五种主要的研究方法（实验研究法、问卷调查法、档案分析法、历史分析法、案例研究法）及其与三个前提条件之间的关系。

表 4-1　五种主要的研究方法及其与三个前提条件之间的关系

研究方法	研究问题的类型	是否需要对研究过程进行控制	研究重点是否集中在当前问题
实验研究法	怎么样、为什么	需要	是
问卷调查法	什么人、什么事、在哪里、有多少	不需要	是
档案分析法	什么人、什么事、在哪里、有多少	不需要	是/否
历史分析法	怎么样、为什么	不需要	否
案例研究法	怎么样、为什么	不需要	是

资料来源：本章参考文献 [4]。

可以将"什么事"的问题分为两类。第一类"什么事"的问题是探索性的。例如，"我们要研究这个成功的学校，可以从中学习到什么经验呢？"问这个问题的目的，是提出可供进一步研究的恰当的假设与命题，这当然属于一种探索性研究。表 4-1 所列五种研究方法都可以用来处理这种探索性问题。

而"什么事"问题的第二种类型，实际上可以被表述成一连串"有多少"的问题。例如，"上次管理体制调整的后果是什么？"对于这类问题，问卷调查法或者档案分析法会更适合、更顺手。因为研究人员可以很容易设计一个调查问卷，从而获得结果。然而，如果对于这类问题运用案例研究法，则通常会费力不讨好。

如同上述"什么事"问题的第二种类型一样，"什么人""在哪里"之类的问题（及由其衍生出来的问题——"多少个"）等类似的经济学研究，则比较适合采用问卷调查法或档案分析法。当研究的目的是描述某一现象出现的范围、程度或者频率时，又或者是预测其未来结果时，运用问卷调查法或者档案分析法就比较有优势。

相反，"怎么样"和"为什么"之类的问题则更富有解释性，适合处理这类问题的研究方法包括案例研究法、历史分析法和实验研究法。这是因为，这类问题需要按时间顺序追溯相互关联的各种事件，并找出它们之间的联系，而不仅仅是研究它们出现的频率和范围。

总之，研究人员决定采用何种研究方法的第一个条件，也是最重要的一个条件，就是弄清楚这一项研究是要回答哪种类型的问题。一般来说，"什么事"之类的问题可能是探索性的，对于这种情况的问题，可以采用任何一种研究方法；也可能是关于范围、程度或频率的，在这种情况下，运用问卷调查法或档案分析法会更适合。而"怎么样"和"为什么"之类的问题，则比较适合采用案例研究法、实验研究法或者历史分析法。

假设某一研究所要回答的问题类型是"怎么样"和"为什么"，那么，要确定采用历史分析法、案例研究法或者实验研究法中的哪一种方法，就需要进一步分析研究人员对研究对象的控制范围、程度，看其是否能接近研究对象所处的实际环境。当研究人员无法控制或者无法实际接触研究对象时，运用历史分析法是最适合的。历史分析法最突出的特色在于它可以用来研究已成为历史的事件，也就是适用于没有相关人员能向自己报告或者回忆发生过什么事的时候，以及研究人员必须以原始资料、二手资料，或者传说、故事、历史文物作为主要依据的时候。历史分析法当然可以用于研究当前发生的事件，在这种情况下，这种研究方法就很容易与案例研究法混在一起。

案例研究法适合用于研究发生在当前，但又无法对相关因素进行控制的事件。案例研究法与历史分析法大致相同，但它比历史分析法多了两种资料来源：一是直接观察事件过程，二是对事件的参与者进行访谈。虽然案例研究法与历史分析法有相同之处，但案例研究法的优点在于，它与传统的历史分析法相比，获得资料来源渠道更多、更广泛。案例研究法获取资料的途径包括：文件档案、物证、访谈、观察等。除此之外，在某些情况下，例如通过参与性的观察，案例研究法还可以对研究对象进行某种程度的非正式控制。

当研究人员可以直接地、精确地、系统地控制事件过程时，才可以采用实验研究法。实验可以在实验室环境中进行，研究人员能集中研究一个或两个独立的变量（与研究范围无关的其他变量能够被"控制"）；实验也可以在实验室之外的现实环境中进行，这被称为"社会实验"。

4.2.4 案例研究的效度与信度

一些持有后现代观点的管理学者在进行案例研究时，可能比较注重研究结果所揭示的意义和社会构建的事实，从而不太关注研究方法的严谨性与复制性，但是，并不是所有学者对待案例研究的观点都是这样的，在上文所介绍的研究方法体系中，即使是进行案例研究，也要求研究人员遵守科学研究中的效度与信度的要求。所不同的是，案例研究中的效度与信度作了一些调整，与后面的章节中介绍的量化研究的效度与信度有一些区别而已。案例研究的效度包括构念效度、内部效度和外部效度，而信度是指研究的可复制性。

1. 构念效度

构念效度指的是针对所要研究的概念进行准确的操作性测量。为了准确地测量案例研究中所涉及的构念，可以运用几种有效的方法来提高案例研究的构念效度，这些方法包括采用多重证据来源的三角验证、证据链的建立、重要信息提供人的审查以及唱反调者的挑战等方法。

（1）采用多重证据来源的三角验证。三角验证讲究采用多重证据来源，研究人员需要采用多种证据来源，使得各种来源的证据可以相辅相成。案例研究中证据的多种来源包括公司文件（如信件、报告、报道、私人笔记等）、档案（包括公司资料、官方记录以及资料库等）、人员访谈、现场观察以及相关资料的收集等，这些都是定性研究中常用的数据收集方法。当研究人员通过不同的方法获得相类似的资料与证据时，案例研究中的测量就具有了构念效度。

（2）证据链的建立。通过建立证据链，使得收集的资料具有连贯性并且符合一定的逻辑，当案例报告的阅读者阅读报告时，能够根据证据链重新建构此案例研究的逻辑，并且能够预测其发展。

（3）重要信息提供人的审查。将案例研究资料和报告提供给重要信息提供人进行审阅，来确保案例研究报告能够反映所要讨论的现象，而并非只是研究人员个人的观点或偏见。

2. 内部效度

内部效度指的是建立因果关系，说明某些条件或者某些因素会引发其他条件或其他因素的发生，并且不会受到其他无关因素的影响。对于内部效度，研究人员要确定因果关系，即确定因变量的变化是由自变量的变化而不是其他因素的变化所引起的。为了降低其他无关因素的干扰，案例研究人员可以采用模式匹配、解释的建立及时间序列的设计来执行研究，以提升案例研究的内部效度。

第一种方法是模式匹配。模式匹配是用来检验数据与理论是否契合，观察各个构念之间的关系是否能够与资料契合，契合时，即表示提供了支持的证据。

第二种方法是建立解释。首先，研究人员陈述可能的理论，并且提出一系列的命题；其次，研究人员再检验理论、命题与经验资料是否符合，以此来修正理论与命题；最后，重复以上的过程，直到理论与经验资料趋向契合为止。

第三种方法是设计时间序列。首先分析所要观察的变量或者事件在时间上是否具有先后顺序，再推论其中的因果关系。当一些变量总是发生在前面，而导致后续变量的变化时，可以推论这些变量之间具有时间上的因果关系。

3. 外部效度

外部效度指的是研究结果可以推广的范围。由于研究人员通常只是在单一时间和地点针对一种类型的案例进行研究，因此，需要确定这个案例研究的结果是否可以运用到其他类型的案例或者不同的时间和地点的案例中去，以判断研究结果或者理论的推广能力。

讨论案例研究外部效度时，常用的方法是分析类推，而不是定量研究中的统计类推。分析类推指的是，案例研究所得到的结果可以在以后的案例上重复出现，以此来证实该案例所获得的结果确实存在。

4. 信度

案例研究的信度指的是研究过程的可靠性，所有研究过程必须是可以重复的。因此，进行案例研究通常要准备周详的案例研究计划书，让后来的研究人员可以重复研究，也必须建立研究资料库，让后来的研究人员能够重复分析。

一般来说，研究计划书应该包括以下的一些内容：研究目的与研究背景、研究场域与研究程序、研究问题、研究报告的结构等。而案例资料库应该包括现场研究笔记、参与观察记录、访谈的录音、观察的录像、文字稿件、档案资料以及资料分析记录等。

4.2.5 案例研究的步骤

案例研究也要遵循一定的步骤，根据 Eisenhardt 的架构，案例研究可以划分为准备阶段、执行阶段和对话阶段。案例研究的准备阶段，包括启动、研究设计与案例选择、研究工具与方法选择三项主要活动。启动部分包括界定研究问题，并找出可能的前导观念；研究设计与案例选择的主要活动，则是不受限于理论与假说，进行研究设计；研究工具与方法选择，则通常采用多元资料收集的方式。案例研究的执行阶段，则包括资料收集、资料分析、形成假设等活动。而案例研究的对话阶段，则主要是进行文献对话。

表 4-2 所示为案例研究的步骤。

表 4-2 案例研究的步骤

步骤	活动	原因
准备阶段		
启动	界定研究问题	将努力聚焦
	找出可能的前导观念	提供构念测量的较佳基础
研究设计与案例选择	不受限于理论与假说，进行研究设计	维持理论与研究弹性
	聚焦于特定族群	限制额外变异，并强化外部效应
	理论抽样，而非随机抽样	聚焦于具有理论含义的有用案例，如能够补充概念类别的理论复制与引申的案例

(续)

步骤	活动	原因
准备阶段		
研究工具与方法选择	采用多元资料收集方式	通过三角验证,强化研究基础
	精制研究工具,同时掌握质化与量化资料	证据的综合
	多为研究人员	采纳多元观点,集思广益
执行阶段		
资料收集	反复进行资料收集与分析,包括现场笔记	即时分析,随时调整资料的收集
	采用弹性且随机应变式的资料收集方法	帮助研究人员掌握浮现的主题与独特的案例性质
资料分析	案例内分析	熟悉资料,并进行初步的理论建构
	采用发散方式,寻找跨案例的共同模式	促使研究人员挣脱初步印象,并通过各种角度来查看证据
形成假设	针对各项构念,进行证据的持续复核	精炼构念定义、效度及测量
	横跨各案例的逻辑复现,而非样本复制	证实、引申及精炼理论
	寻找变量关系的原因或"为什么"的证据	建立内部效度
对话阶段		
文献对话	与矛盾文献互相比较	建构内部效度,提升理论层次并强化构念定义
	与类似文献互相比较	提升类推能力,改善构念定义及提高理论层次
结束	尽可能达到理论饱和	当改善的边际效用越来越小时,则结束研究

小 结

本章讨论定性研究设计。首先介绍了定性研究的分类,介绍了三种定性研究方法,包括主题组座谈、深度访谈和影射法。接下来介绍了案例研究法,说明了什么是案例研究,并将案例研究法与其他研究方法进行了比较;说明了案例研究并不是找一个企业作为案例;介绍了案例研究的步骤,还介绍了案例研究的效度与信度。

思考题

请用本章介绍的定性研究的知识,对你所在大学的食堂进行一次满意度的定性调查。

参考文献

[1] Malhotra Naresh K. 市场营销研究:应用导向 [M]. 涂平,译. 北京:电子工业出版社,2006.
[2] Platt J. Case study in American methodological thought [J]. Current Sociology, 1992, 40 (1): 17-48.
[3] Yin R K. Case study research: Design and methods [M]. Newbury Park: Sage, 2009.
[4] Yin R K. 案例研究:设计与方法 [M]. 周海涛、李永贤、张蘅,译. 重庆:重庆大学出版社,2004.
[5] Bryman A. Research methods and organization studies [M]. London: Routledge, 2004.
[6] Eisenhardt K M. Building theories from case study research [J]. Academy of Management Review, 1989, 14 (4): 532-550.

第5章 实 验 研 究

我们在第 3 章介绍了研究设计的类型，包括探索性研究、描述性研究和因果研究。这三种研究设计的类型中，只有因果研究能够识别因果关系，在组织与管理领域，无论是研究人员还是实际工作者，都希望能够弄清楚因果关系，都希望知道：产品价格上涨 10%，会影响消费者的需求吗？改变产品的包装，会增加消费者产品评价的态度吗？增加员工的工作满意度，能降低员工的离职意向吗？所有这些问题，都涉及 "X 是否会导致 Y" 这个问题，这是一个因果关系问题，人们希望清楚，导致 Y 发生的原因到底是什么。用什么方法才能够识别因果关系呢？本章介绍的实验研究方法，就是识别因果关系最常用的方法，本章将介绍因果关系的含义、因果关系的证据、实验研究的效度、外生变量、实验设计等问题。

5.1 因果关系

因果关系是一个复杂的概念，其基本含义是 "X 导致了 Y 的发生"，但是，从科学含义和普通含义来说，对 "X 导致了 Y 的发生" 这个陈述还是有不同的理解，首先要弄清楚因果关系的科学含义与因果关系的普通含义之间的区别。首先，因果关系的普通含义是指一个原因导致一个结果的发生，即在 "X 导致了 Y 的发生" 这个陈述中，X 是 Y 发生的唯一的原因，而在科学含义的因果关系中，X 只是 Y 发生的众多原因之一。其次，普通含义的因果关系是一个完全确定的关系，X 总会导致 Y 的发生，而科学的因果关系只是可能的关系，即 X 的发生使得 Y 的发生更有可能。最后，非常重要，在科学含义中，永远不能够证明 X 是 Y 的原因，只是能够推断这种因果关系是存在的，而推断又是基于现实数据或者从可控实验中得到的数据，第 3 章也介绍过，统计推断都是概率性的，科学认为任何方法都存在错误的可能。因此，科学含义的因果关系最终就转变为 "什么样的证据可以用来支持科学的推断" 这样的问题，这里就有三类基本的证据，也就是第 1 章讨论过的共变关系（即相从变动）、变量发生的时间顺序、排除其他可能的因素。

5.1.1 相从变动

满足 "X 是 Y 的一个原因" 的第一个条件，是相从变动（Concomitant Variation），指的是 X 和 Y 按照假设预测的情形同时发生或者共同变化的程度。可通过一些例子来了解相从变动关系。

（1）例一。检验经销商素质提高企业市场份额这个关系。在这里，经销商素质是原因 X，企业市场份额是结果 Y。这个关系预测，如果是优秀的经销商所在的地区，则市场份额一定高；反之，平庸的经销商所在的地区，市场份额则低。现在假设进行调查后得到表5-1的结果。

表 5-1 经销商素质与市场份额

经销商素质 X	市场份额 Y		
	高	低	合计
优秀	68%	32%	100%
平庸	20%	80%	100%

调查的结果显示，68%的优秀经销商市场份额是高的，80%的平庸经销商市场份额是低的。这说明优秀经销商的市场份额比平庸经销商的更高，这是满足相从变动的一个证据。

当满足相从变动时，可以说是为推断因果关系提供了有力的证据，但并不能够就以此说明 X 是 Y 发生的原因，反过来，有些时候，即使 X 和 Y 之间在表面上看起来没有什么联系，也不能够就因此说明 X 和 Y 之间不存在因果关系。再来看下面的两个例子。

(2) 例二。表5-2的数据表明，婚姻状况可以影响糖果的消费。在未婚的群体中，有80%的人经常吃糖果，而在已婚的群体中，经常吃糖果的比例只有60%，从这个数据可以看到，糖果的消费情况与人们的婚姻状况有相从变动的关系，但是，能否就此说明婚姻状况是糖果消费的原因呢？答案是不能，因为糖果的消费可能还受到许多其他因素的影响，这些因素的影响效应不能够从婚姻状况的数据中看出来。例如年龄的影响，一般来说，已婚的人群其年龄从总体上来说往往大于未婚的人群，而可能存在随着人们年龄的增长，对糖果的消费有下降的趋势，因此，可以继续考察年龄的影响作用。表5-3展示了加入年龄后的糖果消费情况。

表 5-2 婚姻状况与糖果消费的关系

婚姻状况 X	糖果消费 Y		
	经常吃糖果	不常吃糖果	合计
未婚	80%	20%	100%
已婚	60%	40%	100%

表 5-3 婚姻状况、年龄与糖果消费的关系

婚姻状况 X	25 岁以下		25 岁及以上	
	经常吃糖果	不常吃糖果	经常吃糖果	不常吃糖果
未婚	80%	20%	60%	40%
已婚	79%	21%	57%	43%

根据表5-3的结果，在25岁以下的人群中，未婚的人有80%经常吃糖果，而已婚的人经常吃糖果的比例几乎与未婚的人是一样的，有79%。在25岁及以上的人群中，经常吃糖果的未婚人士有60%，而经常吃糖果的已婚人士比例也类似，有57%。这说明什么问题呢？说明表5-2中所显示的婚姻状况与糖果消费的因果关系是假的，没有考虑年龄的因素，当把年龄因素考虑进来的时候，婚姻状况与糖果消费的因果关系就不存在了。从这个例子可以看到，仅仅发现 X 和 Y 相从变动的证据，并不能够由此推断出 X 和 Y 的因果关系。

（3）例三。有些时候 X 和 Y 从表面上看起来没有关系，但也不能够就此推断 X 和 Y 之间没有因果关系。表 5-4 的数据说明了人们的年龄与他们听古典音乐之间的关系。

表 5-4　年龄与听古典音乐之间的关系

年龄 X	听古典音乐 Y		
	听古典音乐	不听古典音乐	合计
40 岁以下	60%	40%	100%
40 岁及以上	60%	40%	100%

从表 5-4 的数据中可以看到，无论是 40 岁及以上的人群还是 40 岁以下的人群，听古典音乐的比例都是 60%，也就是说，从这个数据并不能够看出年龄与听古典音乐之间存在相从变动的关系，那么能够因此推断年龄与听古典音乐之间没有因果关系吗？答案是不能。为什么呢？现在把受教育程度这个因素加进来，看看情况会有什么变化。表 5-5 说明了将受教育程度加进来后的情况。

表 5-5　年龄、受教育程度与听古典音乐的关系

年龄 X	大学		大学以下	
	听古典音乐	不听古典音乐	听古典音乐	不听古典音乐
40 岁以下	65%	35%	60%	40%
40 岁及以上	79%	21%	57%	43%

从表 5-5 可以看出，接受过大学教育的人群中，随着年龄的增加，听古典音乐的比例也在增加；在接受大学以下教育的人群中，40 岁以下的人和 40 岁及以上的人在听古典音乐上没有太大的差异。但是，在接受大学教育的人群中，40 岁以下的人有 65% 听古典音乐，而 40 岁及以上的人听古典音乐的比例上升到了 79%，也就是说，当考虑了受教育程度这个因素之后，原来没有关系的年龄与听古典音乐之间，显示出了相从变动的关系。那么，在这个例子中，受教育程度处于什么地位呢？这就是第 1 章介绍过的控制变量，当控制住受教育程度之后，年龄与听古典音乐之间的关系就显现出来了。

从以上的几个例子就可以看出因果关系的复杂，相从变动只是推断因果关系的其中一个条件，还需要更多的证据才能推断因果关系。

5.1.2　变量发生的时间顺序

原因 X 和结果 Y 发生的时间顺序有助于提供二者之间存在因果关系的证据。时间顺序指的是，原因 X 发生在结果 Y 之前。如果 Y 先发生，X 后发生，就不能够说 X 是 Y 的一个原因。时间顺序看起来简单，但仍然有一些复杂的情况。例如，管理学中常常遇到这样的问题，通常认为广告的投入会增加销售额，从时间关系上看，本年度初的广告投入会增加本年度末的销售额，但复杂的情况是，本年度末的销售额有一部分可能会作为下一个年度的广告投入预算，因此，到底是广告的投入增加了销售额，还是销售额增加了广告投入，还需要从理论上进行分析。

5.1.3　排除其他可能的因素

推断因果关系还需要满足第三个条件，即除了人们感兴趣的自变量 X，没有其他可能的

因素会影响到 Y，即要排除其他可能的因素。没有其他可能的原因意味着要研究的 X 是 Y 的唯一的可能原因。例如，通常认为促销策略可以提高销售额，那么，首先保证这些商店在价格、商店规模、产品种类、产品质量等其他方面都一样，只有促销策略不一样，一半商店实行了促销策略，另一半商店没有实行促销策略，如果那些实行了促销策略的商店销售额增加了，而那些没有实行促销策略的商店销售额没有增加，由于这些商店在其他方面保持不变，就可以说在考察促销策略对销售额的影响时，排除了其他可能的因素。

5.1.4 证据的作用

前面介绍了判断因果关系的三个基本条件，即相从变动、变量发生的时间顺序以及排除其他的可能因素。需要指出的是，即使这三个条件同时满足，最终也不能够证明 X 和 Y 之间存在因果关系，只能说有证据能够表明 X 和 Y 之间存在因果关系是合理的，所有的证据都是强有力并且保持一致的，这些证据增加了推断一个因果关系的信心。

5.2 实验设计的相关概念与定义

5.2.1 概念

本部分介绍一下实验设计中用到的一些概念，包括自变量、测试单位、因变量、外生变量、实验、实验设计等。

1. 自变量

自变量（Independent Variable）指的是被操纵的变量，或者是可供选择的对象，在实验中，自变量的变化可以由研究人员进行操纵，因此，人们也将操纵自变量的过程称为"处理"。

2. 测试单位

测试单位（Test Unit）指的是对自变量的变化或对处理反应的个人、组织或其他实体，也称为检测对象。测试单位可以包括消费者、员工、企业管理人员、企业等对象。

3. 因变量

因变量（Dependent Variable）指的是衡量自变量对测试单位的影响的变量，即受到自变量的变化影响的变量，如企业绩效、市场份额等。

4. 外生变量

外生变量（Extraneous Variable）指的是自变量之外的那些能够影响因变量变化的所有变量。外生变量会对因变量的测量产生干扰，从而削弱实验的结果。

5. 实验

一次实验主要指的是研究人员操纵一个或多个自变量，并对一个或多个因变量进行测量，同时控制外生变量的影响。

6. 实验设计

实验设计是对实验的过程进行详细的计划和说明，包括确定测试单位、随机分配、要处理或操纵哪些自变量、要测量哪些因变量以及如何控制外生变量等问题。

5.2.2 符号的定义

下面介绍实验设计时会用到的一些符号，为了便于讨论，先将符号的定义介绍如下：

X：对自变量进行操纵，或处理。

O：对测试单位或测试单位组的因变量进行观察或测量的过程。

R：将测试单位或测试单位组随机分派到不同的处理组中。

符号的排列从左到右，表示随时间方向的变动；符号的水平排列表示所有的这些符号涉及同一个特定的处理组；符号的垂直排列便是这些符号涉及同时发生的活动或事件。

5.3 实验研究的效度

进行一次实验研究主要有两个目标，第一个目标是得出关于因变量变化的正确结论，第二个目标则是能够将实验结论推广到其他情境。第一个目标关注的是实验研究的内部效度，第二个目标关注的则是实验研究的外部效度。

内部效度是指对自变量的操纵是否确实导致了所观察到的因变量的变化。也就是说，在实验过程中，研究人员观察到了因变量的变化，但导致因变量变化的原因可能有两种：一种是由于研究人员操纵了自变量的变化从而引起了因变量的变化，这是研究人员希望观察到的结果，也是实验的目的；另一种原因就是由于实验设计不当或者实验控制不完善，因变量的变化是由自变量之外的其他因素引起的，如果是这个原因，则说明实验是无效的。

外部效度是指实验的结果，即实验所发现的因果关系是否具有普遍的意义。也就是说，在实验室环境下经过研究人员严格控制各种影响因素之后所发现的结果，能否在更广的范围内、在更大的人群中也得出同样的结论呢？实验室的结果能否推广到实验室之外吗？如果一个实验的外部效度高，则说明这个实验不仅具有理论上的意义，还具有现实的意义。

在通常情况下，一个实验的内部效度和外部效度往往难以同时并存。在实验中，研究人员往往需要在内部效度和外部效度之间进行权衡。为了控制外生变量，研究人员可能需要在一个经过严格控制的人工环境下进行实验，这种做法能够提高实验的内部效度，但往往可能会限制实验的普适性，从而降低实验的外部效度。同时，研究人员还应该注意到，如果一个实验为了强调其推广性而降低对于实验环境和其他可能的影响因素的控制，即通过降低实验的内部效度来提升外部效度，那么研究人员有可能无法明确到底是什么因素引起了因变量的变化，从而导致实验得出的结果变得没有意义。

5.4 外生变量

要提高实验的效度，很重要的一个工作是控制外生变量，首先，需要知道都存在哪些类型的外生变量，然后再学习如何控制外生变量。

5.4.1 外生变量的类型

外生变量可以分为以下几种类型：历史、成熟、测试效应、工具化、统计回归、选择偏差和数据缺失。

1. 历史

历史（History）指的是一种特殊的外部事件，和实验本身是无关的，但是却与实验发生在同一时期，有可能会影响因变量。

例如下面的这个实验：

$$O_1 \quad X_1 \quad O_2$$

这是一个前后测实验，实验的目的是看看促销策略是否会影响一个商店的销售额。实验的过程是：首先测量一个商店的销售额，即 O_1；然后对自变量进行处理，即 X_1，也就是在这个商店实行促销策略；完成处理之后，再对这个商店的销售额进行一次测量，即 O_2；最后比较 O_2 与 O_1 的差异，即观察 $O_2 - O_1$，这个差异就是实验处理的结果，如果没有其他因素的影响，差异显著就代表促销策略有效，没有差异则表示促销策略无效。但是，如果有其他实验之外的因素也对这家商店的销售额产生影响呢？例如，在进行实验的过程中，刚好这个商店所在的地区处于经济萧条期，再好的促销策略也会由于人们收入的减少而没有效果，但这并非促销策略的问题，而是外部因素的影响没有得到控制，这个外部因素是与实验同时发生的，这就是历史因素的影响，这是一种外生变量。

2. 成熟

成熟（Maturation）是与历史类似的外生变量类型，不同的是成熟指的是测试单位自身的变化，这些变化不是由自变量的变化引起的，而是测试单位随着实验进程的进行而发生的变化。例如，在进行大学生消费者行为的实验研究时，先对大一新生进行测量，一年之后，再对他们进行同样的测量，这一年中这些学生被试者自身也许发生了很多变化，这种变化就是成熟。当然，在许多实验研究中，没有这么长的时间跨度，但是参加实验的被试者也会随着时间的流逝而变得对实验更加熟悉，更有经验，或者对实验产生了厌倦，失去了兴趣，这些变化都属于成熟类型的外生变量。当测试单位是组织时，也会变得成熟，如商店的外观、装饰、布局、销售人员等也会随着时间而变化。

3. 测试效应

测试效应（Testing Effect）是由实验过程引起的，是由于在处理前后测试因变量而对实验产生的影响。有两种类型的测试效应：主测试效应和互动测试效应。

主测试效应（Main Testing Effect）指的是一个先前的观察会影响到一个随后的观察。例如，消费者行为中经常讨论的广告对于消费者对某个品牌态度的影响的实验。通常的做法是，先给被试者一份测量处理前的背景信息和对该品牌态度的问卷，然后播放一段需要测试是否有效果的广告，在被试者观看完广告之后，再让被试者填一次调查问卷，测量被试者对该品牌的态度。如果处理前后被试者对于该品牌的态度没有显著的变化，就可以说是广告没有效果吗？不能直接下这样的结论，必须要确认是否有主测试效应发生。如果被试者在观看广告之前就对某品牌持强烈的正向态度，观看广告之后，被试者希望保持自己原来的态度，于是就观察到被试者的态度没有显著的变化，这是由于处理后的态度受处理前的态度的影响要比受处理本身的影响要大，这就是主测试效应。主测试效应会影响实验的内部效度。

互动测试效应（Interactive Testing Effect）是指前一次的测量会影响到测试单位对自变量的反应。在广告的实验中，当研究人员要求被试者评价他们对于某品牌的态度时，这引起了被试者对于这个品牌的注意，使得他们在实验中对该品牌变得敏感起来，因此这些被试者会比那些没有进入实验的人更加容易注意到测试的广告，这样，实验的结果就很难推广到其他人群。因此，互动测试效应会影响实验的外部效度。

4. 工具化

工具化（Instrumentation）是指测量工具、观察者或者评分本身的变化。有时研究人员在实验的过程中改变了测量工具。例如，在广告的实验中，给被试者播放广告前，用一份量表测量被试者对品牌的态度，播放了广告之后，更改测量工具，用另外一份量表测量被试者对品牌的态度，则可能由于测量工具的改变而获得因变量的变化。

5. 统计回归

统计回归（Statistical Regression）是指在实验过程中有极端分数的测试单位向均值靠近。例如，在广告的实验中，可能有一些被试者在观看广告之前对于品牌的态度是非常好的，也有一些被试者在观看广告之前对品牌的态度是非常不好的，处于两个极端，但是，处理后的测量显示这些被试者的态度可能会向中间平均值靠近，这就会对实验结果造成影响。导致实验的结果是由统计回归引起的，而不是由处理引起的。

6. 选择偏差

选择偏差（Selection Bias）是指没有正确地将测试单位分派到不同的处理条件。当测试单位的选择或者分派导致处理前不同处理组之间在因变量上存在差异，就出现了选择偏差。如果被试者自己选择分组，或是由研究人员进行判断后再进行分组，就可能会出现选择偏差。

7. 数据缺失

数据缺失（Mortality）是指在实验过程中测试单位的缺失，研究者无法知道缺失的测试单位是否与那些没有缺失的测试单位一样认真地对实验进行回复，也无法判断缺失的测试单位对处理的反应。如果被试者拒绝完成实验，或者在实验中途退出，就产生了数据缺失。

以上七种类型的外生变量并不是相互排斥的，很多时候它们会同时发生，也会相互影响，因此，进行实验设计的一项重要工作，就是要对外生变量进行控制，接下来介绍控制外生变量的主要方法。

5.4.2 外生变量的控制

控制外生变量通常有四种方法，即随机化、匹配、统计控制和设计控制。

1. 随机化

随机化（randomization）是指通过使用随机数字将被试随机分派到不同的实验组，处理条件也同样被随机分派到不同的实验组中。例如，在一次关于商业广告片效果测试的营销实验中，研究人员将被试随机地分派到三个实验组中的一个，并向每一个组随机播放三个商业广告版本中的一个，这就是随机化的处理方法。但是，当样本量较小时，随机化的方法可能无效。

2. 匹配

匹配（Matching）指的是将测试单位分派到各个处理条件之前，就一系列的关键背景变量对它们进行比较。例如，在一次销售展示的实验中，研究人员可以根据年销售额、商店的规模或商店的地理位置对各家商店进行匹配，然后将匹配的每对商店，一个分派到实验组中，另一个则分派到控制组中。在运用匹配的方法来控制外生变量时，要注意匹配有两个缺点：①测试单位可能在几个特性上进行匹配，但是在其他特性上可能不尽相同；②如果测试单位所匹配的特性与实验关注的因变量无关,那么进行匹配则往往对于实验控制来说是无效的。

3. 统计控制

统计控制(Statistical Control)指的是测量外生变量并通过统计分析来对其影响进行调整。例如,在控制了收入影响的情况下考察消费者关于食物支持和教育支持之间的关系。进行统计控制常用的统计方法是协方差分析,在协方差分析中,通过调整因变量在每个处理条件下的平均值,消除外生变量对于因变量的影响。

4. 设计控制

设计控制(Design Control)指的是使用为控制特定的外生变量而设计的实验。在关于新产品的实验研究中,许多研究人员采用电子试销市场进行渠道控制,这种方法的运用使得研究人员可以控制一些影响新产品销售绩效的外生变量,并可以操纵感兴趣的自变量。例如,在试销市场所在地区组成家庭固定样本组,并且已经了解样本组的人口统计数据。给这些家庭中的每一个成员都发一张ID卡,在他们购物时,向商店出示ID卡并进行扫描,这样,这些被试者的购买行为就可以被记录下来,研究人员可以通过调整产品的摆放位置或调整价格等,进而观察被试者购买行为的变化,从而获得新产品的市场接受程度的数据,这就是一种设计控制。

5.5 实验设计的分类

实验设计可以分为预实验设计、真实实验设计、准实验设计和统计设计。预实验设计(Pre-experimental Design)是没有运用随机化来控制外部因素的实验,包括一次性个案研究、单组前后对比设计和静态组设计。真实实验设计(True Experimental Design)是研究人员随机地将测试单位和处理分派到各个实验组中,包括实验前后对照设计、实验后对照设计等。准实验设计(Quasi-experimental Design)是当研究人员无法实现对测试单位的时程安排和处理分派的完全操纵,但可以采用部分真实的实验措施时的设计,包括时间序列设计和多重时间序列设计。统计设计(Statistical Design)是一系列允许对外生变量进行统计控制的统计设计的基础实验,包括随机区组设计、拉丁方设计和因子设计。本节主要介绍前三种实验设计。

5.5.1 预实验设计

1. 一次性个案研究

一次性个案研究(One-shot Case Study)也称为单纯实验后测量。

可以用如下符号表示:

$$X \quad O_1$$

实验的过程是,首先对单组的测试单位进行处理(X),然后对因变量进行单一测量(O_1),实验对测试单位并没有事先进行随机分派,因此没有符号 R。

一次性个案研究很容易受到诸如历史、成熟、选择偏差以及数据缺失等多种类型的外生变量的影响,因此一次性个案研究往往用于探索性研究设计,而不是结论性研究设计。例如,对前一天晚上观看了某一个电视广告的电视观众进行抽样调查,电视节目中包含实验的处理（X），对因变量的测量（O_1）是询问调查对象对于广告的态度，这个设计就是一次性个案研究。

2. 单组前后对比设计

单组前后对比设计（One-group Pretest-posttest Design）是对一组测试单位测量两次，对自变量处理之前测量一次，处理之后再测量一次，没有控制组。

单组前后对比设计可以用符号表示如下：

$$O_1 \quad X \quad O_2$$

实验的过程是，首先进行一次实验前的测量（O_1），然后，对自变量进行操纵（X），最后，再进行一次实验后的测量（O_2），处理的结果由 $O_2 - O_1$ 估算出来。

但是，由于单组前后对比设计也没有对外生变量进行严格的控制，实验结果还是容易受到历史、成熟、测试效应、工具化、选择偏差和数据缺失等外生变量的影响，因此，实验的结果也是值得怀疑的。例如测量广告对消费者匹配态度的影响的实验，可以在给被试者观看广告前测量一次被试者对于匹配的态度，给被试者观看广告后再测量一次被试者对于匹配的态度，比较被试者前后态度的差异，这就是单组前后对比设计。

3. 静态组设计

静态组（Static Group）设计是一种双组实验设计，一个组为实验组（EG），受到处理的作用，另一组则为控制组（CG），不接受实验处理。静态组也是只有后测没有前测，只是在实验后对实验组和控制组都进行测量，测试单位不是随机分派的。

用符号描述如下：

$$EG: \quad X \quad O_1$$
$$CG: \quad \quad \quad O_2$$

实验过程是，首先将被试分成两组，一组为实验组，另一组为控制组，然后对实验组的自变量进行处理，观察实验组对处理的反应，记为 O_1，接着直接对控制组进行测量，记为 O_2，最后观察两组的差异，即 $O_1 - O_2$。由于 O_2 是没有接受过处理的测量结果，因此，如果 $O_1 - O_2$ 差异显著，则说明在实验组中对自变量的处理有影响作用。

但是，由于静态组并不是随机分派的，所以，很容易受到选择偏差和数据缺失这两类外生变量的影响。例如，在广告对消费者匹配态度影响的实验中，将被试者分为两组，给一组被试者观看广告，然后测量这组被试者对匹配的态度，对于另一组被试者，则直接测量他们对于品牌的态度，最后比较两组被试者对品牌态度的差异，这就是静态组设计。

5.5.2 真实实验设计

真实实验设计的最重要特征是随机化，这是控制外生变量的方法，研究人员在真实实验中随机地将测试单位和处理分派给实验组。这里主要介绍实验前后对照设计、实验后对照设计。

1. 实验前后对照设计

实验前后对照设计（Pretest-posttest Control Group Design）即研究人员将测试单位随机分派到实验组和控制组，对两个组都进行一次实验前的测量，然后，对实验组进行处理，处理之后，再次对实验组进行实验后测量，对于控制组，则不进行处理，但也要进行第二次测量。

实验前后对照设计可以用符号表示如下：

$$EG: R \quad O_1 \quad X \quad O_2$$
$$CG: R \quad O_3 \quad\quad O_4$$

处理的结果用$(O_2-O_1)-(O_4-O_3)$测量。

(O_2-O_1)反映了实验组中自变量的变化对于因变量的影响，但是，这个结果可能还包含了外生变量的影响，这些外生变量的影响可以用控制组中的(O_4-O_3)表示，真正的实验结果，还要从(O_2-O_1)中把外生变量(O_4-O_3)排除掉，实验前后对照设计较好地控制了外生变量。

例如，广告对消费者品牌评价的影响实验，将被试者随机分为两组，再随机选择一组作为实验组，对于实验组，则在实验前先测量被试者对于品牌的态度O_1，然后给实验组的被试者播放广告，在观看完广告后，再测量一次实验组被试者对于品牌的态度O_2；对于控制组，则先测量一次控制组被试者对于品牌的态度O_3，然后可以安排一项无关的任务，时间与实验组观看广告的时间一致，再测量一次控制组对于品牌的态度O_4；最后计算$(O_2-O_1)-(O_4-O_3)$。这就是实验前后对照设计。

2. 实验后对照设计

实验后对照设计（Posttest-only Control Group Design）没有实验前的测量。

用符号表示如下：

$$EG: R \quad X \quad O_1$$
$$CG: R \quad\quad O_2$$

处理的效应由O_1-O_2表示。实验过程是，首先将测试单位随机分为实验组和控制组，对于实验组，先进行处理，然后测量被试者的反应O_1；对于控制组，则可以直接测量O_2。

实验后对照设计由于没有预先测量，它的一个好处是可以控制测试效应。在广告的实验中，研究人员首先将被试者随机分为实验组和控制组，然后对实验组播放广告，播放完毕后，测量实验组被试者对品牌的态度；而对于控制组，则直接测量被试者对品牌的态度，或者可以先安排一项无关的任务，再测量其态度；最后计算O_1-O_2。这就是实验后对照设计。

5.5.3 准实验设计

当研究人员无法使用真实验设计时，可以考虑准实验设计。准实验设计指的是，研究人员可以控制要进行测量的时间和对象，但是没有办法控制处理的时程安排，同时也无法使测试单位随机受到处理的作用。准实验设计包括时间序列设计和多重时间序列设计。

1. 时间序列设计

时间序列设计（Time Series Design）指的是对一组测试单位的因变量的一系列周期性的测量。实验处理则由研究人员执行或者是自然发生的，实验后要持续进行周期性的测量，以确定处理的影响。

时间序列设计可以用符号表示如下：

$$O_1 O_2 O_3 O_4 X O_5 O_6 O_7 O_8$$

准实验设计没有对测试单位进行随机化，因此研究人员可能无法控制处理出现的时间和哪些测试单位会受到处理的影响。准实验设计可以控制部分的外生变量，但是无法控制历史效应和互动测试效应。

2. 多重时间序列设计

多重时间序列设计（Multiple Time Series Design）是在时间序列设计的基础上，增加一个控制组。

用符号表示如下：

$$EG: O_1 O_2 O_3 O_4 X O_5 O_6 O_7 O_8$$
$$CG: O_1 O_2 O_3 O_4 O_5 O_6 O_7 O_8$$

5.6 例子

下面举例说明实验设计在研究中的应用。第2章介绍了一项研究的研究假设部分，接下来介绍该项研究的实验设计部分：消费者情绪与折中选择的实验研究。原文发表于《营销科学学报》2010年第6卷第2辑（14~31页）。

研 究 一

研究一的目的是检验假设1a，即情绪的确定性是否影响消费者对于折中启发式的运用。我们将通过视频操纵情绪的方法操纵被试者的确定性的情绪快乐和不确定性的情绪惊讶，并通过两个产品品类——移动硬盘和果汁饮料的选择来进行检验。研究一所操纵的情绪都为正面情绪。

1. 实验设计和参与人员

研究一采取单因素被试间实验设计，自变量为情绪的确定性，分为两个水平，即确定性情绪（快乐）和不确定性情绪（惊讶），为被试间变量；因变量为折中选项的选择。广西某大学的71名本科生参加了研究一，被试者被随机地分为两个组，一组被试者接受快乐情绪的操纵，称为快乐情绪组；另一组被试者接受惊讶情绪的操纵，称为惊讶情绪组。

2. 实验材料和实验流程

实验材料：研究一的情绪操纵材料为两个电影视频剪辑片段，其中，快乐情绪组的材料为电影《天下无贼》的剪辑片段，视频长度为2分35秒；惊讶情绪组的材料为刘谦的一个魔术表演片段，视频长度为3分35秒。两个视频均从互联网上下载，经过视频剪辑软件进行剪辑。每个被试者都将对两个产品品类进行选择（移动硬盘和果汁饮料）。每个产品品类都选出三个产品组成一个选择集，选择集里的产品被描述为在两个属性上有所不同，而在其他属性上都相同。每个选择集都包含一个折中选项，称为目标选项。我们还给出了产品品类的两个属性在市场上的取值范围。根据Simonson（1989）的研究，给出产品属性的范围能使消费者更加容易识别选择集里选项之间的关系。例如，移动硬盘描述为在"硬盘容量"和"价格"两个属性上不同，在其他属性上都相同（三个产品分别为：160GB，460元；250GB，560元；320GB，650元；目标选项为容量为250GB、价格为560元的移动硬盘；市场上移动硬盘的容量从80GB到500GB不等，价格从240元到960元不等）。移动硬盘的属性数据为市场上的真实数据，果汁饮料的属性数据参考了Drolet、Luce和Simonson（2009）研究三的数据。

实验流程：在一次课堂上，被试者被告知要填写一份问卷作为课堂练习。实验开始前，由实验指导员向被试者介绍实验的要求（即告诉被试者，首先会看到一个视频，然后再填写一份由三个独立的研究组成的问卷,要求被试者独立完成问卷)。介绍时间为一分钟左右。介绍完毕后,实验正式开始,实验指导员首先播放视频片段(快乐情绪组看到的是《天下无贼》片段,惊讶情绪组看到的是魔术表演片段),视频播放完后,实验指导员才向被试者发放问卷。在问卷的第一页,被试者将看到一段实验指导语(提醒被试者问卷是由三个独立的研究组成,独立完成问卷)。接着是一个情绪操纵的检验,要求被试者对自己当前的情绪状态进行评价,分别就四种情绪进行评价,即快乐、惊讶、害怕、厌恶,采用9点量表(1=根本没有,9=非常强烈)。情绪操纵检验的方法参考了Tiedens 和 Linton (2001) 的实验三。在完成情绪操纵检验后,被试者对移动硬盘和果汁饮料进行选择,要求从每个选择集里各选择一个产品,移动硬盘和果汁饮料的呈现顺序是随机的,每一个选择集单独地呈现在一页里。完成选择任务后,将进行情绪确定性的操纵检验,操纵检验运用的是Smith 和 Ellsworth (1985) 的情绪评价量表。情绪确定性的问项由三个问题组成,要求被试者运用11点量表评价以下问题的确定程度:当体验到目标情绪时,是否理解当时发生了什么事情,是否能够预测接下来将发生什么事情,是否不能理解当时发生了什么事情(反向问题)。同样的检验方法也在Tiedens 和 Linton (2001) 的文章中被运用。

3. 结果与讨论

71名被试者中,有6人没有完成实验,这6份问卷被剔除。最终的数据分析基于35名快乐情绪组和30名惊讶情绪组的被试者。统计分析运用SPSS16.0软件。

(1) 操纵检验。

操纵检验包括两个部分:①检验情绪的操纵是否成功;②检验不同的情绪在确定性维度上是否有差异。独立样本t检验和单因素方差分析显示,快乐情绪组的被试者报告他们感受到快乐情绪的均值显著高于惊讶情绪组的被试者所报告的感受到快乐情绪的均值($M=6.89$ VS $M=5.30$;$F(1, 63)=12.432, P<0.01$)。同样,惊讶情绪组的被试者报告他们感受到惊讶情绪的均值显著高于快乐情绪组的被试者所报告他们感受到惊讶情绪的均值($M=6.47$ VS $M=2.60$;$F(1, 63)=79.303, P<0.01$)。快乐情绪组和惊讶情绪组的被试者报告的感受到的害怕情绪和厌恶情绪的均值都没有显著差异($M=2.09$ VS $M=1.57$,$F(1, 63)=2.209, P>0.14$;$M=2.11$ VS $M=1.53$,$F(1, 63)=2.369, P>0.12$)。结果说明情绪状态的操纵是成功的。

情绪确定性评价三个问题通过了信度检验($\alpha=0.918$),独立样本t检验和单因素方差分析显示,快乐情绪组报告的确定性的均值为8.77,惊讶情绪组报告的确定性均值为4.94,两组在确定性上差异显著($F(1, 63)=118.742, P<0.01$),经历了快乐情绪的被试者报告了更高的确定性,而经历惊讶情绪的被试者报告了更高的不确定性。

(2) 结果与讨论

研究一讨论的是被试者在经历了不同的情绪后是否对折中启发式的运用有所不同,因此因变量是折中选项是否被选择,我们将选择了折中选项标记为"1",没有选择折中选项标记为"0"。最后的统计结果是每组被试者选择折中选项的频数以及占比,因此我们运用列联表进行卡方统计检验。结果显示,快乐情绪组有57.1%(20/35)的被试者选择了折中选项的移动硬盘,而惊讶情绪组只有33.3%(10/30)的被试者选择了折中选项的移动硬盘,两组进行折中选择的差异达到了边际显著($\chi^2=3.865, P<0.055$);同样,快乐情绪组有77.1%(27/35)的被试者选择了折中选项的果汁饮料,而惊讶情绪组只有53.3%(16/30)

的被试者选择了折中选项的果汁饮料，两组进行折中选择的差异显著（$\chi^2 = 4.090$，$P < 0.05$）。假设1a得到支持。选择结果见表5-6。

表5-6 研究一选择结果表

产品品类与组别	选择频率/次			选择百分比（%）		
	极端项	折中选项	合计	极端项	折中选项	合计
移动硬盘						
快乐情绪组	15	20*	35	42.9	57.1	100
惊讶情绪组	20	10*	30	66.7	33.3	100
果汁饮料						
快乐情绪组	8	27*	35	22.9	77.1	100
惊讶情绪组	14	16*	30	46.7	53.3	100

* 表示快乐情绪组与惊讶情绪组对移动硬盘的选择频数差异在0.05水平上达到边际显著，快乐情绪组与惊讶情绪组对果汁饮料的选择频数差异在0.05水平上显著。

研究一的结果表明，经历确定性情绪的消费者确实比经历不确定性情绪的消费者更多地运用折中启发式进行决策。研究一的结论基于正面情绪获得，我们还不清楚在负面情绪上是否也能得到相同的结论，研究二将针对负面情绪进行讨论。

研 究 二

研究二的目的是检验假设1b，主要是为经历确定性情绪的人将更多地使用折中启发式这个结果提供更为稳健的证据。在研究二里，我们检验的都是负面情绪，分别是确定性的负面情绪厌恶和不确定性的负面情绪害怕。研究二的情绪操纵方法有所改变，不同于研究一，研究二采用情绪写作练习的方法操纵情绪。

1. 实验设计、参与人员和实验材料

研究二同样采取单因素被试间实验设计，自变量为情绪的确定性，分为两个水平，即确定性情绪（厌恶）和不确定性情绪（害怕），为被试间变量；因变量为折中选项的选择。广西某大学的72名本科生参加了研究二，被试者被随机地分为两个组，一组被试者接受厌恶情绪的操纵，称为厌恶情绪组；另一组被试者接受害怕情绪的操纵，称为害怕情绪组。研究二只对一个产品品类进行检验，实验材料是研究一使用过的果汁饮料。

2. 实验流程

研究二同样也在课堂上完成。实验开始前，实验指导员也用一分钟左右的时间介绍实验要求（提醒被试者问卷是由三个独立的研究组成，独立完成问卷）。之后，指导员给被试者发放问卷。被试者首先进行一个情绪写作练习，我们要求被试者回答两个问题：①简要描述生活中感到厌恶（害怕）的三件事情；②详细描述一段感到厌恶（害怕）的个人亲身经历，可以是学习、工作、生活、消费或看电影的经历，并且每当回忆起这段经历时都感到厌恶（害怕）。厌恶情绪组回答的是描述厌恶的问题，害怕情绪组回答的是描述害怕的问题。情绪写作练习参考了Dunn和Schweitzer（2005）、Smith和Ellsworth（1985）、Tiedens和Linton（2001）的研究。完成情绪写作练习后，被试者进行选择任务，要求从三个果汁饮料中选择一个。最后是情绪操纵检验和情绪确定性的检验，检验的方法同研究一。

3. 结果和讨论

72 名被试者中，有两个人没有完成实验，这两份问卷被剔除，进入正式分析的共有 70 名被试者，其中厌恶情绪组 39 人，害怕情绪组 31 人。对情绪操纵检验的独立样本 t 检验和单因素方差分析显示，厌恶情绪组报告的厌恶情绪均值显著高于害怕情绪组报告的厌恶情绪均值（$M = 6.38$ VS $M = 3.10$；$F(1, 68) = 78.398$，$P < 0.01$），害怕情绪组报告的害怕情绪均值显著高于厌恶情绪组报告的害怕情绪均值（$M = 6.35$ VS $M = 2.72$；$F(1, 68) = 90.848$，$P < 0.01$），厌恶情绪组和害怕情绪组的被试者报告的快乐情绪和惊讶情绪没有显著差异（$M = 2.79$ VS $M = 3.26$，$F(1, 68) = 1.553$，$P > 0.21$；$M = 3.15$ VS $M = 3.55$，$F(1, 68) = 0.969$，$P > 0.32$）。结果说明情绪操纵成功。

情绪确定性评价三个问题通过了信度检验（$\alpha = 0.883$），独立样本 t 检验和单因素方差分析显示，厌恶情绪组报告的确定性的均值为 8.05，害怕情绪组报告的确定性均值为 4.80，两组在确定性上差异显著（$F(1, 68) = 76.397$，$P < 0.01$），回答厌恶情绪问题的被试者报告了更高的确定性，而回答害怕情绪问题的被试者报告了更高的不确定性。

对于产品选择的结果分析，研究二同样采用了列联表卡方统计检验。结果显示：当经历了厌恶情绪时，有 66.7%（26/39）的被试者选择了折中选项的果汁饮料；而当经历了害怕情绪时，选择折中选项的被试者下降到了 41.9%（13/31）。两组进行折中选择的差异显著（$\chi^2 = 4.281$，$P < 0.04$）。假设 1b 得到支持。选择结果见表 5-7。

表 5-7　研究二选择结果表

产品品类与组别	选择频率/次			选择百分比（%）		
	极端项	折中选项	合计	极端项	折中选项	合计
果汁饮料						
厌恶情绪组	13	26*	39	33.3	66.7	100
害怕情绪组	18	13*	31	58.1	41.9	100

注：* 表示厌恶情绪组与害怕情绪组对果汁饮料的选择频数在 0.05 水平上差异显著。

尽管研究二操纵的是负面情绪，但得到了与研究一同样的结果，即经历了确定性情绪的被试，比经历了不确定性情绪的被试者更多地选择了折中选项。研究二的结果说明了情绪对于启发式的影响的确是由情绪的确定性引起的，而不是由于情绪的效价引起的（Tiedens 和 Linton，2001）；另外，两次实验都得到了同样的结果，说明情绪的确定性对折中启发式的影响效果是稳定的。

研　究　三

研究三的目的是检验假设 2，即任务确定性的中介作用。研究三包含两个实验：第一个实验检验的是在两个正面情绪，即快乐（确定性）和惊讶（不确定性）状态下任务确定性的中介作用；第二个实验检验的是在两个负面情绪，即厌恶（确定性）和害怕（不确定性）状态下任务确定性的中介作用。研究三的两个实验使用的产品都是研究一使用过的移动硬盘，第一个实验使用视频操纵正面情绪，第二个实验使用写作任务操纵负面情绪。

1. 正面情绪状态下任务确定性的中介作用

（1）实验设计、参与人员和实验材料。

采取单因素被试间实验设计，自变量为情绪的确定性，分为两个水平，即确定性情绪

(快乐)和不确定性情绪(惊讶),为被试间变量;因变量为折中选项的选择;中介变量为任务的确定性,采用11点量表测量。广西某大学的93名本科生参加了实验,被试者被随机分为两个组,一组被试者接受快乐情绪的操纵,称为快乐情绪组;另一组被试者接受惊讶情绪的操纵,称为惊讶情绪组。

操纵情绪的视频材料与研究一相同,分别为电影《天下无贼》片段和刘谦的一个魔术表演片段。产品选择为移动硬盘。

(2)实验流程。

在一次课堂上,被试者被告知要填写一份问卷作为课堂练习。被试者首先会看到一个视频片段,与研究一相同,快乐情绪组的被试者看到的是电影《天下无贼》的片段,惊讶情绪组的被试者看到的是刘谦的魔术表演片段。视频播放完毕后,实验指导员将问卷发给被试者。被试者首先完成的是对任务确定性的测量,我们参考了 Tiedens 和 Linton (2001) 的方法,告诉被试者接下来即将进行一个产品选择任务,要求被试者在进行具体选择之前,评价一下对于能否选出最适合自己的产品的确定的程度,采用11点量表(1=非常不确定,11=非常确定)。完成任务确定性的测量后,被试者将对移动硬盘进行选择,实验的最后是情绪操纵的检验和情绪确定性的操纵检验,方法同研究一。

(3)结果。

93名被试者中,有3人没有完成实验,这3份问卷被剔除,正式进入分析的共有90名被试者,快乐情绪组和惊讶情绪组各45人。对情绪操纵检验的独立样本 t 检验和单因素方差分析显示,快乐情绪组报告的快乐情绪均值显著高于惊讶情绪组报告的快乐情绪均值($M=6.53$ VS $M=4.48$;$F(1, 88)=57.286$,$P=0.00$),惊讶情绪组报告的惊讶情绪均值显著高于快乐情绪组报告的惊讶情绪均值($M=6.71$ VS $M=4.16$;$F(1, 88)=78.297$,$P=0$),快乐情绪组和惊讶情绪组的被试者报告的厌恶情绪和害怕情绪没有显著差异($M=1.82$ VS $M=1.84$,$F(1, 88)=0.006$,$P>0.90$;$M=1.56$ VS $M=1.60$,$F(1, 88)=0.034$,$P>0.85$)。结果说明情绪操纵成功。

情绪确定性评价三个问题通过了信度检验($\alpha=0.910$),独立样本 t 检验和单因素方差分析显示,快乐情绪组报告的确定性的均值为8.50,惊讶情绪组报告的确定性均值为5.90,两组在确定性上差异显著($F(1, 88)=76.954$,$P=0$),经历了快乐情绪的被试者报告了更高的确定性,而经历惊讶情绪的被试者报告了更高的不确定性。

对于产品选择的列联表卡方统计检验的结果显示,当经历了快乐情绪时,有64.4%(29/45)的被试者选择了折中选项的移动硬盘,而当经历了惊讶情绪时,选择折中选项的被试者下降到了42.2%(19/45),两组进行折中选择的差异显著($\chi^2=4.464$,$P<0.03$)。

为了检验任务确定性的中介作用,我们运用了 Baron 和 Kenny (1986) 的三步回归法。由于因变量折中选择是哑变量(取值为1或0),因此我们在回归的时候运用的是逻辑回归,Briley、Morris 和 Simonson (2000) 也用同样的方法进行了中介变量的分析。逻辑回归结果显示,情绪的确定性(1=快乐,0=惊讶)显著地解释了折中选择($\beta=0.908$,$P<0.03$),同时,回归结果显示,情绪的确定性显著地解释了任务的确定性($\beta=2.089$,$P=0.00$),当将情绪与任务的确定性同时放入回归方程时,逻辑回归结果显示,情绪的确定性对于折中选择的解释作用变得不显著($\beta=0.296$,$P>0.56$),而任务的确定性对折中选择的解释仍然显著($\beta=0.323$,$P<0.03$)。我们也进行了 Sobel 检验,结果显示,当把任务的确定性加

入回归模型后，情绪的确定性对于折中选择的解释显著下降了（$Z = 2.02$，$P < 0.05$）。结果说明在正面情绪状态下，情绪的确定性对于折中启发式的影响过程中，任务的确定性起到了中介的作用。

2. 负面情绪状态下任务确定性的中介作用

(1) 实验设计、参与人员和实验材料。

采取单因素被试间实验设计，自变量为情绪的确定性，分为两个水平，即确定性情绪（厌恶）和不确定性情绪（害怕），为被试间变量；因变量为折中选项的选择；中介变量为任务的确定性，采用11点量表测量。广西某大学的73名本科生参加了实验，被试者被随机分为两个组，一组被试者接受厌恶情绪的操纵，称为厌恶情绪组；另一组被试者接受害怕情绪的操纵，称为害怕情绪组。情绪的操纵方法与研究二相同，采用写作任务操纵情绪，产品选择仍然是移动硬盘。

(2) 实验流程。

实验流程与研究二类似。不同之处是在被试者进行产品选择之前，先对任务确定性进行测量，我们使用的仍然是Tiedens和Linton（2001）的方法，告诉被试者接下来即将进行一个产品选择任务，要求被试者在进行具体选择之前，评价一下对于选出最适合自己的产品的确定的程度，采用11点量表（1 = 非常不确定，11 = 非常确定）。完成任务确定性的测量后，被试者将对移动硬盘进行选择，最后是操纵检验。

(3) 结果。

73名被试者中，有5人没有完成实验，这5份问卷被剔除，正式进入分析的共有68名被试者，其中厌恶情绪组35人，害怕情绪组33人。对情绪操纵检验的独立样本t检验和单因素方差分析显示，厌恶情绪组报告的厌恶情绪均值显著高于害怕情绪组报告的厌恶情绪均值（$M = 6.69$ VS $M = 2.85$；$F(1, 66) = 137.8$，$P = 0$），害怕情绪组报告的害怕情绪均值显著高于厌恶情绪组报告的害怕情绪均值（$M = 7.06$ VS $M = 2.43$；$F(1, 66) = 244.312$，$P = 0$），厌恶情绪组和害怕情绪组的被试者报告的快乐情绪和惊讶情绪没有显著差异（$M = 3.03$ VS $M = 3.36$，$F(1, 66) = 0.895$，$P > 0.34$；$M = 2.63$ VS $M = 2.79$，$F(1, 66) = 0.190$，$P > 0.66$）。结果说明情绪操纵成功。

情绪确定性评价三个问题通过了信度检验（$\alpha = 0.927$），独立样本t检验和单因素方差分析显示，厌恶情绪组报告的确定性的均值为8.14，害怕情绪组报告的确定性均值为5.61，两组在确定性上差异显著（$F(1, 66) = 66.153$，$P = 0$），经历了厌恶情绪的被试者报告了更高的确定性，而经历害怕情绪的被试者报告了更高的不确定性。

对于产品选择的列联表卡方统计检验的结果显示，当经历了厌恶情绪时，有68.6%（24/35）的被试者选择了折中选项的移动硬盘，而当经历了害怕情绪时，选择折中选项的被试者下降到了45.5%（15/33），两组进行折中选择的差异达到了边际显著（$\chi^2 = 3.711$，$P = 0.054$）。

任务确定性的中介作用的检验仍然运用了Baron和Kenny（1986）的三步回归法。逻辑回归结果显示，情绪的确定性（1 = 厌恶，0 = 害怕）解释（边际显著）了折中选择（$\beta = 0.962$，$P = 0.057$），同时，回归结果显示，情绪的确定性显著地解释了任务的确定性（$\beta = 2.195$，$P = 0.00$），当将情绪与任务的确定性同时放入回归方程时，逻辑回归结果显示，情绪的确定性对于折中选择的解释作用变得不显著（$\beta = 0.181$，$P > 0.77$），而任务的确定性对折中选择的解释仍然显著（$\beta=0.387$，$P<0.04$）。我们也进行了Sobel检验，结果显示，当把任务的确定性加入回归模型后，情绪的确定性对于折中选择的解释显著（边际）下降了（$Z=1.92$，$P<0.055$）。结果说明在负面情绪状态下，情绪的确定性对于折中启发式的影响过程中，任务的确定性同样起到了中介的作用。两个实验的结果都支持了假设2。

3. 讨论

研究三在正面情绪和负面情绪状态下检验了任务确定性的中介作用，研究结果一方面再次验证了研究一和研究二的发现，即无论是在正面情绪状态下，还是在负面情绪状态下，情绪的确定性维度都会影响人们对于折中启发式的运用；另一方面，任务确定性的中介作用得到了检验。这个结果使得我们能够明确，是情绪的确定性维度影响了人们对于折中启发式的运用。根据Lerner和Keltner（2000）提出的评价倾向，情绪评价的维度将导致人们在接下来的任务中作出相应的判断。正如前文所论述的，处于生气状态的被试者更容易在后续的负面事件中责备他人，与生气时容易责备他人（控制维度）是一致的（Keltner、Ellsworth和Edwards，1993）；当经历害怕情绪状态时，如果被试者评价当时的环境具有风险，则会增加被试者对后续的环境风险程度的感知（Lerner和Keltner，2000，2001）。在情绪的确定性维度上，Tiedens和Linton（2001）的研究结果显示，相对于经历了不确定性情绪的人，当经历确定性的情绪时，人们报告了更高的对于即将执行的任务的确定性，而任务的确定性中介了情绪对于刻板印象的影响。我们的研究结果显示，经历确定性情绪状态的人比经历不确定性情绪状态的人报告了更高的任务的确定性，同时任务的确定性中介了情绪对于折中启发式的运用。因此，根据评价倾向的逻辑，我们的结果说明，是情绪的确定性维度影响了人们对于折中启发式的运用。

研 究 四

研究四的目的是检验假设3，即检验折中选项呈现的清晰程度是否调节了情绪的确定性对于折中效应的影响。研究四同样也包含两个实验，分别检验在正面情绪状态下和在负面情绪状态下折中选项呈现清晰度的调节作用。研究四的第一个实验通过视频操纵被试的情绪，即正面的确定性情绪快乐和正面的不确定性情绪惊讶。被试者将对三个产品品类进行选择，分别是研究一和研究二使用过的移动硬盘和果汁饮料，另外参考了Simonson（1989）的研究，整理了第三个产品品类即漱口水进行检验。研究四的第一个实验在统计方式上与前面的研究有所不同，我们参考了Briley、Morris和Simonson（2000）的研究，在统计折中选项时不再单独对每一个产品品类进行统计，而是将被试者对三个产品品类的选择汇总起来，统称为被试者对折中选项的选择。研究四的第二个实验通过写作的方法操纵情绪，即负面的确定性情绪厌恶和负面的不确定性情绪害怕，第二个实验选择的产品是移动硬盘。

1. 正面情绪状态下折中选项呈现清晰度的调节作用

（1）实验设计、参与人员和实验材料。

采取2（情绪确定性：确定性VS不确定性）×2（折中选项呈现清晰度：高VS低）被试间实验设计，其中，自变量为情绪的确定性，分为两个水平，即确定性情绪（快乐）和不确定性情绪（惊讶），为被试间变量；调节变量为折中选项呈现的清晰度，分为两个水平，即高清晰度和低清晰度，为被试间变量；因变量为折中选择。广西某大学的218名本科生参加了实验，被试者将被随机分为四个组：第一组被试接受快乐情绪的操纵，看到的是以高清晰方式呈现折中选项的选择集，称为快乐情绪高清晰组；第二组被试者同样接受快乐情绪的操纵，但看到的是以低清晰方式呈现折中选项的选择集，称为快乐情绪低清晰组；第三组被试者接受惊讶情绪的操纵，看到的是以高清晰方式呈现折中选项的选择集，称为惊讶情绪高清晰组；第四组被试者同样受惊讶情绪的操纵，但看到的是以低清晰方式呈现折中选项的选择集，称为惊讶情绪低清晰组。情绪操纵材料同研究一使用过的视频材料，选择的产品品类为移动硬盘、果汁饮料和漱口水。

(2) 实验流程。

实验流程与研究一相似，不同的是研究一只有两组被试者，而本实验有四组被试者。快乐情绪高清晰组和快乐情绪低清晰组看到的是《天下无贼》的视频片段，快乐情绪高清晰组被试者拿到的问卷中各个产品品类选择集的呈现方式与研究一相同，称为高清晰呈现方式；快乐情绪低清晰组被试者拿到的问卷中各个产品品类的选择集不再以表格的方式呈现，而是以文字描述的形式呈现，同时折中选项也不再出现在中间的位置，而是出现在两端，Drolet、Luce 和 Simonson，(2009) 的研究二也采用了同样的方法，这种呈现方式称为低清晰呈现方式。同样，两组接受惊讶情绪操纵的被试者看到的仍然是魔术片段，一组被试者拿到的是以高清晰方式呈现折中选项的问卷，另一组被试者拿到的是以低清晰方式呈现折中选项的问卷。其他流程与研究一相同。

(3) 结果。

218 名被试中，有 9 人没有完成问卷，这 9 份问卷被剔除。正式进入分析的是 209 份问卷，其中，快乐情绪高清晰组 62 人，快乐情绪低清晰组 51 人，惊讶情绪高清晰组 46 人，惊讶情绪低清晰组 50 人。

情绪操纵检验的独立样本 t 检验和单因素方差分析显示：接受快乐情绪操纵的被试者报告的快乐情绪均值显著高于接受惊讶情绪操纵的被试者报告的快乐情绪的均值（$M=6.69$ VS $M=3.99$；$F(1, 207)=187.618, P=0$）；接受惊讶情绪操纵的被试者报告的惊讶情绪均值显著高于接受快乐情绪的被试报告的惊讶情绪均值（$M=6.94$ VS $M=2.70$；$F(1, 207)=341.368, P=0$）；快乐情绪组和惊讶情绪组的被试者报告的害怕情绪和厌恶情绪没有显著差异（$M=1.77$ VS $M=1.77$，$F(1, 207)=0, P>0.99$；$M=1.82$ VS $M=1.80$，$F(1, 207)=0.012, P>0.91$），情绪操纵成功。

情绪确定性评价三个问题通过了信度检验（$\alpha=0.887$），独立样本 t 检验和单因素方差分析显示，接受快乐情绪操纵的被试者报告的确定性的均值为 8.26，接受惊讶情绪操纵的被试者报告的确定性均值为 5.39，两组在确定性上差异显著（$F(1, 207)=186.719, P=0$），经历了快乐情绪的被试者报告了更高的确定性，而经历了惊讶情绪的被试者报告了更高的不确定性。

对于选择结果的分析，我们将被试者对三个产品品类的选择进行了加总，分析的是总体上每一组被试者进行折中选择的频数和比例有多少，不再单独对每个产品品类进行分析。我们将被试者进行折中选择标记为"1"，进行非折中选择标记为"0"。例如，如果一名被试者在移动硬盘和果汁饮料上选择了折中选项，而在漱口水上选择了极端项，则我们对这名被试者在折中选择上标记两个"1"和一个"0"，即这名被试者一共进行了三次选择，其中两次是折中选择，一次是非折中选择。我们最后分析的是四个组的被试者进行折中选择是否有显著差异。

我们首先对选择结果进行了卡方检验,当折中选项以高清晰方式显示时,快乐情绪高清晰组的被试者共进行了186次选择,其中折中选择122次,占比为65.6%;而惊讶情绪高清晰组的被试者共进行了138次选择,其中折中选择61次,占比为44.2%。两组被试者进行折中选择的差异显著($\chi^2=14.744, P=0$)。当折中选项以低清晰方式呈现时,快乐情绪低清晰组的被试者共进行了153次选择,其中折中选择72次,占比为47.1%;惊讶情绪低清晰组的被试者共进行了150次选择,其中折中选择64次,占比为42.7%。两组被试者进行折中选择的差异不显著($\chi^2=0.591, P>0.44$)。

由于卡方检验并不能检验交互作用,因此为了检验折中选项呈现方式的调节作用,我们进行了逻辑回归分析。因变量为折中选择(1=折中选择,0=非折中选择),自变量为情绪确定性(1=快乐,0=惊讶),调节变量为折中选项呈现方式(1=高清晰,0=低清晰),交互项为"情绪确定性×折中选项呈现方式"。逻辑回归结果显示,情绪确定性与折中选项呈现方式的交互效应显著($\chi^2=4.598, P<0.032$),即当折中选项以高清晰方式呈现时,经历确定性情绪的被试者比经历不确定性情绪的被试者更多地进行折中选择;而当折中选项以低清晰方式呈现时,经历确定性情绪的被试者与经历不确定性情绪的被试者在折中选择上没有显著差异,假设3a得到支持。交互作用结果见图5-1。

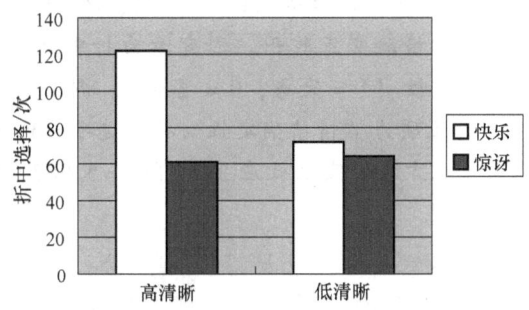

图5-1 正面情绪与折中选项呈现方式交互作用

2. 负面情绪状态下折中选项呈现清晰度的调节作用

(1)实验设计、参与人员和实验材料。

同样采取2(情绪确定性:确定性VS不确定性)×2(折中选项呈现清晰度:高VS低)被试间实验设计。广西某大学的158名本科生参加了实验,被试者被随机分为四个组,分别称为厌恶情绪高清晰组、厌恶情绪低清晰组、害怕情绪高清晰组和害怕情绪低清晰组。情绪操纵的方法为写作任务,选择的产品品类为移动硬盘。

(2)实验流程。

实验流程与研究二相似,所不同的是厌恶情绪高清晰组和害怕情绪高清晰组的被试者看到的是以高清晰方式呈现的选择集,而厌恶情绪低清晰组和害怕情绪低清晰组的被试者看到的是以低清晰方式呈现的选择集。

(3)结果。

158名被试者中,有8人没有完成问卷,这8份问卷被剔除。正式进入分析的是150份问卷,其中,厌恶情绪高清晰组35人,厌恶情绪低清晰组43人,害怕情绪高清晰组33人,害怕情绪低清晰组39人。

情绪操纵检验的独立样本t检验和单因素方差分析显示,接受厌恶情绪操纵的被试者报告的厌恶情绪均值显著高于接受害怕情绪操纵的被试者报告的厌恶情绪的均值($M=6.69$

VS $M = 3.03$；$F(1, 148) = 236.554$，$P = 0$）；接受害怕情绪操纵的被试者报告的害怕情绪均值显著高于接受厌恶情绪的被试者报告的害怕情绪均值（$M = 6.81$ VS $M = 2.29$；$F(1, 148) = 504.444$，$P = 0$）；厌恶情绪组和害怕情绪组的被试者报告的快乐情绪和惊讶情绪没有显著差异（$M = 3.15$ VS $M = 3.60$，$F(1, 148) = 2.754$，$P > 0.99$；$M = 2.74$ VS $M = 2.93$，$F(1, 148) = 0.539$，$P > 0.46$），情绪操纵成功。

情绪确定性评价三个问题通过了信度检验（$\alpha = 0.915$），独立样本 t 检验和单因素方差分析显示，接受厌恶情绪操纵的被试者报告的确定性的均值为 8.06，接受害怕情绪操纵的被试者报告的确定性均值为 5.79，两组在确定性上差异显著（$F(1, 148) = 101.633$，$P = 0$），经历了厌恶情绪的被试者报告了更高的确定性，而经历害怕情绪的被试者报告了更高的不确定性。

我们首先对选择结果进行了卡方检验，当折中选项以高清晰方式显示时，厌恶情绪高清晰组的被试者选择折中选项的比例为 71.4%（25/35）；而害怕情绪高清晰组的被试者选择折中选项的比例为 42.4%（14/33），两组被试者进行折中选择的差异显著（$\chi^2 = 5.842$，$P < 0.016$）。当折中选项以低清晰方式呈现时，厌恶情绪低清晰组的被试者选择折中选项的比例为 30.2%（13/43）；害怕情绪低清晰组的被试者选择折中选项的比例为 41.0%（16/39），两组被试者进行折中选择的差异不显著（$\chi^2 = 1.042$，$P > 0.307$）。

我们同样通过逻辑回归分析检验交互作用。因变量为折中选择（1 = 折中选择，0 = 非折中选择），自变量为情绪确定性（1 = 厌恶，0 = 害怕），调节变量为折中选项呈现方式（1 = 高清晰，0 = 低清晰），交互项为"情绪确定性×折中选项呈现方式"。逻辑回归结果显示，情绪确定性与折中选项呈现方式的交互效应显著（$\chi^2 = 5.982$，$P < 0.014$），假设 3b 得到支持。交互作用结果见图 5-2。

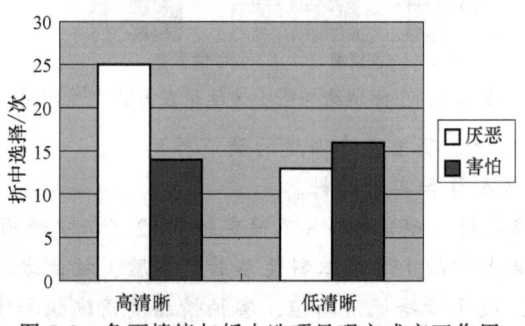

图 5-2 负面情绪与折中选项呈现方式交互作用

3. 讨论

研究四的结果显示，无论是在正面情绪状态下还是在负面情绪状态下，情绪确定性与折中选项呈现方式的交互效应都是显著的，这个结果验证了折中选项呈现方式的调节作用，即当折中选项以高清晰方式呈现时，情绪的确定性对折中启发式有显著的影响；当折中选项以低清晰方式呈现时，情绪的确定性对折中启发式的影响不显著。这个结果也在实证上支持了 Bettman、Luce 和 Payne（1998）的推断。

小 结

本章介绍实验研究。首先，介绍了因果关系，并对科学的因果关系和普通的因果关系进行了区分，说明了科学的因果关系应该要满足的三个条件：相从变动、变量发生的时间顺序以及排除其他可能的因素。其次，介绍了实验研究的相关概念和描述实验研究的符号。再次，介绍了外生变量的类型以及外生变量的控制。接下来介绍了实验设计的类型。最后，通过一个实验研究的实际例子，介绍了实验研究的过程。

思考题

1. 确定因果关系所要满足的三个基本条件是什么？
2. 什么是实验研究中的外生变量？外生变量主要有哪些类型？
3. 如何对外生变量进行控制？

参考文献

[1] Malhotra Naresh K. 市场营销研究：应用导向 [M]. 涂平，译. 北京：电子工业出版社，2006.
[2] Cook T D, Campbell D T, Day A. Quasi-experimentation: Design & analysis issues for field settings [M]. Boston: Houghton Mifflin, 1979.

第6章 问卷调查法

在管理学的描述性研究中，问卷调查法是最为常用的一种定量方法，许多管理学的经典论文是运用问卷调查法进行研究的，直到今天，在国际顶级的管理学期刊上，仍然能看到运用问卷调查法发表出来的论文。因此，学习和掌握问卷调查法，是学习管理学研究方法一项基础工作，通过对问卷调查法的学习，初学者能够对理论框架、构念、构念的测量、测量的信度和效度等实证研究中的这些常用术语有更为深入的理解和掌握。

调查问卷是一组用于从调查对象获取信息的格式化问题，还可以称为计划表、访谈表、测量工具等。调查问卷是问卷调查法的重要组成部分，调查问卷有六个主要的功能：①把研究目标转化为具体的问题；②使问题和回答范围标准化，让每个被调查者面对同样的问题环境；③通过措辞、问题流程和卷面形象来获得调查对象的合作，并在整个调查中激励被调查者；④作为调查的永久记录；⑤基于所使用的问卷类型，能加快数据分析的进程；⑥最后，问卷中所包含的信息都需要通过信度的检验，它们可用于随后验证受访者参与调查的有效性，换句话说，调查者可以用问卷作为质量控制。

正因为调查问卷有以上功能，所以它是调研过程中一个非常重要的因素。事实上，研究表明，调查问卷的设计直接影响到数据收集的质量。即便是有经验的调研人员，也不能弥补问卷的缺陷。精心设计调查问卷是很有必要的。

6.1 问卷设计的目标和过程

6.1.1 问卷设计的目标

设计一份调查问卷，要完成三个目标：①问卷必须将研究人员所需要的信息翻译成一组调查对象能够并且愿意回答的具体问题；②问卷必须促使、激励并且鼓励调查对象在访谈过程中变得投入，愿意与研究人员合作完成调查；③问卷应该将回答误差降到最小。

6.1.2 问卷设计的过程

一般来说，问卷的设计可以遵循一个基本的过程，这个过程包括：确认所需的信息、确定访谈方法的类型、确定单个问题的内容、设计问题以避免无法回答以及不愿意回答情况的发生、选择问题的结构、选择问题的措辞、确定问题的顺序、确认问卷页面的形式和版面设计、复制问卷、预调查。问卷设计的过程如图6-1所示。

1. 确认所需的信息

问卷设计过程的第一步，是确认研究所需的信息。当研究问题确定后，研究人员会根据研究问题发展出研究假设，那么，随着研究项目的进行，研究所需的信息就变得越来越清晰了。当研究人员建立了概念框架，并发展了研究假设，下一步的工作就是要进行实证研究设计，如果确定运用问卷调查法进行实证研究，那么这个时候就需要确定问卷所要收集的信息。例如，在企业社会责任通过顾客信任与顾客认同影响企业绩效的研究中，运用问卷调查法，那么，问卷需要收集的信息就包括企业社会责任评价的信息、顾客对公司信任评价的信息、顾客对公司认同的信息以及企业绩效的信息。

同时，确定调查对象也是非常重要的，因为被调查人群的特征会对问卷的设计有显著的影响。例如，针对儿童消费行为的研究和针对大学生消费行为的研究，在问卷的设计和用语上就会有所不同。

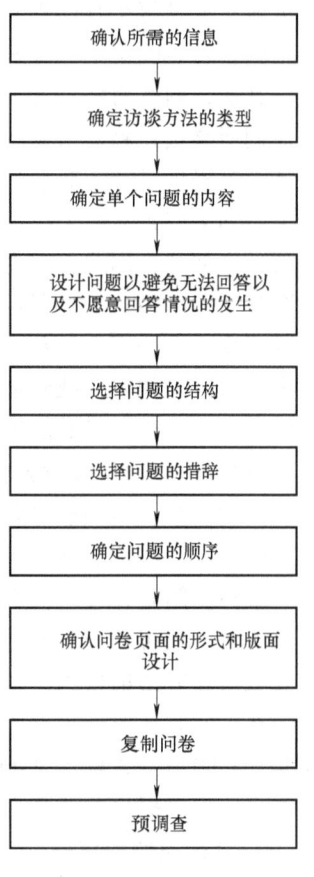

图 6-1　问卷设计的过程
资料来源：Malhotra Naresh K. 市场营销研究：应用导向［M］. 涂平，译. 北京：电子工业出版社，2006。

2. 确定访谈方法的类型

研究人员可以通过不同的方式进行问卷调查。在管理学的实证研究中，曾经最流行的调查方式是邮寄问卷，但现在邮寄问卷已经不再流行，因为邮寄问卷存在一个问题，即研究人员很难控制最终填写问卷的人员。例如，本来要求 CEO 填写，但邮寄过去后，CEO 交给其秘书填写，研究人员无法进行控制。现场收集问卷能够比较好地控制问卷质量，通常的做法是邀请调查对象到一个诸如会议室或教室的地方，研究人员先向调查对象介绍填写问卷的要求，然后调查对象在现场完成问卷，这样收集到的数据质量有保障。现在，随着网络技术的发展，在互联网上进行问卷调查已经成为新的收集数据的渠道，在顶级期刊上也有运用网络调查收集数据发表的文章。此外，问卷收集还可以通过电话调查和人员访谈进行，电话调查要求研究人员有一个电话呼叫中心，人员访谈则要求训练有素的调查人员进行访谈，但这两种调查方法的被拒绝率较高。

3. 确定单个问题的内容

确定了调查所需要的信息和访谈方法之后，就需要确定每一个问题的内容。问卷上的每一个问题都应该对研究所要收集的信息有所贡献。

4. 设计问题以避免无法回答以及不愿意回答情况的发生

问卷设计人员不应该假定调查对象会对所有问题提供准确或合理的答案，而是应该试图避免调查对象无法回答问题的情况发生。某些因素限制了调查对象提供信息的能力，调查对象可能没有相关的知识，或者可能无法准确地表述某些类型的问题；同时，问卷设计人员还应该认识到，在一些情况下，即使调查对象能够回答一个特定的问题，但或许他们不愿意这样做，这可能是因为回答问题需要调查对象付出太多的努力，或要求的信息是敏感的。

首先，调查对象经常被问到他们不甚了解的话题。例如，如果是妻子负责采购，那么丈夫可能对家里每个月的日常开销并不了解，这时如果调查人员向丈夫调查家庭日常开销情况，则很可能收集不到准确的信息。

其次，调查对象可能无法清楚地说出某些类型问题的答案。例如，如果要求调查对象描述他们所喜欢光顾的商场的气氛，大多数调查对象可能无法找出合适的措辞。当然，如果设计人员提供了关于商场气氛的可选择的描述，则调查对象就能够指出他们最喜欢的那种类型了。如果调查对象无法清晰地说出一个问题的答案，那他们可能会忽视问题并拒绝回答问卷的其余部分，因此，问卷设计人员在设计问卷的过程中应当向调查对象提供必要的帮助，如图片、文字描述等，以帮助调查对象清晰地表述他们的答案。

再次，有些调查对象并不愿意花费许多力气来提供信息，因此问卷设计人员应该将要求调查对象付出的努力减到最小。例如，如果研究人员对调查对象在最近一次购物过程中从商场的哪个部门购买了商品感兴趣，这一信息可以由至少两种途径获得：一是问卷设计人员让调查对象列出最近一次购物过程中购买过商品的所有部门；二是问卷设计人员向调查对象提供部门的名单，请调查对象在列出的名单中进行选择。显然，第二种方法要求调查对象付出较少的努力，因此能够收到更好的效果。

最后，问卷设计人员必须注意到，调查对象往往不愿意泄露一些敏感信息，因为这可能造成尴尬或损害调查对象的个人形象。敏感的话题包括收入、家庭生活、个人习惯等，如果需要收集这方面的信息，在设计问题时可以通过一些技巧来增加调查对象回答的自愿性，例如，在询问收入时，可以不问具体的数字，而改为询问收入类目，如月收入2000元以下、2000~3500元、3500~5000元、5000元以上。通过这样的方式，能够鼓励调查对象提供他们本来不愿意提供的信息。

5. 选择问题的结构

问卷中的问题可以是非结构化的，这是开放式的问题；也可以是结构化的，这是封闭式的问题，包括多选题、二项问题或者量表题。

非结构化问题是开放式的问题，调查对象可以用他们自己的话来回答，也称为自由回答问题。例如：

您的企业是如何对新进员工进行培训的？

您的企业是如何保留现有顾客的？

您的企业是如何吸引新的顾客的？

非结构化问题往往适合作为一个话题的起始问题，使得调查对象能够表达一般的态度和观点。非结构化问题的一个主要缺点是受到访谈人员偏见的影响较高。

结构化问题则指定了一组答案选项和答案格式，包括多选题、二项问题或者量表题。（量表的情况将在第8章具体介绍）

多选题提供了答案的选项，要求调查对象从选项中选择一个或多个答案。例如：

您的企业获取资金困难吗？

①非常困难　　②有些困难　　③一般　　④比较容易　　⑤非常容易

您的企业经营所需要的资金来源渠道有哪些？

①银行贷款　　②向亲朋好友借款　　③自有资金

二项问题则只有两个答案选项，要求调查对象从中选择一项，例如：

您在今后三个月内打算购买汽车吗？

①是　　②否

您的性别是：

①男性　　②女性

6. 选择问题的措辞

问卷设计是有一定技巧的，这些技巧都是研究人员在实际工作过程中通过不断总结而积累出来的，对于初学者来说，由于缺乏实际调查的经验，因此，在这里介绍问卷设计中应该注意的一些问题。

（1）问卷设计中的四个"应该"。在实际调查过程中，为了设计出一份高质量的问卷，研究人员总结出了四条简单的规则，或者说四个"应该"。

1）问题应该针对单一话题。问卷设计人员应该立足于特定的话题。例如，问题"你旅行时常住哪种宾馆？"是模糊的。因为它没有说清楚旅行的类型或何时使用宾馆，究竟是商务旅行还是度假旅行？宾馆是指旅途中的还是目的地的？正确的问题应该是："当你和全家一起度假时，在旅行目的地，你通常住哪种宾馆？"

2）问题应该简短。问题应该尽量简短，多余的词都应该被剔除。这一要求在设计口头提问（如电话调研）的问题时尤为重要。简短的问题有助于调查对象了解问题的核心并减少对语句的误解。以下是一个不简短的问题："假设你注意到空调的制冷功能并不像刚买回来时那样好，于是打算修理，此时你头脑中会有一些什么考虑？"简短的问题应该是："若你的空调制冷不正常，你会怎样解决？"

3）问题应该使用单句。单句只有一个主语和谓语，复合句和复杂句可能有多个主语、谓语、宾语和状语等，句子越复杂，应答者出错的可能性就越大。若要避免这些问题，调研人员应尽量使用单句结构，若问题复杂可用两个句子来表达。例如，"如果你正在寻找一辆让家长使用的、主要用来接送孩子们去学校和去朋友家的车，你和妻子会如何评价某辆你们试驾过的车的安全性？"简单的解决方法是，"你是否正在和你的妻子讨论家庭用车的安全性？"若回答"是"，接着问："你们对安全性的要求是'很低''一般''很高'还是'非常高'？"

4）问题应该非常清晰。所有的调查对象应对问题理解一致。例如，问题"你的全球卫星定位系统有用吗？"就有些模糊，因此全球卫星定位系统有可能在不同的情况下表现会有所不同，因此，为了使得表达更加清晰，更好的措辞是："在下列情况下，你的全球卫星定位系统发挥作用如何？"然后列出调研人员所感兴趣的各种情况，供调查对象选择。

（2）问卷设计中的四个"不应该"。有四种情况会导致问题在使用过程中产生偏差，了解这四种情况非常重要，这四种情况是：诱导性问题、暗示性问题、双重问题和夸张性问题。

1）不应该让问题诱导调查对象选择某一特定答案。诱导性问题是指对调查对象的回答给予了提示的问题。它们会影响回答。例如，"难道你没有发现网上购物时使用信用卡会出现的问题吗？"由于问题的措辞偏向负面，调查对象很容易被诱导。诱导性问题往往会让调查对象觉得也许存在问题，所以他们往往会回答"是"。因此要把问题客观地表达出来，使得调查对象自由选择"是"或"否"，而不是被诱导地回答。

2）问题不应该具有"暗示性"短语。暗示性问题往往运用了一些词语来暗示普遍的信仰和行为准则。例如，"如果全球卫星定位系统能帮助我们节省汽油，你会购买它吗？"显然，大多数调查对象都会同意。因为人们认为节省汽油是一种合理的行为。如果去除句中的暗示，问题将变为："你认为全球卫星定位系统能为你省多少油？"

3）不应该使用"双重问题"。双重问题是指将两个不同的问题合并为一个，这样会使调查对象不能直接回答其中的任何一个问题。例如，"你是否对这里的食物和服务感到满意？"调查对象会如何回答呢？如果说是，那么意味着对食物满意？还是对服务满意？还是都满意？如果只问单一的问题，这个问题将变得更好：一个问题问食物，另一个问题问服务。

4）问题中不应该使用夸张的词语。一个夸张的问题是过度强调问题的某一个方面，应该避免使用夸张的词语，最好用一种中立的口气提问。例如，一种夸张的提问方式可能是："你认为你会花多少钱去购买一副能保护眼睛免遭太阳紫外线伤害的太阳镜？"这一夸张的提问主要关注于防止紫外线的效力上，会导致调查对象考虑他们愿意花多少钱购买一样物品以保护眼睛免遭紫外线的伤害，而并非考虑他愿意花多少钱购买一副太阳镜。较恰当的提问方式应该是："你愿意花多少钱购买太阳镜，以避免眼睛遭阳光照射？"

7. 确定问题的顺序

（1）问卷的开头。问卷开头的问题设计对于获得调查对象的信任与合作是非常重要的。在问卷开始的时候，询问调查对象的观点是较好的开头问题，因为多数人喜欢表达自己的观点。在有些情况下，研究人员需要对调查对象进行选择，判断调查对象是否符合调查要求，在这种情况下，资格认定的问题可以作为开头问题。例如下面是作为问卷开头的两个识别问题：

1. 万科企业股份有限公司是一家以房地产开发与经营为主要业务的公司，公司在深圳上市，股票名称为：万科A，代码为：000002，您是否听说过这家公司？

A. 是（继续回答下一题）　　　　　　　　B. 否（跳到第4题）

2. 您购买过这家公司的产品吗？

A. 是　　　　　　　　B. 否

（2）信息的类型。一份问卷中所收集的信息可以一般可以分为基础信息、分类信息和标识信息。基础信息是与研究问题直接相关的信息，分类信息则由社会经济和人口统计特征构成，标识信息包括姓名、地址、电话等。一般在问卷中的顺序是，首先收集基础信息，其次是分类信息，最后是标识信息。

（3）困难的问题。难以回答的或者敏感的问题应该放在问卷的后面。因为当调查对象已经回答了问卷的大部分问题之后，与调查建立起了较为友好的关系，在这个时候再回答一些涉及个人信息的问题，拒绝的可能性会小一些。因此，如个人的收入、联系方式等方面的信息，一般都放在问卷的后面。

8. 确认问卷页面的形式和版面设计

问卷的格式、间隔和位置将对数据收集的质量产生显著的影响，因此，确认问卷的页面形式和版面设计也是非常重要的工作。

9. 复制问卷

问卷完成后，对问卷进行复制也是一项非常重要的工作，因为对问卷不同的复制效果，有可能会对结果产生影响。例如，如果复制问卷的用纸质量低劣，或者问卷外观设计低劣，则调查对象会认为问卷不重要，从而将影响回答的质量。

一般来说，复制问卷应该注意几个问题：问卷应该设计一个专业的外观；如果问卷比较长，可以设计为小册子；应该注意每一个问题要复制在一页上，不要跨页复制问题；问题之间应该留有适当的空白，从而使问卷看上去并不拥挤；问卷的字体、行间距应该设计合理，使问卷易于阅读。

10. 预调查

最后要说明的是，在设计好问卷之后，最好不要直接对已选定的样本进行调查，应该在一个小范围内进行预调查，以测试问卷是否还存在问题，并在进行正式调查之前对问卷修正。预调查的人员一般为 10~20 人。

举例说明。这是一份关于企业文化的调查问卷初稿的一个问题，要求调查对象对四句话进行评分，总分为 100 分，调查对象要将 100 分分配给四句话，问题如下：

	1.1 主要特征特性	现在的情况	五年后的情况
A	公司是一个非常人性化的地方。它像一个大家庭。人们愿意分享自己的很多事情	分	分
B	公司是一个非常有活力的多元化的地方。人们愿意坚持自己的想法,同甘共苦	分	分
C	公司非常注重结果。非常关注员工的工作完成情况。同事之间有竞争,大家都想为公司和个人取得成绩	分	分
D	公司运营控制良好,结构化很强。人们都是按照规章制度办事	分	分
	总计	100 分	100 分

这是组织文化量表（OCAI），量表原来的设计就是要将 100 分分配给四个选项。但是当我们进行预调查时，公司的模拟调查对象向我们反映，他们觉得如果是进行评分，好像是给领导打分，他们总想打高分，而不愿意将 100 分分配给四个选项。于是，我们将问题修改为了用百分比进行分配，这样就解决了员工的担心。修改后的问题如下：

	1.1 主要特征特性	现在的情况	五年后的情况
A	公司是一个非常人性化的地方。它像一个大家庭。人们愿意分享自己的很多事情	%	%
B	公司是一个非常有活力的多元化的地方。人们愿意坚持自己的想法,同甘共苦	%	%
C	公司非常注重结果。非常关注员工的工作完成情况。同事之间有竞争,大家都想为公司和个人取得成绩	%	%
D	公司运营控制良好,结构化很强。人们都是按照规章制度办事	%	%
	总计	100%	100%

6.1.3 例子

下面是一个测量企业文化问卷的完整例子。

企业文化调查问卷

尊敬的女士/先生：

您好！欢迎您参加本次调查。本次调查是由××大学发起的关于企业文化建设项目的调查，调查问卷提供了一系列描述企业文化各个方面的陈述，问卷共分为四个部分，请您根据每一部分的要求回答问题。本次问卷调查采取不记名的形式，请根据您的实际情况，客观回答这些问题。答案没有正确与错误之分。调查的结果仅用于课题研究，谢谢您的参与。

第一部分 企业文化特质调查

以下给出了一些句子，这些句子用1~5分对应的选项表明您对于每个陈述的认可程度，如果您认为对于贵公司而言，您非常同意该观点（或描述），则打"5"分，如果您认为这个问题非常不符合贵公司的实际，则打"1"分，如果您认为介于二者之间，则选择1~5间的合适数字。

序号	题项	非常不同意	不同意	中立	同意	非常同意
一	公司战略导向					
1	公司具有明确的长期目标和战略方向	1	2	3	4	5
2	公司目标得到员工一致认可	1	2	3	4	5
3	公司的目标对员工产生了激励和促进作用	1	2	3	4	5
4	领导者眼光长远并关注员工的行动	1	2	3	4	5
5	我们不断跟踪进度，保持向着目标一直前进	1	2	3	4	5
二	公司目标					
6	我们对于公司的目标有广泛的共识	1	2	3	4	5
7	公司领导设定的目标是雄心勃勃的，同时也是现实的	1	2	3	4	5
8	公司领导已经公开表明我们所需实现的目标	1	2	3	4	5
9	我们根据既定的目标持续跟踪工作进展	1	2	3	4	5
10	大家知道为了实现长远的目标该做些什么	1	2	3	4	5
三	公司愿景					
11	我们对于公司的未来有共同的愿景	1	2	3	4	5
12	公司领导眼光长远	1	2	3	4	5
13	公司里的短期想法常常有损组织的愿景	1	2	3	4	5
14	公司愿景激励着我们员工	1	2	3	4	5
15	我们能够满足组织发展的短期需求，同时不会为此而损害公司愿景	1	2	3	4	5
四	协调与整合					
16	我们做事情的方式非常一般，并且是可预测的	1	2	3	4	5
17	公司不同部门的人有共同的看待问题的方式	1	2	3	4	5
18	对公司不同职能单元之间进行协调很容易	1	2	3	4	5
19	和公司其他部门的人一起工作感觉就像在和其他公司的人一起工作一样	1	2	3	4	5
20	公司不同层级在工作上是目标一致的	1	2	3	4	5

(续)

序号	题项	非常不同意	不同意	中立	同意	非常同意
五	共识					
21	当内部发生分歧时,我们努力寻求双赢的解决方案	1	2	3	4	5
22	公司有强势的文化	1	2	3	4	5
23	即使对于困难的问题,我们也能够很容易地达成一致意见	1	2	3	4	5
24	在关键问题上,我们经常难以达成共识	1	2	3	4	5
25	公司内部对于什么样的做事方法是正确的或是错误的有明确共识	1	2	3	4	5
六	核心价值观					
26	公司领导及管理层如他们所倡导的那样做事	1	2	3	4	5
27	公司的管理风格富有特色,管理实践也与众不同	1	2	3	4	5
28	公司有一套明确一致的价值观体系以指导我们从事商业活动	1	2	3	4	5
29	忽视公司的核心价值观将使我们陷入困境	1	2	3	4	5
30	公司有一系列行为准则,告诉我们如何分辨是非	1	2	3	4	5
七	发展能力					
31	公司赋予员工权限,使得大家能够自主行事	1	2	3	4	5
32	公司员工的能力正不断得以提高	1	2	3	4	5
33	公司为提升员工的技能进行了持续的投资	1	2	3	4	5
34	公司视员工的能力为竞争优势的重要来源	1	2	3	4	5
35	我们常因为没有掌握必需的技能而使工作出现问题	1	2	3	4	5
八	团队导向					
36	公司积极鼓励不同职能单元之间的合作	1	2	3	4	5
37	整个公司像一个团队那样工作	1	2	3	4	5
38	公司基于团队协作来完成工作,而非等级制度	1	2	3	4	5
39	团队是我们基本的工作单元	1	2	3	4	5
40	工作是有组织的,因此每个人都知道自己的工作和公司目标之间的关系	1	2	3	4	5
九	授权					
41	公司的绝大多数同事都高度地投入他们的工作中	1	2	3	4	5
42	公司的决策通常是在能获得最佳信息的层面上作出的	1	2	3	4	5
43	公司广泛共享信息,这样大家就可以方便地得到自己所需的信息	1	2	3	4	5
44	公司里每个人都相信他们能产生积极的影响	1	2	3	4	5
45	公司每个人都在一定程度上投入公司商业计划的运行	1	2	3	4	5

(续)

序号	题项	非常不同意	不同意	中立	同意	非常同意
十	创造改变					
46	大家的处事方式是灵活易变的	1	2	3	4	5
47	公司对竞争对手及商业环境的变化有很好的应变	1	2	3	4	5
48	公司不断采用新的、更好的工作方式	1	2	3	4	5
49	公司企图变革的努力通常会遭遇阻力	1	2	3	4	5
50	公司的不同部门经常联合进行变革	1	2	3	4	5
十一	关注客户					
51	客户的意见和建议常会导致公司进行变革	1	2	3	4	5
52	客户对我们的决策有直接影响	1	2	3	4	5
53	公司所有成员对客户的需求都有深入的理解	1	2	3	4	5
54	公司的决策常常会忽略客户的利益	1	2	3	4	5
55	公司鼓励员工直接接触客户	1	2	3	4	5
十二	组织学习					
56	我们把失败看成是学习和成长的机会	1	2	3	4	5
57	公司鼓励创新和承担风险,并给予一定的回报	1	2	3	4	5
58	公司有很多事情都会不了了之	1	2	3	4	5
59	学习是日常工作的一项重要目标	1	2	3	4	5
60	我们明确知道彼此的工作情况	1	2	3	4	5

第二部分 企业文化的现状及未来的发展期望

企业文化量表的目的是评估企业文化的六个主要方面对企业产生的影响。通过对您所填写的量表进行整体分析,测出企业运作情况,以及它的价值特点。这些选项没有正确或错误之分,因为企业文化本身就是丰富多彩的,<u>不同的选项只是代表不同的企业文化类型</u>。因此,在填写问卷时,要尽可能准确,只有这样,我们总结出来的企业文化才真实有效。

您需要做的是根据问卷上的问题,对企业进行评估。您要考虑到,管理企业的是公司的老板,员工只是其中某一个部分,也就是说,您应该清楚,您自己在企业中属于哪个部门,这个部门有什么职责。这个量表是用来确定哪些因素影响了企业文化,所以希望您把重点放在改变企业文化的那些因素上。因此,当您填写这份量表时,应当记住企业文化也许会受到员工自身观念的影响。

该表包括六个问题。每个问题有四个选项。如果选项比较符合您的公司,那么就分配一个比较高的百分比。<u>注意:四个选项都要打分,A、B、C、D相加总和必须为100%,而且四个选项的百分比尽量要有差别(避免四个百分比差不多的情况)</u>。例如,如果您认为选项A与您的企业非常相似,B和C项与您的企业有点相似,D项与您的企业不相似,那您就给

A 项 50%，B 和 C 少打一些，如 B 项 30%，C 项 15%，D 项再少打一些，如 5%。

注意，请先就公司现在的情况进行评分。然后就您希望企业在今后五年发展成为什么样的情况进行评分。

	1.1 主要特征特性	现在的情况	五年后的情况
A	公司是一个非常人性化的地方。它像一个大家庭。人们愿意分享自己的很多事情	%	%
B	公司是一个非常有活力的多元化的地方。人们愿意坚持自己的想法，同甘共苦	%	%
C	公司非常注重结果。非常关注员工的工作完成情况。同事之间有竞争，大家都想为公司和个人取得成绩	%	%
D	公司运营控制良好，结构化很强。人们都是按照规章制度办事	%	%
	总计	100%	100%

	2.2 组织领导	现在的情况	五年后的情况
A	公司的领导者通常被认为：能发挥指导和协助、培育员工的作用	%	%
B	公司的领导者通常被认为：是企业家的表率，勇于创新，敢于承担风险	%	%
C	公司的领导者通常被认为：语言简洁明了，积极进取，注重实效	%	%
D	公司的领导者通常被认为：协调、组织公司，使公司平稳、高效运行	%	%
	总计	100%	100%

	3.3 员工管理	现在的情况	五年后的情况
A	公司的管理风格的特点：团队合作，协商一致，重在参与	%	%
B	公司的管理风格的特点：个人创新，自由和独特性	%	%
C	公司的管理风格的特点：冲劲十足的竞争力，高要求，高成就	%	%
D	公司的管理风格的特点：保障员工的就业，员工间的一致性，员工的可预测性，员工的稳定性	%	%
	总计	100%	100%

	4.4 是什么把公司紧密联系	现在的情况	五年后的情况
A	忠诚和相互信任，公司的高度承诺	%	%
B	一起致力于业务创新和发展	%	%
C	强调成就和目标，积极进取和最终获胜	%	%
D	正式的规则和政策，注重保持组织平稳运行	%	%
	总计	100%	100%

	5.5 战略重点	现在的情况	五年后的情况
A	公司强调员工的发展，高度信任，开放，坚持和参与	%	%
B	公司强调获得新资源，创造新的挑战。乐于尝试新事物，创造新的机会	%	%
C	公司强调竞争行为和成就。进入目标市场发展，并赢得市场优势	%	%
D	公司强调持久性、稳定性、高效性和可控性	%	%
	总计	100%	100%

(续)

	6.6 成功的标准	现在的情况	五年后的情况
A	公司成功的标准:人力资源的开发,团队精神的建立,员工的敬业程度,对员工的关心	%	%
B	公司成功的标准:拥有最新、最独特的产品或服务,公司是某个产品的领导者和创新者	%	%
C	公司成功的标准:赢得了市场份额和超越对手,竞争激烈的行业领导者是关键	%	%
D	公司成功的标准:高效、可靠的产品,顺利安排和低生产成本是关键	%	%
	总计	100%	100%

第三部分　企业文化与组织绩效

本组问题与组织绩效有关,请您根据下列几个指标对贵公司经营情况与同业进行比较,在最后一列写上您的评价。

表现 绩效指标	很差 1分	差 2分	一般 3分	好 4分	很好 5分	您的评价
销售增长/收入增长						
市场份额						
盈利能力/资产回报率						
服务能力						
新产品创新						
员工满意度						
全面组织绩效						

第四部分　统计信息

请您填写以下基本情况,请把相应的选项代码填在最后一列。

题项	选项	您的情况
您的性别是	(1)男　　　　　(2)女	
您的年龄是	(1)30岁及以下　(2)31~35岁　(3)36~40岁 (4)41~45岁　　(5)45岁及以上	
您的学历是	(1)大专以下　　(2)大专　　　(3)本科 (4)研究生及以上	
您的入职时间有	(1)1~2年　　　(2)3~5年　　(3)6~10年 (4)11年以上	
您的职级	(1)员工　　　　　　　　　(2)一般管理人员 (3)总公司中层及分公司高层　(4)总公司高层	
您所在的部门		

6.2　问卷设计中关于量表的使用

6.2.1　使用现有的量表

在管理学中,许多构念已经被无数研究人员反复研究,做了大量的实证,对这些构念的测量已经发展出了成熟的量表。因此，作实证研究的时候，通常可以运用这些已经发展出来的量表进行测量。

1. 使用现有量表的优点

（1）成熟的量表一般具有较高的信度和效度。采用问卷调查法开展的实证研究，其实证结果是否会得到其他同行的接受，有一个基本的条件，就是研究中对理论构念的测量具有较高的信度和效度。那么，如何确保测量的信度和效度呢？沿用现有的成熟量表是一个常用的方法。现有的量表，尤其是那些在顶级期刊发表出来和被许多顶级期刊的文献引用的量表，往往具有较高的信度和效度。这些量表已经被不同的研究人员在不同的样本和不同的环境中反复使用，其测量的信度和效度在这些研究中得到了反复的验证，因此，使用成熟的量表，获得数据的可靠性和准确性都会提高，能降低研究的风险。

（2）在文献中被反复引用的量表其认可度较高。那些在文献中被反复引用的量表，特别是在顶级学术期刊上的文章引用的量表，其认可度是较高的。为什么呢？因为顶级学术期刊都有严格的审稿制度，一篇论文一般有三个匿名审稿人进行审稿，其中至少有一个审稿人是对研究方法进行审核的，在审核的过程中，论文所使用的量表的信度和效度是重要指标之一，如果测量不可靠，这样的文章是不会被发表在顶级期刊上的。因此，那些在文献中被反复引用，特别是在顶级学术期刊上被反复引用的量表，已经获得了学术界的高度认可。

2. 使用现有量表的缺点

（1）文化方面。管理学的许多理论都起源于西方，目前，管理学国际的主流期刊也以英文期刊为主，大多数的现有量表都是基于以西方文化为背景的管理现象的总结和归纳。这些生长于西方文化背景的管理理论对于描述西方管理现象具有较好的解释力，基于这些理论所开发出来的量表，也得到了西方管理实践的大量检验。因此，现有的多数量表在西方文化背景下，其信度和效度已经得到广泛接受。但是，对于中国的管理学者来说，将西方的理论引入中国，研究中国文化背景下的管理现象直接引用西方学者开发出来的量表，还需要考虑到东西方文化差异的问题。

例如，营销学者认为品牌如同人一样，也有不同的性格，因此提出"品牌个性"这个构念来描述品牌的拟人化特征。对品牌个性的测量，是否也存在文化差异这个问题，中国营销学者何佳讯和丛俊滋就这个问题进行了研究，发现与美国的品牌个性维度不同，中国的品牌个性更加突出"仁和"与"时新"两个维度。

（2）时间上的局限。从量表的开发到成熟，往往要经过一段较长的时间，而一个量表成熟之后，又会在较长的一段时间内被多次引用。但是，随着时间的流逝，当初开发量表时所面临的环境条件，也许与现在的环境有巨大的不同，那么，原来的量表是否还可以在新的环境中直接运用，这需要研究人员考虑。

（3）语言方面的局限性。对于中国的管理研究人员来说，引用西方现有的量表，通常需要将原来以英文开发出来的量表翻译为中文，这里就存在一个翻译准确性的问题，如果一旦翻译不准确，无法表达原量表的所有信息，则可能会影响翻译量表的信度和效度。为了解决翻译的问题，常用的一个方法是进行回译，即先由一组人员将英文量表翻译为中文，然后，再由另外一组人员将中文量表译回英文，从而比较两组人员在翻译过程中的差异，以确保最终翻译出来的量表准确地表达了原量表的信息。

6.2.2 使用现有量表应该注意的问题

在使用现有量表进行研究的时候,应该注意以下的几个问题:

1. 确认量表的适用性

确认量表的适用性应该注意三个方面:一是概念上的适用性,即现有的量表是否全面、准确地测量了想要测量的构念;二是文化上的适用性,即现有的量表是否能够为中国文化背景的调查对象所理解和接受;三是样本上的适用性,即现有的量表是否可以普遍运用于中国文化背景下的不同的群体。

2. 确认量表的可行性

在大多数情况下,可以从文献中获得现有的量表,这些量表通常都是免费的,但是,也有些量表无法无偿获得,这时,研究人员可以与量表的创建者进行联系,以获得量表的使用许可。

3. 确认使用的完整性

使用现有量表有一个非常重要的问题,就是要保持现有量表的完整性,即如果现有量表是运用了15个问题来测量一个构念,那么,在引用的时候,必须要完整地引用这15个问题,不能够随意删除或者增加问题。这一点对于初学者来说特别重要。往往初学者在引用现有量表的时候,发现如果删除现有量表的个别问题,量表测量的信度和效度能够得到较大的提高,于是就删除了这个问题,但实际上除非有充足的理由和充分的证据,否则不能够轻易更改原有的量表,原因是,原有量表的信度和效度与量表的问题有直接的关系,如果原来是15个问题,那么,量表的信度和效度都是建立在这15个问题的基础上,并且在开发量表的时候,这15个问题的测量所达到的信度和效度已经得到不同样本的检验,15个问题达到了最佳的结构,一旦有所更改,则整个量表测量的信度和效度都会改变。因此,除非研究人员能够说明理由并且提供证据表明删除个别问题后量表的结构没有发生显著的改变,否则不能更改原有的量表。

4. 确保翻译的质量

对于中国的研究人员来说,在引用西方的量表时,需要确保量表翻译的质量,能够准确反映原量表的所有信息。这也关系到量表测量的信度和效度问题。如果在翻译的过程中丢失了信息,则很可能导致翻译过来的量表结构发生了改变,从而测量的效果也会相应发生变化。对于初学者来说,一个可行的办法是引用那些在中文顶级学术期刊发表的文章中所引用的量表。在多数情况下,中文顶级学术期刊的文章会将自己翻译的量表附在文章后面,这些量表已经经过文章作者仔细翻译,初学者可以直接引用。

6.2.3 自己开发量表

如果现有的量表不能满足研究的需要,那么,研究人员就需要自己开发一个量表。自己开发量表一般要遵循一套严格的步骤,大概需要进行的工作包括:文献回顾、拟订问题提纲、进行半结构化访谈、获得问题的初步描述、提炼题项、反复进行测试和修正等。自己开发量表是一项比较复杂的工作,将在第8章进行简要介绍。

6.3 抽样设计简介

抽样是研究设计的重要组成部分之一,在研究过程中,如果已经完成了确定研究问题、确定研究类型（探索、描述或因果）、确定研究方法、确定测量方法、问卷设计这些工作，那么，下一步就是要设计适当的抽样步骤，选择适合的抽样技术。抽样设计包括以下几个基本问题：应该采用一个样本吗？应该遵循什么样的抽样过程？应该采用什么类型的样本？样本应该多大？应该采用什么措施对拒答误差进行控制和调整？本节对抽样设计进行介绍，包括抽样的设计与步骤、常用的抽样技术以及简单的确定样本容量的方法等。

6.3.1 总体

总体是指享有一些共同的特征并且处在研究问题覆盖全域的所有个体的集合。大多数实证研究的目标是获取关于总体的特征或者信息的参数。典型的总体参数是一个数字，如某品牌产品的忠诚消费者的比例。对于总体参数的信息，可以通过普查或者抽样调查获得。对总体的定义会影响整个调查的范围和质量。例如，一家生产安全门锁的公司要进行一个关于公司顾客的调查，公司的管理者认为他们应该调查的总体是"所有可能购买我们公司的产品的人"，而研究人员则将总体定义为"在公司所销售产品区域的家庭中对购买安全门锁负责的人"。两个定义的总体是不一样的，研究人员将公司管理者定义的"所有人"变为了"家庭的负责人"，研究人员的这个定义就非常清楚，这一次的调查就只面向家庭进行。而如果按照公司管理人员的定义，则调查总体不仅包括家庭，还包括企业、学校、商店、酒店等。可见，在进行抽样之前，要先定义好总体。

6.3.2 普查

普查指的是对总体进行全面调查。例如，如果研究人员想要知道一所学校的所有在校生的年龄，就需要对这所学校的每一个在校生进行调查。最常见的普查就是人口统计普查，举例说明。

2010 年第六次全国人口普查主要数据公报

根据《全国人口普查条例》和《国务院关于开展第六次全国人口普查的通知》，我国以 2010 年 11 月 1 日零时为标准时点进行了第六次全国人口普查。在国务院和地方各级人民政府的统一领导下，在全体普查对象的支持配合下，通过广大普查工作人员的艰苦努力，目前已圆满完成人口普查任务。现将快速汇总的主要数据公布如下：

一、总人口

全国总人口为 1370536875 人。其中：

普查登记的大陆 31 个省、自治区、直辖市和现役军人的人口共 1339724852 人。

香港特别行政区人口为 7097600 人。

澳门特别行政区人口为 552300 人。

台湾地区人口为 23162123 人。

二、人口增长

大陆 31 个省、自治区、直辖市和现役军人的人口，同第五次全国人口普查 2000 年 11 月 1 日零时的 1265825048 人相比，10 年共增加 73899804 人，增长 5.84%，年平均增长率为 0.57%。

三、家庭户人口

大陆 31 个省、自治区、直辖市共有家庭户 401517330 户，家庭户人口为 1244608395 人，平均每个家庭户的人口为 3.10 人，比 2000 年第五次全国人口普查的 3.44 人减少 0.34 人。

四、性别构成

大陆 31 个省、自治区、直辖市和现役军人的人口中，男性人口为 686852572 人，占 51.27%；女性人口为 652872280 人，占 48.73%。总人口性别比（以女性为 100，男性对女性的比例）由 2000 年第五次全国人口普查的 106.74 下降为 105.20。

五、年龄构成

大陆 31 个省、自治区、直辖市和现役军人的人口中，0～14 岁人口为 222459737 人，占 16.60%；15～59 岁人口为 939616410 人，占 70.14%；60 岁及以上人口为 177648705 人，占 13.26%，其中 65 岁及以上人口为 118831709 人，占 8.87%。同 2000 年第五次全国人口普查相比，0～14 岁人口的比重下降 6.29 个百分点，15～59 岁人口的比重上升 3.36 个百分点，60 岁及以上人口的比重上升 2.93 个百分点，65 岁及以上人口的比重上升 1.91 个百分点。

六、民族构成

大陆 31 个省、自治区、直辖市和现役军人的人口中，汉族人口为 1225932641 人，占 91.51%；各少数民族人口为 113792211 人，占 8.49%。同 2000 年第五次全国人口普查相比，汉族人口增加 66537177 人，增长 5.74%；各少数民族人口增加 7362627 人，增长 6.92%。

七、各种受教育程度人口

大陆 31 个省、自治区、直辖市和现役军人的人口中，具有大学（指大专以上）文化程度的人口为 119636790 人；具有高中（含中专）文化程度的人口为 187985979 人；具有初中文化程度的人口为 519656445 人；具有小学文化程度的人口为 358764003 人（以上各种受教育程度的人包括各类学校的毕业生、肄业生和在校生）。

同 2000 年第五次全国人口普查相比，每 10 万人中具有大学文化程度的由 3611 人上升为 8930 人；具有高中文化程度的由 11146 人上升为 14032 人；具有初中文化程度的由 33961 人上升为 38788 人；具有小学文化程度的由 35701 人下降为 26779 人。

大陆 31 个省、自治区、直辖市和现役军人的人口中，文盲人口（15 岁及以上不识字的人）为 54656573 人，同 2000 年第五次全国人口普查相比，文盲人口减少 30413094 人，文盲率由 6.72% 下降为 4.08%，下降 2.64 个百分点。

八、城乡人口

大陆 31 个省、自治区、直辖市和现役军人的人口中，居住在城镇的人口为 665575306 人，占 49.68%；居住在乡村的人口为 674149546 人，占 50.32%。同 2000 年第五次全国人口普查相比，城镇人口增加 207137093 人，乡村人口减少 133237289 人，城镇人口比重上升 13.46 个百分点。

九、人口的流动

大陆 31 个省、自治区、直辖市的人口中，居住地与户口登记地所在的乡镇街道不一致且离开户口登记地半年以上的人口为 261386075 人，其中市辖区内人户分离的人口为 39959423 人，不包括市辖区内人户分离的人口为 221426652 人。同 2000 年第五次全国人普查相比，居住地与户口登记地所在的乡镇街道不一致且离开户口登记地半年以上的人口增加116995327人，增长81.03%。

十、登记误差

普查登记结束后，全国统一随机抽取402个普查小区进行了事后质量抽样调查。抽查结果显示，人口漏登率为0.12%。

（资料来源：中国国家统计局网站：http：//www.stats.gov.cn/tjsj/pcsj/rkpc/6rp/indexch.html）

6.3.3 样本和抽样单元

样本是被选出来研究的总体的子集，样本的特征称为统计量，可以用来对总体参数进行推断。抽样单元则是在调查中最基本的被调查对象。例如，如果总体定义为"在公司所销售产品区域的家庭中对购买安全门锁负责的人"，那么，抽样单元就是家庭。

6.3.4 抽样框架

抽样框架是指目标总体中的个体的表示方法，抽样框架一般由一份或一组用于识别目标总体的指示说明构成，如电话号码本、企业名录、班级名单等。

6.4 抽样设计过程

抽样设计一般包括五个步骤，分别是定义目标总体、确定抽样框架、选择抽样技术、确定样本容量和执行抽样过程。

6.4.1 定义目标总体

定义目标总体，就是要确定研究人员所要寻找的信息的个体或物体的集合，即调查对象的全体。目标总体必须定义精确，如果目标总体定义不精确，将导致研究无效。在定义目标总体时，要将研究问题的定义转换为一个精确的陈述，说明总体中应该包括谁，不应该包括谁。

要精确地定义目标总体，要考虑定义总体的四个要素：抽样元素（或个体）、抽样单位、抽样范围和抽样时间。抽样元素指的是其信息或者来自其的信息是人们想要的，在调查中，抽样元素通常就是调查对象；抽样单位指的是在抽样过程中的某一个阶段可以选择的个体，或者包含这个个体的单位；抽样范围指的是地理边界；抽样时间则指调查的时间周期。例如，"2013年5月1日~5月31日，北京市各大商场所有商品的价格"，其总体四大要素分别为：

抽样元素：每一种商品的价格。

抽样单位：各大商场、价格。

抽样范围：北京市。

抽样时间：2013年5月1日~5月31日。

6.4.2 确定抽样框架

抽样框架是目标总体中的个体的表示法，由一份或一组用于识别目标总体的指示说明组成。抽样框架可以是一本电话簿、一本列出了某个行业公司名称的企业名录、一份从一家商业组织购买的邮寄名单等。研究人员通常可以汇编一份总体中个体的清单，但汇编一份清单时可能会导致总体中的某些个体被遗漏，或将一些本不属于总体的个体包含进来，从而产生抽样框架误差。

在有些情况下，总体和抽样框架之间的误差可以忽略不计，但是在多数情况下，研究人员应该注意到二者之间的误差，并想办法对误差进行处理。通常有三种方法可以进行：一是根据抽样框架重新定义总体；二是通过在数据收集阶段筛选被访问者来考虑误差；三是通过一个加权方案来调整所收集到的数据。

6.4.3 选择抽样技术

抽样技术是指抽样单位被选定为样本的方式，通常可以分为概率抽样技术和非概率抽样技术。概率抽样为随机抽样，指的是按照随机原则从总体中抽取部分元素或单位作为样本的抽样方法。概率抽样的特点是每个元素被抽中的可能性或概率是事先知道的；每一个被抽中作为样本的元素，都是在无人为因素的作用下根据随机原则选定的。非概率抽样是非随机抽样技术，指的是不按照随机原则抽取样本的方法。非概率抽样技术的特点是简单、灵活、费用低，但可能存在较大的误差。下一小节将对各抽样技术进行详细介绍。

6.4.4 确定样本容量

样本容量指的是研究中需要包括的个体的数量。确定样本容量是一项较为复杂的工作，通常考虑定性和定量的因素，定量因素主要是运用置信区间的方法确定样本容量，定性因素则主要包括决策的重要性、研究的性质、变量的数目、分析的性质、类似研究所使用的样本容量、发生率、完成率以及资源的约束等因素。

一般来说，决策越重要，需要的信息也就越多，那么所获取的信息就应该越精确，这就需要较大的样本容量。但是，随着样本容量的增加，获取每个单位个体的成本也将随之增加。研究的性质也会对样本容量产生影响。探索性研究对样本容量的要求通常较小，而结论性研究对样本容量的要求就相对要大一些。此外，如果研究要求使用多变量技术进行数据分析，则样本容量需求较大。同时，样本容量的大小还会受到资源的限制，任何一项研究的时间和金钱资源都是有限的，因此样本容量的大小还要考虑资源的情况。

6.4.5 执行抽样过程

抽样设计的最后一个步骤就是执行抽样过程，要求详细地指定关于定义总体、抽样框架、抽样技术以及样本容量的抽样过程如何执行。

6.5 抽样技术

抽样技术可以分为非概率抽样和概率抽样，其中非概率抽样技术主要有便利抽样、判断抽样、配额抽样和滚雪球抽样；概率抽样技术则主要有简单随机抽样、系统抽样、分层抽样和整群抽样。抽样技术的分类如图 6-2 所示。

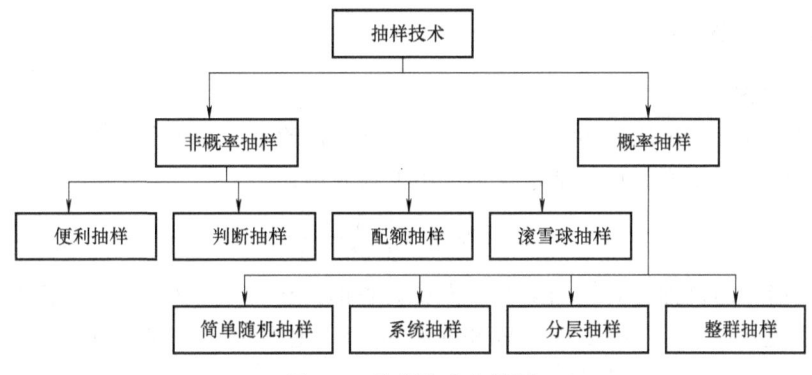

图 6-2 抽样技术分类图

6.5.1 非概率抽样技术

1. 便利抽样

便利抽样（Convenience Sampling）由调查人员获取一个便利的样本，通常被访问者由于恰巧在适当的时间处于适当的地点而被调查人员选中，便利抽样主要通过访谈的方式进行。便利抽样是按照调查人员的方便程度来抽取样本的，通常便于采用便利抽样的地方是闹市区，如购物广场或人来人往的十字路口。调查人员为了方便地获取样本，通常对地点的选择甚至是对预期的被访问者的选择是主观的而不是客观的。一类人员在抽样过程中被排除了，如有些人可能偶尔光顾或从不去闹市区；另外，由于缺乏精确的选择标准，有些人因为外表、举止或者以群体形式出现而被排除。

2. 判断抽样

判断抽样（Judgmental Sampling）是便利抽样的一种特殊形式，调查人员根据自己的判断选出总体中的个体。进行判断抽样的调查人员选中那些他们认为可以代表总体的个体作为样本。

3. 配额抽样

配额抽样（Quota Sampling）是一种分为两个阶段的有约束的判断抽样。第一个阶段是确定总体中不同类别个体的配额问题。为了确定这些配额，研究人员需要列出相关的控制特征并且确定这些特征在目标总体中的分布，这些相关的控制特征通常是性别、年龄、民族等。在分配配额中，应该使拥有控制特征的样本个体的比例与具备这些特征的总体个体的比例相同。第二个阶段是，在便利抽样或者判断抽样的基础上进行样本选择。

4. 滚雪球抽样

滚雪球抽样（Snowball Sampling）要求被访问者提供其他有资格的被访问者的名单。调查人员开始时汇编一个比要研究的总样本数量小得多的样本目录。采访了每个被访问者后，要求被访问者提供其他可能的被访问者的名单，样本数量就像滚雪球一样越滚越多。

当手头只有数量有限的抽样框架，而被访问者又能提供其他符合调查要求的被访问者名单时，滚雪球抽样就很合适。滚雪球抽样的非概率方面主要是全程运用了主观选择。最初的名单在某些方面也可能是特殊的，样本的增加主要是通过原始名单中那些人的回忆产生的。尽管这样做很依赖于社会关系，但是滚雪球抽样仍然应用广泛。

6.5.2 概率抽样技术

1. 简单随机抽样

简单随机抽样（Simple Random Sampling，SRS）指的是，给予总体中的每一个个体一个已知的且相等的抽中概率。这种抽样技术可用下式表达：

$$抽样概率 = \frac{样本大小}{总体大小}$$

所以，在使用简单随机抽样时，如果调查人员调查的总体是 100000 名购买智能手机的消费者，样本大小是 1000 人。那么简单随机抽样中每个总体成员被选中作为样本的概率是 1000/100000 或是 1/100，也就是 1%。

简单随机抽样通常可以采用的方法有随机设备法和随机数字法。

（1）随机设备法。随机设备法是指使用某种装置来保证总体中的每个个体都有相同的机会被选中。用扔硬币的方法定正反，或是用编了号的乒乓球选号码，还有赌场的轮盘和扑克牌等，是人们熟知的随机设备法。在这些方法中，每个总体中的对象被抽中的概率都是一样的。例如，扔硬币的概率是 1/2。

为达到抽样的目的，可以创造一个产生"随机"的设备，对抽样对象的名字或是其他具有唯一性的标记进行随机处理。例如，测量研究方法班上的学生对从事科学研究工作的态度。假定在选为总体的这个特定的班级中有 30 名学生。为了进行"盲抽样"，可以先将学生的名字写在一张检索卡片上，然后将所有卡片放进一个容器充分摇匀；接下来让某人来抽取样本，将此人的眼蒙住，使他看不到容器里面；让此人抽出 10 张卡片作为样本。本例中，班上每名学生都有一个已知且相等的被选中概率，为 10/30 或 0.33。也就是说，每名学生具有 1/3 的机会被选中。

（2）随机数字法。随机设备的例子都限于较小的总体以便于使用一个具体的设备来进行随机化。当总体很大时，随机设备就会显得笨拙了（试想要洗匀一摞 1000 张的纸牌）。一种比较适用的同时也是比较老到的简单随机抽样方法是用计算机生成随机数字表，这些数字的随机性是有保证的。计算机程序可以生成没有任何规律的数列，这就是随机的数列。一台计算机可以轻易地为成百上千个个体分配随机数。它可以快速地为每一个个体标定一个单独的数或是记号，也可以生成一列随机数，还可以将随机数与待选个体的独特标志相契合甚至是直接"抽出"样本。使用随机数字，计算机系统可以在几分钟之内从巨大的总体中抽出一个庞大的样本，并且保证文件中的每个总体成员都会均等地被抽到。

2. 系统抽样

在某些条件下，如果一个较大的总体列表并没有以电子数据库文件的形式呈现，如电话簿或企业目录，此时使用简单随机抽样就会变得费时费力。在这种情况下，运用系统抽样（Systematic Sampling）的方法，将会比简单随机抽样更有效地从电话簿或企业目录里抽取随机样本。

在这种情况下，系统抽样比简单随机抽样的应用难度更小，耗时更短。此外，在许多情况下，系统抽样的优势是其产生的样本几乎与简单随机抽样产生的样本有同样高的质量。

为了使用系统抽样，与简单随机抽样一样，必须获得一份总体清单。如上所述，最简单的清单是各种目录。调研人员决定间距，间距是清单上的人名数除以样本大小得出的。样本是按间距选取的。间距通过下面的公式计算：

$$间距 = \frac{总体名单大小}{样本大小}$$

例如，如果某人利用当地的电话簿，计算的间距为250，每隔250个人名即选为样本。使用这种间距公式能保证整个名单都被覆盖。

为什么系统抽样是有效的呢？因为系统抽样使用一个随机起点，所以它是概率抽样。在系统抽样中，任何一个个体被选为样本的可能性几乎是已知的且相等的，从而保证有足够的随机性。事实上，系统抽样把总体视为一组相互独立的样本，每一个样本都是总体目录的代表。随机的起点保证了被选的样本是被随机选取的。

如何确定系统抽样的随机起点呢？以一份索引或纸质的名单为样本框架，在1到可能的最大页数之间选定一个随机数，如选了第35页。再从1和这一页的行数之间抽取第二个随机数来确定从此页上的第几行开始，假定抽了第5行。最后一个随机数是用来确定该行上的实际起点，假定抽取的是第16个姓名。从该点开始使用间距，这个间距要保证覆盖整个名录。很容易将整个名录看作一个循环的文件（就像老式的名片册）。如果这个名录是以字母顺序排列的，那么A就会是紧跟在Z的后面。这样"起点"就是由随机的选择来决定的。

3. 分层抽样

分层抽样（Stratified Sampling）也是分为两个阶段的抽样方法。第一阶段，总体被分割为子总体，称为"层"。各层之间应该是相互独立的，并且在全体上没有遗漏，总体中的每个个体都应该被分配到其中的一层，并且只被分配一次，所以分层抽样不应该遗漏任何总体中的个体。第二阶段，运用一种随机抽样方法，从每一层中选出个体。

用来将总体分割为各层的变量称为分层变量。选择这些变量的标准由同质性、异质性、相关性和成本构成。分层的标准是：在同一层中，每个个体应该具备同质性，即同一层中的个体应该尽可能相同；在不同的层之间，个体应该具备异质性，即各层中的个体应该互不相同。一个常见的例子就是运用大学年级来分层，将大一、大二、大三和大四分为四个层，在大一这一层中，每个个体都是一年级的大学生，与其他三个层都不相同。分层变量还应该与所需要研究的特征具有紧密的相关性。最后，这些变量还应该易于测量和应用，从而降低分层的过程和成本。

4. 整群抽样

整群抽样（Cluster Sampling）是先将目标总体分为相似且没有遗漏的子总体，这些子总体称为群，然后再根据一种概率抽样技术，选出其中的一个群作为样本。当选中一个群之后，可以有两种方法选中样本：一种方法是将这个群中的所有个体包括在样本中；另一种方法则是继续运用一种概率抽样技术，从选出来的这个群中抽取一个样本。

区域抽样是常用的一种整群抽样。例如，目标总体是一个城市的所有居民，可以运用的抽样方法是先按照行政区域将这个城市分为各个不同的城区，每一个城区就是一个群，然后，再运用一种随机抽样技术，从这些城区中抽取一个城区，抽取出来后，再次运用一种随机抽样技术，从这个城区中抽取研究所需要的数量个体作为样本。

分层抽样和整群抽样看起来非常类似，它们之间的区别在于，在分层抽样中，每一层内的个体是尽可能相同的，层与层之间不同；而在整群抽样中，群和群之间是尽可能相同的，而一个群内部的个体则具备异质性。例如，按照年级来划分大学生，是分层抽样，因为每个年级内部，个体都是同一个年级，而不同年级之间则是不同的；按照城区划分居民则是整群抽样，因为每个城区之间是相似的（每个城区都有自己的区政府，都有银行、学校等），而每个城区中的居民则具备不同的人口统计特征。

6.6 网上抽样技术

网络调研技术变得越来越流行，为满足网络调研独特需求和挑战而设计的抽样方法大多可以归入前面所讨论过的概率抽样与非概率抽样中。关键是理解网上抽样方法是如何工作的，并用抽样方法的基本概念来正确解释这种抽样过程。不幸的是，网上抽样过程一般难以被观察，除非可以深入探究样本选择过程的机制。为了表达清楚，这里介绍三种网上抽样方法：①随机在线拦截抽样；②邀请在线抽样；③网上固定样本组抽样。

6.6.1 随机在线拦截抽样

随机在线拦截抽样依赖于对网站访问者的随机选择。目前已有的基于 Java 和 html 的技术方法可以从网站的访问者中随机抽样。这种随机选择的依据是一天中的某一时刻，或者从访问者流中随机选择。如果调研的总体定义为网站的访问者，那么这种以时间为抽样框架的调查采用的是简单随机抽样。如果抽样程序是随机开始的，并整合了等距抽样系统，那么这就是系统抽样。如果抽样程序将网站访问者总体分层处理，那么这是分层抽样，但前提是正确使用随机抽样步骤。然而，如果总体不是网站的访问者，而是因为在网上可以找到很多访问者才使用网上抽样，那么这种抽样就类似于在购物中心拦截抽样，即便利抽样。

6.6.2 邀请在线抽样

邀请在线抽样是指邀请潜在的受访者填写在特定网站上的问卷。例如，零售连锁商店用其收据通知消费者去网上填写问卷。然而，为了避免垃圾信息，网上调研人员必须与希望接受邮寄调查的潜在受访者建立关系。如果零售连锁商店使用系统抽样这类随机抽样方法，将产生概率抽样的结果。同样，如果电子邮件目录能够真正代表总体，抽样过程是随机的，那么就是概率抽样。然而，如果是在选择过程中忽略了某些总体成员或者某些总体成员具有更大的代表性，就变成了非概率抽样。

6.6.3 网上固定样本组抽样

网上固定样本组抽样是指消费者和其他受访者被调研公司根据特定的网络调研目标抽选为代表样本的过程。有越来越多的公司和网络调研人员方便、快捷地提供这种服务。典型情况是，样本组调研公司拥有数千名个体样本，这些个体代表一个广大区域的情况。调研人员可以明确规定诸如地理区域、收入、受教育程度、家庭特征等抽样标准。调研公司随后使用它们的样本数据库，用电子邮件通知那些符合调研人员要求的个体。虽然网上固定样本组抽样是非概率抽样，它仍被调研行业广泛使用。网上固定样本组抽样的最大优势是回复率极高，确保最终的抽样结果能够准确地代表目标总体。

6.6.4 其他网上抽样办法

样本设计者可以随时创建出其他可行、便捷的抽样方法。为了识别出这些潜在的抽样方法，只需要分析潜在的受访者是如何被选出来的即可。例如，一些受访者可能被要求推荐他们的朋友参加调查（滚雪球抽样），或者在顾客网上购物之后向他们发放问卷（普查）。不管使用什么方法，只要在本章描述的基本抽样方法的背景下来分析它们，就会知道是概率抽样还是非概率抽样。

6.7 确定样本容量的一些简单方法

6.7.1 教条式方法——"经验法则"样本容量

教条式方法以"经验法则"为幌子，认为为保证精确度，样本容量至少应该是总体的5%。但实际上，许多调研所抽取的样本容量还不到总体大小的1%。

教条式方法确定百分比的确具有一些直观上的吸引力，因为这种方法易记易用。当然，在了解了样本容量和总体数量无关后，人们就不会为这种方法所误导。

总之，确定样本容量的教条式方法十分简单易用，但这不是一种高效、经济的方法。在抽样时，应该用一种经济的方法来抽取总体的一个子集，并根据预定的精确度估计总体的值。但教条式方法忽略了抽样的精确度问题，而且当被研究总体很大时，这绝非一种经济的方法。

6.7.2 约定式样本容量

约定式方法认为某个"约定"或者某个数量就是正确的样本容量。某个经理可能对全国性民意调查比较了解，而且他注意到民意调查的样本容量通常是1000~1200。该经理可能会认为这便是"约定"数量，所以当调研人员建议的样本容量与这个"约定"数量不同时，他便会提出质疑。另外，某项调研可能是一个公司对某个特定市场进行的一系列研究，而且每年的样本容量都相同，因为这个样本容量是上一年使用过的。这个约定数量可能是类似研究所用的样本的平均值，也可能是以往调查采用的样本容量的最大值，还可能是公司偶然发现的其竞争对手进行调查时采用的样本容量。

教条式方法与约定式方法在确定样本容量方面最基本的不同之处在于：教条式方法没有任何站得住脚的逻辑基础，而约定式方法看上去符合逻辑，虽然这种逻辑也有缺点。前文已经阐述了教条式方法如5%经验法如何迅速产生巨大的样本容量；但全国性民意调查的惯例——1200个受访者是一个恒量，它不受总体数量的影响，这个特征正是用约定式方法确定样本容量的缺点之一。

采用以前的样本容量或者其他公司的样本容量也存在同样的问题，因为两种方法都假定以前研究时所确定的样本容量是正确的（也就是说在确定样本容量时方法正确），如果方法错误，那就是简单沿用原来的样本容量而未纠正其错误；如果方法正确，但现在要进行的调查相关的情况以及假定与以前作调查时有了很大的不同，这样确定的样本容量也不准确。所以，确定样本容量的约定式方法忽略了研究的相关环境。而且，采用约定式方法进行研究所需要的费用可能比用正确的样本容量进行研究要高得多。

6.7.3 统计分析确定所需的样本容量

有时候，样本容量的大小取决于所要用的统计分析方法，也就是说，研究人员希望使用某种特定的数据分析方法对样本大小有要求。事实上，本章提到的样本容量公式只考虑满足最简单的数据分析方法。本书没有讨论过统计过程，但是可以肯定的是，有些高级统计方法对样本容量有一个最小值要求，以确保可信度或者保证统计结果的正确性。基于统计分析标准确定的样本容量可能相当大。

有时候调研的目的是作"子群分析"，这是一种对总体内部细分层次的观测。可以想象，对子集的了解直接影响样本容量。在对子集进行观察时有必要将每个子集视为一个单独的总体，并为每个子集确定样本容量，同时运用恰当的方法及其他特定方式从子集中获取信息。也就是说，如果要用标准样本容量公式来确定有多个子集需要分析的样本容量，对于这样的研究对象，需要用子集的数量乘以标准样本容量计算出的样本大小来确定最终的样本容量。一旦完成上述工作，就可以将所有的子集合并起来组成一个大的集合，从而获得整个总体的写照。

6.7.4 以成本为基础界定样本容量

该方法有时也称"量力而行"法，成本可以作为驾驭样本容量的基础。大多数调研会受制于调研成本，因为调研成本增长的速度可能很快，尤其是对人员访谈、电话调查、内附小礼物的邮寄调查而言。所以，有时将成本作为确定样本容量的基础就不足为奇了。

具体来说，"量力而行"法在应用中差别很大。在一些情况下，规划的调研预算是事先决定的，而且还专门为每一阶段确定了研究费用。例如，预算可能包括10000元的"访谈"费用，或者在预算中注明5000元的"资料收集"费用。以成本为基础法的一个变形是每个项目都作为调研规划的一部分，项目成本可根据实际情况在总预算内作调整。采用这种方法，调研项目的主管受到了总规划预算的制约，但他可以在不同的项目之间分配资金，而样本容量由预算能否支付来确定。

但是用"量力而行"法无异于本末倒置。也就是说，不是将调查所获得的信息的价值作为确定样本容量时的首要考虑因素，而是以预算作为首要考虑因素，这样做通常会忽视调查结果对管理决策的价值。与之相对，由于许多经理倾向于较大的样本容量，因此他们所作的调研规划预算在资料收集方面可能过高，而实际上较小的样本容量就足够了。

不考虑成本因素就不能确定样本容量。当有5000元访谈费用，而一家数据收集公司的报价是一次完整的访谈费用为25元，样本就只能有200个。

确定样本容量的较好的方法是综合考虑成本和调研对于企业的价值这两项因素。如果企业需要非常精确的信息，则调研人员应当建议采用大样本，然后再估计成本；反过来，企业应当根据所获得信息的真实价值考虑成本。调研人员需与企业相关人员一起讨论样本容量、数据收集方法、成本和其他需要考虑的问题，这样企业就对调查掌握了主动权，同时与调研人员建立了紧密的伙伴关系，结果是企业对最终样本容量的确定方法及原因有了更好的了解。因此，成本将不再是确定样本容量时唯一考虑的因素，但属于也应予以考虑的因素。

小　结

本章主要介绍了问卷调查法。问卷调查是管理学研究中获取一手数据最常用的定量研究方法之一。本章介绍了问卷设计的目标和过程，同时还介绍了在问卷设计中关于量表使用的问题。

本章还介绍了抽样技术。首先介绍了抽样的一些基本概念，包括总体、普查、样本、抽样单元以及抽样框架等；接着介绍了抽样设计的过程，包括如何定义目标总体，如何确定抽样框架，如何选择抽样技术，如何确定样本容量，最后执行抽样过程；还详细介绍了非概率抽样技术与概率抽样技术，并介绍了近年来逐渐流行的网上抽样技术；最后介绍了一些简单的确定样本容量的方法。

思考题

1. 问卷设计的主要目标是什么？
2. 请描述问卷设计的过程。
3. 问卷设计中的四个"应该"指的是什么？
4. 问卷设计中的四个"不应该"指的是什么？
5. 什么是普查？
6. 什么是总体？定义总体的四个基本要素是什么？
7. 请描述抽样设计的过程。
8. 分层抽样与整群抽样的区别是什么？

参考文献

[1] Malhotra Naresh K. 市场营销研究：应用导向 [M]. 涂平，译. 北京：电子工业出版社，2006.
[2] 马岚. 谈问卷设计的几个技巧性原则 [J]. 统计教育，2005（008）：49-50.
[3] Burns A. C, Bush R. F. 营销调研 [M]. 梅清豪，王承，曹丽，译. 北京：中国人民大学出版社，2007.
[4] 何佳讯，丛俊滋. "仁和"与"时新"：中国市场中品牌个性评价的关键维度及差异分析——以一个低涉入品类为例 [J]. 营销科学学报，2008，4（3）：81-92.

第7章 二手数据的运用

7.1 原始数据与二手数据

原始数据（Primary Data）是研究人员为了解决所面临的问题或所要研究的问题而专门收集的数据，第6章介绍的问卷调查法是运用原始数据的主要方法。二手数据（Secondary Data）则并不是专门为了研究人员正在研究的特定问题而收集的，而是为了其他目的，通常是其他人员已经收集的数据，相对于原始数据而言，二手数据的收集时间更迅速，收集成本也更低一些。表7-1描述了原始数据与二手数据的区别。

表7-1 原始数据与二手数据的区别

比较项	原始数据	二手数据
收集目的	为了当前的研究问题	为了其他研究问题
收集程序	非常费劲	快且容易
收集成本	高	相对较低
收集时间	长	短

资料来源：Malhotra Naresh K. 市场营销研究：应用导向 [M]. 涂平，译. 北京：电子工业出版社，2006.

7.2 二手数据的优点与缺点

7.2.1 二手数据的优点

与原始数据相比较，二手数据有如下几个优点：①二手数据比原始数据更加容易找到，且收集的成本相对较低，收集的时间相对较短；②有些二手数据，如国家统计局的普查数据和年鉴数据，提供了研究人员难以通过原始数据而获得的一些信息；③虽然二手数据往往不能够为非常规的研究问题提供所有的答案，但是二手数据在许多方面都发挥了重要的作用，包括确认问题、更好地定义问题、拟订问题的研究方法、阐述恰当的研究设计、回答特定的研究问题以及更深刻地解释原始数据等。

7.2.2 二手数据的缺点

由于二手数据并不是为了研究人员当前所面临的特定研究问题，而是为了其他目的而收集的，因此二手数据对于解决当前的研究问题，在数据的相关性以及数据的准确性等方面，存在着不足。收集二手数据所采用的目的、性质和方法都可能不适合当前的情形；此外，二手数据对于当前的研究问题可能也不准确，或者可能不是最可靠的数据。因此，在使用二手数据之前，要对二手数据进行评价。下面介绍评价二手数据的标准。

7.3 二手数据的评价

评价二手数据可以从以下几个方面进行，包括规格、误差、及时性、目的、性质以及可靠性，下面对每一个方面进行介绍。

7.3.1 规格

评价二手数据的规格指的是收集数据时所用的方法论。在收集二手数据时，所使用的具体要求或者方法论应该经过严格的审查，从而能够发现可能存在的误差。在收集数据的方法论方面，主要考虑的内容包括：样本的大小与性质、回答率与回答质量、问卷的设计与填写、现场工作程序、数据分析与报告程序。这些审查为数据的可靠性与有效性提供了信息，这有助于判断二手数据是否适合当前的研究问题。通过检验与二手数据相关的误差、及时性、目的、性质和可靠性，可以进一步判断数据的信度与效度。

7.3.2 误差

二手数据的误差指的是数据的准确性。研究人员必须要判断数据对于当前的研究问题而言是否足够准确。二手数据会存在许多不同来源的误差，包括研究方法、研究设计、抽样、数据收集、分析和报告等方面的误差。但是，评价二手数据的准确性是一件非常困难的事情，因为当前的研究人员并没有参与到相关的二手数据收集的过程中，从而无法判断当时收集数据的准确性。解决评价二手数据准确性困难的一个办法就是找到多个二手数据的来源，并且用标准的统计方法进行多来源数据的比较，从而相互印证数据的准确性。

7.3.3 及时性

二手数据的及时性是对数据收集时间的要求的。二手数据可能不是当前的数据，数据收集和公布之间可能存在较长的时间差，许多普查数据就存在这种情况。此外，就当前的研究问题而言，二手数据的更新可能也不够快。

7.3.4 目的

最初收集二手数据总是存在一定的目的的，例如人口普查其中的一个目的就是为了了解人口的总量以及人口的增长率。因此，在使用二手数据时，研究人员需要问的一个最根本的问题就是："最初这些数据是为了什么收集的？"收集数据的目的决定数据的相应用途，与某一个特定目的相关的信息，也许在另外一种情况下就不适用了。

7.3.5 性质

二手数据的性质体现的是数据的内容。在运用二手数据时，研究人员应当对数据的性质，或者说对数据的内容进行检验，并且应该特别注意二手数据中关键变量的定义、测量单位、分类方法和所检验的关系。

7.3.6 可靠性

研究人员通过检验二手数据来源的专业水平、可信度与声誉，可以获得对数据可靠性的总体认识。这些信息可以通过向已经使用此数据来源的信息人进行核实而获得。

7.4 例子

在管理学的研究中，通常会运用二手数据进行实证研究。在大多数情况下运用的是从数据公司购买的数据库，如国泰安数据库、万得（Wind）数据库等。这些数据库收集了历年上市公司的年报、财务、高管、治理结构等方面的信息，也收集了股市交易的信息；此外，统计年鉴也是常用的二手数据的来源，包括历年的国家统计年鉴和各省的统计年鉴。

下面举例说明如何运用二手数据进行实证研究。

旅游上市公司不同类型资产重组活跃程度对公司绩效的影响研究

黄晓治[1]　孙楠[2]

（1. 广西大学商学院，广西 南宁 530004，2. 佛山市水业集团有限公司，广东 佛山 528000）

摘要：研究将不同类型资产重组行为作为研究对象，探讨其发生的活跃程度对旅游上市公司绩效的影响。研究中采用会计研究法作为绩效评价方法，在界定研究对象并确定样本容量之后，通过多元回归对比不同类型的资产重组方式对绩效影响的显著性。结果显示：①扩张类资产重组行为对旅游上市公司的盈利能力和发展能力有显著性正向影响；②收缩类资产重组行为对营运能力有显著性正向影响。希望此次实证检验能够细化并深入资产重组对公司绩效的影响研究，为该领域提供经验性结论。

关键词：旅游上市公司；资产重组；公司绩效

一、引言

资产重组是收购资产或股权、剥离资产或股权、资产置换、托管、合资组建公司、股权转让等行为的总称，它是上市公司资本运营的重要组成部分，也是经营中的一种常见行为。上市公司在每年的经营中，某些具体的资产重组行为发生次数较多，比较活跃，而另一些具体的资产重组行为发生情况却恰恰相反。从学术界的研究进展来看，国内外诸多学者在资产重组对公司绩效的影响方面进行了广泛的探讨，得出了一些一致性的结论。不过资产重组行为根据其发生的目的或发生的方式可以分为不同类型，究竟各类资产重组行为对公司绩效的影响如何，至今仍未得出一致性的结论，至于发生的活跃程度对公司绩效的影响更是没有见到。

从某个具体行业入手研究资产重组对公司绩效的影响可以为该领域的研究开启一个新的视角。因为我国各个行业的市场化程度不同，每个行业都有自己的特性，因此不同的重组方式产生的效果在各个行业也可能不同[1]。当前，我国旅游业市场规模很大，增长迅速，并且旅游业的特性明显，外部敏感性较高，易受市场环境或突发事件的影响，同时内部企业数量众多，竞争激烈。在如此内外部环境下，主营旅游的上市公司某些资产重组活动发生频繁，活跃程度较高。因此，本文正是关注到旅游业的特点，研究旅游上市公司不同类型资产重组活跃程度对公司绩效的影响，希望通过此项研究，能够为旅游上市公司的经营管理提供一定的启示和决策参考。

二、相关研究综述及研究假设

（一）研究对象界定

资产重组是改善企业经营状况、提升企业价值的一种重要手段[2]。在我国，由于资产重组概念泛化，使得难以正确地评估资产重组行为[3]。因此，在比较不同资产重组概念的基础上，根据本研究的特点，关于资产重组的概念本文采用李善民和李珩[4]的界定，即公司利用资本市场对存量资产进行调节和重新组合都属于资产重组的范畴。综合已有研究，具体的资产重组行为包括：收购资产或股权、剥离资产或股权、资产或股权置换、托管、合资组建公司、股权转让、增资扩股等行为[4-7]。

我国资本市场的一些独有特点，如非流通股和法人股的存在、市场不成熟等，使得按照国外的分类进行研究的实际用途不大，操作性差[4]。对于资产重组的类型，国内学术界代表性的观点主要有两种：一些学者认为资产重组主要包括股权转让、收购兼并、资产剥离和资产置换四个类型[7,8]；另一些学者则提出了扩张类重组、收缩类重组、控制权转移类重组和战略转移类重组四个类型[4]。比较两种分类的特点，前者较为直观地反映资产重组的主要行为，后者将资产重组行为与公司战略意图结合，表明不同重组行为体现的结果。

根据本文研究内容，在资产重组分类方面采用李善民和李珩[4]的分类方式，并对其进行了补充，具体的资产重组分类是：①扩张类资产重组，包括上市公司及其子公司对其他企业的整体或部分收购，如实物资产收购、经营权收购、股权收购、对其他公司托管以及进行增资扩股等活动，与其他公司或机构共同设立新公司等行为；②收缩类资产重组，包括上市公司对其子公司资产或所拥有子公司的股权的剥离，如对子公司或控股公司的资产、权益以及经营权的部分或整体转让、终止托管等；③控制权转移类资产重组，即上市公司自身股权结构的重大调整；④战略调整类资产重组，即上市公司及子公司进行的资产置换活动。

不同类型资产重组活跃程度就是历年发生扩张类、收缩类、控制权转移类以及战略调整类资产重组行为的次数，某类资产重组行为发生次数越多，该类资产重组行为就越活跃。在计量不同类型资产重组行为发生的次数时需要一定的标准，因为上市公司资产重组行为非常普遍，若考虑重组金额较少、不对上市公司经营状况产生影响的资产重组活动，则势必会影响分析结果的准确性和说服力[6]，并且文献对研究样本的选取标准进行了说明[7]。因此，对于不同类型的资产重组方式，每次发生时若达到以下标准即可记为一次：①扩张类资产重组在选取时，其标的价值必须超过目标公司全部权益的20%或导致对目标公司权益的拥有超过其全部权益的20%，关于合资组建公司的情况，上市公司在新公司出资份额需在20%以上；②收缩类资产重组要求转让标的的价值必须超过被转让公司全部权益的20%；③控制权转移类资产重组包括：大股东发生更换或上市公司20%以上的股权或资产转让到其他公司或机构。

旅游上市公司绩效评价方面，文献均选取众多能够综合评价旅游上市公司绩效的财务指标，通过因子分析进行绩效整体性评价[9-13]。提取的公共因子集中于反映旅游上市公司盈利能力、偿债能力、营运能力和成长（或发展）能力四个方面，表明盈利能力、偿债能力、营运能力和成长（或发展）能力是对旅游上市公司绩效进行整体评价最主要、最有效的四个方面。因此，本文也沿用这四种能力对旅游上市公司绩效进行综合评价。

（二）不同类型资产重组对公司绩效的影响回顾及相关假设

资产重组对公司绩效的影响在研究方法上主要采用事件研究法和会计研究法。事件研究法是现代金融学的经典研究方法，它考察重组消息公布前后一段时期内上市公司在二级市场股价的走势，研究重组是否给股东带来了超额收益[3]。其特点是及时性，关注重组消息公布前后若干天内股价的反应。会计研究法（又称财务指标法）即选取一定的财务指标，通过建立绩效指标评价体系对事件效果进行评价，其特点是适合跨年度的比较研究，选取的指标多，涵盖的范围广，可以对上市公司绩效从多方面进行评价。

在不同类型资产重组研究中，以并购为主的扩张类资产重组行为研究最为广泛。Jensen和Ruback[14]总结了13篇采用事件研究法研究兼并问题的文献，得出的结论是兼并的目标公司受益，收购公司没有损失；Fama和Jensen[15]认为在要约收购中，目标公司股东的超额收益率为30%；其他一些学者也得出目标公司股东的超额收益率大于30%的结论[16]。Andrade等[17]通过研究公告期前后共三天的并购公司股价变动发现目标公司的股东平均收益率为16%，如果研究的事件期再延长，则可以达到24%。可见，国外学术界在并购重组问题上结论趋于一致，即被并购公司股东将获得较大收益，收购公司损失基本没有。在国内，研究认为并购事件中目标企业价值上升，并购企业价值基本不变[18, 19]，上述结论与国外学者得出的结论较为一致。另外，我国资本市场也有一些不同的特点，如收购公司股东在并购前后获得了正的累计超常收益[20]。

在会计研究法方面，Mulherin和Boone[21]认为并购后公司当年的盈利率得到提升，之后每年的盈利率呈现缓慢下降的趋势；Bruner[22]总结了13个有关并购的研究，发现其中2个研究结果显示收购后的业绩显著为负，4个研究业绩显著为正，其余7个不具有统计上的显著性；国内的一些学者均得出重组当年与重组后一年公司业绩得到提升，但随后年份普遍下降的结论[23]；也有研究发现收购公司或股权的扩张类重组方式可以增强上市公司的盈利能力，壮大业务规模，有利于提升上市公司的总体绩效和价值[5]。

一些研究也关注收缩类资产重组方式。在事件研究法方面，绝大多数国外学者认为资产剥离能够为剥离公司的股东创造财富，只有少数学者的结论与此不同[24]；国内学者的研究结论与国外情况基本一致，即我国上市公司在资产剥离公告短期会给股东带来显著为正的异常收益[6, 20]，并对当年经营绩效产生总体向好的影响[5]。

在会计研究法方面，Montgomery和Thomas[25]认为剥离资产使大部分企业的经营业绩都得到了改善，John和Ofek[26]研究发现企业的剩余资产在剥离之后盈利能力确实得到了提高，Haynes等[27]研究认为资产剥离能给企业带来虽然很小但是在统计上显著增加的业绩。国内学者的研究也认为资产剥离类或收缩类资产重组效果最好，能够提高公司业绩[4]。

对于控制权转移类资产重组研究相对较少，但结论较为一致，多位学者认为控制权转移类资产重组没有显著改善公司业绩[28—30]。而对于战略调整类资产重组研究就更少，目前还没有形成代表性的结论。

综合上述一致性结论，扩张类重组对公司盈利能力和成长能力体现了较为正面的影响；收缩类资产重组对公司绩效正面的影响往往在于该类行为是对已有资产的一种合理配置或处理，体现了上市公司的资产运营管理能力；而控制权转移类和战略调整类资产重组均对盈利能力没有显著性改善。虽然至今仍未出现有关资产重组活跃程度的研究，但是依据上述结论及其表述的倾向性，提出如下资产重组活跃程度对公司绩效影响的假设：

假设1：旅游上市公司扩张类资产重组历年发生的次数对当年的盈利能力有正向影响。

假设2：旅游上市公司扩张类资产重组历年发生的次数对当年的成长能力有正向影响。

假设3：旅游上市公司收缩类资产重组历年发生的次数对当年的营运能力有正向影响。

假设4：旅游上市公司控制权转移类和战略调整类资产重组历年发生的次数对当年的盈利能力不具有显著性影响。

三、研究设计及研究模型

我国证券市场虽然通过了弱有效性检验[6]，但是股价容易受人为因素操纵，股票价格与公司实际经营业绩相关性极低，不能反映企业经营的状况，同时，学术界在采用事件研究法过程中事件的时间区间过短，选取的指标包含了太多的心理和投机的因素，干扰的噪声太多，精确度差[31]。因此事件研究法应用于国内研究时会受到一些局限。与之相比，会计研究法主要应用于资本市场有效性争议较大的市场，评价角度较宽，能够达到平衡一致性和精确性的目的，客观性较好[4]。因此，本文主要采用会计研究法。在绩效评价指标选取方面，岑成德[9]认为净资产收益率、流动比率、总资产周转率和净利润增长率这四个指标是仅有的能够全面评价旅游上市公司经营业绩的主成分指标，并且相关文献也已验证在盈利能力、偿债能力、营运能力和成长（或发展）能力四个因子中这四个指标的解释度是最高的[10,11]。同时，在资产重组对公司绩效影响的实证研究中，净资产收益率、流动比率、总资产周转率和净利润增长率这四个指标也均是全面评价公司业绩的必选指标[31,32]。因此，本文选取净资产收益率、流动比率、总资产周转率和净利润增长率作为评价旅游上市公司盈利能力、偿债能力、营运能力和成长（或发展）能力的财务指标，如表7-2所示。

表7-2 选取的指标及相关说明

指标名称	计算方式	评价内容	代表符号
净资产收益率	净利润/净资产	盈利能力	R_{OE}
流动比率	流动资产/流动负债	偿债能力	R_{LD}
总资产周转率	主营业务收入/资产平均余额	营运能力	R_{ZCZZ}
净利润增长率	净利润增长额/上年净利润	成长能力	R_{LRZZ}

在上市公司资产规模方面，大公司比小公司更容易进行资产重组行为，因此本文将旅游上市公司的资产规模作为控制变量，并将其年报的资产总额取自然对数（ln）对资产规模进行度量[33]。提出的模型为：

$$R = \beta_0 + \beta_1 CZ_{KZ} + \beta_2 CZ_{SS} + \beta_3 CZ_{KZQZY} + \beta_4 CZ_{ZLTZ} + \varepsilon$$

式中 R——因变量，代表净资产收益率R_{OE}、流动比率R_{LD}、总资产周转率R_{ZCZZ}和净利润增长率R_{LRZZ}；

CZ_{KZ}——扩张类重组；

CZ_{SS}——收缩类重组；

CZ_{KZQZY}——控制权转移类重组；

CZ_{ZLTZ}——战略调整类重组；

β_0为常数项；

ε为误差项。

四、实证分析

(一) 旅游上市公司样本说明

戴学锋[34]和岑成德[9]均认为相当一部分旅游上市公司主营业务往往由多个业务组成，使得旅游上市公司主营业务不突出，这导致了学术界在旅游上市公司样本选取时数量上始终无法统一。在实际操作中，旅游上市公司的样本选取主要有四种方式，如表7-3 所示，样本数量差别较大，弱化了结论的说服力和可信性。

表7-3 旅游上市公司代表性研究的样本选取方式一览

选取方式	代表性文献	样本公司数量	优点	缺点
1. 根据公司经营范围选取	刘亭立(2005)	19	经营范围体现了公司的业务定位	某些上市公司旅游收入比重不足20%，说服力不足
	郭岚等(2008)	20		
	舒波和郝美梅(2009)	16		
2. 依据专业财经证券网站、软件、数据库以及媒体的分类资料	岑成德(2000)	31	相对客观，具有一定的可信性	样本数量差别较大
	金雪军和张学勇(2005)	7		
	董观志和班晓君(2006)	20		
	许春晓和叶莉(2008)	16		
	程露悬和黄福才(2009)	25		
3. 依据中国证监会的《上市公司行业分类指引》	张慧和周春梅(2005)	22	《指引》规定，有依有据	可操作性较弱
	刘海英和王素洁(2007)	27		
	刘立秋等(2007)	32		
4. 主观指定样本	戴学锋(2000)	29	操作简单	说服力较弱
	唐霞(2006)	33		
	许陈生(2007)	22		
	王凤(2007)	24		

样本数量无法取得一致主要是由于对旅游上市公司缺乏明确的界定。由于交通运输业上市公司的产业归口问题意见还不完全一致，故暂不将其纳入旅游上市公司的范畴[12]。许陈生[35]、舒波和郝美梅[36]认为界定旅游上市公司的关键在于公司的主营业务。因此，本文综合上述观点，将旅游上市公司界定为："最近至少连续两个财务年度内，旅游业的营业收入在主营业务收入中所占比重均为最大的上市公司称为旅游上市公司。旅游业包括：旅行社业、以饭店为代表的住宿业、餐饮业、游览娱乐业、旅游用品和纪念品销售业。"该界定既明确了旅游上市公司的概念，也确定了选取标准。将连续两年主营业务收入比重作为衡量标准，动态化规避多元化造成的主营业务不突出的情况，保证了旅游上市公司样本选取的稳定性和说服力。根据该界定，截止到2009年12月，我国A股市场旅游上市公司共计26家，如表7-4所示。

(二) 研究样本选取

样本选取时有以下标准：①剔除"ST"的旅游上市公司，分别是：ST张家界、ST东海A、ST百花、ST零七；②剔除2009年上市的旅游上市公司湘鄂情（002306）和中国国旅（601888）。共确定20家旅游上市公司作为研究对象，其中酒店类为新都酒店、锦江股份、

表 7-4 我国 A 股市场旅游上市公司一览表

公司名称(股票代码)			
ST 零七(000007)	西安旅游(000610)	中青旅(600138)	金陵饭店(601007)
东方宾馆(000524)	锦江股份(600754)	北京旅游(000802)	三特索道(002159)
新都酒店(000033)	黄山旅游(600054)	桂林旅游(000978)	全聚德(002186)
东方明珠(600832)	ST 东海 A(000613)	首旅股份(600258)	中国国旅(601888)
ST 百花(600721)	西安饮食(000721)	国旅联合(600358)	湘鄂情(002306)
华天酒店(000428)	华侨城 A(000069)	大连圣亚(600593)	共计:26 家
ST 张家界(000430)	峨眉山 A(000888)	丽江旅游(002033)	

注：世博股份（002059）的房地产销售业已多年成为其比重最高的主营业务，锦江投资（600650）已转向物流业，西藏旅游（600749）的广告代理收入是其比重最大的主营业务。上述三者均已不属于本文界定的旅游上市公司。

华天酒店、东方宾馆、金陵饭店；景点类中以自然风景为主的上市公司为北京旅游、峨眉山 A、桂林旅游、丽江旅游、黄山旅游、三特索道，以人造景观为主的上市公司为华侨城 A、西安旅游、大连圣亚、东方明珠；旅行社类上市公司为中青旅、国旅联合、首旅股份；餐饮类上市公司为全聚德和西安饮食。

资产重组活跃程度选取标准：①2000 年之前上市的旅游上市公司，选取 2000～2009 年历年发生的资产重组次数作为研究样本并对其分类；②2000 年后上市的旅游上市公司，选取上市年份至 2009 年历年发生的资产重组次数作为研究样本并对其分类。最终样本量为 165 个。资产重组事件以股东大会通过为准，事件的公布以及相关财务指标来源于万得咨询金融终端、新浪股票、国信证券金太阳交易软件以及和讯股票。

（三）资产重组情况描述以及回归结果分析

表 7-5 显示，2000～2009 年十年间，旅游上市公司平均每年每家发生扩张类资产重组 1.5 次，高于其他三类资产重组行为发生的次数，表明我国旅游上市公司扩张类资产重组行为比较活跃，其中酒店类和自然风景类旅游上市公司平均每年每家发生扩张类资产重组的次数约 2 次，扩张行为最活跃，这与国内酒店业集团化、规模化的产业趋势以及景点类上市公司的实力扩充相吻合；旅游上市公司平均每年每家发生收缩类资产重组行为为 0.6 次，其中旅行社类上市公司为 1.3 次，远高于其他类型的旅游上市公司，并且其扩张类资产重组行为为每年每家 1.2 次，旅行社在进行扩张的同时要不断"瘦身"，以保证竞争力和竞争优势；控制权转移类和战略调整类资产重组行为发生次数相对较少，平均每年每家两类资产重组行为仅发生 0.1 次和不足 0.1 次，从上文对控制权转移类以及战略调整类资产重组行为的界定来看，这两类资产重组行为的发生或改变上市公司股权结构或对核心资产进行变更，所以发生次数较少有利于旅游上市公司经营的稳定性。

本文使用 SPSS16.0 统计软件对不同类型资产重组发生次数进行 Pearson（双尾）相关检验，结果显示不同类型资产重组变量之间的相关系数均不存在显著性。在别除指标中的异常值之后，将代表公司绩效能力的四个指标作为因变量，四种不同类型资产重组行为发生次数作为自变量，历年的资产总额取自然对数（ln）作为控制变量，多元回归的结果如表 7-6 所示。

表 7-5　旅游上市公司不同类型资产重组活跃程度表　　　　　　（单位：次）

旅游上市公司分类	扩张类	收缩类	控制权转移类	战略调整类
酒店类	79	15	4	5
平均每年每家	1.9	0.4	0.1	0.1
景点类	119	34	6	5
平均每年每家	1.5	0.4	0.1	0.1
自然风景类	81	23	5	4
平均每年每家	1.9	0.5	0.1	0.1
人造景观类	38	11	1	1
平均每年每家	1.0	0.3	0.03	0.03
旅行社类	36	40	4	0
平均每年每家	1.2	1.3	0.1	0
餐饮类	11	5	2	0
平均每年每家	0.8	0.4	0.2	0
总计	245	94	16	10
平均每年每家	1.5	0.6	0.1	0.06

表 7-6　多元回归结果

变量	盈利能力 R_{OE}	偿债能力 R_{LD}	营运能力 R_{ZCZZ}	成长能力 R_{LRZZ}
C	-0.438***(-3.694)	6.182***(2.844)	-0.490(-1.026)	5.263(0.914)
CZ_{KZ}	0.009***(2.959)	0.057(1.047)	-0.014(-1.212)	0.377***(2.629)
CZ_{SS}	-0.006(-1.225)	-0.037(-0.390)	0.036*(1.723)	-0.018(-0.070)
CZ_{KZQZY}	0.001(0.055)	0.415(1.428)	-0.053(-0.837)	-0.931(-1.210)
CZ_{ZLTZ}	-0.012(-0.596)	0.091(0.239)	-0.092(-1.101)	-0.258(-0.257)
Adj-R^2	0.151	0.024	0.031	0.023
F 值	6.796***	1.811	2.063*	1.758
P 值	0.000	0.114	0.073	0.125
样本量	165	165	165	165

注：C 为常数项，表中变量取值为回归系数，括号内数值为 t 值；***、*分别表示 0.01、0.1 水平下显著。

表 7-6 结果显示：①在盈利能力方面，样本通过了 F 值检验并在 0.01 水平下显著。扩张类资产重组与盈利能力指标净资产收益率在 0.01 水平下显著，回归系数为正值，表明扩张类资产重组行为发生得越活跃，旅游上市公司的盈利能力越好，假设 1 得到验证。同时控制权转移类和战略调整类资产重组均没有对盈利能力表现出显著性影响，假设 4 得到验证。②在偿债能力方面，样本没有通过 F 值的显著性检验，并且四类资产重组行为没有显示出与偿债能力指标流动比率之间的显著性影响关系。③在营运能力方面，样本通过了 F 值检验并在 0.1 的水平下显著。收缩类资产重组行为与营运能力指标总资产周转率之间在 0.1 的水平下显著，回归系数为正值，表明收缩类资产重组行为较其他重组行为更能改善当年上市公司的经营状况，提高资产的利用效率，假设 3 得到验证。④在成长能力方面，样本没有通过 F 值的显著性检验，但扩张类资产重组方式与成长能力指标净利润增长率之间在 0.01 水平下显著，回归系数为正值，可以支持假设 2，表明扩张类资产重组行为较其他重组行为更能提高上市公司的成长能力，帮助其成长。

五、结论、局限性以及未来研究的方向

通过以上实证分析，得出如下结论：

（1）扩张类资产重组行为主要是旅游上市公司的一种对外行为，而收缩类资产重组行为是一种对内行为。二者并不冲突，体现的作用也不相同。旅游上市公司积极购入一些优质资产或股权，可以增强上市公司的盈利能力，提高发展潜力；而通过剥离、出售资产或股权等方式为自己合理"瘦身"，能够提高资产的营运能力和旅游上市公司的健康程度。旅游上市公司应根据自身业务特点以及战略发展规划，将二者结合运用。

（2）控制权转移类以及战略调整类资产重组行为会触及旅游上市公司的股权结构或核心资产，这两类资产重组行为并没有对旅游上市公司的盈利能力具有显著性影响。因此旅游上市公司采用控制权转移类以及战略调整类资产重组行为取得的效果有限，使用时应谨慎。

本研究的局限性主要有以下几个方面：①实证研究的样本数量相对偏少，究其原因主要与我国A股市场"旅游板块"的上市公司数量偏少有关；②只将旅游上市公司资产规模一项作为控制变量，略显对其他影响因素的关注度不足。

未来研究可向以下几个方向探索：①可以将资产重组行为按照不同的特征进行更细致的分类，同时将旅游上市公司的绩效评价细化，以便更准确地考察相互之间的影响关系。由于旅游上市公司控制权转移类以及战略调整类资产重组行为发生次数较少，所以对具有代表性的控制权转移类以及战略调整类资产重组行为应进行案例探讨，有助于提高对上述两种资产重组方式的理解。②以更长时间段对旅游上市公司资产重组行为进行考察，扩展样本量，提高结论的可信性和说服力。③将所有上市公司中绩效表现优良的板块与旅游板块的资产重组行为进行对比研究，从中发现相同点和差异，或将旅游板块的资产重组行为与整体上市公司进行对比，这些对比性研究得出的结论往往会更具指导意义。

参考文献

[1] 吴志军. 房地产上市公司资产重组绩效的实证分析 [J]. 经济管理，2006（10）：59-63.

[2] 周文泳，尤建新，武小军. 中国上市公司资产重组绩效实证研究 [J]. 同济大学学报：自然科学版，2006，34（1）：139-142.

[3] 益智. 中国上市公司被动式资产重组实证研究——基于价值效应和绩效的动因模型构建 [J]. 管理世界，2005（001）：137-145.

[4] 李善民，李珩. 中国上市公司资产重组绩效研究 [J]. 管理世界，2003（011）：126-134.

[5] 郭建新，陈德棉. 上市公司不同资产重组方式绩效评价——2003年沪深两市A股实证分析 [J]. 商业研究，2005（20）：179-183.

[6] 金桩，蒋序怀，郭彩霞. 中国上市公司资产重组绩效的分类事件收益研究 [J]. 华东师范大学学报：哲学社会科学版，2006，38（2）：108-112.

[7] 苏艳丽，庄新田，哈敏. 中国上市公司资产重组绩效及影响因素分析 [J]. 东北大学学报：自然科学版，2008，29（002）：287-291.

[8] 陈信元，原红旗. 上市公司资产重组财务会计问题研究 [J]. 会计研究，1998（010）：1-10.

[9] 岑成德. 我国旅游类上市公司经营业绩的综合评价 [J]. 中山大学学报：社会科学版，2000，40（6）：97-102.

[10] 刘亭立. 旅游业上市公司经营业绩分析与评价 [J]. 旅游学刊，2005，20（004）：92-96.

[11] 董观志,班晓君. 旅游上市公司业绩测评体系研究 [J]. 旅游科学, 2007, 20 (6): 65-70.

[12] 刘立秋,赵黎明,段二丽. 我国旅游上市公司经济效益评价 [J]. 旅游学刊, 2007, 22 (4): 79-83.

[13] 许春晓,叶莉. 我国旅游上市公司动态竞争力比较的实证分析 [J]. 旅游学刊, 2008, 23 (5): 28-32.

[14] Jensen M C, Ruback R S. The market for corporate control: The scientific evidence [J]. Journal of Financial economics, 1983, 11 (1-4): 5-50.

[15] Fama E F, Jensen M C. Separation of ownership and control [J]. Journal of Law and Economics, 1983, 26 (2): 301-325.

[16] Schwert G W. Markup pricing in mergers and acquisitions [J]. Journal of Financial Economics, 1996, 41 (2): 153-192.

[17] Andrade G, Mitchel M, Stafford E. New evidence and perspectives on mergers [J]. Journal of Economic perspectives, 2001, 15 (2): 103-120.

[18] 陈信元,张田余. 资产重组的市场反应——1997年沪市资产重组实证分析 [J]. 经济研究, 1999, (9): 47-55.

[19] 余光,杨荣. 企业购并股价效应的理论分析和实证分析 [J]. 当代财经, 2000 (007): 70-74.

[20] 李善民,陈玉罡. 上市公司兼并与收购的财富效应 [J]. 经济研究, 2002 (11): 27-35.

[21] Mulherin J H, Boone A L. Comparing acquisitions and divestitures [J]. Journal of Corporate Finance, 2000, 6 (2): 117-139.

[22] Bruner R F. Does M&A pay? A survey of evidence for the decision-maker [J]. Journal of Applied Finance, 2002, 12 (1): 48-68.

[23] 冯根福,吴林江. 我国上市公司并购绩效的实证研究 [J]. 经济研究, 2001 (1): 54-61.

[24] 赖斌慧,张秋生,叶广辉. 企业资产剥离绩效实证研究综述:方法与成果 [J]. 生产力研究, 2009 (005): 164-167.

[25] Montgomery C A, Thomas A R. Divestment: Motives and gains [J]. Strategic Management Journal, 1988, 9 (1): 93-97.

[26] John K, Ofek E. Asset sales and increase in focus [J]. Journal of Financial Economics, 1995, 37 (1): 105-126.

[27] Haynes M, Thompson S, Wright M. The impact of divestment on firm performance: Empirical evidence from a panel of UK companies [J]. The Journal of Industrial Economics, 2002, 50 (2): 173-196.

[28] 奚俊芳,于培友. 我国上市公司控制权转移绩效研究——基于经营业绩的分析 [J]. 南开管理评论, 2006, 9 (4): 42-48.

[29] 周晓苏,唐雪松. 控制权转移与企业业绩 [J]. 南开管理评论, 2006, 9 (4): 84-90.

[30] 赵息,杜玉鹏. 控制权转移的上市公司绩效研究 [J]. 现代管理科学, 2008 (9): 96-97.

[31] 尤建新,武小军,郭建新. 我国上市公司资产重组绩效评价模型 [J]. 同济大学学报:自然科学版, 2005, 33 (6): 828-832.

[32] 冷建飞,王凯. 农业上市公司资产重组绩效实证研究 [J]. 南京农业大学学报:社会科学版, 2006, 6 (001): 18-22.

[33] 刘海英,王素洁. 旅游行业上市公司多元化经营与公司价值实证检验 [J]. 北京第二外国语学院学报, 2007 (5): 57-61.

[34] 戴学锋. 旅游上市公司经营状况分析 [J]. 旅游学刊, 2000 (1): 15-21.

[35] 许陈生. 我国旅游上市公司的股权结构与技术效率 [J]. 旅游学刊, 2007, 22 (10): 34-39.

[36] 舒波,郝美梅. 基于熵权TOPSIS法的旅游上市公司绩效评价 [J]. 北京第二外国语学院学报, 2009 (9).

小　结

本章介绍了实证研究中对于二手数据的运用。首先，介绍了原始数据与二手数据的区别、二手数据的优点与缺点；接下来介绍了使用二手数据时的评价标准。最后，举例说明了运用二手数据进行实证研究的过程。

思考题
1. 二手数据存在哪些优点与缺点？
2. 评价二手数据有哪些标准？

参考文献

[1]　Malhotra Naresh K. 市场营销研究：应用导向 [M]. 涂平，译. 北京：电子工业出版社，2006.

第8章 理论构念的测量

8.1 测量的基本概念

8.1.1 测量的概念以及要素

1. 测量的概念

对各种不同变量进行测量是在管理学的实证研究中经常要运用的。1968年，史蒂文斯（S. S. Stevens）就对测量的定义进行了界定，他认为测量就是研究者依据一种惯例或者规则，用数量的方式对对象所具备的某种行为或者特征进行描述性研究。有时也说测量是对所确定的调查指标或研究内容进行有效的量度与观测。具体来讲，就是按照一定的规则将符号或数字分派于研究对象的特征（也即研究变量）之上，从而使社会现象类型化或者数量化。简单来讲，测量就是按照一定的规则进行赋值的过程。显而易见，要进行赋值就必须要有测量的基本要素：赋值的对象、规则、标记以及符号。

其中赋值的对象是指测量者感兴趣的，要进行研究的物体或者事件；赋值的规则是指分派各种符号到所测量的各类事物上的方法以及标准，如品质的等级标准、考试采用百分制等；赋值的标记就是指像年龄、性别、学习成绩、反应时间等这些被测量对象所具有的某种特征性记号；赋值的符号就是指像品质等级、考试分数等，这些代表测量对象所具有的某种或某类特征的程度的标志。

一般把那些在研究中不可以直接观测的、抽象的测量变量称为潜变量，如人的性格、气质等。潜变量是需要通过一系列的观测变量间接体现出来的，如人的行为、习惯等。人们通常采用结构方程描述观测变量如何测量潜变量以及各个潜变量之间的关系（对结构方程本书的第11章会有详细的介绍）。

在管理学的实证研究中，研究者对研究对象的测量通常会采用调查问卷和实验操作两种方法。在准实验或实验的研究中，研究者对自变量的测量大部分是通过改变环境的方式来实现的，如操纵角色要求（如工作职责）、物理环境（如照明、温度）、情绪（如诱导研究对象产生不同的心情）。调查问卷法是我国管理实证研究中最为普遍的数据收集方式，调查问卷法对概念的测量主要是采用各种形式的测量量表来实现的，因此问卷的质量直接关系到研究的质量，选取高质量的问卷和合适的测量规则就至关重要。

2. 有效测量的要素

测量不是管理学实证研究的目的，而是研究者在讨论变量间关系的一种手段，任何测量都是服务于特定的研究目的，只有有效的测量才能测出所需的资料。

有效的测量主要包含准确性、互斥性与完备性三个要素。

（1）准确性。准确性是指所分派的数字或者赋值的符号可以可靠地、真实地、有效地反映被调查对象在特征以及属性上的差别。采用数学的概念来进行表述，如果结果显示状态和符号系统在结构上具有一致的关系，那么这两者之间就具有同构性，同构性和所观测的资料的准确和有效成正比关系，也就是同构性越高，所观测的资料就越有效、越准确。

（2）互斥性。互斥性是指每一个观测对象（或分析单位、研究对象）的特征以及属性都能用一个而且只能用一个符号或者数字来表示，不能采用其他的来表示。

（3）完备性。完备性是指在测量时赋值的规则必须要把研究变量的各种状态或者变异全部包含其中，不能有遗漏或者不完全。

8.1.2 测量的参照标准

若要建立一个好的测量法则，就必须使经过测量所获得的一系列符号（如态度或品质等级等）或数字（如考试分数等）能够得到科学的解释与评价，并能够真正得到有意义的使用。因此，就要求必须把测量法则建立在一定的参照标准上，并采用这一标准来对测量结果的优劣或者高低进行判别。因为要客观、科学地解释与评价测量结果，必须要使测量所得的数字和符号可比、可加，然而测量只有在统一的参照标准与量度单位的基础上才能可比、可加。

常用的参照标准有目标参照标准、常模参照标准和自我参照标准三种。

（1）目标参照标准。目标参照标准又称为绝对性评定，顾名思义，就是把某一些具体的目标作为评定的标准，然后再依据被试者对预定的各项目标达到的质量、数量的情况进行衡量，并按其达标的程度评定得分，也就是分派符号或数字。例如，学生的考试成绩通常用百分制的形式来进行评定。

（2）常模参照标准。常模参照标准又称为相对性标准，是把某一研究对象作为一个集体，把这一集体的平均水平作为评定的标准（即常模），对照这一标准判断这一集体中每一个别对象所处的相对位置，并按照它们所处的位置评定其得分，即分派符号、数字。在一般情况下会采用A、B、C或者优、良、中、差的形式进行评定。

（3）自我参照标准。自我参照标准又称为自我性评定，是把研究对象自身在某一状态或者时期的特征作为进行评定的标准，然后再通过横向比较（不同状态比较）或前后对照，判断其自身特征的变化情况，并依据其特征的变化程度评定小（少）于、等于或大（多）于某标准。

8.1.3 测量尺度

测量尺度是指在测量过程中按照特定法则分派的数字、符号所能代表的事物的某种特征、特性的程度水平。

测量尺度从低到高可以分为以下四种：定类尺度、定序尺度、定距尺度和定比尺度。

（1）定类尺度。定类尺度又被称为名义尺度，它在测量尺度中是最低的一种，是用来测量定类变量的尺度，大多数的定性测量都适用定类尺度。从严格意义上它又可以区分为：标记型定类尺度和类别型定类尺度。标记型定类尺度可以作为一个识别的记号，当用数字作标记时,它并不表示数量的多少,不能对其进行数量运算;类别型定类尺度可以作为对变量的不同状态的度量,类别的区分可以说明观测对象的一些本质特征,数字也可以用来表示类别,此数字仅用来进行区分而不能进行运算。

(2) 定序尺度。定序尺度又被称为等级尺度,若是一个变量能够依据操作定义所界定的属性或者明确特征而进行高低、等级大小、先后的次序的排列,这时就适用定序尺度来进行测量。定序测量经常使用的方法有以下四种:①等第顺序法,它是要求被研究者对一组刺激依某种特定的属性或特征由多到少或者由高到低的次序进行排列;②配对比较法,它是要求被研究者在规定的时间内对所有可能的配对,排列出每一对刺激中的多少或大小的顺序;③恒常刺激法,此法与配对比较法有些类似,其不同之处在于它是以一种标准刺激连续地与一组恒常刺激中的各个成员相配对地进行比较;④连续性类别法,它要求被研究者把一些刺激分成若干种不同的类别,此类别按指定的属性或者特征顺序排列。需要注意的是,定序尺度中使用的数字只是显示等级顺序而已,没有其他意义。这些数字并不显示属性或特征的真正量值,且等级间的间隔可能相等也可能不相等。

(3) 定距尺度。定距尺度又被称为等距尺度,它不但具有定类尺度以及定序尺度的特征,它还要求尺度上的间距代表所测量的属性或者特征的量的间距。其每一等级间的间距都是相等的,它们可以进行加减,但不能进行乘除,因为定距尺度没有绝对的零点。

(4) 定比尺度。定比尺度又被称为比例尺度,它是测量尺度中的最高等级,具有实际意义的真正零点,也就是说可以对定比尺度下的数字进行加减乘除,其运算的结果都具有实实在在的意义。判断一个变量能否以定比尺度进行测量的关键在于其零点是不是绝对的,最佳的检验方法是——零是否可以被认为是测量"什么都没有"的。

从数学性质的角度来讲,高层次尺度具有低层次尺度的所有特征,但是低层次尺度却不包含高层次尺度的某些特征。在选择测量尺度时并不是说层次越高的测量尺度越好,而是要根据研究工作的需要进行选择,在选择时必须要注意以下几点:

(1) 大多社会现象只能以定类尺度或者定序尺度进行测量,但有些时候也可将某些现象近似地视为定距或者定比变量,例如人们较为熟悉的"智力测验",此时要注意此种近似计算的合理性以及可能会出现的偏差。

(2) 高层次尺度可能会比低层次尺度获得更精确、更多的信息和资料,但是其调查、分析的工作量却比低层次尺度要大很多,所以在进行尺度选择时一定要结合课题要求以及研究条件。

(3) 采用较低尺度收集的信息和资料不可以用较高尺度的数学运算进行处理,但是用较高层次尺度收集到的信息和资料却可以用较低尺度的数学运算来处理,所以许多研究者在进行实证研究时都是尽量先收集更精确、更多的信息,在分析信息时却只进行一些简单的运算,这必然会有很大的浪费,但是当需要今后作一些补充分析时,此种策略还是比较有利的。

(4) 某一个研究变量可以用各种尺度来进行测量,但是选择哪一种尺度则取决于研究所需要的精确度。

可以把通过测量得到的资料分为三种维度:

第一种为物理维度:不需要进行主观判断,而是用客观的标准来进行测量。这些量度大都属于定距尺度或者定比尺度,但是这种量度仅适合于某一些社会现象,如某一事物的行为特征及状态特征。

第二种为心理物理维度：这一维度包含物理与心理这两个方面，在通常情况下，最多可以达到定序尺度，无法运用定距尺度。

第三种为心理维度：它是一种利用主观判断所制定的计量标准，其最大的缺点是缺乏一套完善的测量理论，即缺乏较为系统的定理、公理。

8.2 测量误差

8.2.1 测量误差的定义

测量误差（Measurement Error）指的是测量值和真实值间的差别，通常有两种，即绝对误差和相对误差。

绝对误差的计算公式为：

$$\Delta A = A - A_0$$

式中　ΔA——绝对误差；
　　　A——测量值；
　　　A_0——真实值。

绝对误差虽可以表示测量结果和真实值间的偏离程度，但它并不能反映出测量的准确程度，因此，人们又提出了相对误差。其计算公式如下：

$$B = \frac{A}{A_0} \times 100\%$$

式中　B——相对误差。

测量误差并不是测量中出现的错误，而是事物固有的不确定性因素在测量时的体现。测量误差可以被尽量减少，但是却不可能被完全消除，因此误差的准确值是人们无法知道的，只能对在一定的概率下可能达到的误差限进行估计，这样估计出来的误差限称为测量的不确定度。

8.2.2 测量误差的类型

依据测量误差对测量结果影响的性质，测量误差可被划分为系统误差、随机误差、粗大误差三种类型。

1. 系统误差

对某一量值在相同的测量条件下进行多次测量，若是误差的符号及绝对值保持恒定，或者在测量条件改变的情况下，误差按照某种可以被确定的规律而变化，则该误差称为系统误差。系统误差有累积性，测量的结果会因此产生较大的影响，但是可通过一般的改正或是采用一定的观测方法消除。

造成系统误差的因素主要有以下几方面：①环境方面（如进行测量时的现实环境条件与标准环境条件的偏差等）；②测量仪器方面（如仪器结构设计原理上的不足、仪器零件制造时产生的偏差和安装错误等）；③测量方法方面（如采用较为类似的测量方法或者计算公式等而引起的误差等）；④测量人员方面（如因测量人员的个性特征以及估读刻度上的数值时习惯于偏向某一方向等）等。

2. 随机误差

随机误差又被称为偶然误差，它是指在测量条件相同时（指相同的测量环境、测量人员、测量仪器及测量技术），对同一量值进行多次重复测量时（等精度的测量），每次测量误差的符号以及绝对值都以不可预知的方式进行变化的误差。事实上，多次测量时的各种条件必定会出现差异，各种因素的变化或细微的差异综合到一块，共同对测量结果产生影响导致每个测得值的误差以不能测定的方式进行变化。所以随机误差可以确定的只是它的估计值，这是由于测量者只能进行有限次数的测量，就某一个随机误差而言，是没有确定的规律性可寻的；但就随机误差的整体而言，它却服从一定的统计规律。在通常情况下，随机误差是由影响量值的随机变化而引起的，它们会致使重复测量中数据的离散性。

随机误差是有一定范围的，其绝对值越小出现误差的概率便越大，绝对值相等的负、正误差出现的概率相等，其数学期望值等于零。

随机误差的统计规律性，主要有有界性、单峰性、对称性。有界性是指测得值误差的绝对值都在特定的界限内，也就是说不会出现绝对值很大的误差。单峰性是指绝对值小的误差比绝对值大的误差数目多，也即测得值是以它们的算术平均值为中心而相对集中地分布在两侧。对称性是指绝对值相等而符号相反的测得值误差，它们出现的次数基本相等，也即测得值是以它们的算术平均值为中心而对称分布，因所有误差的代数和趋近于零，所以随机误差又具有一定的抵偿性。

随机误差是由那些对测量值影响较小，但却互不相关的很多因素共同造成的，如电磁场的微变、空气的扰动、噪声的干扰、大地微震、测量人员感官无规律的变化等。

3. 粗大误差

粗大误差又称为疏失误差，是一种测量值和实际值明显不相符的误差。引起粗大误差的因素主要有：操作时的疏忽和失误（如测错、读错、记错等）、测量方法不当或错误、测量条件的骤变等。

8.2.3 测量误差的处理

由于造成误差的原因不同，需采用不同的方法来处理，尽量使误差减小。

1. 系统误差的处理

处理系统误差的前提是发现系统误差，在对同一量值进行多次重复测量时，系统误差便不具有抵偿性。不同的系统误差，其发现方法也存在不同之处。

（1）变值系统误差。此种系统误差可采用阿贝赫梅特判据和马利科夫判据。

检验周期性系统误差存在的方法通常使用阿贝赫梅特判据。详细来讲是把测量数据按测量的顺序进行依次排列，然后把所对应的残差两两相乘，求得其和的绝对值，最后再与实验标准方差比较。

马利科夫判据这一方法可判别有无累进性系统误差。详细来讲是把 M 个等精度测量值所对应的残差，按照测量的顺序进行依次排列，然后再把残差分成两部分进行求和，最后求其差值 N。如果差值 N 近似等于 0，便说明在上述的测量数据中没有累进性系统误差；若是差值 N 明显不等于 0，则说明上述的测量数据中存在累进性系统误差。

（2）不变的系统误差。可采用校准、修正、实验比对法来发现此种系统误差。

削弱或减小系统误差的方法主要有如下三种：

（1）减小系统误差的方法是从系统误差产生的根源上采取一定的措施。例如在测量过程中，从测量的原理、方法等一些方面尽量做到正确、严格，此外还要尽量减少环境对测量的影响，以及测量人员产生的误差等。

（2）可用修正的方法削弱系统误差。修正方法是先通过检定、校准或计算得出测量的系统误差的估计值，并制作出误差表或者误差曲线，然后再把与误差数值方向相反但大小相同的值作为修正值，最后把实际的测量结果与相应的修正值进行相加便可得到修正之后的测量结果。

（3）使用一些专门的测量方法，如替代法、半周期法以及交换法等。

需进一步说明的是，系统误差虽然可采用一些方法来削弱或者减小，但总还存在残留，这部分误差在现实的测量条件下，采用目前的技术或无法消除，或消除的技术过于复杂，需要耗费大量的物力人力，因此在满足测量的要求时，可把残余系统误差忽略，准则是：如果残余系统误差或系统误差代数和的绝对值不大于测量结果扩展不确定度的最后一位的有效数字的一半，便认为系统误差或残余系统误差可忽略不计。

2. 随机误差的处理

在测量的过程中随机误差是不可避免的。在对测量物进行多次测量后，测量值和随机误差服从一定的概率统计规律，可用数理统计对数据作一些处理，以减少测量结果中随机误差的影响。在大多数的情况下，测量值和随机误差的分布大多服从正态分布。

那些呈正态分布的随机误差具有有界性、单峰性与对称性。在一般情况下，可采用测量值的数学期望值抵消随机误差，但因在实际的等精度测量时，测量次数有限，仅通过每次的测量值无法计算出数学期望值，而只能把其算术平均值作为数学期望值的估计值，并把它作为最终的测量结果。换句话讲，单次的测量值要大于采用多次测量求得的平均值的离散程度，这便是采用统计平均法消除或减小随机误差的理论依据。因此，把测量值的算术平均值作为测量的结果可以减小或者消除随机误差。

3. 粗大误差的处理

在通常情况下，应剔除与粗大误差相对应的测量值。除了设法从测量的数据中发现、鉴别并剔除粗大误差之外，最重要的是采取一些措施预防粗大误差的产生，如加强责任心、采取严谨的态度、确保测量环境的稳定等。

8.3 量表的类型与编制

8.3.1 量表的类型

测量量表就是根据特定的法则，把数值分派到被研究者、行为或事物上，以测量其某种特征标志的程度的数量化的一种工具。

在测量中，研究者是按照特定的法则将符号、数字分派到测量对象中，但是，这些符号、数字可以提供哪些信息，不仅取决于参照标准，还取决于测量尺度。测量尺度从低到高可以分为以下四种：定类尺度、定序尺度、定距尺度和定比尺度。相应的，在进行测量时可运用四种不同类型的测量量表来进行测量，即类别量表（定类量表）、顺序量表（定序量表）、等距量表（定距量表）、比率量表（定比量表）。

1. 类别量表

类别量表又称为命名量表，它用数字代表事物或者对事物进行分类，只给出不分次序的类别，所测的结构只是把事物的特征或者属性分成两个或者更多的类别，并且这些类别只表明某一种或者某几种特征的差异，如以性别、是否为老师进行分类等。

类别量表可细分成两种：第一种是作为标记的量表；第二种是作为分类的量表。因为在类别量表中，数字仅是事物的符号，不具有任何的数量意义，所以它不能进行数量化分析和代数运算。适合对类别量表进行统计分析的方法主要有百分比法、众数法、次数法等。

2. 顺序量表

顺序量表又称为等级量表，它除了表明性质或属性的不同，还按照个体属性或特征的等级、大小、程度对数字进行排列。在顺序量表中，数字仅表示等级、大小、程度的顺序，不能确定各测量值间的距离可比关系，因为它不仅没有相等的单位，还没有绝对的零点。例如在对媒体的测评中，要求按照自己对于几种媒体的偏爱程度排出先后顺序。换而言之，顺序量表中的数字既不能表示事物特征的真正的数量，也不能表示绝对的数值，因此，不能对这些数字进行代数运算。适合对顺序量表进行统计分析的统计方法主要有中位数法、等级相关法、百分位数法等。

3. 等距量表

等距量表不但用数字表示出了顺序，而且还确定了等距的单位，但是没有绝对零点，因此它的测量水平比顺序量表提高了。等距量表中的数字是一个真正的数量，其数量中各个部分的单位都是相等的，如温度。等距量表的零点都是人为设定的相对零点，因而，对等距量表中的两个数量只能进行加减运算，不能进行乘除运算，它们之间没有倍数关系。适合对等距量表进行统计分析的统计方法主要有标准差法、平均数法、积差相关法、F检验法、t检验法等。

4. 比率量表

比率量表又称为比例量表，它不仅有相等的单位，还有绝对零点（表示测得的信息代表一点也没有），是最高测量水平的量表，它不仅可以进行加减，还可以进行乘除。用比率量表进行测量，不但能知道事物间在某种特征或属性上的差别有多少，还能知道它们之间的比例。适合用比率量表进行统计分析的统计方法主要有变异系数法、几何平均数法等。

8.3.2 量表编制的步骤

量表的编制只有按照一定的步骤进行，才能保证量表的信度和效度。量表编制主要有以下几个步骤：

第一步：编制预测问卷。

根据研究目的、文献、研究结构等方面考虑预测问卷的编制或者修订，若是有相似的研究工具，可根据研究当时的实际情况，对此加以修改或者增减；若问卷是自己新编制的，那么问卷的内容应根据研究结构的层面进行编制。

第二步：进行预测。

完成预测问卷编制后，应对其进行预测，预测时抽取的对象和正式测量时所抽取的对象的性质要相同。如果研究对象为小学生，则预测的被研究者也应为小学生。预测的人数最好为 120~200 人，若样本比较特殊，在选取预测人数上可另行考虑。

第三步：预测问卷的整理。

应逐份对回收的预测问卷进行检查与筛选，将那些没有真实填写或数据填写不全的问卷删除，还要考虑是否删除那些只填同一性答案的问卷，这由研究者在对问卷题目本身的内容与描述考虑后自行决定。对筛选后的问卷要进行编号，为将来核对数据做好准备；然后再对各个变量、各题目进行编码，并依据问卷的内容，按照一定的顺序输入计算机。

第四步：项目分析。

项目分析是指求出每一个题目的"临界比率（Critical Ratio）"，被简称为 CR 值，它的求法是把所有被研究者的预测量表的得分总和从高到低进行排列，其中高分组是得分前 25%~33% 者，低分组为得分后 25%~33% 者，求出高分组、低分组被研究者在每个题目得分平均数差异的显著性检验（在通常情况下，研究者在分析数据时，均以测验总分最高的 27% 和最低的 27% 作为高低二组的分界线），如果题目的 CR 值达到显著性水平（$\alpha < 0.05$ 或者 $\alpha < 0.01$），则说明这个题目能鉴别不同被研究者的反应程度，此题目是否保留在量表中是首先要考虑的。

第五步：因子分析。

在进行项目分析之后，为对量表的结构效度进行检验，应进行因子分析。进行因子分析的目的是为了找出量表潜在的结构，减少题目的数量，使题目较少但彼此间相关性较强，这种因子分析的方法，属于"探索性因素分析"。

在管理学的实证研究中，在对一个量表进行有效性建构时，有时需要进行 2~3 次的因子分析，因为一些量表在进行第一次因子分析时，因子层面所包含的题目的内容差异较大，若是纳入同一层面，所作出的解释较不合理，因此有可能要删除某些题目，所以量表的效度需要进行重新建构。如若量表不用结构效度检验的方法，研究者还可以考虑使用其他效度分析法，如专家效度分析法、内容效度分析法、效标相关效度分析法等。

第六步：信度分析。

在完成因子分析后，还需要对量表各个层面与总量表的信度（即量表的可靠性或者稳定性）进行检验。

第七步：再测信度。

求量表的再测信度，就要把正式量表对同一组被研究者前后施测两次，根据前后两次被研究者的测验分数得分，求出积差相关系数。再测信度又被称为稳定系数，反映量表的一致性和稳定性程度，在通常情况下，时间间隔越长，稳定系数就越低。

正式量表题目的数量多少为合适，在学术界也无一个绝对的标准。一般而言，若量表是测量一种"普通的"或"多重向度"的变量，其题目的数量以 20~25 个便可；若需要测量的变量是特定的，7~10 个题目较为合适；若是每个量表包含不同因子层面的子量表，每个因子层面的子量表所包含的题目以 3~7 个较为合适。

在测量量表的编制过程中需要考虑的因素很多，其中量表的点数也是需要考虑的重要因素。根据测量理论和实证研究的结果，少点数一般劣于多点数，测量量表的信度随点数增加而提高，效度也随之增加。研究表明，当量表的点数从 2 点增加到 7 点时，信度会有显著提高；当量表的点数到 7 点以后，信度提高的幅度将趋于缓慢；当量表的点数在 11 点以上时，信度提高的幅度将会很少；当量表的点数达到 20 点以上时，信度便会降低。所以，量表的点数为 5~11 点，最理想。对于具有比较强的"趋中"反应定式的被研究者，或者在研究者估计会出现"趋中"定式的项目上，需选用偶数等级。

8.4 量表的信度和效度

量表法是管理学实证研究中广泛运用的一种调查法，以研究目的所设计出来的量表是量表法获取资料与信息的工具，量表质量的高低对研究结果的适用性以及真实性等都具有决定性的作用。为了确保量表具有较高的可靠性以及有效性，在量表形成正式量表之前，应当对量表进行试测，并进行信度、效度分析，然后根据分析结果对量表所含有的题项进行筛选，并调整量表的结构，以便提高量表的信度与效度。

8.4.1 量表的信度分析

量表的信度（Reliability）是指量表的可靠性，即采用相同的方法对同一对象进行研究时，量表调查结果的一致性、稳定性，换句话讲，即量表稳定地测量所要测量的事物或者变量的程度。信度是任何一种测量量表的必要条件，但却不是唯一条件。稳定、可靠是一个好量表必须具备的性质，并且多次使用所获得的结果需一致。在测量的理论中，给信度下的定义为：一次测验分数的真变异数与总变异数（即实测分数）之比，它是对实测分数与真分数之间相差程度的最好评估：

$$R_{XX} = \frac{S_T^2}{S_X^2}$$

式中　R_{XX}——指测量的信度；

S_T^2——真分数的变异数（即方差）；

S_X^2——实测分数的变异数（即方差）。

通过上式可得，信度表示实测值与真实值间的相差程度。对某一事物实际进行测量时所得到的值便是所谓的实测值，也称为实测分数（通常用 X 来表示）；被测事物的真实规模的取值是所谓的真实值，也被称作为真分数（通常用 T 来表示）。因多种影响因素的存在，实测值与真实值间经常不相等，此差便被研究者称为测量误差或是误差分数（通常用 E 来表示）。所以从理论上讲，实测值由真实值和误差分数所组成，可用下式来表达：

$$X = T + E$$

在大多数情况下都用相关系数来表示信度指标，其具体的评价方法可大致分为三类：稳定系数（指不同时间的一致性）、等值系数（指不同形式的一致性）与内在一致性系数（指不同事物的一致性）。如果以信度系数来表示信度的大小，那么信度系数越大，则表示测量的信度越大。

信度系数的值究竟要多少才算是有较高的信度，在学术界是一个仁者见仁、智者见智的问题。1991 年，德维利斯 R. F.（DeVellis）就提出：0.60~0.65（尽量不要）；0.65~0.70（可接受值的最小范围）；0.70~0.80（信度比较好）；0.80~0.90（信度非常好）。这是如今大多数研究都会采用的标准。因此本书认为，一份信度好的问卷或者量表的信度系数最好在 0.80 之上，0.70~0.80 是可接受的范围；分量表的信度系数最好在 0.70 以上，0.60~0.70 之间可以接受的范围；如果总量表的信度系数在 0.80 以下或者分量表的内在一致性系数在 0.60 以下，就应该重新考虑对量表进行修订或者增加新的题项或删除原来的题项。

8.4.2 信度分析的方法

信度分析的方法主要有重测信度法、复本信度法、折半信度法及 α 信度系数法。

1. 重测信度法

重测信度法就是指用同样的问卷在同一组被调查者身上间隔一定时间进行重复施测，然后计算两次施测结果的相关系数。显而易见，重测信度属于稳定系数，测验的稳定性程度可用该信度来反映，因此又称稳定性系数。这一系数是用皮尔逊积差相关公式来计算的：

$$R_{XX} = \frac{\sum X_1 X_2 / N - M_1 M_2}{S_1 S_2}$$

式中　X_1、X_2——同一被试的两次测验得分；

　　　M_1、M_2——两次测验的平均分数；

　　　S_1、S_2——两次测验的标准差；

　　　N——被调查人数。

事实式问卷特别适合用重测信度法进行施测，例如出生年月、性别等在两次施测中应没有任何差异，大多数被调查者的爱好、兴趣、习惯等在短时间内也不会发生非常明显的改变。若没有发生突发事件致使被调查者的意见、态度突变，则此方法也适用于意见和态度式的问卷。

由于重测信度法需对同一个样本进行两次施测，在间隔这段时间内样本易受各种活动、事件及其他人的影响，并且间隔的时间长短也具有一定的限制，因此在现实的实施中存在一定难度。用重测信度法估计信度，其间隔时间没有严格、明确的规定，一般来讲，间隔的时间越长，其稳定性系数就越低，应根据测验目的、性质及被调查者的特点来确定最适宜的时间间隔，但是间隔时间最好在六个月以内。由于早期个体的身心特征变化比较大，成年人的则较为稳定，因此施测样本是儿童时两次测量的时间间隔应该短一些，施测样本是成年人时两次测量的时间间隔可适当长一些。

用重测信度法估计信度，可得到相关的测验结果是否随时间的变化而变化以及其变化程度的资料，这可作为预测被调查者将来行为表现的根据。

用重测信度法估计信度的局限性是：练习和记忆容易对前后两次的测验结果产生影响，稳定性系数会受前后两次施测时间间隔的影响。若是间隔的时间太长，被调查者的第二次施测结果将产生比较大的影响，导致稳定性系数降低；若间隔的时间太短，被调查者第二次的测验会受到第一次测验时的练习和记忆的影响。此外，像测量创造力等一些测验不宜用重测信度法，如果被调查者掌握了解决问题的原则、办法，重测时将很容易作出反应，这样就改变了测验的性质。所以，使用重测信度法的前提是：测验不易受重复使用影响，没有复本可用，现实环境又允许进行重复施测。

2. 复本信度法

复本是指根据同一个测验的目的编制几个平行的等值测验，它们可测定被调查者的同一特征。对同一组被调查者同时或间隔一定时间施测两个复本，根据两次的测验结果求得的相关系数就是等值性系数，又被称为复本信度。对同一组被研究者间隔一定时间后施测的两个复本所求得的稳定性系数又称为等值稳定性系数。因用此方法所求得的信度不仅会受到复本质量的影响，同时还受时间练习、记忆等一些因素的影响，所以，等值稳定性系数更加全面地反映了施测测验的信度。计算等值稳定性系数就是对两个复本测验结果计算其斯皮尔曼积差相关系数。

复本信度法要求两个复本测验除了表述模式有差异外，在格式、内容、难度以及所对应题项的提问方向等方面完全一致，但是在实际的调查研究中，很难使测量问卷达到上述要求，因此采用此方法者较少。

3. 折半信度法

折半信度法就是将测验量表分为相等两半，然后再计算被调查者在这两半测验中的得分，并计算其相关系数（这个系数又称内在一致性系数），进而估计整个测验量表的信度。折半信度法常用于意见、态度式量表的信度分析，它一般不适用于事实式问卷。

若要求出测验的折半信度，首先要把测验分成对等的两半。许多测验都是由很多题目排列组成的，若是简单地将测验分成前后两部分，经常是不对等的，测验对等的两部分有两个基本要求：一是这两部分在区分度、难度及测验的目标上基本是相同的；二是被调查者以相同的态度对待这两部分的测验，也就是说在完成这两部分的测验过程中，疲劳、记忆、练习、情感、情绪等因素对被调查者产生同等的影响。奇偶分半法是将一个测验分成两部分时常用的方法，详细来讲就是将奇数题作为一部分，将偶数题作为一部分。尤其是测验的题目是按由易到难的规律排列时，此方法可以将测验分成大致相等的两半。速度型的测验不适合用这种方法。

采用折半信度法求出的测验的信度系数不能代表整个测验的信度。这是由于测验的长度会影响信度，测验越短，信度越低，将测验折成两半所求得的信度系数，将会低估整个测验的信度，因此，需对测验系数进行校正，校正公式是斯皮尔曼—布朗公式（前提假设是两个半测验分数的变异性相等）：

$$R_{XX} = \frac{2R_{hh}}{1 + R_{hh}}$$

式中　R_{XX}——整个测验的信度估计系数；

　　　R_{hh}——两个分半测验的相关系数。

当两个半测验分数的变异性不相等时，可用弗朗那根公式求得信度：

$$R_{XX} = 2\left(1 - \frac{S_a^2 + S_b^2}{S_X^2}\right)$$

式中　S_a^2、S_b^2——两个半测验分数的变异数；

　　　S_X^2——整个测验的变异数。

除了弗朗那根公式，还可用卢伦公式：

$$R_{XX} = 1 - \frac{S_d^2}{S_X^2}$$

式中　S_d^2——两个半测验分数之差的变异数；

　　　S_X^2——总测验的变异数。

对于那些由客观性题目组成的测验（即每题答对得1分，答错得0分），可采用库得—理查逊公式来估计测验的内在一致性：

$$R_{KK} = \frac{K}{K-1}\left(1 - \frac{\sum pq}{S_X^2}\right)$$

式中　K——测验总题目数；

　　　p——通过某一题目的人数比例或该题目的答对率；

　　　q——未通过该题目的人数比例，$p = 1 - q$；

　　　S_X^2——测验的总分的方差。

对于那些由主观性和客观性题目组成的测验，有些题目是多重计分，则需要用克伦巴赫公式来计算 α 系数并对测验的内在一致性进行估计：

$$\alpha = \frac{K}{K-1}\left(1 - \frac{\sum S_i^2}{S_X^2}\right)$$

式中　K——测验题目总分；

　　　S_i^2——某一题目得分的方差；

　　　S_X^2——整个测验分数的方差。

在问卷调查中，5 点李克特（Likert）量表是态度测量量表中最常见的。在对问卷进行折半信度分析时，若量表中有反意题项，第一步应将反意题项的得分进行逆向处理，确保各题项得分方向的一致性，然后再将全部的题项按照前后或奇偶分为尽可能相等的两部分。

4. α 信度系数法

目前最常用的信度系数是 α 信度系数，其公式为：

$$\alpha = \frac{n}{n-1}\left(1 - \frac{\sum S_i^2}{S_T^2}\right)$$

式中　n——量表中题项的总数；

　　　S_i^2——第 i 题得分的题内方差；

　　　S_T^2——全部题项总得分的方差。

通过公式可以看出，α 系数评价的是调查量表中各题项得分间的一致性，因此，它属于内在一致性系数。此方法适用于意见、态度式量表（问卷）的信度分析。

8.4.3　提高测验信度的方法

影响测验信度的误差主要有：抽样误差和随机误差。影响它们的因素大概有以下几方面：量表质量；被调查者的身心状态；测量的程序；测量的现实环境等。

按照影响测验信度的因素，可以从下几个方面提高测验的信度：一是从测验自身来考虑，如测验的难度、长度、区分度、程序、速度、环境条件以及计分方法等；二是从被调查者自身来考虑，譬如被调查者在被调查时心理特征上差异的大小、参加测验的动机、对测验的态度以及积极性等。本研究主要介绍以下几种提高信度的方法：

1. 难度要适中

测验的难度即是指测验的难易程度。若测验的难度太小，则被调查者的得分就会普遍较高，呈现一种正偏态分布；若测验的难度太大，则被调查者的得分就会普遍太低，呈现一种负偏态分布。太简单或太难的测验都会使被调查者的得分差异减小，致使他们的实测分数方差减小，从而使测验的信度错误地增大了。

2. 适当延长测验的长度

测验的长度主要是指量表所包含题目的多少。一个测验，其题目越少，偶然因素越易影响其得分，故测验的信度就越低；相反，如果测验的题目较多，即把测验的长度延长，把被调查者的得分范围扩大，这样可在一定程度上排除偶然因素对得分的影响，进而提高测验的信度。需要注意的是测验信度的增加与信度系数的提高并不是等比例的。当测验的信度系数已比较小时，延长测验的长度其信度系数增加较大；当测验的信度系数已比较大时，延长测验长度对其信度系数的影响就不太明显了。并且，在延长测验长度时，还需要考虑其他影响因素，例如被调查者在回答问题时是否会产生疲倦或者厌烦的情绪，是否会浪费时间、财力和物力，题目是否与测验的目的相吻合等。

3. 测验内容尽量同质

内容不同质的测验，对被调查者的能力、知识和技能的要求不同；内容同质的测验，对被调查者的能力、知识和技能的要求相同。因此，为了提高测验的信度，其内容应该尽量同质。

4. 测验程序统一

程序的统一是指测验的题目要统一，其指导语、分收试卷的方法、回答问题的方式、测验的时间等都要统一。

5. 测验时间充分

对于一个测验，应确保绝大多数的被调查者在规定时间内可以完成；若是被调查者不能从容自由地回答完所有的问题，便不能真实地反映他们的情况。

6. 客观评分

评分是否客观对测验信度会产生直接的影响。对于那些客观性的题目，其评分标准明确，评分易做到客观；但对于那些主观性的题目，受评分者的影响比较大，就不易做到客观。为了使评分尽可能客观，其评分标准应明确、易掌握，并尽量做到一卷多评，或者一题一人评等。

8.4.4 量表的效度分析

有效性即效度（Validity），它是指测量工具或手段的有效程度或正确性，即一个测验能够测量出所要测量事物的特性的程度。效度的定义可进行这样的详细理解：

（1）每一种测验仅对一定的目的来讲才是有效的。

（2）测验的效度是对测量的结果来讲的，一种测量工具必须在经过实际的测量后，才可以按照测量的结果来判断其效度。

（3）测验的效度并不是绝对的，而是相对的。测验是依据行为样本，对所要测量样本的心理特性作出间接的推断，只能达到某些程度的准确性，而没有全无、全有的差异。

（4）测量理论中效度被定义为：在一系列的测量中，与测量目的相关的真变异数（即有效变异数和总变异数的比，其公式可写为：

$$R_{XY} = \frac{S_Y^2}{S_X^2}$$

式中 R_{XY}——测量的效度系数；

S_Y^2——有效变异数；

S_X^2——总变异数。

依据上述公式，可以看出效度与信度有如下的关系：

$$S_X^2 = S_Y^2 + S_I^2 + S_E^2$$
$$S_T^2 = S_Y^2 + S_I^2$$
$$R_{XY} = \frac{S_Y^2}{S_X^2} = \frac{S_T^2 - S_I^2}{S_X^2} = R_{XX} - \frac{S_I^2}{S_Y^2}$$

所以
$$R_{XY} \leq R_{XX}$$

式中 S_I^2——系统误差方差。

S_I^2 和有效方差稳定地结合在一起，只影响效度而不影响信度。从上述证明可看出，测验的信度会给其效度产生制约，并且信度系数大于效度系数。信度高的测验，其效度未必高；但是效度高的测验，其信度必定高。

对于一个测验来讲，效度比信度更重要，因为测验最先要保证能如实地测量出它所要测量的，否则这种测量将是无意义的。在教育管理的测量中，效度问题特别重要：①教育管理测量的大多数是精神层面的现象，因此只能通过对被调查者的外部表现进行测量，间接地了解他们的心理特点或者知识、技能水平；②学生心理活动特征和外部表现间，没有严格的函数关系而只有相关的关系，其外部行为并不能完全准确地反映其某种心理状态；③教育管理测量的对象是具有主观能动性的人，他们可以有意识地调节自己的外部行为，以达到掩盖自己内心活动的目的，这就会为教育管理测量增加难度。

8.4.5 效度分析的方法

效度分析的方法有多种，其测量结果反映在效度的不同方面。测量问卷效度分析常用的方法主要有如下几种：

1. 单项与总和相关效度分析

这种方法经常用于测量问卷的内容效度。内容效度又被称为逻辑效度或表面效度（Face Validity），它是指测量的内容和测量的目标之间是否适合，也可以说是指测量所选择的题目是否"看起来"符合测量的目的和要求，其题目能否代表所要测量的主体或者内容。

经常采用逻辑分析与统计分析相结合的方法来评价内容效度。在一般情况下，逻辑分析由专家或者研究者评判所选题目是否"看起来"符合测量的要求以及目的，也即是请相关的专家对测验的题目和原来的内容范围是否符合进行分析，并作出判断，看测验的题目能否较好地代表了原来的内容。统计分析主要是采用单项与总和相关效度分析法来获取评价结果，即计算题目总分与每个题目得分的相关系数，根据其相关是否显著判断是否有效。克伦巴赫（Cronbach）认为可以对内容效度进行数量估计，其方法是用从同一个内容总体中来随机抽取两套测验题目，分别对同一组被调查者进行测验，两套测验的相关系数可用来对内容效度进行估计。如果其相关系数小，则说明两套测验中至少有一个内容效度低；如果相关系数大，则它们的内容效度高。如若量表中有反意题目，应将其进行逆向处理之后再计算其总分。

编制测验的过程中，内容效度是一个非常复杂的问题，例如教师编写学绩测验，它的目的是了解学生在某一时间段在某一个专题或者学科上对知识的理解与掌握程度，若有条件，应对大纲中所规定的内容进行全面的考察，显而易见，这是行不通的，只能从这一个范围总体的内容中选取一些具有代表性的样本（题目），组成一份学绩测验，然后根据被调查者的测验得分来推断他们对该范围内总体知识的理解和掌握。若是测验的题目可以较好地代表这个知识范围，那么推论是有效的，也即测验的内容效度高；若选题有一些偏差，那么其推论便是无效的，也即测验的内容效度低。从另一方面来看，测验题目所引起的被试反应（是一个样本），如果可以代表其对某一专题或者学科的全部行为反应，也可说明该测验是有效的；反之，测验则是无效的。所以，一个有较高内容效度的测验应具备下面的条件：①有规定的内容范围；②测验题目的取样具有代表性（仅对所界定的内容范围而言）。

2. 准则效度分析

准则效度（Criterion Validity）也被称为实证效度或效标效度，是指一个测验对样本将来的行为或者获得的成就进行预测时的准确性，也就是说通过测验或量表所得到的数据与其他被选择的变量（被称为准则变量）的值进行比较是否具有意义。一个测验（或量表）预测得越准确，其准则效度就越高；反之，其准则效度就越低。被预测的行为或者成绩、成就是检验准则效度的标准，把其简称为效标（Criterion），也即对测验有效性进行衡量的参照标准。

依据时间跨度的差异，可把准则效度分为同时效度和预测效度。同时效度的效标资料是与测验分数同一个时间搜集的。例如，大学生入学考试可用中学成绩来作为效标。常用的同时效度的效标是在校时的学业成绩、教师等级评定等。而预测效度的效标资料需要经过一段时间后才可以搜集到。这种效度对人员的选拔、安置工作极为重要，它常用的效标是实际工作的表现、专业训练的成绩等。

对准则效度的分析是根据已得到的确定的某一种理论，选择一种测量工具或者指标作为准则（即效标），来分析问卷的题目和准则之间的联系，若问卷题目对准则的不同特性、取值表现出显著差异，或者二者间相关显著，其题目则为有效的题目。通常采用相关分析或差异显著性检验来对准则效度进行评价。在对问卷的效度分析中，想要选择一个适合的准则往往非常困难，使此方法的应用受到一定程度的限制。

对准则效度采用效标来估计的主要依据，需具备下面的条件：

（1）有效性：要求效标测量的本身必须是有效的。

（2）可靠性：效标测量必须具有较高的信度。

（3）客观性：在对效标进行测量时要防止被调查者的成见以及主观印象的影响，还要防止效标的污染，即因主试知道被调查者以前的测验成绩，因此影响了在对效标进行测量时对被调查者的评定分数。

（4）对效标进行测量应该本着简单、省时、花费少、经济实用的原则。通常会采用学业成就、等级评定、实际的工作表现作为效标。例如，一个智力测验的准则效度既可以把被调查者的学业成绩作为效标，也可以把其辅导员对其进行的等级评定作为效标。

对准则效度进行估计的主要方法有相关法、区分法以及功利率法三种。

（1）相关法。相关法即求某测验分数和效标测量之间的相关系数，其所得的结果即效度系数。当测验的分数、效标测量的分数都是连续变量时，通常会采用积差相关公式来求相关系数。当效标测量分数是二分变量，而测验分数是连续变量时，则可采用二列相关公式来计算其效度系数。

（2）区分法。区分法即看原来的测验的分数能否可以区分由效标测量所划分的团体。

例如，某一工厂通过测验录用了一批员工，过了一个时间段后，根据他们的工作成绩将其分为两种（即称职与不称职），然后再对他们的测验分数进行检查，并运用 t 检验法来看两组在测验上的平均分数是否具有显著差异。若两者间的差异不显著，则说明测验是无效的；若是两者有显著差异，则说明测验是有效的。

（3）功利率法。功利率是指这种效度指标，即为了测定测验的功效，人们对使用测验所花费的金钱和获得的利益相比，然后看其利弊大小。其公式可以表示为：

$$U = B(N_s) - C(N_u) - S$$

式中　　U——功利率；

B——录用一个合格的工人所产生的平均利润；

C——录用一个不合格的工人所造成的损失；

N_s、N_u——分别代表所录用的人中成功和不成功的人数；

S——整个选人程序的费用。

通过计算功利率可说明，若测验简单、易做，则适合进行团体施测，即便其效度有些低，也会有人使用；若测验比较复杂，它只能进行个别施测，费时费力，那么只有在效度非常高，并且可以给人带来极大好处的情况下，人们才可能会使用它。

3. 结构效度分析

结构效度（Construct Validity）又被称为建构效度或构想效度，是指测验对某一理论概念或者心理特质测量的程度，也即测量结果表现出的某种结构和测量值间相对应的程度。通常采用因子分析法来对结构效度进行分析。其中最关键的问题是——量表事实上测量的有哪些特征？在对结构效度进行评价时，研究者要对"量表为什么有效？"这一理论问题进行解释，并考虑从这一理论问题中可以得到什么推论。

结构效度包括同质效度、异质效度以及语义逻辑效度。

有些学者认为效度分析最理想的方法是采用因子分析法来对整个问卷或量表的结构效度进行分析。因子分析主要是从问卷或量表（题目）中提取一些公共因子，各个公共因子分别和某一群特定的变量高度关联，提取的这些公共因子即代表了问卷或量表的基本结构。因子分析可以对问卷是否可以测量出研究者设计问卷或量表时假设的某种结构进行考察。在因子分析结果中，累计贡献率、共同度和因子负荷是常用于评价结构效度的主要指标。累积贡献率指的是公共因子对问卷或量表的累计有效程度，共同度指的是由公共因子解释原有变量的有效程度，因子负荷指的是原有变量和某个公共因子之间的相关程度。

通常来讲，学科测验看的主要是内容效度，心理测验看的主要是结构效度。因有教学大纲作依据，对内容效度进行判断较为容易一些；因心理特质和理论结构不易把握，对结构效度进行判断就比较难。所以，要想编制有结构效度的测验，首先要构建理论结构。例如，进行智力测验，首先要确定有关智力的一套理论，如智力的概念、结构、与年龄的关系、与性别的关系、与环境的关系等；然后再在理论的基础上提出一些假设并编制合适的测题。

确定结构效度的方法主要有对测验题目进行分析、因子分析法、计算和同类权威测验的相关度。

（1）对测验题目进行分析，该方法主要是通过分析测验的内容、被调查者对题目作出的反应、测验题目的同质性及各个分测验之间的关系对测验的结构效度进行判断。

（2）因子分析法。该方法主要是通过因子分析来找出对测验分数有影响的公共因子，可以把在测验分数的总变异中来自有关因子的比例作为结构效度的指标。

（3）计算和同类权威测验的相关度。一个新的测验若和同类的大家公认的有效的已有测验，在测验结果上高度相关，便可说明这两个测验是相同特质的测验，也即这一新测验也具有较高的结构效度。例如，研究者常把斯坦福—比纳智力量表与新编的智力测验相比较。

8.4.6 提高测验效度的方法

为了提高量表的效度，可以采取以下方法：

1. 控制系统误差

影响测验效度的主要因素是系统误差。它主要包括仪器有偏差，指导语或题目有暗示性，答案的安排不恰当（被调查者可以猜测）等。对这些因素进行控制便可以降低系统误差，从而提高问卷或量表的效度。

2. 精心编制测验题目与量表

首先，测量题目的内容要与测验的目的相吻合，例如被调查者的智力水平就能用知识性的题目全面反映；其次，题目要清楚明确，语句要易理解，并采取由易到难的排列方式；最后，题目的区分度和难度要适当。

3. 样本容量要合适

当样本容量增大时，样本对总体的代表性便会提高，因为样本增大，被调查者的内部差异就会增大，进而扩大了真分数的方差，使问卷或量表的效度得到提高。在通常情况下，样本容量一般不应少于30。此外，抽样的方法也很重要，一般会采用随机抽样法，当群体样本很大时，可采用分层抽样法。当样本容量扩大时，其代表性才随之增强。

4. 防止测量误差的产生，严格按照测验的程序进行测量

测量时要严格按照测验手册来进行，不可进行过多解释，按照标准进行评分，两次测验之间的间隔要合适。

5. 正确处理好信度和效度间的关系

最大信度（可靠度）要求测验题目之间有高度的组间相关，但是最大预测效度却要求测验题目之间有低度的组间相关；最大信度（可靠度）要求测验题目之间有等同的难度，但是最大预测效度却要求测验题目之间的难度有一定的区别。因此，要做到问卷或量表既具有较高的信度又具有较高的效度是比较难的，中等程度的组间相关（即其值在 0.10 ~ 0.60），通常可以产生满意的效度（其值在 0.30 ~ 0.80），并且还可产生良好的信度（在 0.90 左右）。

6. 适当增加测验的长度

测验的长度增加可以提高测验的信度，还可提高测验的效度，但是测验的长度增加对效度的影响小于对信度的影响。若增加测验的长度到原来的 n 倍，新测验的效度系数 R_{nXY} 可用下列的公式来计算：

$$R_{nXY} = \frac{R_{XY}}{\sqrt{\frac{1-R_{XX}}{n} + R_{XX}}}$$

式中　R_{nXY} ——新测验的效度系数；

R_{XY}、R_{XX} ——原来测验的效度系数以及信度系数。

小　结

本章主要介绍构念测量的相关概念与理论。本章首先介绍测量尺度、测量误差、测量量表的概念，接着介绍了量表的编制，最后对量表信度与效度的概念与测量进行了介绍。

思考题

1. 请详述一下测量的概念。
2. 请分别对有效测量的要素进行详细的解释。
3. 在测量中常用的参照标准有哪些？并对它们分别举例。
4. 测量尺度的概念是什么？测量尺度的类型有哪些以及它们的含义是什么？
5. 测量误差的内涵是什么？
6. 请分别对测量误差的类型进行描述，造成误差的因素有哪些？
7. 请分别对各种误差的处理方法进行详述。
8. 量表的类型有哪些？它们各自的含义是什么？
9. 测量量表的编制步骤有哪些？并作深入的叙述。
10. 请分别对量表的信度和效度的含义进行详述。
11. 信度分析的方法有哪些？它们各自的含义是什么？
12. 提高测验信度的方法有哪些？
13. 请对测量问卷效度分析常用的方法进行描述。
14. 提高测验效度的方法有哪些？

参考文献

[1] 孙祖生. 测量误差研究 [J]. 现代商贸工业, 2008, 5 (20).
[2] 陈晓萍, 徐淑英, 樊景立. 组织与管理研究的实证方法 [M]. 北京：北京大学出版社, 2008.
[3] 张艳宏, 刘保延, 何丽云. 几种测量尺度形式的比较 [J]. 辽宁中医杂志, 2010 (9).
[4] 陈朝媛. 零课时阅读阶段测试的效度分析 [D]. 重庆：西南大学, 2011.
[5] 张润晶, 张又又, 胡小生, 等. 教育信息化绩效评价问卷信度与效度分析 [J]. 软件导刊（教育技术）, 2010 (9).
[6] 张立军, 陈跃, 袁能文. 基于信度分析的加权组合评价模型研究 [J]. 管理评论, 2012 (5).
[7] 潘海燕. 现代测量理论在慢性病患者生命质量测定量表体系共性模块研制中的应用 [D]. 广州：南方医科大学. 2011.

第9章 因子分析

因子分析（Factor Analysis）是指通过研究各个变量间的内部依赖关系，探究其观测数据中的结构，并用少数的因子（假想变量）来表示基本的观测数据结构的方法。查尔斯·斯皮尔曼（Charles Spearman）在 1940 年，对智力进行研究时第一次运用了因子分析法，把因子分析法运用到了现实的实践中。至此之后，因子分析理论以及数学基础渐渐地得到了发展与完善，尤其是在 20 世纪 50 年代后，伴随计算机使用的普及以及各类统计软件的出现，因子分析法有了极大的发展。如今，在管理学、教育学、社会学、心理学等领域的研究中，因子分析法已成为了比较常用的统计法之一。

在因子分析中，有两种方法可以从显性变量中得到因子：一种是探索性因子分析；另一种是验证性因子分析。探索性因子分析事先不假定测度项和因子间的关系，最后让数据"说话"；验证性因子分析假定测度项和因子间的关系是部分可知的，即哪个测度项与哪个因子相对应。

9.1 探索性因子分析

9.1.1 探索性因子分析的概念

探索性因子分析（Exploratory Factor Analysis，EFA）是这样一种技术——找出多元观测变量的本质结构，并进行降维处理。所以，EFA 可以将具有杂乱关系的变量综合成少数的几个核心因子。

2003 年，Conway 和 Huffcutt 把探索性因子分析的目的分为以下两种：一种是只为了简化数据，即仅仅是为了在尽可能保持原始方差量的基础上把大量变量简化成更好控制的少量因子，并不分析其潜在的构念；另一种是分析潜在的构念，例如，验证因子的数目或结构所作的假设，或者帮助研究者编制以及修正量表或问卷，或者验证已有量表或问卷的单一维性。

探索性因子分析模型（详见图 9-1）的一般表达形式为：

$$X_1 = w_{11}F_1 + w_{21}F_2 + \cdots + w_{n1}F_n + w_1U_1 + e_1$$

式中 X_n——观测变量；

F_m——因子分析中最基本的公共因子（Common Factor），即它们是各个观测变量共同拥有的因子，对变量之间的相关进行了解释；

U_n——特殊因子或唯一因子（Unique Factor），它是每一个观测变量特有的因子，代表的是该变量不能被公共因子所解释的部分；

w_m——因子负荷（Factor Loading），是指每个变量在各公共因子上的负荷；
e_n——每一个观测变量的随机误差。

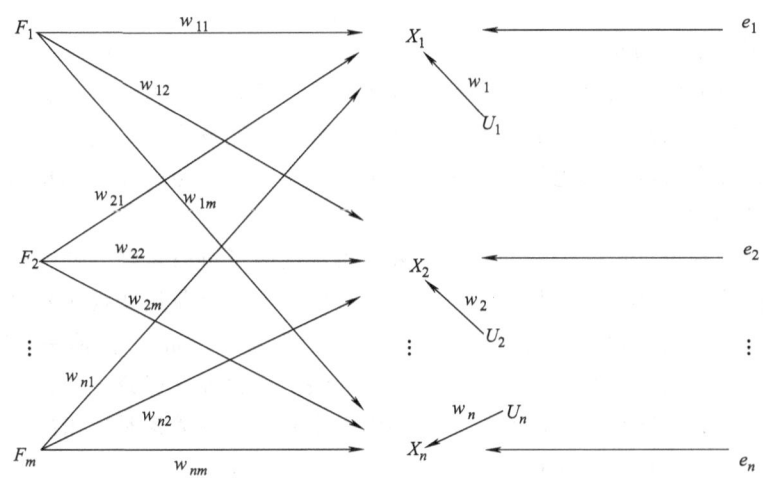

图 9-1 探索性因子分析模型

资料来源：郭志刚. 社会统计分析方法——SPSS 软件应用 [M]. 北京：中国人民大学出版社，1999

从实质上来讲，探索性因子分析的过程就是寻求 F_1，F_2，…，F_m 等少数的几个公共因子建构因子的结构来最大限度地代表所有变量的信息。探索性因子分析的一个重要假设，就是所有特殊因子之间以及特殊因子和公共因子之间是不相关的、彼此独立的。

9.1.2 探索性因子分析的思路

探索性因子分析可以按照以下几步来进行：

第一步：研究设计。

在因子分析中根据相应观测变量的多少来确定被试的数目。1999 年，MacCallum 等人对样本大小不同和变量公共方差不同情况下得到的因子负荷精确程度进行了探讨。研究发现：若观测变量有较高的公共方差（0.60 或更高），即使有很少的被试者（60 名），因子负荷的大小也较为一致；若有较低水平的公共方差（0.50 左右），100～200 名被试者较为合适。有些研究者经过研究发现，在因子分析中，样本容量达到 500 为非常好，1000 或者多于 1000 则极其好。在通常情况下，每个观测变量最少需 10 名被试者。

有些研究者提出，观测变量的数目至少是公共因子的 3～5 倍；还有些研究者认为，在探索性因子分析中每个因子至少应该包含 4 个变量才可确保因子被有效识别；1999 年，侯杰泰、成子娟建议，在小样本的研究中，应该争取较多的题目，并且不应该把题目组成小组；1999 年，MacCallum 等人通过研究发现，若每个因子所含的变量较多，在除去变量公共方差的影响后，特定样本大小的因子分析中，因子分析的结果将会更准确。

第二步：计算题目之间的协方差矩阵或者相关矩阵。

隶属同一个公共因子的题目间的相关性比较高，因此需要先计算协方差矩阵或者相关矩阵为下面的分析作铺垫。

第三步：因子的提取。

提取因子的方法有许多种，常用的有主成分分析法、主轴因子分析法、不加权最小二乘法、α因子提取法、最大似然法以及映象因子提取法等，这些方法在 SPSS、SAS 这些常用的统计软件中都有成型的模块。研究者可以按照自己的需要选择适合的因子提取方法，其中主成分分析法是最为常用的。

第四步：因子个数的确定。

从统计学理论的角度来讲，可根据特征根的大小、碎石图、因子累计贡献率三方面来考虑对因子数的确定。当然，在量表或问卷的编制过程中研究者经常对问卷或量表的结构作出一定的假设，因此在对因子数进行选择时，要把专业研究背景与统计结果相结合起来。

第五步：转轴方法。

通过线性代数理论，用一个正交矩阵右乘已得到的因子负荷矩阵，使转轴之后的因子负荷矩阵的结构简化，这样可使解释各题目在其公共因子上的负荷量变得更容易。转轴方法有许多种，如最大变异法、相等最大值法、四次方最大值法、Promax 转轴法和直接斜交转轴法，前三种方法为正交转轴法，后两种为斜交转轴法。通过统计理论证明，直正转轴法是因子之间没有相关关系时运用的，斜交转轴法是因子之间有相关关系时运用的。

第六步：对因子结构进行解释。

在最后得到的因子结构是让每个题目仅在一个公共因子上拥有较大负荷，在其他公共因子上拥有较小负荷，这样可以由题目来决定它们公共因子的名称。同时，根据因子累计贡献率的大小或者特征根可以判断影响整个问卷或量表变异的次要因素以及主要因素。

9.1.3 探索性因子分析中的几个重要问题

在进行探索性因子分析时需要对以下几个问题加以关注：

1. 样本大小

在因子分析中，一直对样本大小的问题存在争议，归纳起来大致可分为两类。一类是提出具体的变量数或者样本大小数和被试数的比率关系。1994 年，Kline 提出 1:10 或者 1:5 应该为变量数和被试数的比。2002 年，卢纹岱提出 1:5 应该为变量数和被试数的比。2003 年，秦晓晴以应用语言学领域为研究对象，提出了两条最低标准：①被试数不少于 100；② 1:2 应该是变量数和被试数的比。1999 年，MacCallum、Widaman、Zhang 和 Hong 提出应根据研究的不同，适当增大样本，如达到 400 或者更大。另一类是提出了变量数和因子数的比率关系。1999 年，Fabrigar 等提出变量数和因子数之比应大于 4:1，1986 年，Ford 等虽没有确切地提出变量数和因子数之比，但是在进行分析时运用了变量数和因子数为 5:1 的标准。

2. 因子提取模型

1983 年，Gorsuch 提出可大致把因子提取模型分为共同因子模型（Common Factor Model）与成分模型（Components Model）两种。前者常用的有主轴因子分析（Principal axis Factoring）法与最大似然（Maximum Likelihood）法两种方法，后者常用的有主成分分析法（Principle Components Analysis，PCA）。研究者应按照研究目的的不同而采取不同的因子提取模型。前者主要是为了从很多的观测变量中进行潜变量的分析，后者只是为了在尽量保持原始数据方差的基础上简化数据。换句话讲，若是为了对潜变量进行分析，则选用共同因子模型；若只是为了对数据进行简化，则选用成分模型。2003 年，Conway 和 Huffcutt 指出，虽然二者得出的结果在大多情况下都是相同的，但是实证和理论研究的结果证明，在探索性因子分析提取因子时采用共同因子模型更为合适。

1994 年，Kline 指出，从严格意义上来讲，因子分析的方法并不包括主成分分析法，它只是对一组数据中的变量相关关系进行初步分析的方法。广泛使用主成分分析法主要是因为它在确定因子与结果分析时步骤简单并且其结果和其他方法（如主轴因子分析法）没有太大差别。1990 年，Gorsuch 指出，既然在许多情况下二者有大致相同的结果，并且共同因子模型在大多数时候得出的结果比成分模型更具有说服力，因此在探索性因子分析中采用成分模型就理所应当。

3. 转轴方法

在因子分析时，将因子在 m 维空间（m 为因子数）进行转轴，以便进行结构的简化，对因子负荷可以更好地解释。正交转轴（Orthogonal）与斜交转轴（Oblique）这两种方法是常用的。2002 年，Park、Dailey 和 Lemus 认为二者的区别主要在于在进行正交转轴时，因子之间不相关、彼此独立，而斜交转轴则允许因子间相关。1999 年，Fabrigar 等指出在实践研究中，研究者不可能期望所有的因子都不相关，所以运用正交转轴可能会使得因子间的相关关系报告中产生误导。1999 年，Fabrigar 等还指出，研究者可运用斜交转轴，因为如果因子之间彼此独立、不相关，则斜交转轴报告中的因子之间的相关关系接近于零，即报告因子间的相关系数为零。Ford 等（1986）、Gorsuch（1997）、Conway 和 Huffcutt（2003）都认为研究者应该运用斜交转轴法，因为斜交转轴更接近事实，能更好地简化结构。

4. 因子数目的确定

确定因子数目的方法有很多种，但是特征值大于 1 和碎石图检验是最常用的。因上述两种方法简单易行而被广泛采用，但它们均有不足之处。采用特征值大于 1 的方法，因其确定的因子数目太多而不够准确。碎石图检验虽然简便、直观，但是过于主观，对因子数目也难以明确界定。所以，仅通过这两种方法来对因子数目进行确定，研究结果将不科学、不准确。

1999 年，Fabrigar 等提出若是在因子提取模型时采用了最大似然法，研究者可依据其拟合指数来对因子数目进行确定，此方法比特征值大于 1 以及碎石图检验更为准确。1986 年，Zwick 和 Velicer 提出用平行分析法来确定因子数目非常准确的，但烦琐，不易掌握和运用，因而没有被大家所重视。2004 年，Hayton、Allen 和 Scarpello 设计了如何在 SPSS 中简单、容易地实现平行分析法的方法，他们以美国研究生为研究对象，发现学生可以迅速地掌握此方法，在 15~30min 内便可完成。许多学者认为，可采用多种方法确定因子数目，如表 9-1 所示，通过综合比较，可选择更准确的方法。

表 9-1 探索性因子分析重要问题列表

重要问题	类别	常 用 方 法		
样本大小	最低标准	被试数至少为 100	变量数与被试数之比 1:2	
	其他标准*	被试数为 400 或更大	变量数与被试数之比 1:5 或 1:10	变量数与因子数之比 4:1 或 5:1
因子提取模型	成分模型	主成分分析法		
	共同因子模型*	最大似然法	主轴因子分析法	

(续)

重要问题	类别	常用方法
转轴方法	正交转轴	最大变异法 相等最大值法 四次方最大值法
	斜交转轴*	Promax 转轴法 直接斜交转轴法 四次方最小值法
因子数目的确定	传统方法	特征值大于1　碎石图检验
	推荐方法*	最大似然法中的拟合指数　平行分析法

* 表示推荐使用的更科学方法。

9.1.4 探索性因子分析在管理、教育领域中存在的问题及建议

1. 样本容量、观测变量的数目不够

在许多运用探索性因子分析的研究中，样本容量太小与观测变量数目太小是它们普遍存在的一个问题。很多研究者指出，观测变量的数目和被提取的因子数目并不相关，这是因为研究者在事前并不知道有多少个因子可被提取，因而无法按照被提取的因子个数对观测变量的数目进行计算，然而在现实的研究中，有许多研究者在因子分析前已对所要探究的观测变量的因子结构有了一定的预期。在管理、教育领域中，许多研究并不能达到这些标准，或是由于因子分析的要旨未被研究者深入地理解，更可能是研究者并未对这类方法的细节加以重视。

2. 误用因子提取的方法

主轴因子分析法与主成分分析法是探索性因子分析中最为常用的提取因子的方法。以下两点是在确定选用哪种方法时需要考虑的：一是因子分析的目的；二是对变量方差的了解程度。若因子分析的目的是使用最少的因子对原始数据的方差进行最大程度的解释，则应该采用主成分分析法；如果因子分析的目的是确定数据的结构，那么主轴因子分析法是比较合适的。

在现实研究中，虽然大多数学者认为主轴因子分析法与主成分分析法的研究结果没有太大差别，但 Widman 指出，主轴因子分析法是把复相关系数的平方作为公共方差的初始估计值，经过不断的重复，最终得到确定的公共方差的值，因此，通过这一过程所得的因子负荷比主成分分析法就更为准确。所以，他倡导研究者最好采用主轴因子分析法。在研究中，大多研究者使用的还是主成分分析法，SPSS 软件的默认设置为主成分分析法是导致这一结果的最直接、可能因素。

3. 确定因子数目的标准以及因子转轴中存在的问题

在管理学领域，研究者大多运用 Kaiser 法为标准（即特征值≥1 的标准）来确定因子数目。在 SPSS 中默认的提取因子方法就是 Kaiser 法，但这一标准只适用于主成分分析法。Fabrigar 等人指出，特征值≥1 的标准经常会使因子的个数提取过多，这时因子的重要性就值得商榷了。碎石图检验准则有比较强的主观性，在一些情况下，因子的特征值不存在临界点。由于因子特征值是以一种线性方式逐步下降，因此这种情况有可能存在，如双重负荷现

象。所以，此方法并没有太强的现实价值。通常会推荐 Reise 等人的平行分析法来确定因子的数目。此方法与碎石图检验标准相比，减少了主观因素的影响，结果更加真实、客观与有效。

可以容易地用正交转轴来解释与表示因子分析的结果，但是因为它规定因子间不相关，所以正交转轴的结果常常与实际不相符。许多研究者建议，在探索性因子分析中使用斜交转轴法，它不仅容易对因子作出解释，还确保了因子间的简单结构，最为重要的是允许因子间的相关也更加符合现实。例如，在探索性因子分析中提取出了家庭经济收入和家庭受教育水平两个因子，若是勉强对它们进行正交转轴，忽视了两个因子之间的相关关系，其结果必然会受到有很大的影响，因为这两个因子都属于家庭社会经济地位的范畴，它们之间高度相关，所以，采用斜交转轴，允许二者之间的相关，这样得出的结果才更具说服力。而在现实的研究中，学者更多地使用了正交转轴法。

4. 因子值缺乏重复验证

在管理、教育领域中，研究者求解因子值时，大多会采用 SPSS，运用该软件提供的求解因子值法最后求出的因子值是一种加权方式所获得的，这使得出的因子值只在特定的样本中适用，重复验证性不足。

为了避免这一不足的出现，研究者倡导采用非加权这一种简单方法。此方法第一步是鉴别出在某一因子上有较高负荷的变量，随后将负荷的值相加，进而得出可以反映该因子的一种特定的因子值。采用此方法会失去变量在因子上的负荷信息量，但得到的因子值和 SPSS 所提供的各种权重的因子值有比较高的相关度，所获得的因子值很有意义，它可以避免重复验证性不足的出现。

不可否认，因子值自身在实质上还是一种观测变量，有一定随机误差的存在，能用潜变量模型法来减弱或消除。

5. 呈现研究结果的形式不规范

在因子分析的结果中有些信息需要研究者按照规定进行提供，但在管理、教育领域的应用中，大多数研究者不能按照要求提供完整的信息。相关矩阵作为因子分析的基础，是最根本的，要求研究者必须提供，否则，其研究结果的重复验证可能性就不足；此外，要求提供因子负荷矩阵、因子所解释的方差等在转轴前后的信息。

6. 缺乏主动性，对 SPSS 的依赖性太强

对 SPSS 软件的依赖性太强是这几年来因子分析应用中存在的最大问题，时常是电脑掌控人脑，研究者没有了主动性。上述所讨论的因子分析在实际应用中存在的主要问题，绝大多数是由 SPSS 软件自身原因所致。在进行因子分析时，很少有研究者结合自己的实际研究，多盲目使用 SPSS 软件的各种默认设置，导致最后获得的研究结果可信性不强，与实际研究的需要相分离。例如，在非连续性（如二分类）或者连续性变量的因子分析中，研究者应分别选择适当的分析方法，不可忽视观测变量的类型而进行统一的处理；对分类顺序变量则应该采用加权最小二乘法（Weighted Least Squares）或最大似然法；由非连续变量与连续变量组成的混合变量，研究者最好采用 Tobit 模型。为了克服对 SPSS 的依赖性，一些研究者提出了使用其他统计法（如 CEFA 软件），迫使研究者在进行统计分析的过程中进行更多的思考。

总而言之，在研究中，研究者应根据各种实际情况，选用合适的统计策略，对各种可能存在的问题尽量克服，要让人脑控制电脑；除此之外，研究者还要加强自身统计知识的学习，这在因子分析的正确运用中也至关重要。

9.2 验证性因子分析

9.2.1 验证性因子分析的内涵

1969 年，统计学家 K. G. Joreskog 在 EFA 的基础上，系统地提出了验证性因子分析（Confirmatory Factor Analysis，CFA）的理论与方法。CFA 在一定程度上弥补了 EFA 的缺点，对因子分析的研究范围与应用进行了拓展。验证性因子分析是指测试一个因子和相对应的测度项间的关系是否与研究者所设计的理论关系相符合。

CFA 是学者在 EFA 的前提下确定存在几个因子，以及各个实测变量与各因子之间的关系，再结合相关的理论知识，形成假设，提出一个含有潜变量在内的因子分析模型，然后再用实际数据拟合特定的因子模型，并对其进行检验，评价设计目标和实测指标是否相吻合，来验证此特定的因子分析模型是否成立，并对潜变量的因子负荷进行评估。

在 CFA 模型中，最简单的形式为各个观测变量只在一个因子（即潜变量）上的负荷不为 0。CFA 的数学模型可表示为：

$$X = \Lambda_X \xi + \delta$$

式中 X——$p \times 1$ 阶可观测变量向量；

Λ_X——$p \times n$ 阶待估计的因子负荷矩阵；

ξ——表示 $n \times 1$ 阶的潜在公共因子向量；

δ——$p \times 1$ 测量误差向量。

CFA 模型的主要步骤包括：模型的设定、对模型进行估计、模型的评价以及模型的修正。

第一步：选定公共因子数，设定模型中的固定参数以及自由参数，然后设定一个确定性模型。

第二步：对模型进行估计，在非正态的情况下，一般会采用渐进分布自由估计法；在多元正态的情况下，比较常用的方法有最大似然法、一般加权最小二乘法以及广义最小二乘法。

第三步：当用数据对因子模型进行拟合时，比较重要的一点是选择的因子负荷要使实际观测矩阵和模型暗含的相关矩阵间的差异最小。在评价数据对因子模型的拟合程度时，可采用拟合度指标来表示，其中每个拟合度指标都有其相对应的评价标准，在现实的分析时，需要按照每一个指标的值来进行综合判断。

第四步：依据模型合理性检验的结果来对检验模型的好坏进行判定，并依据统计学有关方法和标准以及专业知识对模型进行修正，最后得出合理的因子模型。

9.2.2 采用 LISREL 进行验证性因子分析

LISREL（Linear Structural Relations）是 K. G. Joreskog 和 D. Sorbom 发展的结构方程模型软件，它被研究者公认为是最专业的结构方程模型（Structural Equation Modeling，SEM）分

析工具，其权威性不容忽视。采用 LISREL 进行验证性因子分析主要有以下两个步骤：

第一步：LISREL 模型估计的模型设定。

通常来讲，对模型中的变量（因子或题目）间的路径，需要对其数值的大小进行估计，研究者会设定为自由路径。若是变量间没有可连接的路径，便把这些路径定为 0。具体来讲，对于简单模型来说，以下两种情况要把元素固定：第一种是希望某两个变量（因子或指标）间无关系，把代表该关系的矩阵元素固定为 0；第二种是需要对因子设定度量单位。由于观测变量（即指标）所隐含的因子自身无单位，若是不进行单位设定便无法对其计算。一般做法有两种：一种是在每个因子中都选择一个负荷固定为 2（或者其他常数），称为固定负荷法；另一种是把所有的因子方差都固定为 2（或者其他常数），称为固定方差法。一般情况下，除了在模型中设定因子的度量单位和固定的路径外，对所有需要进行估计的参数都需设定为自由，包括指标误差的方差、因子负荷、因果路径系数、因子间的相关系数等。

CFA 仅仅涉及外生变量。简单来说，验证性因子分析模型的设定涉及三个矩阵 **LX**（指标与因子的从属关系）、**PH**（因子间关系）及 **TD**（误差间的关系）。对于简单模型来讲，大多数情况下，**TD** 仅需要对角线元素设定自由即可。由于需要对因子设定度量单位，因此 **LX** 与 **PH** 可依固定负荷方法或者固定方差法去设定。

第二步：对 LISREL 模型估计结果的输出和解释。

每一个参数（即自由估计的元素）对应三个数值，第一个数值是参数估计值（未标准化的），第二个数值是标准误（Standard Error, SE），第三个数值是 t 值。在大多数情况下，研究者都希望心中的因子相关系数（或者协方差）以及因子负荷都是显著的；并且误差方差越小越好，不过误差方差常常也是显著的。一般可简单地认为 t 值 >2 为显著。

固定负荷法中，把哪一个指标的负荷固定为 2 对完全标准化解的结果并不会产生影响，但是研究者要尽量找负荷最高的（即是与因子关系最强的）指标，并把它的负荷固定为 2。这是由于被选取固定负荷为 2 的指标，不会获得负荷的 t 值以及标准误，不能对负荷进行检验，看其是否显著不等于 0。若是对某些变量的负荷是否异于 0 没有足够的信心，就不要把它的负荷固定为 2，以获取该负荷的 t 值及标准误。

除了要对负荷的 t 值进行参考之外，还要对完全标准化的解进行检查。通常来说，标准化的负荷应该在 0.6 以上，若是其小于 0.5，那么就要考虑删除它对应的指标。

9.3 探索性因子分析与验证性因子分析的关系

9.3.1 探索性因子分析与验证性因子分析的相同点

探索性因子分析与验证性因子分析都是把普通因子分析模型作为理论基础，它们的主要目的都是浓缩数据，通过研究诸多变量的相关性，能用假想的几个少数变量（即潜变量、因子）来表示原来变量（即观测变量）的一些主要信息。图 9-2 是最为常见、也是最简单的因子结构模型，其中每个观测变量（即指标）只在一个因子（即潜变量）上的负荷不为 0，潜变量 ξ_1 的指标为 x_1、x_2、x_3，潜变量 ξ_2 的指标为 x_4、x_5。

把图 9-2 所示的因子结构模型推广到一般意义上的因子结构模型后，各个观测变量 x_i 和 m 个公共因子 ξ_1，ξ_2，…，ξ_m 间的关系可以用如下数学模型来表示：

$$x_1 = \lambda_{11}\xi_1 + \lambda_{12}\xi_2 + \cdots + \lambda_{1m}\xi_m + \delta_1$$
$$\vdots$$
$$x_k = \lambda_{k1}\xi_1 + \lambda_{k2}\xi_2 + \cdots + \lambda_{km}\xi_m + \delta_k$$

式中 x_i——各个观测变量；
　　　ξ_i——公共因子；
　　　δ_i——x_i 的特殊因子，有时也被称为误差项，包括 x_i 的误差因子与唯一因子两部分；
　　　λ_{ij}——公共因子的负荷；
　　　m——公共因子 ξ_1，ξ_2，$\cdots$，ξ_m 的个数；
　　　k——各个观测变量 x_1，$\cdots$，x_k 的个数，$m < k$。

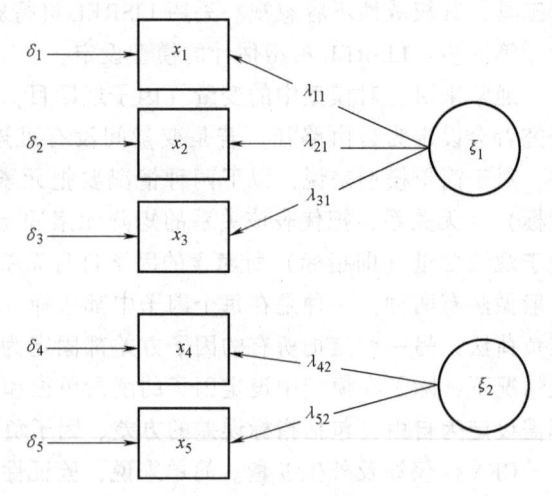

图 9-2　因子结构模型

（资料来源：周晓宏，郭文静．探索性因子分析与验证性因子分析异同比较［J］．科技和产业，2008，9（8）．）

上式还可简单地用如下矩阵来表示：
$$x = \Lambda_x \xi + \delta$$

式中 $x = (x_1, x_2, \cdots, x_k)^T$；
　　　$\xi = (\xi_1, \xi_2, \cdots, \xi_m)$；
　　　$\delta = (\delta_1, \delta_2, \cdots, \delta_k)^T$；
　　　$\Lambda_x \begin{pmatrix} \lambda_{11} & \cdots & \lambda_{1m} \\ \vdots & & \vdots \\ \lambda_{k1} & \cdots & \lambda_{km} \end{pmatrix}$，为负荷矩阵。

9.3.2　探索性因子分析与验证性因子分析的不同点

1. 基本思想有差异

寻找公共因子，以实现降维的目的是因子分析的基本思想。

探索性因子分析主要是为了把影响观测变量的因子个数找出来，除此之外还要找出各个观测变量与各个因子间的相关程度，尝试对一套相对较大的变量的内在结构作出揭示。研究者进行的假设是把每个指标变量都与某个因子匹配，并且只能通过因子负荷、凭借知觉对因子结构进行数据的推断。

决定预先定义因子的模型拟合实际数据的能力，尝试检验观测变量的因子个数以及因子负荷是否与基于事先建立的理论的预期一致是验证性因子分析的主要目的。指标变量是以先验理论为基础选出的，因子分析是用来检验它们与预期是否一样。先验假设是每一个因子都与一个具体的指示变量子集相对应，而且要求至少对模型中因子的数目进行预先假设，但是有时也要对哪些变量依赖于哪个因子进行预先假设。

2. 应用的前提有差异

探索性因子分析没有先验信息，验证性因子分析有先验信息。

探索性因子分析是这样一个过程：在预先不知道影响因子是哪个的基础上，依据样本的数据，按照一定的原则利用统计软件来进行因子分析，最后得到因子。进行探索性因子分析前，不需要弄清楚要用几个因子，以及各个因子与观测变量间的关系。进行探索性因子分析时，因为无先验理论，所以只可通过因子负荷、凭借知觉对因子结构的数据进行推断。在管理的研究中，若是只从数据来出发，要想得到较为科学的结果是比较难的，甚至还可能与现有的经验或者理论相左。所以，探索性因子分析更加适合在无理论支持时对数据进行试探性分析。这就需要采用验证性因子分析进一步检验。

验证性因子分析是在预先建立理论的基础上进行的，要求在事前对因子结构进行假设，它的先验假设是每一个因子都与一个具体的指示变量子集相对应，用来检验此种结构与观测数据是否一致，即在上述数学模型中，不仅需要按照先验信息对公共因子数进行判定，此时还需要按照实际情况将模型中的一些参数设定为某一具体的定值。如此，先验信息也就被验证性因子分析充分利用了，在已知因子的情形下对所搜集到的数据资料有没有按照事先预定的结构方式产生作用进行检验。

3. 理论假设有差异

探索性因子分析的假设主要包括以下几方面：①公共因子全部不相关（或者全部相关）；②全部的公共因子都对所有的观测变量有直接影响；③唯一（特殊）因子间相互独立；④所有观测变量只受到一个唯一（特殊）因子的影响；⑤唯一因子（特殊）和公共因子间相互独立。

验证性因子分析克服了探索性因子分析假设条件约束太强的不足，其假设主要包括以下方面：①公共因子间可以无关，也可以相关；②观测变量可只受一个公共因子或几个公共因子的影响，而不需要受所有公共因子的影响；③唯一（特殊）因子间可以相关，还可有不存在误差因素的观测变量的出现；④唯一（特殊）因子和公共因子间相互独立。

4. 分析步骤有差异

探索性因子分析过程一般有以下七个主要步骤：

（1）对观测变量进行收集。通常情况下会采用抽样的方法，根据实际情况对观测变量数据进行收集。

（2）相关矩阵的构造。依据相关矩阵能确定进行因子分析是否适合。

（3）因子个数的确定。可依据实际情况在事先假定因子个数，还可根据碎石图检验准则或特征根大于1的准则来确定因子个数。

（4）因子的提取。按照所需对因子提取的方法进行选择，如主成分分析法、最大似然法、加权最小二乘法等。

（5）因子转轴。因为初始因子的综合性比较强，很难找出实际的意义，所以在通常情况下都需要进行因子转轴（一般用的方法有斜交转轴、正交转轴等），合理地解释因子结构。

（6）对因子结构进行解释。按照负荷大小以及实际的情况给予因子具体的解释。

（7）因子得分的计算。可采用公共因子来进行以后的分析与研究，如进行聚类分析、评价等。

验证性因子分析过程一般有以下六个主要步骤：

（1）对因子模型进行定义。这一步不仅包括选择因子个数，还包括对因子负荷的定义。可以在事先把因子负荷定为1，或其他可以自由变化的常数，或在特定的约束条件下变化的数（如和另一负荷相等）。

（2）观测值的收集。按照研究的目的进行观测值的收集。

（3）相关系数矩阵的获得。依据原始资料的数据来获取变量协方差矩阵。

（4）模型的拟合。这一步需选择一种方法（如渐进分布自由估计、最大似然估计等）来对自由变化的因子负荷进行估计。

（5）对模型进行评价。当因子模型可以拟合数据时，因子负荷的选择要使实际观测矩阵和模型暗含的相关矩阵间的不同之处最小。一般用的统计参数主要有卡方拟合指数（χ^2）、估计误差均方根（RMSEA）、拟合优度指数（GFI）以及比较拟合指数（CFI）。1990年，Bentler 认为只有符合下列标准，$\chi^2/df \leq 3.0$、$RMSEA \leq 0.05$、$GFI \geq 0.85$、$CFI \geq 0.90$，才表明该模型的拟合程度在可接受的范围。

（6）模型的修正。若模型拟合效果不好，就要重新限定约束关系或者根据理论分析对模型进行修正，以便获得最优模型。

5. 主要应用范围不同

探索性因子分析主要应用在以下三方面：①基本结构的寻求，对多元统计分析中变量之间的强相关问题给以解决；②测量量表的发展；③化简数据。

因为验证性因子分析可以让研究者把观测变量依据事先假设或者理论构成测量模式，再对此因子结构以及该理论界定的样本资料之间符合的程度进行评价，所以验证性因子分析主要应用在以下三个方面：①量表维度或面向性，（也被称为因子结构）决定最有效的因子结构；②量表的信度和效度的评估；③因子阶层关系的验证。

9.3.3 探索性因子分析与验证性因子分析的正确用法

探索性因子分析与验证性因子分析在因子分析中是相互关联的组成部分，在管理的实证研究中，二者不可截然分开，只有把它们结合运用，才能更好地发挥出它们的优势，让研究更加有深度和宽度。J. C. Anderson 和 D. W. Gerbin 提出，在理论发展的过程中，首先应该在探索性因子分析的基础上建立模型，然后再用验证性因子分析去修正所提供的模型，其结果为验证性因子分析提出假设提供了保证与基础。无论是缺少探索性因子分析还是验证性因子分析，因子分析都将是残缺的。通常来讲，研究者若无厚实理论基础的支撑，而需要了解有关观测变量内部结构，一般会先采用探索性因子分析，产生一个有关内部结构的理论，然后在这一基础上采用验证性因子分析，此种做法是较为科学的，需要注意的是必须用两组分开的数据来进行分析。若研究者把探索性因子分析的结果直接放到统一数据的验证性因子分析中，研究者就只是拟合数据，却不是对理论结构的检验。在有足够大的样本容量时，研究者可把数据样本随机分成两部分，科学的做法就是先用其中一半数据来作探索性因子分析，再把分析所获得的因子用在剩余的另一半数据中作验证性因子分析。假如验证性因子分析的拟合效果极差，那么还需要研究者用探索性因子分析找出模型和数据间的不一致。

9.4 SPSS 中因子分析的操作

9.4.1 因子分析的基本概念

因子分析有时也被称为因素分析，在因子分析模型中，通常假定每个原始变量由两部分所组成：唯一因子与共同因子。其中，唯一因子是每个原始变量所独有的因子，是指该变量不能被共同因子解释的那一部分。共同因子是各原始变量所共有的因子，用来解释变量间的相关关系。原始变量和因子分析时抽出的共同因子间的相关关系一般用因子负荷来表示。

因子分析最为常用的理论模式，如下式所示：

$$Z_j = a_{j1}F_1 + a_{j2}F_2 + a_{j3}F_3 + \cdots + a_{jm}F_m + U_j (j=1,2,3,\cdots,n, n\text{为原始变量总数})$$

式中　Z_j——第 j 个变量的标准化分数；

F_i——共同因子，$i=1,2,\cdots,m$；

m——所有变量的共同因子的数目；

U_j——变量 Z_j 的唯一因子；

a_{ji}——因子负荷。

若用矩阵的形式来表示，则写为 $\boldsymbol{Z = AF + U}$，其中 $\boldsymbol{F}$ 被称为因子，因为它们出现在每一个原始变量的线性表达式中（其原始变量可采用 X_j 来表示，在这一模型中实际是采用 $\boldsymbol{F}$ 来线性表示各个原始变量的标准化分数 Z_j），所以又把其称为公共因子。可以把因子理解为高维空间中相互垂直的 m 个坐标轴，称 $\boldsymbol{A}$ 为因子负荷矩阵，称 a_{ji}（$j=1,2,3,\cdots,n$；$i=1,2,3,\cdots,m$）为因子负荷，即是第 j 个原始变量在第 i 个因子上面的负荷。若是把变量 Z_j 看成是 m 维因子空间中的一个向量，那么 a_{ji} 则表示 Z_j 在坐标轴 F_i 上面的投影，和多元线性回归模型中的标准化回归系数相当；$\boldsymbol{U}$ 被称为唯一因子，它表示原有变量不能被因子解释的那一部分，它的均值为 0，与多元线性回归模型中的残差相当。

在社会科学中通常把因子分析应用在以下三个层面：第一个层面是显示变量间因子分析的组型；第二个层面是侦测变量间的群组，其每个群组所包含的变量间高度相关，同构性比较大，也即把关系密切的变量合并为一个子群；第三个层面是对大量变量数目的减少，让其成为一组囊括变量比较少的统计自变量（也称之为因子），其中的每个因子和原始变量之间存在某种线性关系，并以少数因子层面来代表多数、独立、个别的变量。

因子分析可以简化数据变量，能用较少层面表示原来的数据结构，它按照变量之间的相关性，找出变量间存在的潜在关系结构，其中变量间简单的结构关系被称为"因子"（Factors）或者"成分"（Components）。

9.4.2　因子分析的基本步骤

以浓缩原有变量提取因子为核心目标，因子分析涉及如下五个基本步骤：

1. 因子分析的条件

对原有变量进行浓缩是因子分析的主要任务之一，也就是对原有变量中信息重叠的部分进行提取与综合成为因子，以最终达到减少变量个数的目的，所以它要求原有变量间强相关。若是原有变量是相互独立的变量，或者相关程度很低不存在信息的重叠，那么它们就没有共同因子，因此也无法将其综合与浓缩，也不需要对它们进行因子分析。此步骤是希望通过采用各种方法来分析原有变量是否有相关关系，是否适合对它们进行因子分析。

SPSS 统计软件提供了四个统计量，可用来判断观测数据是否适合进行因子分析：

（1）计算相关系数矩阵。对相关系数矩阵进行检验是在进行提取因子等分析步骤之前要做的，不适合作因子分析的情况是相关系数矩阵中的大部分相关系数不大于等于 0.3。若原始变量个数比较多，那么输出的相关系数矩阵就特别大，便会给观察带来许多不便，因此通常不会采用这种方法，或者即使采用了这种方法，在结果汇报中也不方便给出原始分析报表。

（2）对反映象相关矩阵的计算。反映象相关矩阵主要包括两部分，即负的偏相关系数与负的协方差。在控制了其他变量对两变量影响的情况下，所计算出来的净相关系数便是偏相关系数。假如原有变量间有较强的相互重叠和传递影响，即原有变量中可以提取出公共因子，此时在控制了这些影响因素之后的偏相关系数一定很小。

反映象相关矩阵对角线上的元素为某变量的 MSA（Measure of Sample Adequacy）统计量，它的数学定义式可写为：

$$\mathrm{MSA}_i = \frac{\sum_{j \neq i} r_{ij}^2}{\sum_{j \neq i} r_{ij}^2 + \sum_{j \neq i} p_{ij}^2}$$

式中　r_{ij}——变量 x_i 与其他变量 x_j（$j \neq i$）间的简单相关系数；

p_{ij}——变量 x_j（$j \neq i$）在控制了剩余变量后的偏相关系数。

通过公式可看出，某变量 x_i 的 MSA_i 统计量的取值在 0～1。当偏相关系数的平方和远小于它和其他所有变量间的简单相关系数平方和时，MSA_i 值就接近于1，MSA_i 值越接近于1，就说明其他变量和变量 x_i 之间的相关性越强；当它和其他所有变量间的简单相关系数平方和接近于0时，MSA_i 值就接近于0，就说明其他变量和变量 x_i 之间的相关性越弱。

通过反映象相关矩阵可知，如果在反映象相关矩阵中除主对角元素外，其他大多元素的绝对值均小，对角线上的元素值越接近于1，越说明这些变量强相关，适合采用因子分析。

（3）巴特利特球度检验（Bartlett Test of Sphericity），通常又称为 Bartlett 球体检验，它的目的是检验相关矩阵是否是单位矩阵，若是单位矩阵，便认为因子模型不合适。相关矩阵是单位矩阵为 Bartlett 球体检验的虚无假设，若该假设不能拒绝，则表明数据不适合用于因子分析。通常来讲，显著性水平值越小（<0.05），原始变量间越可能有关系存在，若显著性水平很大（如在0.10以上），则说明不适合对数据进行因子分析。

（4）KMO（Kaiser-Meyer-Oklin Measure of Sampling Adequacy）。KMO 为 Kaiser-Meyer-Olkin 的取样适当性量数。KMO 测度的值越高（越接近于1），说明变量之间的共同因子越多，也就越适合对研究数据进行因子分析。在一般情况下，根据下列标准来对该指标值的大小进行解释：KMO 值在 0.9 以上表示极好，0.8～0.9 表示好，0.7～0.8 表示一般，0.6～0.7 表示差，0.5～0.6 表示非常差。假如 KMO 值低于 0.5，说明样本偏小，需要扩大样本容量。

在上述四种方法中，常用的方法是 Bartlett 球体检验和 KMO。

2. 抽取共同因子，确定因子数以及因子求解的方法

因子分析的核心内容是把原有变量综合成为少数的几个因子。这一步骤就是研究怎样在样本数据的基础上进行因子的提取与综合。决定因子提取的方法主要有以下几种：主成分分析法、广义最小二乘法、主轴因子分析法、不加权最小二乘法、映象因子提取法、最大似然法以及 α 因子提取法等。主成分分析法和主轴因子分析法是研究者最常使用的两种方法，其中的主成分分析法（指以较少的成分对原始变量方差的较大部分进行解释）的使用又最为普遍。进行主成分分析时，要先把每个变量的数值换为标准值。主成分分析是用多个变量构成一个多维度空间，再通过在空间内投射直线来解释最大方差，获得的直线便是共同因子，最能代表各个变量性质的就是此直线，第一个共同因子，或称第一因子（F_1）就是在该直线上的数值所形成的一个变量。由于在空间内还存在剩余的方差，因此需要第二条直线的投射来对方差进行解释。此时，还需根据第二条准则，即投射的第一条直线与第二条直线不相关（即成正交关系），说明它们代表不同的方面，第二因子（F_2）即是第二条直线上的数值所形成的一个变量。根据此原理可得出第三、第四或者更加多的因子。原则上讲，因子数和原始变量的数相等，但是在提取了主要因子后，若是剩余方差很小，就可把其余因子放弃，从而达到数据简化的目的。

没有精确的定量方法来确定因子数，但常用的方法是借助特征值准则和碎石图检验准则来确定因子的个数。特征值准则是放弃特征值小于1的主成分，选取特征值等于或者大于1的主成分作为其初始因子。由于每个变量的方差为1，每个保留下来的因子至少可以解释一个变量的方差，否则数据精简的目的便不能达到。碎石图检验准则是按照因子被提取的顺序来绘出特征值随因子个数变化的散点图，然后再按照图的形状来对因子的个数进行判断。散点曲线图的特征是先高后低，先陡后平，最后近似一条直线。可以认为曲线图上开始变平的前一个点是提取的最大因子数。

3. 让因子更具有命名可解释性

最初因子被提取后，一般对因子无法作出有效的解释，这是就需进行因子转轴，即通过坐标变换对因子的解的意义更容易作出解释。转轴的最终目的是为了改变题目在各因子负荷量的大小，转轴时依据因子结构和题目关系的相关程度，对各因子负荷量的大小进行调整，转轴之后，变量在每个因子的负荷量不是变得更小（接近0）就是变大（接近1），每个共同因子的特征值会有变化，但是每个变量的共同性却不改变，而在非转轴之前在每个因子负荷量的大小均相差不大，这样更易于对共同因子进行命名与变量解释。常见的转轴法有：最大变异法、相等最大值法、四次方最大值法、Promax转轴法、直接斜交转轴法。前三者属于正交转轴法，在正交转轴法中，因子与因子间不相关（即相关为0），因子轴间的夹角为90°（即直角）；后二者属于斜交转轴法，采用斜交转轴法，表示因子与因子间有一定程度的相关性，即因子轴间的夹角不为90°。

正交转轴法是要求每个因子在旋转时都保持直角关系，也即不相关。并且在正交转轴时，变量的共同性是没有变化的。斜交转轴法是要求在转轴时每个因子间呈斜交的关系，即允许因子和因子间有某种程度的相关，在斜交转轴中，因子间的夹角是任意的，因此，用斜交因子来对变量描述可以使因子的结构更为简洁、明了。

因子转轴方式不同，其特点也有差异，所以需要根据研究问题决定采用何种方式进行因子转轴。假如进行数据简化是因子分析的目的，而因子的确切含义并不重要，选择正交转轴法就足以；假如得到理论上有意义的因子是因子分析的目的，那就应该选择斜交转轴法。由于在实际研究中完全不相关的变量很少，所以从理论上来讲，斜交转轴法要优于正交转轴法。但在斜交转轴法中研究者定义的参数会对因子间的斜交程度产生影响，并且斜交转轴法中允许的因子间的相关程度很小，这是由于研究者不会接受两个高度相关的共同因子。假如两个因子高度相关，研究者大多会选取更少的因子进行重新分析，所以，斜交转轴法的优势大幅度下降，在实际的研究中，正交转轴法的运用更广泛。

4. 决定因子和命名

转轴后，需要决定因子的数目，选取比较少的因子层面，获取比较大的解释量。在因子命名和结果解释上,需要时可把因子计算后的分数进行存储,并将其作为其他程序分析的输入变量。

5. 计算各样本因子得分

减少变量个数是因子分析的最终目标,在分析中用较少的因子来代替原有变量进行数据建模。此步骤就是通过各种方法来对各样本在各因子上的得分进行计算,为更深层次的分析打下基础。

在因子分析中,研究者还应当考虑可从相关矩阵中筛选题目、样本大小和因子数目的挑选这些方面的问题。

1. 可从相关矩阵中筛选题目

可从相关矩阵中筛选题目是指题目之间如果不显著相关,则题目间提取的因子与研究者开始建构的层面可能有很大差距。如果题目之间非常显著地正或负相关,那么因子分析比较容易建构成有意义的内容。在进行因子分析前,研究者可从题目间相关矩阵分布的情形看出哪些题目之间有相关关系。

2. 样本大小

因子分析的可靠性不仅与被试样本的抽样相关,还和样本大小有密切的关系。被试样本为多少因子分析的结果才是最为可靠的,学者们对这一问题没有一致观点,大多数研究者均赞同:被试样本的数目要比量表题目的数目多,例如,一个分量表有 50 个预试题目,那么进行因子分析时,样本数目要等于或大于 50。

3. 因子数目的挑选

在进行因子分析时,因子数目的考虑和挑选标准有两种:①Kaiser 提出的准则,选取特征值大于 1 的因子,在应用时因子分析的题目数最好小于 30,题目共同性的平均值最好大于 0.70,若被试样本数在 250 个以上,那么共同性的平均值应大于 0.60。②1996 年,Cattell 所提出特征值图形的碎石图检验,此图是按照最初抽取的因子可以解释的变异量的高低所绘制的。在地质学上代表在岩石斜坡底层的小碎石,它们没有大的使用价值,应用在统计学中的因子分析则表示图底端的因子不重要,可去掉不用。也可以把碎石图的情形,作为挑选因子分析数的标准。在大多数的因子分析中,依据 Kaiser 提出的标准常常会提取过多的共同因子,所以碎石图就成了一个重要的选取准则。

在对因子数目挑选的准则上,除了可以参考上述两大标准之外,还需考虑到样本的大小、变量共同性的大小、题目的个数等。

9.4.3 SPSS 中因子分析的操作说明

下面举例来对 SPSS 中因子分析的操作进行详细说明。

现在需要了解远程学习者对教育技术资源的掌握与使用情况,设计一个李克特量表,如表 9-2 所示。

表 9-2 远程学习者对教育技术资源的掌握与使用情况

问题	题项	从未使用	很少使用	有时使用	经常使用	总是使用
		1	2	3	4	5
A1	计算机					
A2	录音磁带					

(续)

问题	题项	从未使用	很少使用	有时使用	经常使用	总是使用
		1	2	3	4	5
A3	录像带					
A4	网上资料					
A5	校园网或因特网					
A6	电子邮件					
A7	电子讨论网					
A8	CAI课件					
A9	视频会议					
A10	视听会议					

将该量表发给20人来作答，假设回收后的原始数据如表9-3所示。

表9-3 原始数据表

题目 编号	A1	A2	A3	A4	A5	A6	A7	A8	A9	A10
01	1	5	5	1	1	1	1	1	1	1
02	2	5	5	2	2	2	1	2	1	1
03	4	3	3	3	4	3	1	4	1	1
04	4	3	4	4	4	4	2	4	2	2
05	4	4	3	3	4	4	1	4	1	1
06	4	3	3	3	3	4	2	3	2	1
07	4	4	4	4	3	3	2	4	1	1
08	1	5	3	1	1	1	1	1	1	1
09	4	4	5	4	4	4	2	4	1	1
10	5	4	3	5	5	4	3	5	3	3
11	5	4	3	4	4	4	2	5	2	2
12	5	4	5	4	4	4	3	5	2	2
13	3	5	5	2	2	2	1	3	1	1
14	5	3	4	3	3	3	2	5	2	2
15	4	5	5	3	3	3	2	5	2	2
16	4	4	4	4	3	5	1	4	1	1
17	5	4	4	5	5	5	4	5	4	4
18	5	4	4	2	3	4	1	5	1	1
19	5	4	5	5	5	5	3	5	3	3
20	5	4	4	5	5	5	2	5	2	1

具体操作步骤如下：

第一步：录入数据。

使用SPSS进行因子分析首先要自己建立数据库。打开SPSS软件，对变量"A1"、"A2"、"A3"、"A4"、"A5"、"A6"、"A7"、"A8"、"A9"、"A10"进行定义，并根据原始数据表输入数据，输入结果如图9-3所示。

	A1	A2	A3	A4	A5	A6	A7	A8	A9	A10
1	1.00	5.00	5.00	1.00	1.00	1.00	1.00	1.00	1.00	1.00
2	2.00	5.00	5.00	2.00	2.00	2.00	1.00	2.00	1.00	1.00
3	4.00	3.00	3.00	3.00	4.00	3.00	1.00	4.00	1.00	1.00
4	4.00	3.00	4.00	4.00	4.00	4.00	2.00	4.00	2.00	2.00
5	4.00	4.00	3.00	3.00	4.00	4.00	1.00	4.00	1.00	1.00
6	4.00	3.00	3.00	3.00	3.00	4.00	2.00	3.00	2.00	1.00
7	4.00	4.00	4.00	4.00	3.00	3.00	2.00	4.00	1.00	1.00
8	1.00	5.00	3.00	1.00	1.00	1.00	1.00	1.00	1.00	1.00
9	4.00	4.00	5.00	4.00	4.00	4.00	2.00	4.00	1.00	1.00
10	5.00	4.00	3.00	5.00	5.00	4.00	3.00	5.00	3.00	3.00
11	5.00	4.00	3.00	4.00	4.00	4.00	2.00	5.00	2.00	2.00
12	5.00	4.00	5.00	4.00	4.00	4.00	3.00	5.00	2.00	2.00
13	3.00	5.00	5.00	2.00	2.00	2.00	1.00	3.00	1.00	1.00
14	5.00	3.00	4.00	3.00	3.00	3.00	2.00	5.00	2.00	2.00
15	4.00	5.00	5.00	3.00	3.00	3.00	2.00	4.00	1.00	1.00
16	4.00	4.00	4.00	4.00	3.00	5.00	1.00	4.00	1.00	1.00
17	5.00	4.00	4.00	5.00	5.00	5.00	4.00	5.00	4.00	4.00
18	5.00	4.00	4.00	2.00	3.00	4.00	1.00	5.00	1.00	1.00
19	5.00	4.00	5.00	5.00	5.00	5.00	3.00	5.00	3.00	3.00
20	5.00	4.00	4.00	5.00	5.00	5.00	2.00	5.00	2.00	1.00

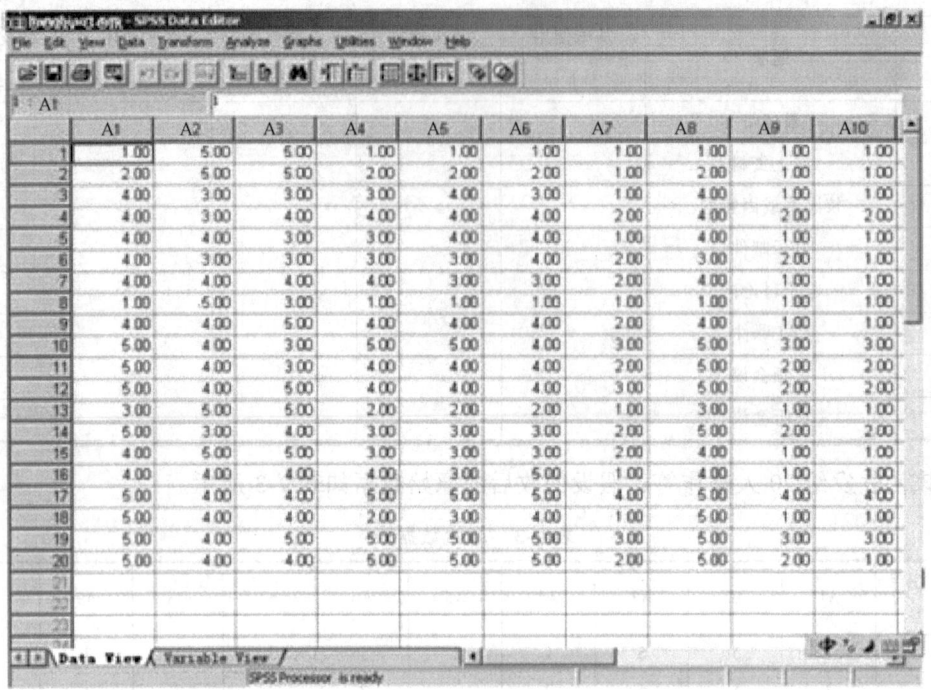

图 9-3　SPSS 数据录入表

第二步：因子分析。

1. 打开因子分析对话框

首先在菜单栏中选择“Analyze”，然后再单击“Data Reduction”，最后单击“Factor...”命令，如图 9-4 所示。

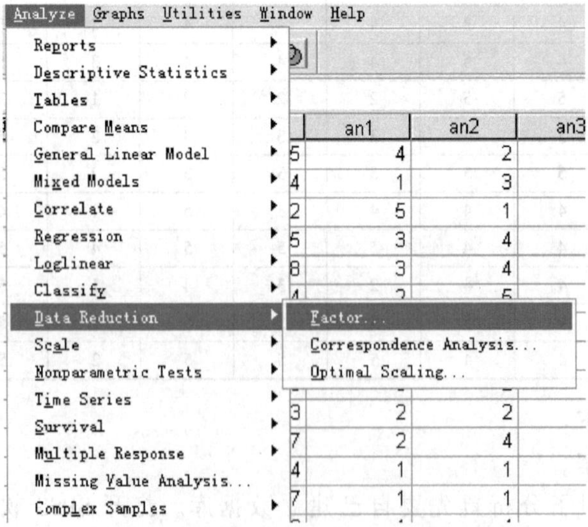

图 9-4　打开因子分析对话框

在单击了"Factor…"命令之后会弹出"Factor Analysis"(因子分析)对话框,将左边文本框中的变量"A1"到"A10"选入右边"Variables"(变量)下面的文本框中,选完之后,箭头会变化,如图 9-5 所示。

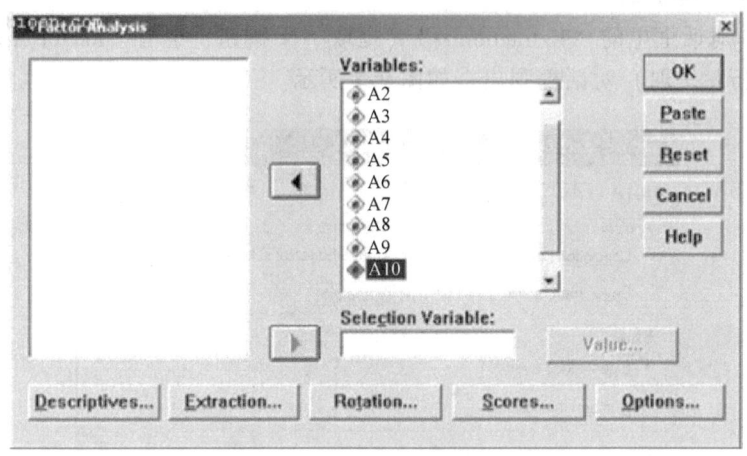

图 9-5 "Factor Analysis"对话框

2. 描述性统计量的设置

单击图 9-5 对话框中的"Descriptives…"按钮,随即会弹出"Factor Analysis:Descriptives"(因子分析:描述性统计量)对话框,如图 9-6 所示。

图 9-6 中显示项目的意义如下所述:

(1)"Statistics"——统计量选项区。

1)Univariate descriptives(单变量描述性统计量):显示每一题目的平均数和标准差。

2)Initial solution(未转轴之统计量):显示因子分析在未转轴之前的特征值(Eigenvalues)、共同性(Communality)、变异量百分比和累计百分比。

(2)"Correlation Matrix"——相关矩阵选项区。

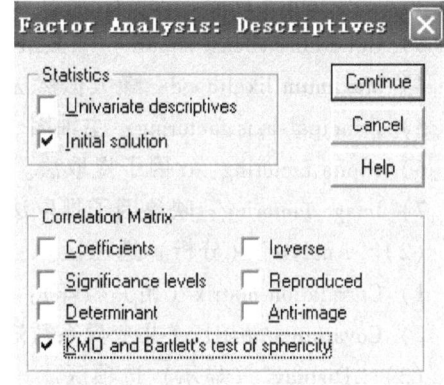

图 9-6 "Factor Analysis:Descriptives"对话框

1)Coefficients(系数):显示的是题目的相关矩阵。

2)Significance levels(显著性水平):是求前述矩阵的显著性水平。

3)Determinant(行列式):求前述相关矩阵的行列式值。

4)KMO and Bartlett's test of sphericity(KMO 和 Bartlett 球体检验):显示的是 KMO 取样适当性量数和 Bartlett's 的球体检验。

5)Inverse(倒数模式):求出相关矩阵的逆矩阵。

6)Reproduced(重制的):显示重制相关矩阵,上三角形矩阵表示残差值,而主对角线与下三角形代表相关系数。

7）Anti-image（反映象）：求出反映象的共变量和相关矩阵。

本例中，在"Factor Analysis：Descriptives"对话框中，选取"Initial solution"和"KMO and Bartlett's test of sphericity"两项。然后单击"Continue"按钮确定。

3. 设置对因子的提取选项

单击图9-5对话框中的"Extraction…"（提取…）按钮，会有"Factor Analysis：Extraction"（因子分析：提取）对话框弹出，如图9-7所示。

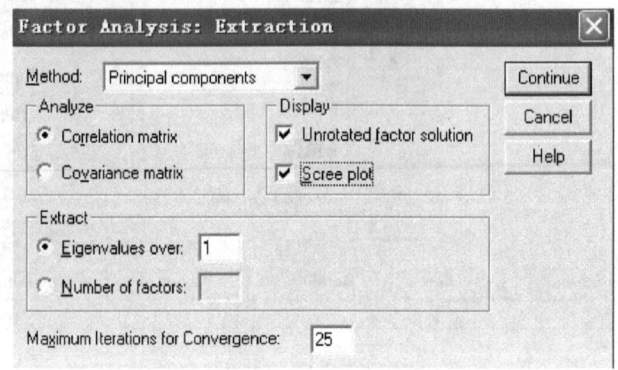

图9-7 "Factor Analysis：Extraction"对话框

（1）在"Method"—(方法）下拉列表框有七种提取因子的方法。

1）Principal components：主成分分析法提取因子，这一方法为SPSS的默认方法。

2）Unweighted least squares：不加权最小二乘法。

3）Generalized least square：广义最小二乘法。

4）Maximum likelihood：最大似然法。

5）Principal-axis factoring：主轴因子分析法。

6）Alpha factoring：α因子提取法。

7）Image factoring：映象因子提取法。

（2）"Analyze"（分析）选项区。

1）Correlation matrix（相关矩阵）：以相关矩阵来提取因子。

2）Covariance matrix（共变异系数矩阵）：以共变量矩阵来提取因子。

（3）"Display"（显示）选项区。

1）Unrotated factor solution—(未转轴因子解）：显示的是未转轴时因子负荷量、共同性以及特征值。

2）Scree plot—(碎石图或陡坡图）：显示的是碎石图。

（4）"Extract"—(提取）选项区。

1）Eigenvalues over—(特征值）：在该单选按钮后面的文本框中默认的值为1，表示的是因子提取时，只提取特征值大于1的那些因子，运用者可以自由输入0到变量总数之间的值。

2）Number of factors—(因子个数）：它后面的文本中需要输入限定的因子的个数。

本例中，在"Factor Analysis：Extraction"对话框中，设置因子提取法为"Principal components"，选取"Correlation matrix"，并勾选"Unrotated factor solution""Scree Plot"等

选项，在提取因子时限定在特征值大于 1 者，也即 SPSS 默认的选项。然后单击"Continue"按钮确定。

4. 因子转轴的设置

单击图 9-5 对话框中的"Rotation…"按钮，就会有"Factor Analysis：Rotation"（因子分析：旋转）对话框弹出，如图 9-8 所示。

（1）"Method"—（方法）的选项区中有六种因子转轴法。

1）None：不需要转轴。

2）Varimax：最大变异法，属于正交转轴法。

3）Quartimax：四次方最大值法，属于正交转轴法。

4）Equamax：相等最大值法，属于正交转轴法。

5）Direct Oblimin：直接斜交转轴法，属于斜交转轴法。

图 9-8 "Factor Analysis：Rotation"对话框

6）Promax：Promax 转轴法，属于斜交转轴法。

（2）"Display"—（显示）选项区。

1）Rotated solution—（转轴后的解）：显示转轴之后的有关信息。正交转轴显示因子组型（Pattern）矩阵以及因子转换矩阵；斜交转轴显示因子组型矩阵、因子结构矩阵和因子相关矩阵。

2）Loading plot（s）（因子负荷量）：绘出因子散布图。

（3）"Maximum Iterations for Convergence"：转轴时执行的迭代最多次数，它后面的默认数字为 25，是指算法执行转轴时，执行步骤的次数的上限。

本例中，在"Factor Analysis：Rotation"对话框勾选"Varimax"和"Rotated solution"两项。研究者必须要选择"Rotated solution"选项，才能显示转轴后的有关信息。然后再单击"Continue"按钮确定。

5. 因子分数的设置

单击图 9-5 对话框中的"Scores..."按钮，就会弹出"Factor Analysis：Factor Scores"（因子分析：因子分数）的对话框，如图 9-9 所示。

（1）"Save as variables"（因子存储变量）。对选项进行勾选时可把新建立的因子分数存储到数据文件中，并产生新的变量名称（默认为 fact-1、fact-2、fact-3、fact-4 等）。在"Method"（方法）选项区中表示计算因子分数的方法有以下三种：

1）Regression：运用回归法。

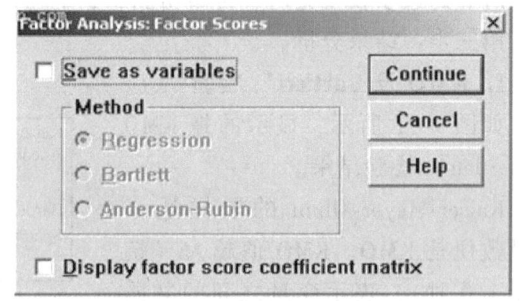

图 9-9 "Factor Analysis：Factor Scores"对话框

2）Bartlett：运用 Bartlett 法。

3）Anderson-Rubin：表示运用 Anderson-Rubin 法。

（2）"Display factor score coefficient matrix"（显示因子分数系数矩阵选项）。进行勾选时可显示因子分数系数矩阵。

本例中，选取默认值，即9-9中的"Method"下的"Regression"，然后单击"Continue"按钮确定。

6. 设置因子分析的选项

单击图9-5对话框中的"Options…"（选项…）按钮，就会弹出"Factor Analysis：Options"（因子分析：选项）对话框，如图9-10所示。

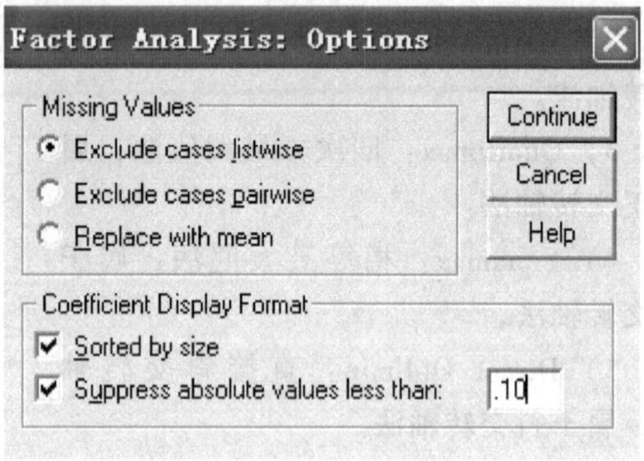

（1）"Missing Values"（遗漏值）选项区：遗漏值的处理方式。

1）Exclude cases listwise：完全排除遗漏值，观察值必须在所有变量中没有遗漏值者才可以加以分析。

2）Exclude cases pairwise：成对方式排除，在成对相关分析中出现遗漏值的观察值舍弃。

3）Replace with mean：用平均数置换，表示以变量平均值来取代遗漏值。

图9-10 "Factor Analysis：Options"对话框

（2）"Coefficient Display Format"（系数显示格式）选项区：因子负荷量出现的格式。

1）Sorted by size：依据因子负荷量排序，根据每一因子层面的因子负荷量的大小进行排序。

2）Suppress absolute values less than：绝对值舍弃的下限，因子负荷量小于后面数字的便不被显示，其默认值是0.10。

本例中，在对话框中勾选"Exclude cases listwise"和"Sorted by size"这两项，并选择"Suppress absolute values less than"项，它后面文本框中的数字不用修改，选用默认值0.10。假如研究者要呈现所有因子的负荷量，就不用选择"Suppress absolute values less than"选项。在本例中为了让研究者可以更加明白此项的意义，才选择了此项，在正式的研究中以呈现题项完整的因子负荷量比较适宜。然后单击"Continue"按钮确定。

所有的选项设置完后，再单击图9-5中的"OK"按钮，结果便会被输出。

第三步：结果分析。

1. KMO 及 Bartlett's 检验

如图9-11所示，显示的是 KMO 及 Bartlett's 检验结果。

Kaiser-Meyer-Olkin 的取样适当性量数便是 KMO。KMO 值越大（接近于1.0时），表示变量之间的共同因子就越多，研究数据越适合进行因

KMO and Bartlett's Test

Kaiser-Meyer-Olkin Measure of Sampling Adequacy.		.695
Bartlett's Test of Sphericity	Approx.Chi-Square	234.438
	df	45
	Sig.	.000

图9-11 KMO 及 Bartlett's 检验结果

子分析。依据专家 Kaiser 在 1974 年提出的观点,若 KMO 值小于 0.5,则不宜进行因子分析,说明样本数偏小,需要进一步扩大样本。本例的 KMO 值是 0.695,表示适合进行因子分析。

此外,本例中的 Bartlett's 球体检验的值为 234.438(自由度为 45),伴随概率值 0.000 < 0.01,已达到了显著性水平,说明拒绝零假设并接受备择假设,代表母群体的相关矩阵之间有共同因子的存在,适合作因子分析。

2. 共同因子方差(共同性)

图 9-12 显示的是因子间的共同因子方差(共同性)结果,表明每个变量被解释的方差量。初始共同因子方差是指每个变量被所有的因子或成分解释的方差估计量。对于主成分分析法来讲,它一直等于 1,由于有多少个原始变量就会有多少个成分,所以共同因子方差(共同性)就会等于 1。

共同因子方差(共同性)中所显示的提取方法为主成分分析法,最右边一列为题目的共同因子方差(共同性)。

提取共同因子方差(共同性)是指因子解中的每个变量被成分或因子解释的方差估计量。这些共同因子方差(共同性)是用来预测因子的变量的多重相关的平方。数值小说明这一变量不适合作为因子,研究者可以在分析中把其排除。

Communalities

	Initial	Extraction
A1	1.000	.928
A2	1.000	.738
A3	1.000	.900
A4	1.000	.872
A5	1.000	.901
A6	1.000	.867
A7	1.000	.919
A8	1.000	.907
A9	1.000	.965
A10	1.000	.939

Extraction Method: Principal Component Analysis.

图 9-12 因子间的共同性结果

3. 碎石图

图 9-13 显示的是因子的碎石图。

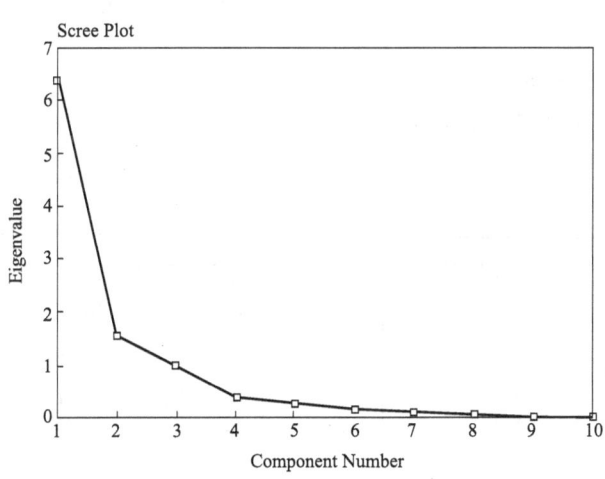

图 9-13 因子的碎石图

从碎石图中可看出自第三个因子以后,坡线比较平坦,所以保留三个因子比较合适。

4. 整体解释变异量

图 9-14 显示的是整体解释变异量。

Total Variance Explained

Componer	Inital Eigenvalues			Ctraction Sums of Squared Loadings			Rotation Sums of Squared Loadings		
	Total	is of Vatiance	Cumulalive%	Total	is of Vatiance	Curnulalive%	Total	is of Vatiance	Curnulalive%
1	6.358	63.579	63.579	6.358	63.579	63.579	4.389	43.885	43.885
2	1.547	15.467	79.046	1.547	15.467	79.046	3.137	31.372	75.257
3	1.032	10.320	89.366	1.032	10.320	89.366	1.411	14.108	89.366
4	.408	4.081	93.447						
5	.291	2.910	96.357						
6	.156	1.564	97.921						
7	.110	1.104	99.025						
8	.056E_02	.606	99.631						
9	.368E_02	.337	99.968						
10	.222E_03	3.222E_02	100.000						

Extraction Method: Principal Componert Analysis.

图 9-14 整体解释变异量

通过图 9-14 可以得出,左边的 10 个成分因子的特征值总和等于 10。解释变异量是用特征值除以题目数,例如第二个特征值的解释变异量为 $1.547 \div 10 = 0.1547 \approx 15.467\%$。

把左边 10 个成分的特征值大于 1 的列在右边。特征值大于 1 的一共有 3 个,这也是在因子分析时所提取出来的共同因子数。因为特征值是从大到小进行排列的,因此第一个共同因子的解释变异量通常是最大的,下面是第二个 1.547,接着是第三个 1.032。

转轴之后的特征值是 4.389、3.137 和 1.411,43.885%、31.372% 与 14.108% 为解释变异量,43.885%、75.257%、89.366% 为累计解释变异量。转轴之后的特征值与转轴前的特征值不同。

5. 未转轴的因子矩阵

图 9-15 显示的是未转轴的因子矩阵。

通过图 9-15 可以得出,共有 3 个因子被抽取,并且因子的负荷量小于 0.1 的未被显示出来。

6. 转轴之后的因子矩阵

图 9-16 显示的是转轴之后的因子矩阵。

Component Matrix[a]

	Component		
	1	2	3
A5	.939		.102
A4	.922		.145
A1	.901	−.243	.239
A8	.887	−.194	.287
A6	.874	−.206	.245
A7	.823	.474	−.129
A9	.813	.401	−.377
A10	.753	.495	−.358
A2	−.574	.605	.206
A3	−.164	.633	.687

Extraction Method: Principal Component Analysis.
a. 3 components extracted.

图 9-15 未转轴的因子矩阵

Rotated Component Matrix[a]

	Component		
	1	2	3
A1	.915	.266	−.141
A8	.912	.266	
A6	.884	.271	−.107
A5	.824	.448	−.147
A4	.789	.498	
A10	.237	.939	
A9	.308	.924	−.129
A7	.417	.858	
A3			.948
A2	−.557		.652

Extraction Method: Principal Component Analysis.
Rotation Method: Varimax with Kaiser Normalization.
a. Rotation converged in 5 iterations.

图 9-16 转轴后的因子矩阵

通过图 9-16 可以得出因子一为 A1、A8、A6、A5、A4，因子二为 A10、A9、A7，因子三为 A3、A2。题目在其所属的因子层面的顺序是按照因子负荷量的高低进行排列的。

7. 因子转换矩阵

图 9-17 所示为因子转换矩阵，它是在"Factor Analysis：Rotation"对话框中的"Display"选项区中，选择"Rotated solution"之后生成的结果表。

第四步：结果说明。

依据因子的特征值与转轴后的因子矩阵，使用了主成分分析法提取出了 3 个因子作为共同因子，并采用因子转轴法中的 Varimax，转轴之后去掉了因子负荷量小于 0.10 的系数，然后把它们按照由大到小的顺序进行排列，让因子和变量间的关系一目了然，如表 9-4 所示。

Component Transformation Matrix

Component	1	2	3
1	.786	.596	−.163
2	−.348	.645	.680
3	.510	−.478	.715

Extraction Method：Principal Component Analysis.
Rotation Method：Varimax with Kaiser Normalization.

图 9-17　因子转换矩阵

表 9-4　远程学习者对教育技术资源的掌握与使用量表的因子分析摘要表

| 题项 | 解释变异量 | 累计解释变异量 | Component（抽取的因子） | | | 共同性 |
			因子1 负荷量	因子2 负荷量	因子3 负荷量	
A1 计算机			0.915			0.928
A8 CAI 课件			0.912			0.907
A6 电子邮件	43.885%	43.885%	0.884			0.867
A5 校园网或因特网			0.824			0.901
A4 网上资料			0.789			0.872
A10 视听会议				0.939		0.939
A9 视频会议	31.372%	75.257%		0.924		0.965
A7 电子讨论网				0.858		0.919
A3 录像带	14.108%	89.366%			0.948	0.900
A2 录音磁带					0.652	0.738
特征值			4.389	3.137	1.411	

小　结

本章对因子分析进行了介绍。本章首先介绍了因子分析的概念与理论，然后分别对探索性因子分析与验证性因子分析进行了详细的介绍，并使用软件具体介绍了两种因子分析的操作。

思考题

1. 请对因子分析的含义进行详述。
2. 探索性因子分析的概念是什么？对探索性因子分析的模型进行描述。
3. 探索性因子分析的思路是什么？请详细分析一下。
4. 探索性因子分析中的几个重要问题是什么？
5. 简述探索性因子分析在管理、教育领域中存在的问题及建议。

6. 请详述一下验证性因子分析的内涵。
7. 采用 LISREL 进行验证性因子分析主要有几个步骤？
8. 探索性因子分析与验证性因子分析的不同点有哪些？
9. 因子分析涉及哪些基本步骤？
10. 请举一个例子，并用 SPSS 进行因子分析。

参考文献

[1] 周晓宏，郭文静. 探索性因子分析与验证性因子分析异同比较 [J]. 科技和产业，2008 (9).
[2] 孙晓军，周宗奎. 探索性因子分析及其在应用中存在的主要问题 [J]. 心理科学. 2005 (6).
[3] 张超，徐燕，陈平雁. 探索性因子分析与验证性因子分析在量表研究中的比较与应用 [J]. 南方医科大学学报，2007，27 (11)：1699-1705.
[4] Eavas R C, Williams T O Jr. Exploratory and confirmatory factor analyses of the pervasive developmental disorders rating scale for young children with autistic disorder [J]. J Genet Psychol, 2006, 167 (1): 65-92.

第10章 回归分析

10.1 回归分析的基本概念

10.1.1 回归分析的内涵

在统计分析中回归分析法是其重要的组成部分,回归分析法是建模问题研究中常用的一种有效方法。那么回归分析是什么呢?它有什么内涵呢?对连续变量之间的关系进行研究的是数学分析(或者高等数学分析),研究函数集间关系的是泛函分析,而研究随机变量之间关系的便是回归分析。回归分析法通常和实际联系比较密切,由于随机变量的取值不是固定的,大多数都是通过试验所得,此种来自于实际中和随机变量相关的数学模型的可信度(准确度)怎样,需要采用进一步的统计试验对其模型中回归变量(随机变量)的显著性进行判断,并且常常需要通过反复的检验与修改模型,直至获得最佳结果,最后再在实际中应用。

回归分析的主要内容可以归纳为以下几点:

(1) 以一组数据为出发点,确定这些参数(变量)间的回归模型(定量关系)。

(2) 对模型的准确度(可信度)进行统计检验。

(3) 从很多相关的变量中,对变量的显著性进行判断(即哪些变量不是显著的,哪些变量是显著的,不显著的忽略,显著的保留)。

(4) 通过对结果的应用来对实际问题作出一定的判断。

模型的建立是回归分析的第一步,也即建立函数关系,它的自变量被称为回归变量,而因变量被称为应变量。在回归分析和建模中,假如因变量和自变量间的关系是线性关系,则称其为线性回归模型;假如因变量和自变量间的关系不是线性关系,则称其为非线性回归模型。假如在模型中仅仅含有一个回归变量,就称其为一元线性回归模型,否则就称其为多元线性回归模型。

10.1.2 一元线性回归的内涵

对两个变量间统计关系的最简单的回归模型进行描述的方法就是一元线性回归。一元线性回归比较简单,可以通过对一元线性回归模型的建立过程进行分析,了解回归分析法的基本思想、方法及它在现实问题研究中的应用原理。

可以把一元线性回归的模型表示为下式:

$$y = \beta_0 + \beta_1 x + \varepsilon$$

式中　β_0、β_1——回归参数；
　　　　ε——随机误差项。

如果对 y 与 x 分别进行 n 次的独立观测，可得到 n 对观测值 (y_i, x_i) $(i = 1, 2, \cdots, n)$，这 n 对观测值间的关系与模型相符，可以把上式写为：

$$y_i = \beta_0 + \beta_1 x_i + \varepsilon_i (i = 1, 2, \cdots, n)$$

式中　β_0、β_1——总体回归参数，分别表示回归直线的截距与斜率；
　　　　x_i——自变量在第 i 次观测时的值；
　　　　y_i——对应于 x_i 的因变量值；
　　　　ε_i——随机误差项，ε_i 是一个随机变量，服从高斯—马尔科夫（Gauss-Markov）的假定，也即服从均值为 0、方差为 σ^2 的正态分布，而且对不同的观测 $i \neq j$，有 $\text{Cov}(\varepsilon_i, \varepsilon_j) = 0$，与此同时它和 x_i 也没有相关性。

10.1.3　一元线性回归方程的显著性检验

可以根据回归方程 $y = \beta_0 + \beta_1 x + \varepsilon$ 求出估计值 $\hat{\beta}_0$、$\hat{\beta}_1$，进而可以得出 $\hat{y} = \hat{\beta}_0 + \hat{\beta}_1 x$。目前的问题是：$y$ 和 x 间是否确实存在这种关系？即回归方程是否具有一定的意义？因此，就需要对一元线性回归方程进行显著性检验。

事实上，只要对 $\beta_1 = 0$ 是否为真进行检验，这就需建立一个检验统计量。

首先要考虑总偏差平方和，即 $SS_T = \sum_{i=1}^{n}(y_i - \bar{y})^2$，表示 $y_1, y_2, \cdots, y_n$ 间的差异，可以把它分解为两个部分，即

$$\begin{aligned} SS_T &= \sum_{i=1}^{n}(y_i - \bar{y})^2 \\ &= \sum_{i=1}^{n}(y_i - \hat{y}_i + \hat{y}_i - \bar{y})^2 \\ &= \sum_{i=1}^{n}(y_i - \hat{y}_i)^2 + \sum_{i=1}^{n}(\hat{y}_i - \bar{y})^2 + 2\sum_{i=1}^{n}(y_i - \hat{y}_i)(\hat{y}_i - \bar{y}) \end{aligned}$$

实际上，通过正规方程组可知：

$$\begin{aligned} \sum_{i=1}^{n}(y_i - \hat{y}_i)(\hat{y}_i - \bar{y}) &= \sum_{i=1}^{n}(y_i - \hat{\beta}_0 - \hat{\beta}_1 x_i)(\hat{\beta}_0 + \hat{\beta}_1 x_i - \bar{y}) \\ &= \sum_{i=1}^{n}(y_i - \hat{\beta}_0 - \hat{\beta}_1 x_i)(\hat{\beta}_0 - \bar{y}) + \hat{\beta}_1 \sum_{i=1}^{n}(y_i - \hat{\beta}_0 - \hat{\beta}_1 x_i)x_i = 0 \end{aligned}$$

那么回归平方和可以写为：

$$SS_R = \sum_{i=1}^{n}(\hat{y}_i - \bar{y})^2$$

残差平方和可以写为：

$$SS_E = \sum_{i=1}^{n}(y_i - \hat{y}_i)^2$$

其中，由回归变量 x 的变化所引起的误差是 SS_R，x 的重要程度是由 SS_R 的大小反映的，SS_E

是由随机误差与其他未加控制的因素所引起的。所以，主要考虑回归平方和 SS_R 在 SS_T 中所占的比重，把其记为 $R = \dfrac{SS_R}{SS_T}$，它被称为复相关系数，问 R 的取值为多大时才认为函数关系的存在，因此引进统计量 F。

因为每一个平方和都有一个自由度，通常以 f 来表示，总偏差平方和的自由度通常以 f_T 来表示，回归平方和的自由度通常以 f_R 来表示，残差平方和的自由度通常以 f_E 来表示。那么

$$f_T = 总观测个数 - 1 = n - 1$$
$$f_R = 回归系数个数 - 1 = 2 - 1 = 1$$
$$f_E = f_T - f_R = n - 2$$

所以 SS_E 的均方可以表示为

$$MS_E = \dfrac{SS_E}{n-2}$$

通过 $\hat{\beta}_0$、$\hat{\beta}_1$ 的性质，可以证明当 $\beta_1 = 0$ 时：

$$E(SS_E) = \sigma^2, E(MS_E) = E\left(\dfrac{SS_E}{n-2}\right) = \sigma^2$$

即当 $\beta_1 = 0$ 时，MS_E 则是残差的无偏估计。假设回归均方 $MS_R = SS_R$，则：

$$\dfrac{MS_R}{MS_E} = \dfrac{SS_R}{SS_E/(n-2)}$$

假设上式是 F 统计量，也即 $F \sim F(f_R, f_E) = F(1, n-2)$，在 $\beta_1 = 0$ 的假设下，给定一个模型的显著性水平，用 α 来表示，可以通过查表得到 F 分布的值，可以记为 $F_\alpha(1, n-2)$。若 $P\{F \leq F_\alpha(1, n-2) | \beta_1 = 0\} = 1 - \alpha \geq 0.95$，表明 $F > F_\alpha(1, n-2)$ 是小概率的事件，在一次检验中是不可能发生的。若的确 $F > F_\alpha(1, n-2)$，便说明 $\beta_1 = 0$ 的假设不成立，也即模型中一次项 $\beta_1 x$ 是必要的。换而言之，模型对 α（显著性水平）是显著的。

10.1.4 一元线性回归方程的拟合检验

通过对一元线性回归方程显著性的检验，在显著的情况下，则可以说明 x 对 y 的影响是主要的，但是不能肯定 y 和 x 的关系一定是线性的，亦或存在其他方面的影响因素，因此需在同一个 x_i 下进行重复试验，对回归方程的拟合问题进行检验。

假如对同一个 x_i 做 m_i 次的试验，可得到观测数据 (x_i, y_{ij})，$j = 1, 2, \cdots, m_i$，也就是说共有 $N = \sum\limits_{i=1}^{n} m_i$ 组独立的观测数据，由此来对 $y = \beta_0 + \beta_1 x$ 是否为真进行检验。

为了建立统计量，则应考虑相应的残差平方和：

$$SS_E = \sum_{i=1}^{n} \sum_{j=1}^{m_i} (y_{ij} - \hat{y}_i)^2$$
$$= \sum_{i=1}^{n} \sum_{j=1}^{m_i} (y_{ij} - \bar{y}_i)^2 + \sum_{i=1}^{n} m_i (\bar{y}_i - \hat{y}_i)^2$$
$$= SS_e + SS_{Me}$$

式中　$\bar{y}_i = \dfrac{1}{m_i}\sum\limits_{j=1}^{m_i} y_{ij}$——第 i 组试验数据的平均值；

$SS_e = \sum\limits_{i=1}^{n}\sum\limits_{j=1}^{m_i}(y_{ij}-\bar{y}_i)^2$——随机误差平方和，自由度 $f_e = N-n$；

$SS_{Me} = \sum\limits_{i=1}^{n} m_i(\bar{y}_i - \hat{y}_i)^2$——其他因素产生的误差平方和，也被称为模型误差平方和或者失拟平方和，自由度 $f_{Me} = n-2$。

若假设回归方程为真，则有 $y_{ij} = \beta_0 + \beta_1 x_i + \varepsilon_{ij}$，（$i = 1, 2, \cdots, n$；$j = 1, 2, \cdots, m_i$），其中 ε_{ij} 是相互独立的，无相关关系，且 $\varepsilon_{ij} \sim N(0, \sigma^2)$，则 $E(SS_{Me}) = (n-2)\sigma^2$，$E(SS_e) = (N-n)\sigma^2$，也即 $E\left(\dfrac{SS_{Me}}{n-2}\right) = \sigma^2$，$E\left(\dfrac{SS_e}{N-n}\right) = \sigma^2$，而 SS_{Me} 和 SS_e 是相互独立的，通过 χ^2 分布的性质可知：

$$\dfrac{SS_{Me}}{n-2} \sim \chi^2(n-2),\ \dfrac{SS_e}{N-n} \sim \chi^2(N-n)$$

所以，可以把 $F = \dfrac{MS_{Me}}{MS_e} = \dfrac{SS_{Me}/(n-2)}{SS_e/(N-n)} \sim F(f_{Me}, f_e) = F(n-2, N-n)$ 作为检验模型拟合的统计量，也即给定一个显著性水平 α （0.01~0.05），相对应可以查表得到 F 的分布值 $F_\alpha(n-2, N-n)$。

若计算出 $F(n-2, N-n) > F_\alpha(n-2, N-n)$，便说明模型的拟合是不好的，即其他方面的因素所产生的误差已超过试验误差，是显著的，需要对模型改进。这有两种可能：一种是 y 与 x 不是线性关系；另一种是回归变量的个数较少，需要增加新的变量。

若计算出 $F(n-2, N-n) < F_\alpha(n-2, N-n)$，便说明模型的拟合是好的，即其他方面因素所产生的误差是不明显的，不显著的。

上述讨论了一元线性回归模型显著性、拟合性的检验方法，多元线性回归模型与此也是类似的。

10.1.5　多元线性回归模型

1. 多元线性回归模型的概念

在实际的问题中，一个变量常常受多个变量的影响。例如，家庭的消费支出不仅会受家庭可支配收入的影响，还会受到诸如物价水平、家庭收入水平、金融机构存款的利息、家庭消费观等多种因素的影响，表现在线性回归模型中它的解释变量就有多个。此类模型就被称为多元线性回归模型。其定义可以概述为：在相关条件下，关于两个或者两个以上自变量对一个因变量的数量之间变化关系的分析，称为多元线性回归分析，这一数量关系的数学表达公式，被称为多元线性回归模型。多元线性回归模型是在一元线性回归模型的基础上扩展得到的，因此，其基本原理与一元线性回归模型较为类似，只是在计算上更为复杂一些。图 10-1 所示

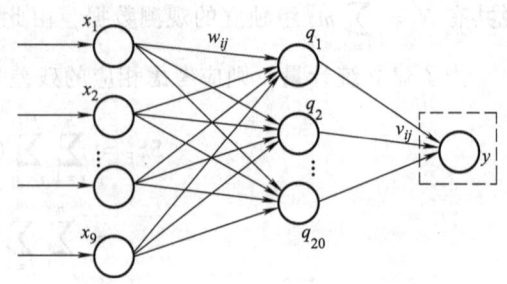

图 10-1　多元线性回归分析

为一个多元线性回归分析的例子。

多元线性回归模型的一般形式被表示为：
$$y_i = b_0 + b_1 x_{i1} + b_2 x_{i2} + \cdots + b_m x_{im} + \varepsilon_i \qquad i = 1, 2, \cdots, n$$

式中　$b_0, b_1, \cdots, b_m$——$m+1$ 个未知参数；

ε_i——不可测的随机误差；

y_i——被解释变量（因变量）；

x_{im}——解释变量（自变量）。

由上式可得多元线性回归模型的矩阵形式为：
$$Y = XB + \varepsilon$$

$$y = \begin{bmatrix} y_1 \\ y_2 \\ \vdots \\ y_n \end{bmatrix}, X = \begin{bmatrix} x_{11} & x_{12} & \cdots & x_{1m} \\ x_{21} & x_{22} & \cdots & x_{2m} \\ \vdots & \vdots & & \vdots \\ x_{n1} & x_{n2} & \cdots & x_{nm} \end{bmatrix}, B = \begin{bmatrix} b_0 \\ b_1 \\ \vdots \\ b_m \end{bmatrix}$$

$$\varepsilon = \begin{bmatrix} \varepsilon_1 \\ \varepsilon_2 \\ \vdots \\ \varepsilon_n \end{bmatrix}$$

因此，多元线性回归模型可以表示为：
$$\begin{cases} y_1 = b_0 + b_1 x_{11} + b_2 x_{12} + \cdots + b_m x_{1m} + \varepsilon_1 \\ y_2 = b_0 + b_1 x_{21} + b_2 x_{22} + \cdots + b_m x_{2m} + \varepsilon_2 \\ \qquad \vdots \\ y_n = b_0 + b_1 x_{n1} + b_2 x_{n2} + \cdots + b_m x_{nm} + \varepsilon_n \end{cases}$$

式中　$b_0, b_1, b_2, \cdots, b_m$——$m+1$ 个待估参数，即回归系数；

ε_i——第 i 次试验中的随机因素对 y_i 的影响，通常忽略。

通过对线性方程求解，求得参数 $b_0, b_1, b_2, \cdots, b_m$，就可得 m 元线性回归方程：
$$y = b_0 + b_1 x_1 + b_2 x_2 + \cdots + b_m x_m$$

建立回归方程的目的是利用它来进行预报以及控制。在实际问题中，人们事先并不能对随机变量 y 与 $x_1, x_2, \cdots, x_m$ 之间是否确有线性关系作出明确的判断，在对回归方程求解之前，线性回归模型仅仅是一种假设，所以求出线性回归方程后，还需要对其进行统计检验，之后再给予否定或肯定的结论。

2. 多元线性回归模型的检验

有很多种方法可对多元线性回归模型进行检验，在这里介绍以下两种方法：

（1）R 检验法。R 检验可以分为以下三个步骤：

1) 计算复相关系数 R。

计算复相关系数前，要先计算复可决系数 R^2，其表达式为：
$$R^2 = \frac{\sum (\hat{y}_i - \bar{y})^2}{\sum (y_i - \bar{y})^2} = 1 - \frac{\sum (y_i - \hat{y}_i)^2}{\sum (y_i - \bar{y})^2}$$

那么，复相关系数 R 就可表达为：

$$R = \sqrt{1 - \frac{\sum(y_i - \hat{y}_i)^2}{\sum(y_i - \bar{y})^2}}$$

因为多元线性回归分析受到多个自变量的影响,因此需要对 R^2 进行校正,记为校正可决系数 $\bar{R}^2$:

$$\bar{R}^2 = 1 - \frac{\sum(y_i - \hat{y}_i)^2/(n-m)}{\sum(y_i - \bar{y})^2/(n-1)}$$

2)根据给定的显著性水平值以及 α 回归模型的自由度 $(n-2)$,从相关系数临界值表中查出临界值 $R_\alpha(n-2)$。

3)判断。假如 $|R| \geq R_\alpha(n-2)$,则拒绝原假设,表明两个变量间线性关系显著,通过检验,这时回归方程可用来进行预测;反之,则应对其原因进行分析,并重新处理。

(2)F 检验法。英国统计学家 Fisher 提出 F 检验法,它主要通过对两组数据的方差进行比较,确定它们的精密度有没有显著性差异。也即 F 检验法是一种假设检验方法,它检验两个正态随机变量的总体方差是否相等。其公式可以表示为:

$$F = 1 - \frac{\sum(\hat{y}_i - \bar{y})^2/(m-1)}{\sum(y_i - \hat{y}_i)^2/(n-m)}$$

F 检验与 R 检验和 R^2 的关系公式是可以互推的,它们可以表示为:

$$F = \frac{R^2}{1-R^2} \frac{n-m}{m-1}$$

$$R = \sqrt{\frac{(m-1)F}{n-m+(m-1)F}}$$

F 统计量服从以 $(m-1, n-m)$ 为自由度的 F 分布,对于所给定的显著性水平 α,可以通过查 F 分布表(见本章附录)得出临界值 $F_\alpha(m-1, n-m)$。

假如 $F > F_\alpha(m-1, n-m)$,则否定原假设(原假设为:对应于各自变量的回归系数全部为零),回归效果显著;反之,则回归效果不显著。

10.1.6 非线性回归模型

在很多现实问题中,变量间的关系并不都是线性的,还有非线性的情况存在。例如,有时可能会碰到一些现象的被解释变量和解释变量之间呈现某一种曲线关系。对于这些曲线形式的回归问题,不能按照前面线性回归的建模方法来解决,这时就需要用非线性回归模型解决问题。

可以把非线性关系分为三种类型。第一种是可以采用变量替换化为线性关系。第二种是自变量和 y 之间的非线性关系的函数形式不怎么明确,此类非线性回归事件可利用多元线性逐步回归进行求解。第三种非线性问题是指,自变量和 y 的非线性关系的函数形式是确定的(但是其中的参数是未知的),但是不可通过变量替换化为线性关系,此类非线性回归问题必须要采用更加复杂的拟合方法来求解。

通常非线性回归模型的公式可以写为:

$$y = \varphi(x_1, x_2, \cdots, x_m, \beta_1, \beta_2, \cdots, \beta_r) + \varepsilon$$

对于给定的一组观测值 (x_i, y_i),$i = 1, 2, \cdots n$,可以把上式改写成:

$$y_i = f(\boldsymbol{x}_i, \theta_i) + \varepsilon_i,\ i = 1, 2, \cdots, n$$

式中　y_i——因变量；

非随机向量 $\boldsymbol{x}_i = (x_{i1}, x_{i,2,\cdots}, x_{ik})^{\mathrm{T}}$——自变量；

$\boldsymbol{\theta} = (\theta_0, \theta_1, \cdots, \theta_p)^{\mathrm{T}}$——未知参数向量；

ε_i——随机误差项，并且满足独立同分布假定，即

$$\begin{cases} E(\varepsilon_i) = 0, i = 1, 2\cdots, n \\ \mathrm{Cov}(\varepsilon_i, \varepsilon_j) = \begin{cases} \sigma^2, i = j \\ 0, i \neq j \end{cases} (i, j = 1, 2, \cdots, n) \end{cases}$$

如果 $f(\boldsymbol{x}_i, \boldsymbol{\theta}) = \theta_0 + x_1\theta_1 + x_2\theta_2 + \cdots + x_p\theta_p$，那么 $y_i = f(\boldsymbol{x}_i, \theta_i) + \varepsilon_i$，$i = 1, 2, \cdots, n$ 便是前面讨论的线性模型，并且定有 $k = p$；对于通常情况的非线性模型，自变量的数目和参数的数目并没有一定的对应关系，因此并不要求 $k = p$。

10.2　例子

10.2.1　一元线性回归的实例分析

进行一元线性回归分析有以下基本步骤：

第一步：准备原始数据。

为对某大都市报开设周日版的可行性进行研究，获得了 34 种报纸的平日与周日发行量的信息（单位：千份）。数据如图 10-2 所示。

第二步：判断它们是否有线性关系，并制作直观散点图。

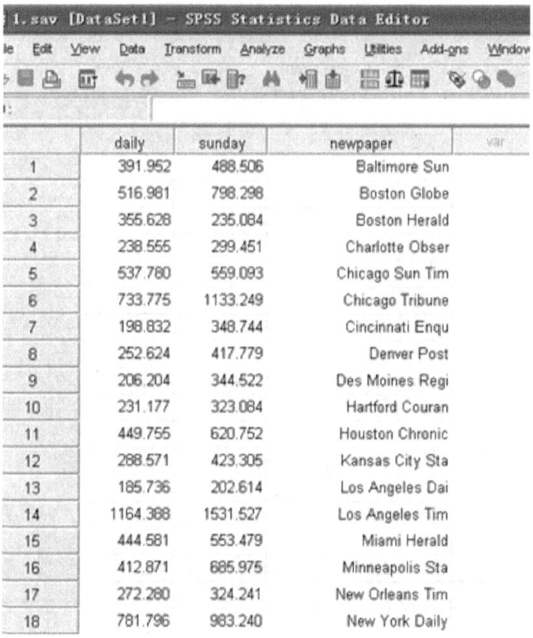

	daily	sunday	newpaper	var
1	391.952	488.506	Baltimore Sun	
2	516.981	798.298	Boston Globe	
3	355.628	235.084	Boston Herald	
4	238.555	299.451	Charlotte Obser	
5	537.780	559.093	Chicago Sun Tim	
6	733.775	1133.249	Chicago Tribune	
7	198.832	348.744	Cincinnati Enqu	
8	252.624	417.779	Denver Post	
9	206.204	344.522	Des Moines Regi	
10	231.177	323.084	Hartford Couran	
11	449.755	620.752	Houston Chronic	
12	288.571	423.305	Kansas City Sta	
13	185.736	202.614	Los Angeles Dai	
14	1164.388	1531.527	Los Angeles Tim	
15	444.581	553.479	Miami Herald	
16	412.871	685.975	Minneapolis Sta	
17	272.280	324.241	New Orleans Tim	
18	781.796	983.240	New York Daily	

图 10-2　原始数据输入图

（1）从 SPSS 软件中选择菜单中的"Analyze"，然后单击"Regression"（回归分析），再选择"Linear…"（线性回归分析），如图 10-3 所示。

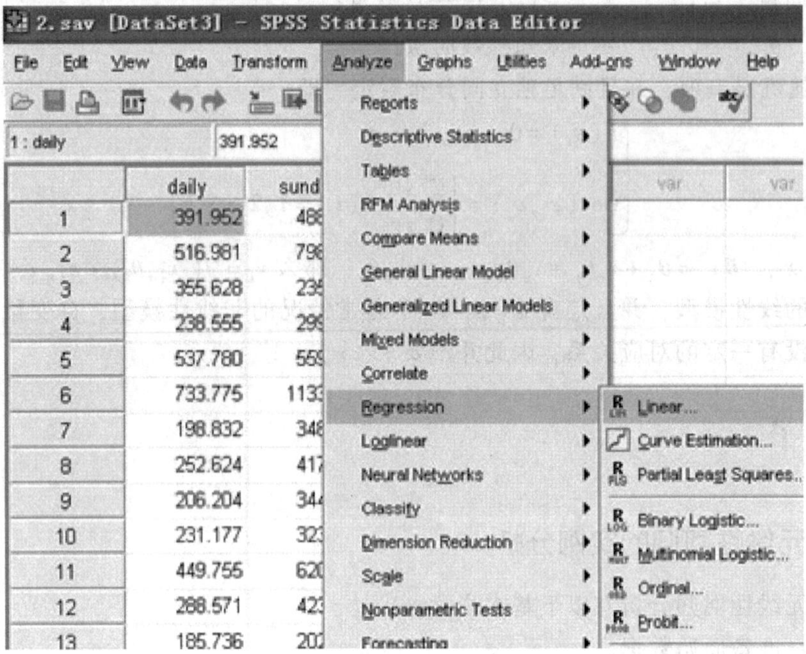

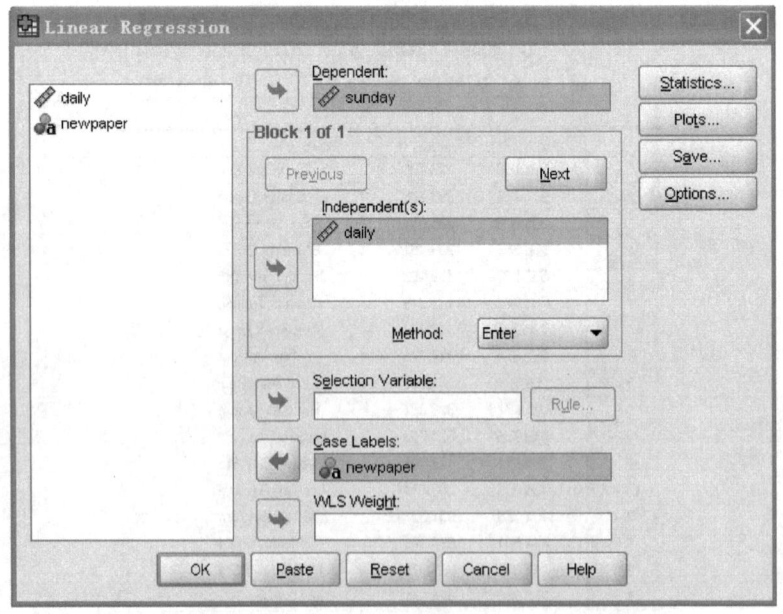

图 10-3 "Analyze"选择图

（2）点击"Linear…"就会有"Linear Regression"对话框打开，如图 10-4 所示。

图 10-4 "Linear Regression"对话框

在图 10-4 中，"Dependent"代表的是因变量，"Independent（s）"代表的是自变量，分别把左栏中的"sunday"选进因变量，"daily"选进自变量，"newspaper"作为标识标签选入"Case Labels"（标签变量）。

（3）单击图 10-4 对话框中的"Plots…"（绘图）按钮，就会有图 10-5 的对话框弹出。

将因变量 DEPENDENT 选入"Y"下的文本框中，自变量 ZPRED 选入"X"下面的文本框中。然后再单击"Continue"按钮返回上一级对话框。单击主对话框中的 OK 按钮，便可生成散点图，如图 10-6 所示。

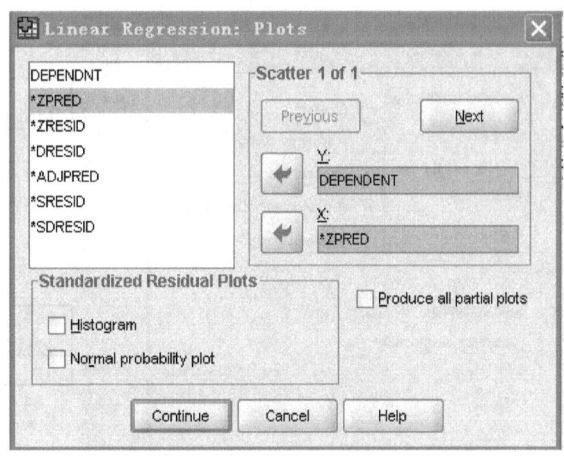

图 10-5 "Linear Regression：Plots"对话框

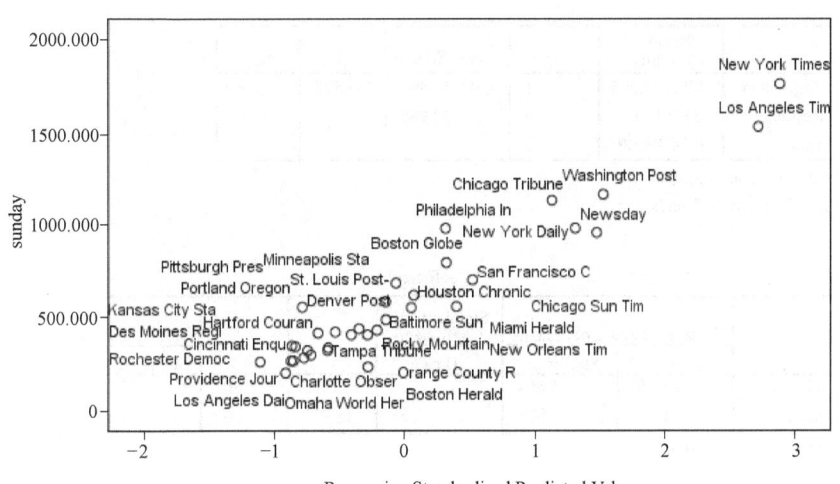

图 10-6 散点图

通过散点图可以看出，自变量与因变量之间的关系趋势呈线性关系。

第三步：建立回归方程。

单击选择菜单中的"Analyze"，然后单击"Regression"，再选择"Linear…"对话框中右边的"Statistics…"按钮。得到如图 10-7 所示的对话框。

勾选"Regression Coefficient"（回归系数）中的"Estimates"（估计值）、"Confidence intervals Level（%）"（置信区间）：95% 置信区间，以及"Model fit"（拟合模型）。然后再单击"Continue"按钮，返回主对话框，单击"OK"。得出结果，如图 10-8 和图 10-9 所示。

171

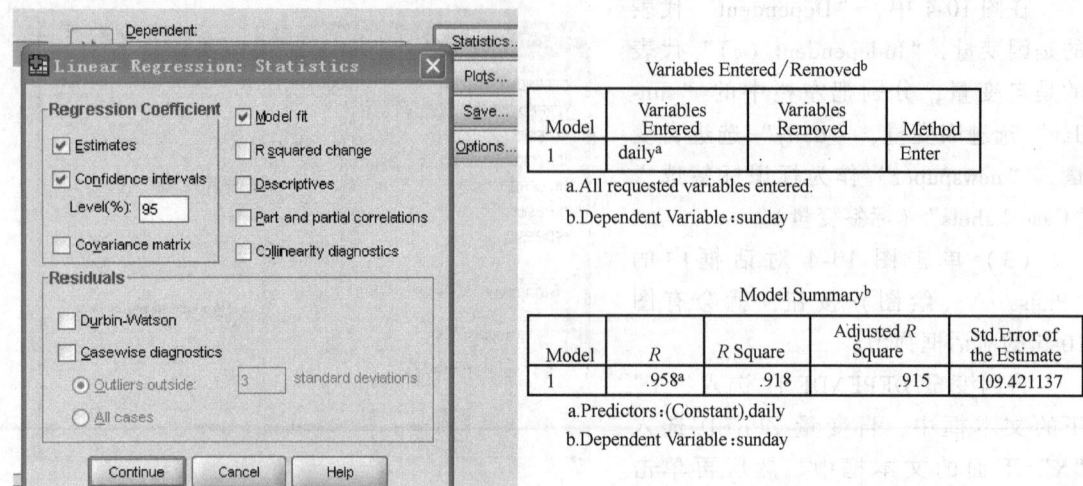

图 10-7 "Linear Regression：Statistics"对话框   图 10-8 结果图

图 10-8 中 Variables Entered/Removed 显示的是变量的输入和输出，通过图下的提示可以知道所有的变量均输入和输出，没有遗漏。Model Summary 显示的是模型总和 R 值，R^2 值、调整后的 R^2 值，及标准误。本例中的 R 值为 0.958，R^2 值为 0.918，调整后的 R^2 值为 0.915，标准误的值为 109.421137。

ANOVA[b]

Model		Sum of Squares	df	Mean Square	F	Siq.
1	Regression	4292652.595	1	4292652.595	358.528	.000[a]
	Residual	383135.530	32	11972.985		
	Total	4675788.126	33			

a. Predictors:(Constant),daily
b. Dependent Variable:sunday

Coefficients[a]

Model		Unstandardized Coefficients		Standardized Coefficients	t	Sig.	95.0% Confidence Interval for B	
		B	Std. Error	Beta			Lower Bound	Upper Bound
1	(Constant)	13.836	35.804		.386	.702	−59.095	86.766
	daily	1.340	.071	.958	18.935	.000	1.196	1.484

a. Dependent Variable:sunday

图 10-9 ANOVA 与 Coefficients 结果图

图 10-9 中，ANOVA 为方差统计，主要内容包括回归平方和、自由度、方程检验 F 值以及 P 值。Coefficients 为回归参数，Constant 为回归方程截距，值为 13.836，标准误分别为 35.804 和 0.071，回归系数为 1.340。从图中还可知 t 检验值与 95% 的置信区间的最小值与最大值。所以回归方程式可以表示为：$Y = 1.340X + 13.836$。X 为自变量，也即数据表中的 daily，Y 为因变量，也即数据表中的 sunday。

10.2.2 多元线性回归的实例分析

本例研究的是多元线性回归在病虫预报中的应用。

某一地区病虫测报站采用相关系数法选取了下列 4 个预报因子：$x1$ 为至多连续 10 天诱蛾量（单位：头）；$x2$ 为 4 月上旬和中旬在百束小谷草把上累计落卵量（单位：块）；$x3$ 为 4 月中旬的降水量（单位：mm）；$x4$ 为 4 月中旬的雨日（单位：天）。y 为预报一代幼虫的发生量（单位：头/m²）。

预报量 y：每平方米幼虫 0~10 头为 1 级，每平方米幼虫 11~20 头为 2 级，每平方米幼虫 21~40 头为 3 级，每平方米幼虫 40 头以上为 4 级。

预报因子：$x1$，诱蛾量 0~300 头为 1 级，301~600 头为 2 级，601~1000 头为 3 级，1000 头以上为 4 级；$x2$，落卵量 0~150 块为 1 级，151~300 块为 2 级，301~550 块为 3 级，550 块以上为 4 级；$x3$，降水量 0.0~10.0mm 为 1 级，10.1~13.2mm 为 2 级，13.3~17.0mm 为 3 级，17.0mm 以上为 4 级；$x4$，雨日 0~2 天为 1 级，3~4 天为 2 级，5 天为 3 级，6 天或 6 天以上为 4 级。

第一步：录入数据。

在 SPSS 数据的编辑窗口中，创建"年份""诱蛾量""落卵量""降水量""雨日"以及"幼虫密度"变量，并把相应的数据输入。然后再创建诱蛾量、落卵量、降水量、雨日以及幼虫密度的分级变量 $x1$、$x2$、$x3$、$x4$ 与 y，它们对应的分级数值可在 SPSS 数据编辑窗口中通过计算得到，如表 10-1 所示。

表 10-1 病虫预报数据表

年份	$x1$		$x2$		$x3$		$x4$		y	
	诱蛾量	级别	落卵量	级别	降水量	级别	雨日	级别	幼虫密度	级别
1960 年	1022	4 级	112	1 级	4.3	1 级	2	1 级	10	1 级
1961 年	300	1 级	440	3 级	0.1	1 级	1	1 级	4	1 级
1962 年	699	3 级	67	1 级	7.5	1 级	1	1 级	9	1 级
1963 年	1876	4 级	675	4 级	17.1	4 级	7	4 级	55	4 级
1965 年	43	1 级	80	1 级	1.9	1 级	2	1 级	1	1 级
1966 年	422	2 级	20	1 级	0	1 级	0	1 级	3	1 级
1967 年	806	3 级	510	3 级	11.8	2 级	3	2 级	28	3 级
1970 年	115	1 级	240	2 级	0.6	1 级	2	1 级	7	1 级
1971 年	718	3 级	1460	4 级	18.4	4 级	4	2 级	45	4 级
1972 年	803	3 级	630	4 级	13.4	3 级	3	2 级	26	3 级
1973 年	572	2 级	280	2 级	13.2	2 级	4	2 级	16	2 级
1974 年	264	1 级	330	3 级	42.2	4 级	3	2 级	19	2 级
1975 年	198	1 级	165	2 级	71.8	4 级	5	3 级	23	3 级
1976 年	461	2 级	140	1 级	7.5	1 级	5	3 级	28	3 级
1977 年	769	3 级	640	4 级	44.7	4 级	3	2 级	44	4 级
1978 年	255	1 级	65	1 级	0	1 级	0	1 级	11	2 级

第二步：启动线性回归过程

单击 SPSS 主菜单的"Analyze"下的"Regression"中的"Linear…"，将打开如图 10-10 所示的线性回归对话框。

第三步：分析变量的设置

因变量的设置：用鼠标选中图 10-10 左边变量列表中的"幼虫密度 [y]"变量，然后再单击"Dependent"左边的 ▶ 按钮，"幼虫密度 [y]"变量就移到了"Dependent"文本框里。

自变量的设置：用鼠标分别选中图 10-10 左边变量列表中的"诱蛾量 [x1]"、"落卵量 [x2]""降水量 [x3]""雨日 [x4]"变量，然后分别单击"Independent（s）"左边的 ▶ 按钮，"诱蛾量 [x1]"、"落卵量 [x2]""降水量 [x3]""雨日 [x4]"变量就移到了"Independent（s）"文本框栏里。

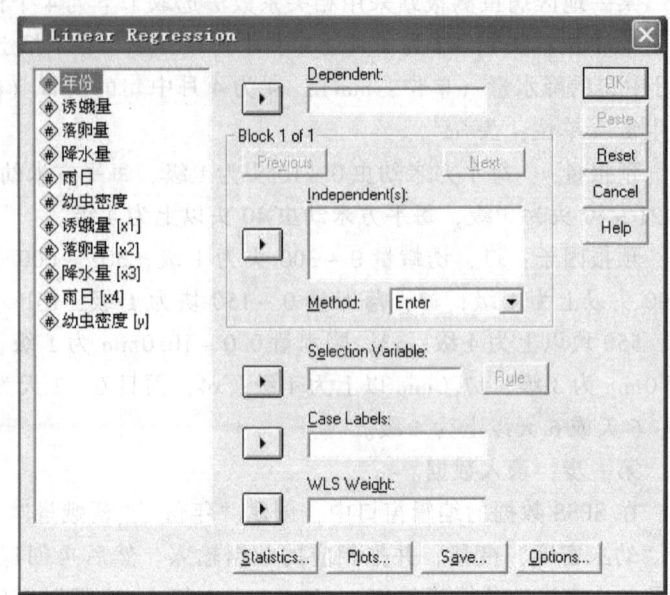

图 10-10　"Linear Regression"对话框

控制变量的设置：本案例中不使用控制变量，所以不选择任何变量。

标签变量的选择：用鼠标选中图 10-10 左边变量列表中的"年份"，然后再单击"Case Labels"左边的 ▶ 按钮，"年份"就移到了"Case Labels"的文本框里。

加权变量的选择：本案例没有加权变量，因此不作任何设置。

第四步：选择回归方式。

本案例中的 4 个预报因子变量都是经过相关系数法选取出来的，在回归分析时不需要作筛选。因此就在图 10-10 的"Method"下拉列表框中选中"Enter"（进入）选项，建立全回归模型。

第五步：设置输出统计量。

单击图 10-10 中的"Statistics…"按钮，将打开如图 10-11 所示的对话框。此对话框用来对相关参数进行设置。

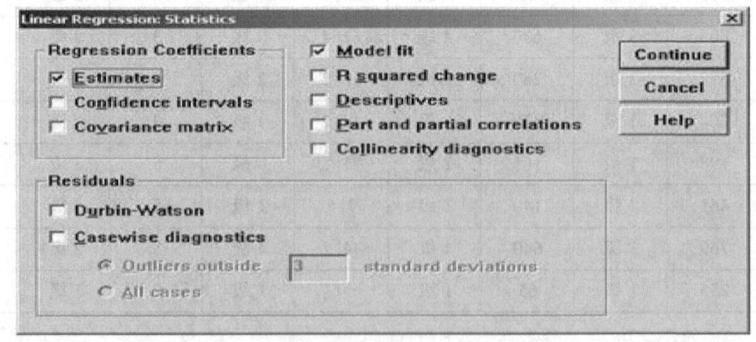

图 10-11　"Linear Regression：Statistics"对话框

图 10-11 的对话框中各项的意义分别为：

(1)"Regression Coefficients"(回归系数)选项区：

1)Estimates——输出回归系数和相关统计量。

2)Confidence intervals——回归系数的置信区间。

3)Covariance matrix——回归系数的协方差矩阵。

在本案例中选择"Estimates"输出回归系数和相关统计量。

(2)"Residuals"(残差)选项区：

1)Durbin-Watson——Durbin-Watson检验。

2)Casewise diagnostics——输出满足选择条件的观测量的相关信息。若选择该项，下面有两项处于可以选择的状态：

Outliers outside　standard deviations——选择标准化残差的绝对值大于输入值的观测量。

All cases——所有观测量都选择。

在本案例中都不选。

(3)其他的输入选项：

1)Model fit——输出相关系数、相关系数平方、调整系数、估计标准误与 ANOVA 表。

2)R squared change——输出因加入与剔除变量而引起的复相关系数平方的变化。

3)Descriptives——输出变量矩阵、标准差与相关系数单侧显著性水平矩阵。

4)Part and partial correlations——输出相关系数与偏相关系数。

5)Collinearity diagnostics——显示单个变量与共线性分析的公差。

本案例中选择"Model ft"项。

第六步：设置绘图选项。

单击图 10-10 中的"Plots…"按钮，就会打开如图 10-12 所示的对话框。此对话框用于设置要绘制的图形的参数。对话框中的"X:"和"Y:"对应的文本框是用于对 X 轴和 Y 轴相应的变量进行选择。

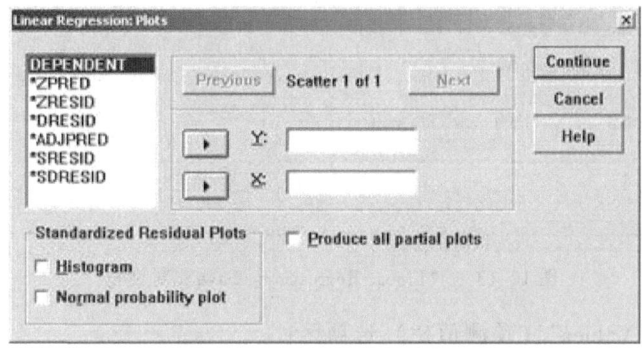

图 10-12　"Linear Regression：Plots"对话框

(1)图 10-12 的对话框中左上角的文本框中各项的意义分别为：

DEPENDENT——因变量。

ZPRED——标准化预测值。

ZRESID——标准化残差。

DRESID——删除残差。

ADJPRED——调节预测值。

SRESID——学生氏化残差。

SDRESID——学生氏化删除残差。

（2） Standardized Residual Plots——设置各变量的标准化残差图形输出。这一选项中共包含两个选项。

1） Histogram——用直方图显示标准化残差。

2） Normal probability plot——比较标准化残差和正态残差的分布示意图。

（3） Produce all partial plots——生成偏残差图，是指对每一个自变量生成其残差对因变量残差的散点图。

本案例不绘图，因此不需要对这些选项进行选择。

第七步：保存分析数据选项的设置

单击图 10-10 中的 "Save…"（保存）按钮，将会有如图 10-13 所示的对话框打开。

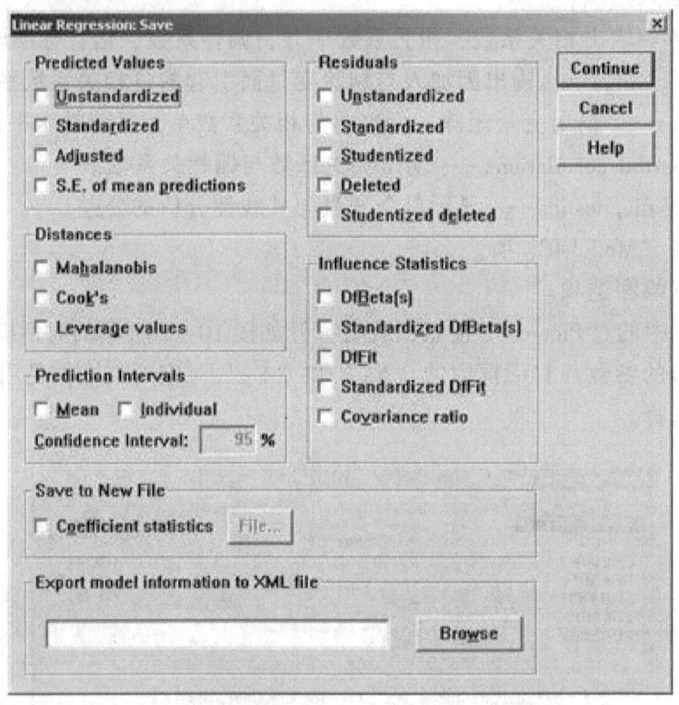

图 10-13 "Linear Regression：Save" 对话框

（1） "Predicted Values"（预测值栏）选项区：

1） Unstandardized——非标准化预测值；在当前数据文件中新添加一个以字符 "PRE_" 开头而命名的变量，这类变量称为存放根据回归模型拟合的预测值。

2） Standardized——标准化预测值。

3） Adjusted——调整后预测值。

4） S. E. of mean predictions——预测值的标准误。

在本案例中选择 "Unstandardized"。

（2） "Distances"（距离）栏选项区：

1）Mahalanobis——距离。

2）Cook's——Cook 距离。

3）Leverage values——杠杆值。

（3）"Prediction Intervals" 选项区：

1）Mean——区间的中心位置。

2）Individual——观测量上限与下限的预测区间。在当前数据文件中新添加一个以字符"LICI_"所开头命名的变量，这类变量称为存放预测区间下限值；在当前数据文件中新添加一个以字符"UICI_"所开头命名的变量，这类变量称为存放预测区间上限值。

3）Confidence Interval——置信度。

在本案例中不选。

（4）"Save to New File"（保存为新文件）区：

Coefficient statistics——将回归系数保存到指定的文件中。本案例中不选。

（5）"Export model information to XML file" 是指将导出统计过程中的回归模型信息保存到指定文件。本案例中不选。

（6）Residuals 选项区：

1）Unstandardized——非标准化残差。

2）Standardized——标准化残差。

3）Studentized——学生氏化残差。

4）Deleted——删除残差。

5）Studentized deleted——学生氏化删除残差。

本案例中不选。

（7）"Influence Statistics"（统计量的影响）选项区：

1）DfBeta（s）——删除一个特定的观测值所引起的回归系数的变化。

2）Standardized DfBeta（s）——标准化的 DfBeta 值。

3）DfFit——删除一个特定的观测值所引起的预测值的变化。

4）Standardized DfFit——标准化的 DfFit 值。

5）Covariance ratio——删除一个观测值后的协方差矩阵的行列式与带有全部观测值的协方差矩阵的行列式的比率。

本案例不保存任何分析变量，所以对这些选项不进行选择。

第八步：其他选项的设置。单击图 10-10 中的 "Options…" 按钮，就会有如图 10-14 所示的对话框打开。

（1）"Stepping Method Criteria"（进行逐步回归时内部数值的设定），其中各项所代表的含义为：

1）"Use probability of F"——若一个变量的 F 值的概率小于所设置的进入值（Entry），那么将把该变量选入回归方

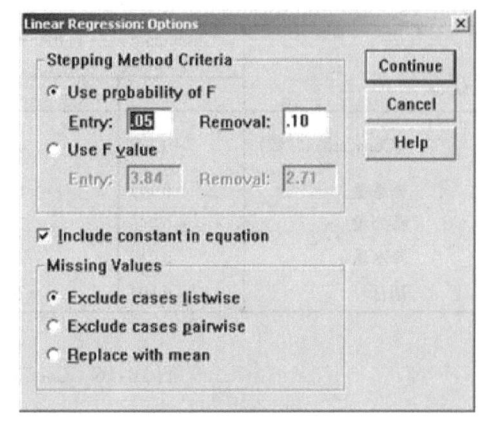

图 10-14　"Linear Regression：Options" 对话框

程中；若变量的 F 值的概率大于设置的剔除值（Removal），那么将把这个变量从回归方程中给剔除。因此，在对"Use probability of F"进行设置时，应使剔除值大于进入值。

2)"Ues F value"——若一个变量的 F 值大于所设置的进入值（Entry），那么就将此变量选入回归方程中；若变量的 F 值小于设置的剔除值（Removal），那么就将这个变量从回归方程中剔除。因此，在对"Use F value"进行设置时，应使剔除值小于进入值。

本案例采用的是全回归，所以不对这些项进行设置。

(2)"Include constant in equation"，选择此项表示在回归方程中有常数项。

在本案例中选择"Include constant in equation"这一个选项。

(3)"Missing Values"（缺失值）用于设置对缺失值的处理方法。其下面各项的含义为：

1)"Exclude cases listwise"——把所有含有缺失值的观测值都剔除。

2) Exchude cases pairwise——仅把参与统计分析计算的变量中含有缺失值的观测量进行剔除。

3) Replace with mean——采用变量的均值来取代缺失值。

在本案例中选择"Exclude cases listwise"选项。

第九步：提交执行。

单击图 10-10 中的"OK"按钮，就表示提交执行，其结果将在输出窗口中被显示。主要结果如图 10-15 和图 10-16 所示。

第十步：结果分析。

Model		Sun of Squares（平方和）	df（自由度）	Mean Square（均方）	F	Sig.（显著性水平）
1	Regression（回归）	16.779	4	4.195	10.930	.001(a)
	Residual（剩余）	4.221	11	.384		
	Total（总的）	21.000	15			

图 10-15　ANOVA（方差分析）

图 10-15 所示为回归模型的 ANOVA（方差分析），F 值为 10.930，显著性水平为 0.001，表明回归极显著。

Model		Unstandardized Coefficients（非标准化回归系数）		Standardized Coefficients（标准化回归系数）	t	Sig
		B	Std. Error	Beta (β)		
1	(Const arit)（常数）	−0.182	.442		−.412	.688
	诱蛾量	0.142	.158	.133	.900	.387
	落卵量	0.245	.213	.258	1.145	.276
	降水量	0.210	.224	.244	.936	.369
	雨日	0.605	.245	.465	2.473	.031

图 10-16　Coefficients（回归系数）

图 10-16 所示为 Coefficients（回归系数）结果，可以通过图中的内容建立回归模型。

(1) 回归模型的建立。依据多元回归模型：
$$y = b_0 + b_1 x_1 + b_2 x_2 + \cdots + b_k x_k + e$$
把图 10-16 中的"非标准化回归系数"一栏中的"B"列系数代入到上式就可得到预测方程：
$$\hat{y} = -0.182 + 0.142 x_1 + 0.245 x_2 + 0.210 x_3 + 0.605 x_4$$
预测值 $\hat{y}$ 的标准差可以用剩余均方来进行估计：
$$S_{\hat{y}} = \sqrt{0.384} = 0.620$$

(2) 对回归方程的显著性进行检验。由方差分析结果可得知：F 统计量是 10.930，系统自动检验的显著性水平是 0.001。

F (0.05, 4, 11) 的值为 3.36，F (0.01, 4, 11) 的值为 5.67，F (0.001, 4, 11) 的值为 10.35。所以回归方程相关，并且非常显著（F 值可以在 Excel 中用 FINV ( ) 函数来获取）。

(3) 回代检验。需作预报效果的验证时，单击图 10-10 中的"Save…"按钮，再打开如图 10-13 所示对话框，选中"Predicted Values"选项区中的"Unstandardized"复选框，这样在过程运算的时候，就会在当前的文件中新添加一个以"PRE_ 1"命名的变量，该变量存放根据回归模型拟合的预测值。

然后，在 SPSS 数据窗口中计算"y"与"PRE_ 1"变量的差值如图 10-17 所示，在本案例中把绝对差值小于或等于 0.8 视为符合，反之则不符合。其结果不符合的年数为 1 年，符合的年数为 15 年，历史的符合率为 93.75%。

	年份	诱蛾量	落卵量	降水量	雨日	幼虫密度	x1	x2	x3	x4	y	PRE_1	差
1	1960	1022	112	4.3	2	10	4	1	1	1	1	1.4	-.4
2	1961	300	440	.1	1	4	1	3	1	1	1	1.5	-.5
3	1962	699	67	7.5	1	9	3	1	1	1	1	1.3	-.3
4	1963	1876	675	17.1	7	55	4	4	4	4	4	4.6	-.6
5	1965	43	80	1.9	2	1	1	1	1	1	1	1.0	.0
6	1966	422	20	.0	0	3	2	1	1	1	1	1.2	-.2
7	1967	806	510	11.8	3	28	3	3	2	2	3	2.6	.4
8	1970	115	240	.6	2	7	1	2	1	1	1	1.3	-.3
9	1971	718	1460	18.4	4	45	3	4	4	2	4	3.3	.7
10	1972	803	630	13.4	3	26	3	4	3	2	3	3.1	-.1
11	1973	572	280	13.2	4	16	2	2	2	2	2	2.2	-.2
12	1974	264	330	42.2	3	19	1	2	4	2	2	2.7	-.7
13	1975	198	165	71.8	5	23	1	2	4	3	3	3.1	-.1
14	1976	461	140	7.5	5	28	2	1	1	3	3	2.4	.6
15	1977	769	640	44.7	3	44	3	4	4	2	4	3.3	.7
16	1978	255	65	.0	0	11	1	1	1	1	2	1.0	1.0

图 10-17　结果

多元线性回归分析法可以综合多个预报因子的作用，来作出预报，因此这一分析方法在统计预报中是一种应用较为广泛的方法。

在现实的运用中，把预报因子与预报量按一定的标准分为多级，用分级尺度来替代那些较大的数字，这样就更能揭示预报因子和预报量的关系，其预报效果比用数量值统计法有很大的提高，具有重要的现实意义。

小 结

本章主要对连续变量的分析进行介绍，主要介绍的是回归分析。本章分别介绍了一元回归分析和多元回归分析的理论与算法，并且使用软件对回归分析的操作进行了详细的介绍。

思考题

1. 请详述一下回归分析的概念。
2. 一元线性回归的概念以及模型表达式是什么？
3. 怎样进行一元线性回归方程的显著性检验？
4. 怎样进行一元线性回归方程的拟合检验？
5. 请对多元线性回归模型的概念进行详述。
6. 多元线性回归模型的检验方法有哪些？它们的步骤和详细内容有哪些？
7. 非线性回归模型的概念是什么？它有几种类型？非线性回归模型的公式是什么？
8. 请用一个案例进行一元线性回归分析。
9. 请用一个案例进行多元线性回归分析。

参考文献

[1] B. Siva Soumya, M Sekhar, J Riotte, Jean-Jacques Braun. Non-linear regression model for spatial variation in precipitation chemistry for South India [J]. Atmospheric Environment, 2009 (43)：1147-1152.

[2] K Vasanth Kumar, K Porkodi, F Rocha. Isotherms and thermodynamics by linear and non-linear regression analysis for the sorption of methylene blue onto activated carbon：Comparison of various error functions [J]. Journal of Hazardous Materials, 2008, 151 (2-3) 794–804.

[3] Walter Bich, Giancarlo, D'Agostino, Alessandro Germak, Francesca. Pennecchi. Uncertainty propagation in a Non-linear Regression Analysis：Application to a Ballistic Absolute Gravimeter (IMGC-02) [C]. International Workshop on Advanced Methods for Uncertainty Estimation in Measurement, 2007

[4] 李东风, 郑忠国. 最优线性回归的计算方法 [J]. 数理统计与管理, 2008, 27 (1)：87-95.

[5] 周莹. 高校收费标准的探讨 [J]. 科技情报开发与经济, 2008. (3)：200-201.

[6] 冯守平, 石泽, 邹瑾. 一元线性回归模型中参数估计的几种方法比较 [J]. 统计与决策, 2008 (24)：152-153.

[7] 杨虎, 邵华. 线性回归诊断中的高杠杆点度量 [J]. 工程数学学报, 2009. (1).

[8] 刘晓叙. 灰色预测与一元线性回归预测的比较 [J]. 四川理工学院学报（自然科学版），2009. (1).

[9] 鲁铁定, 陶本藻, 周世健. 一元整体线性回归模型解算 [J]. 西安科技大学学报. 2009. (2).

本章附录

附录A F 分布表

$$P\{F(n_1, n_2) > F_\alpha(n_1, n_2)\} = \alpha$$

$\alpha = 0.05$

n_2 \ n_1	1	2	3	4	5	6	7	8	9	10	12	15	20	24	30	40	60	120	$+\infty$
1	161.4	199.5	215.7	224.6	230.2	234.0	236.8	238.9	240.5	241.9	243.9	245.9	248.0	249.1	250.1	251.1	252.2	253.3	254.3
2	18.51	19.00	19.16	19.25	19.30	19.33	19.35	19.37	19.38	19.40	19.41	19.43	19.45	19.45	19.46	19.47	19.48	19.49	19.50
3	10.13	9.55	9.28	9.12	9.01	8.94	8.89	8.85	8.81	8.79	8.74	8.70	8.66	8.64	8.62	8.59	8.57	8.55	8.53
4	7.71	6.94	6.59	6.39	6.26	6.16	6.09	6.04	6.00	5.96	5.91	5.86	5.80	5.77	5.75	5.72	5.69	5.66	5.63
5	6.61	5.79	5.41	5.19	5.05	4.95	4.88	4.82	4.77	4.74	4.68	4.62	4.56	4.53	4.50	4.46	4.43	4.40	4.36
6	5.99	5.14	4.76	4.53	4.39	4.28	4.21	4.15	4.10	4.06	4.00	3.94	3.77	3.84	3.81	3.87	3.74	3.70	3.67
7	5.59	4.74	4.35	4.12	3.97	3.87	3.79	3.73	3.68	3.64	3.57	3.51	3.44	3.41	3.38	3.34	3.30	3.27	3.23
8	5.32	4.46	4.07	3.84	3.69	3.58	3.50	3.44	3.39	3.35	3.28	3.22	3.15	3.12	3.08	3.04	3.01	2.97	2.93
9	5.12	4.26	3.86	3.63	3.48	3.37	3.29	3.23	3.18	3.14	3.07	3.01	2.94	2.90	2.86	2.83	2.79	2.75	2.71
10	4.96	4.10	3.71	3.48	3.33	3.22	3.14	3.07	3.02	2.98	2.91	2.85	2.77	2.74	2.70	2.66	2.62	2.58	2.54
11	4.84	3.98	3.59	3.36	3.20	3.09	3.01	2.95	2.90	2.85	2.79	2.72	2.65	2.61	2.57	2.53	2.49	2.45	2.40
12	4.75	3.89	3.49	3.26	3.11	3.00	2.91	2.85	2.80	2.75	2.69	2.62	2.54	2.51	2.47	2.43	2.38	2.34	2.30
13	4.67	3.81	3.41	3.18	3.03	2.92	2.83	2.77	2.71	2.67	2.60	2.53	2.46	2.42	2.38	2.34	2.30	2.25	2.21
14	4.60	3.74	3.34	3.11	2.96	2.85	2.76	2.70	2.65	2.60	2.53	2.46	2.39	2.35	2.31	2.27	2.22	2.18	2.13
15	4.54	3.68	3.29	3.06	2.90	2.79	2.71	2.64	2.59	2.54	2.48	2.40	2.33	2.29	2.25	2.20	2.16	2.11	2.07
16	4.49	3.63	3.24	3.01	2.85	2.74	2.66	2.59	2.54	2.49	2.42	2.35	2.28	2.24	2.19	2.15	2.11	2.06	2.01
17	4.45	3.59	3.20	2.96	2.81	2.70	2.61	2.55	2.49	2.45	2.38	2.31	2.23	2.19	2.15	2.10	2.06	2.01	1.96
18	4.41	3.55	3.16	2.93	2.77	2.66	2.58	2.51	2.46	2.41	2.34	2.27	2.19	2.15	2.11	2.06	2.02	1.97	1.92
19	4.38	3.52	3.13	2.90	2.74	2.63	2.54	2.48	2.42	2.38	2.31	2.23	2.16	2.11	2.07	2.03	1.98	1.93	1.88
20	4.35	2.49	3.10	2.87	2.71	2.60	2.51	2.45	2.93	2.35	2.28	2.20	2.12	2.08	2.04	1.99	1.95	1.90	1.84
21	4.32	3.47	3.07	2.84	2.68	2.57	2.49	2.42	2.37	2.32	2.25	2.18	2.10	2.05	2.10	1.96	1.92	1.87	1.81
22	4.30	3.44	3.05	2.82	2.66	2.55	2.46	2.40	2.34	2.30	2.23	2.15	2.07	2.03	1.98	1.94	1.89	1.84	1.78
23	4.28	3.42	3.03	2.80	2.64	2.53	2.44	2.37	2.32	2.27	2.20	2.13	2.05	2.01	1.96	1.91	1.86	1.81	1.76
24	4.26	3.40	3.01	2.78	2.62	2.51	2.42	2.36	2.30	2.25	2.18	2.11	2.03	1.98	1.94	1.89	1.84	1.79	1.73
25	4.24	3.39	2.99	2.76	2.60	2.49	2.40	2.34	2.F	2.24	2.16	2.09	2.01	1.96	1.92	1.87	1.82	1.77	1.71
26	4.23	3.37	2.98	2.47	2.59	2.74	2.39	2.32	2.27	2.22	2.15	2.07	1.99	1.95	1.90	1.85	1.80	1.75	1.69
27	4.21	3.35	2.96	2.73	2.57	2.46	2.37	2.31	2.25	2.20	2.13	2.06	1.97	1.93	1.88	1.84	1.79	1.73	1.67
28	4.20	3.34	2.95	2.71	2.56	2.45	2.36	2.29	2.24	2.19	2.12	2.04	1.96	1.91	1.87	1.82	1.77	1.71	1.65
29	4.18	3.33	2.93	2.70	2.55	2.43	2.35	2.28	2.22	2.18	2.10	2.03	1.94	1.90	1.85	1.81	1.75	1.70	1.64
30	4.17	3.32	2.92	2.69	2.53	2.42	2.33	2.27	2.21	2.16	2.09	2.01	1.93	1.89	1.84	1.79	1.74	1.68	1.62
40	4.08	3.23	2.84	2.61	2.45	2.34	2.25	2.18	2.12	2.08	2.00	1.92	1.84	1.79	1.74	1.69	1.64	1.58	1.51
60	4.00	3.15	2.76	2.53	2.37	2.25	2.17	2.10	2.04	1.99	1.92	1.84	1.75	1.70	1.65	1.59	1.53	1.47	1.39
120	3.92	3.07	2.68	2.45	2.29	2.17	2.09	2.02	1.96	1.91	1.83	1.75	1.66	1.61	1.55	1.50	1.43	1.35	1.25
$+\infty$	3.84	3.00	2.60	2.37	2.21	2.10	2.01	1.94	1.88	1.83	1.75	1.67	1.57	1.52	1.46	1.39	1.32	1.22	1.00

(续)

$\alpha = 0.025$

n_2 \ n_1	1	2	3	4	5	6	7	8	9	10	12	15	20	24	30	40	60	120	$+\infty$
1	647.8	799.5	864.2	899.6	921.8	937.1	948.2	956.7	963.3	968.6	976.7	984.9	993.1	997.2	1001	1006	1010	1014	1018
2	38.51	39.00	39.17	39.25	39.30	39.33	39.36	39.37	39.39	39.40	39.41	39.43	39.45	39.46	39.46	39.47	39.48	39.49	39.50
3	17.44	16.04	15.44	15.10	14.88	14.73	14.62	14.54	14.47	14.42	14.34	14.25	14.17	14.12	14.08	14.04	13.99	13.95	3.90
4	12.22	10.65	9.98	9.60	9.36	9.20	9.07	8.98	8.90	8.84	8.75	8.66	8.56	8.51	8.46	8.41	8.36	8.31	8.26
5	10.01	8.43	7.76	7.39	7.15	6.98	6.85	6.76	6.68	6.62	6.52	6.43	6.33	6.28	6.23	6.18	6.12	6.07	6.02
6	8.81	7.26	6.60	6.23	5.99	5.82	5.70	5.60	5.52	5.46	5.37	5.27	5.17	5.12	5.07	5.01	4.96	4.90	4.85
7	8.07	6.54	5.89	5.52	5.29	5.12	4.99	4.90	4.82	4.76	4.67	4.57	4.47	4.42	4.36	4.31	4.25	4.20	4.14
8	7.57	6.06	5.42	5.05	4.82	4.65	4.53	4.43	4.36	4.30	4.20	4.10	4.00	3.95	3.89	3.84	3.78	3.73	3.67
9	7.21	5.71	5.08	4.72	4.48	4.32	4.20	4.10	4.03	3.96	3.87	3.77	3.67	3.61	3.56	3.51	3.45	3.39	3.33
10	6.94	5.46	4.83	4.47	4.24	4.07	3.95	3.85	3.78	3.72	3.62	3.52	3.42	3.37	3.31	3.26	3.20	3.14	3.08
11	6.72	5.26	4.63	4.28	4.04	3.88	3.76	3.66	3.59	3.53	3.43	3.33	3.23	3.17	3.12	3.06	3.00	2.94	2.88
12	6.55	5.10	4.47	4.12	3.89	3.73	3.61	3.51	3.44	3.37	3.28	3.18	3.07	3.02	2.96	2.91	2.85	2.79	2.72
13	6.41	4.97	4.35	4.00	3.77	3.60	3.48	3.39	3.31	3.25	3.15	3.05	2.95	2.89	2.84	2.78	2.72	2.66	2.60
14	6.30	4.86	4.24	3.89	3.66	3.50	3.38	3.29	3.21	3.15	3.05	2.95	2.84	2.79	2.73	2.67	2.61	2.55	2.49
15	6.20	4.77	4.15	3.80	3.58	3.41	3.29	3.20	3.12	3.06	2.96	2.86	2.76	2.70	2.64	2.59	2.52	2.46	2.40
16	6.12	4.69	4.08	3.73	3.50	3.34	3.22	3.12	3.05	2.99	2.89	2.79	2.68	2.63	2.57	2.51	2.45	2.38	2.32
17	6.04	4.62	4.01	3.66	3.44	3.28	3.16	3.06	2.98	2.92	2.82	2.72	2.62	2.56	2.50	2.44	2.38	2.32	2.25
18	5.98	4.56	3.95	3.61	3.38	3.22	3.10	3.01	2.93	2.87	2.77	2.67	2.56	2.50	2.44	2.38	2.32	2.26	2.19
19	5.92	4.51	3.90	3.56	3.33	3.17	3.05	2.96	2.88	2.82	2.72	2.62	2.51	2.45	2.39	2.33	2.27	2.20	2.13
20	5.87	4.46	3.86	3.51	3.29	3.13	3.01	2.91	2.84	2.77	2.68	2.57	2.46	2.41	2.35	2.29	2.22	2.16	2.09
21	5.83	4.42	3.82	3.48	3.25	3.09	2.97	2.87	2.80	2.73	2.64	2.53	2.42	2.37	2.31	2.25	2.18	2.11	2.04
22	5.79	4.38	3.78	3.44	3.22	3.05	2.93	2.84	2.76	2.70	2.60	2.50	2.39	2.33	2.27	2.21	2.14	2.08	2.00
23	5.75	4.35	3.75	3.41	3.18	3.02	2.90	2.81	2.73	2.67	2.57	2.47	2.36	2.30	2.24	2.18	2.11	2.04	1.97
24	5.72	4.32	3.72	3.38	3.15	2.99	2.87	2.78	2.70	2.64	2.54	2.44	2.33	2.27	2.21	2.15	2.08	2.01	1.94
25	5.69	4.29	3.69	3.35	3.13	2.97	2.85	2.75	2.68	2.61	2.51	2.41	2.30	2.24	2.18	2.12	2.05	1.98	1.91
26	5.66	4.27	3.67	3.33	3.10	2.94	2.82	2.73	2.65	2.59	2.49	2.39	2.28	2.22	2.16	2.09	2.03	1.95	1.88
27	5.63	4.24	3.65	3.31	3.08	2.92	2.80	2.71	2.63	2.57	2.47	2.36	2.25	2.19	2.13	2.07	2.00	1.93	1.85
28	5.61	4.22	3.63	3.29	3.06	2.90	2.78	2.69	2.61	2.55	2.45	2.34	2.23	2.17	2.11	2.05	1.98	1.91	1.83
29	5.59	4.20	3.61	3.27	3.04	2.88	2.76	2.67	2.59	2.53	2.43	2.32	2.21	2.15	2.09	2.03	1.96	1.89	1.81
30	5.57	4.18	3.59	3.25	3.03	2.87	2.75	2.65	2.57	2.51	2.41	2.31	2.20	2.14	2.07	2.01	1.94	1.87	1.79
40	5.42	4.05	3.46	3.13	2.90	2.74	2.62	2.53	2.45	2.39	2.29	2.18	2.07	2.01	1.94	1.88	1.80	1.72	1.64
60	5.29	3.93	3.34	3.01	2.79	2.63	2.51	2.41	2.33	2.27	2.17	2.06	1.94	1.88	1.82	1.74	1.67	1.58	1.48
120	5.15	3.80	3.23	2.89	2.67	2.52	2.39	2.30	2.22	2.16	2.05	1.94	1.82	1.76	1.69	1.61	1.53	1.43	1.31
$+\infty$	5.02	3.69	3.12	2.79	2.57	2.41	2.29	2.91	2.11	2.05	1.94	1.83	1.71	1.64	1.57	1.48	1.39	1.27	1.00

附录 B 复相关系数临界值表

$P\{|R| > R_{1-\alpha}\} = \alpha$

n \ α	0.100	0.050	0.020	0.010	0.001
1	0.9877	0.9969	0.9995	0.9999	1.0000
2	0.9000	2.9500	0.9800	0.9900	0.9990
3	0.8054	0.8783	0.9343	0.9587	0.9912
4	0.7293	0.8114	0.8822	0.9172	0.9741
5	0.6694	0.7545	0.8329	0.8745	0.9507
6	0.6215	0.7067	0.7887	0.8343	0.9249
7	0.5822	0.6664	0.7498	0.7977	0.8982
8	0.5494	0.6319	0.7155	0.7646	0.8721
9	0.5214	0.6021	0.6851	0.7348	0.8471
10	0.4973	0.5760	0.6581	0.7079	0.8233
11	0.4762	0.5529	0.6339	0.6835	0.8010
12	0.4575	0.5324	0.6120	0.6614	0.7800
13	0.4409	0.5139	0.5923	0.6411	0.7603
14	0.4259	0.4973	0.5742	0.6226	0.7420
15	0.4124	0.4821	0.5577	0.6055	0.7246
16	0.4000	0.4683	0.5425	0.5897	0.7084
17	0.3887	0.4555	0.5285	0.5751	0.6932
18	0.3783	0.4438	0.5155	0.5614	0.6787
19	0.3687	0.4329	0.5034	0.5487	0.6652
20	0.3598	0.4227	0.4921	0.5368	0.6524
25	0.3233	0.3809	0.4451	0.4869	0.5874
30	0.2960	0.3494	0.4093	0.4487	0.5541
35	0.2746	0.3246	0.3810	0.4182	0.5189
40	0.2573	0.3044	0.3578	0.3932	0.4896
45	0.2428	0.2875	0.3384	0.3721	0.4648
50	0.2306	0.2732	0.3218	0.3541	0.4433
60	0.2108	0.2500	0.2948	0.3248	0.4078
70	0.1954	0.2319	0.2737	0.3017	0.3799
80	0.1829	0.2172	0.2565	0.2830	0.3568
90	0.1726	0.2050	0.2422	0.2673	0.3375
100	0.1638	0.1946	0.2301	0.2540	0.3211

第11章 结构方程模型

11.1 结构方程模型的内涵

11.1.1 结构方程模型的基本概念

20世纪六七十年代，出现了一种新型的统计分析手段——结构方程模型（Structural Equation Modeling，SME），也称为线性结构模型（Linear Structural Relations Models）、LISREL模型或协方差结构模型（Covariance Structure Models，CSM），它在社会科学等一些领域得到了较广的应用，并被称为统计学的三大发展之一。它属于实证分析模型中的一类，是综合运用了路径分析、确认型因子法以及多元回归分析而形成的一种专业的统计数据分析工具。它通过寻找变量之间内在的因果结构关系，对某种根据经验法则或者理论文献设定的模型或者结构关系的假设的正确性与合理性进行验证，若模型有一定问题，它还可给出修改意见。简单来讲，它不属于探索性的，而是一种验证性的统计分析方法。

在解决复杂变量关系时，传统的统计分析模型显得有些力不从心，其局限性显现出来。传统的多变量分析方法，如因子分析、复回归分析、相关分析和多变量方差分析等，只能在同一时间内对某一个自变量与多个因变量的关系进行验证，而且这些分析法存在使用上的缺陷或理论上严格的假设限制。因子分析可以反映变量和变量间的关系，但是却无法更深一步地解决变量间孰因孰果的问题。路径分析虽然可以弥补因子分析在这一方面的缺陷，它可以对变量之间的因果关系进行分析，但是其基本假设又要求变量间的残差不相关、测量的误差为零，且因果关系不能为双向影响，这些对于现实情况来讲不免太过苛刻。随着路径分析与因子分析理论与技术的逐步更新和完善，路径分析与因子分析这两种统计法，在结构方程模型身上得到了较好的整合。

结构方程模型可以弥补传统统计分析法的缺陷，并且可以对复杂的因果关系进行详细的描述。如今，国内外学者对结构方程模型的定义是仁者见仁、智者见智，综合众多学者的研究成果，本书对结构方程模型做以下定义：它利用一定的统计分析技术，是一般线性模型的扩展，对复杂现象的理论模式进行处理，根据实际数据和理论模式关系的一致性程度，对理论模式作出正确的、合理的评价，以达到对实际问题定量研究的目的。它主要对不可观测变量（潜变量）和可观测变量间的关系以及潜变量间的关系进行研究，并将这种关系用路径图、因果模型等来表述，是反映潜变量间的关系的因果模型、反映指标和潜变量间关系的因子模型的结合。

结构方程模型属于多变量统计模型,有两个基本的模型:一是测量模型(Measured Model),它构成的数学模型属于验证性因子分析;二是结构模型(Structured Model),它一般是应用路径分析的概念来对变量进行讨论。测量模型中的可观测变量和潜变量,是依据变量是否可以直接被观测来进行划分的。就数学定义来讲,测量模型是一组可观测变量和潜变量的线性函数,可观测变量又称为观测变量、测量变量或指标变量,是一组可以被观察与测量的指标或数据。结构模型则是潜变量之间因果关系模型的说明,结构方程模型之所以被广泛地运用于社会科学的很多领域,它最凸显的研究特点是:模型中的许多研究变量(即潜变量)都不能被直接衡量与观测。

所谓的可观测变量,是指可以被观察、观测以及可度量的变量,如学生的身高、性别、考试成绩、年龄等。所谓的潜变量,是指不能直接观察到,但是可以通过可观测的、外显的指标间接对变量进行测量,如学生的学习成绩(潜变量)可以通过学生的英语、语文、数学等科目成绩(可观测变量)间接测量。

结构方程模型中的外生变量与内生变量是依据变量间的因果关系来划分的。所谓外生变量,是指不受其他任何变量的影响但是却影响其他变量的变量,并且其本身的变异来自于模型之外,相当于自变量或者原因变量。在外生变量中,其中能够被直接观测的变量叫作外生可观测变量,不能够被直接观测的变量叫作外生潜变量。内生变量会受到其他任何一个变量的影响,内生变量可对变异进行解释,相当于因变量或者结果变量。在内生变量中,其中能够被直接观测的变量叫作内生可观测变量,不能够被直接观测的变量叫作内生潜变量。在结构方程模型中,每个变量都属于下列情况中的一种:外生与内生观测变量;外生与内生潜变量。以"学生的物理信念对学生认知参与、情感参与、行为参与的影响研究"为例,在这一研究中,物理信念是外生潜变量,测量物理信念的可观测变量是外生可观测变量,认知参与、情感参与、行为参与是内生潜变量,测量认知参与、情感参与、行为参与的可观测变量是内生可观测变量。

11.1.2 结构方程模型的基本原理和结构

1. 结构方程模型的基本原理

结构方程模型技术对于模型的拟合思想的核心就是尽最大可能缩小样本协方差矩阵和由模型估计出的协方差矩阵间的不同。对拟合模型的评判主要是采用自由度与卡方的比值以及RMSEA 两个指标进行的,自由度与卡方的比值越大,RMSEA 越小,越可以说明这一模型的简洁、准确。

结构方程的测量模型可以写成以下通式:

$$x = \Lambda_x \xi + \delta$$
$$y = \Lambda_y \eta + \varepsilon$$

式中　x——外生可观测变量组成的矩阵;

　　　y——内生可观测变量组成的矩阵;

　　　ξ——外生潜变量组成的矩阵;

　　　η——内生潜变量组成的矩阵;

　　　Λ_x——外生可观测变量与外生潜变量之间的关系,是外生可观测变量在外生潜变量上的因子负荷矩阵;

Λy——内生可观测变量和内生潜变量之间的关系，是内生可观测变量在内生潜变量上的因子负荷矩阵；

δ、ε——上述测量模型式的残差项，反映了模型式中未能被解释的部分。

结构模型一般可以写成以下通式：

$$\eta = B\eta + \Gamma\xi + \zeta$$

式中　B——内生潜变量间的关系；

　　　Γ——外生潜变量对内生潜变量的影响；

　　　ζ——结构模型式的残差项，反映了模型式中未能被解释的部分。

2. 结构方程模型的基本结构

通常来讲，在宏观上，结构方程模型结合了因子分析与回归分析或路径分析，在一般情况下，结构方程模型是由测量模型和结构模型两部分构成的；而在微观上，结构方程模型则是一个由许多可观测变量、潜变量、误差项和残差相互作用的复杂体系。图 11-1 是一个典型的结构方程模型基本结构图。

测量模型指的是可观测变量与潜变量间的线性关系模型。在测量模型中，潜变量被假设成为造成可观测变量的因变量，而可观测变量则成为对潜变量进行衡量的指标。通常来说，可观测变量用矩形表示，潜变量用椭圆表示，如图 11-1 中 t_1，t_2，…，t_{28} 属于可观测变量，知识稳定、知识结构、学习速度等是潜变量，e_1、e_2，…，e_{28} 属于对应指标的测量误差，也是潜变量。t_1、t_2、t_3、t_4 为知识结构这个潜变量的测量指标，e_1、e_2、e_3、e_4 分别为 t_1，t_2，t_3，t_4 的测量误差。测量模型的主要目的是建立可观测变量和潜变量间的关系，主要是通过验证性因子分析来检验可观测变量的信度及效度，数据结构类似探索性因子分析，潜变量的因子指向可观测变量的指标用单箭头连线表示，连线上的数值类似探索性因子分析中的因子负荷，或者多元回归分析的权重（回归系数）。

结构模型是用来描述潜变量间的因果关系、不可解释和可解释的变异等，主要采用路径分析来验证模型是否合适，分析潜变量间的共变性（协变性）、因果关系强度和时间序列等。所以，一般研究结构模型，不仅需要计潜变量之间相应的回归系数（路径系数），还需要从测量模型中寻找估计这些回归系数的依据。在结构模型中，变量和变量间的相关关系是用双箭头连线来表示的，变量和变量间的因果关系是用单箭头连线来表示的（在图 11-1 中

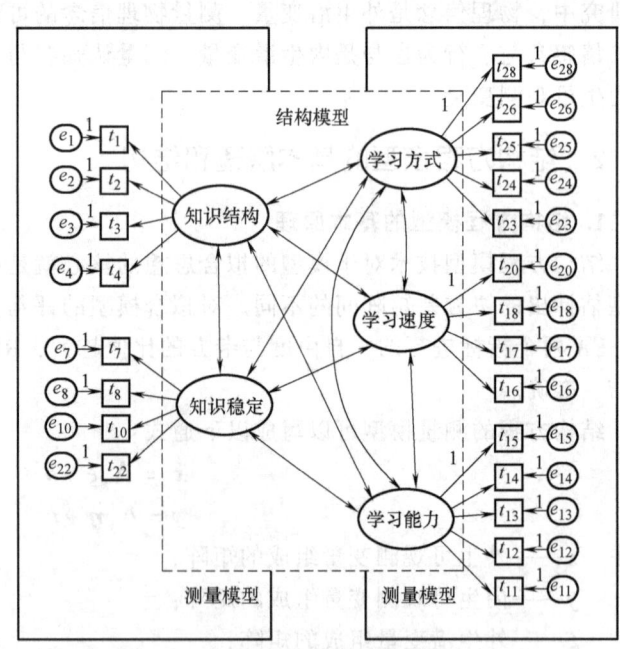

图 11-1　结构方程模型的基本结构图

资料来源：黄国稳，周莹. 结构方程模型及其在验证性分析中的应用 [J]. 百色学院学报，2007，(6)：50.

没有因果关系，它是经过结构方程模型软件生成的模型，"学习方式"，等右上角的"1"是软件的默认值；经过软件的检验，没有通过检验的系数已删除）。

11.1.3 结构方程模型的主要特点

美国密歇根大学的福内尔（Claes Fornell）教授等一些学者把 SEM 技术称为"第二代数据分析技术"。它与传统统计分析方法相比，有如下几个特点：

（1）理论先验性。变量的界定、参数的设定、关系假设、模型的估计和修正等每一个步骤都要有清楚的理论依据，否则即便拟合都达到了标准，却仍然不能从根本上对变量间的关系进行说明。

（2）允许回归方程的自变量与因变量含有测量误差。在传统的统计法尤其是在测量模型中，自变量常常都是默认的可直接观测的，不存在任何的测量误差。但在管理学等一些社会科学领域的很多研究课题中，模型所涉及的自变量经常不可以被直接观测，SEM 把这种测量误差纳入模型，可以加强模型对实际问题的解释性。例如，能力、性格、气质等一些假设的构念，都是不可直接准确测量的潜变量，并且也不可简单地用某一个单个的指标进行测量，需要用多个指标进行测量，但是在多个指标的测量中误差不可避免。在 SEM 对此类问题的分析中，自变量与因变量可以都含有测量误差，在模型中加入代表自变量测量误差的残差项，能够让模型和实际情况更完美地贴合。

（3）SEM 可以同时处理多个自变量与因变量的关系，也即在对某一个因变量的影响计算时，对同时考虑其他因变量的存在与影响没有妨碍。传统的统计法通常只能对一个因变量进行处理，即使在传统的路径分析和回归分析的方法中，统计结果出现了多个因变量，但是在对回归系数进行实际计算时，其实是忽略了其他因变量的存在，以及其他因变量对这一变量的影响，然后再对每一个因变量进行逐一计算。但在管理学等一些社会科学领域中，因变量通常有多个，譬如员工的知识水平不仅会对企业文化产生影响，也会对企业绩效产生影响，这样，在 SEM 中，允许统一模型中有多个因变量出现，在模型拟合时对所有与变量有关的信息都给予考虑，这就增强了模型的有效性。

（4）可以在一个模型中同时处理测量与因子问题。传统的统计分析法常常分开处理因子的测量与因子间的关系，先对因子进行测量，评估因子的效度和信度，通过评估标准后，才把测量资料用于进一步分析。在 SEM 中，则将因子测量与因子间的结构关系归入到同一模型中，同时给予拟合，这不仅对测量的效度与信度进行了检验，还可将其概念整合到路径分析等一些统计推论的决策过程中，并对潜变量的因果关系进行了刻画。

（5）在 SEM 中，潜变量间的结构关系与潜变量和指标变量间的关系分别用结构模型与测量模型来表示，SEM 可以实现同时对这两个部分的参数进行估计的要求。若是模型的建立需对多个潜变量间的相关性进行研究，并且在测量模型中的每个潜变量都是由多个指标变量所表示的，那么在传统上可采用的分析方法就是先用因子分析的方法对每一个潜变量计算出它和指标变量间的关系，也就是所谓的因子负荷，进而获得因子得分，并把它作为潜变量的观测值，然后再用此观测值对潜变量间的相关系数进行计算。但是在 SEM 中，这两个步骤是一起进行的，也就是说测量指标和潜变量间的关系与潜变量和潜变量间的关系同时被考虑，并且还同时对参数作出估计，互相没有影响。

（6）允许更大弹性的模型的设定。在传统模型的技术中，模型的设定常常有比较多的限制，如单一指标只可以从属于一个因素，模型的自变量间不可以有多重共线性等。但是在 SEM 中其限制比较少，它打破了因子分析的单一指标只可以从属于一个因子的局限，它可以处理单一指标从属于多个因子的复杂模型，还可以处理多阶的因子分析模型，并且在因子结构关系的拟合上，也允许自变量间可以存在共变方差的关系。例如，用日语书写数学试题，对学生的数学能力进行测量，测验的得分（指标）不仅从属于数学因素，还从属于日语因素（即得分不仅反映了学生的数学能力，还反映了学生的日语能力）。

（7）对整个模型进行整体的估计。在传统的路径分析方法中，通常只会对每一路径的强弱进行估计。但是 SEM 不仅可以同时对每一个路径系数（即变量之间的关系）作出估计，还可以通过设计相异的模型对同一个样本的数据进行拟合分析，并且还可以对不同模型对同一样本数据的整体拟合度进行计算，这更有利于对所建立模型的合理性进行判断，并挑选出最符合事实与拟合最佳的模型。SEM 包含了很多统计技术，它整合了路径分析、方差分析、t 检验、回归分析、因子分析、交互作用模型、比较各组因子均值以及实验设计等，功能强大。因此，它对模型的整体作出估计提供了多种指标，不仅可以全面评价模型，还可以给研究者提供多重解释的角度。

11.1.4 结构方程模型的构建步骤

第一步：模型的初始设定。

SEM 的核心思想是要为各个变量之间预先假定的结构关系建立具体的模型，并求出它的参数。因此，这就需要首先对变量之间的因果联系从理论上进行清晰、明确的说明，或者通过路径分析或实证数据，对变量之间假定的因果关系作出描述与验证。

因此，在 SEM 的建模工作正式开展前，需要先对所要研究的具体问题在理论上进行比较深入的理解，并且对所研究的问题中所出现的各种变量间的相关关系进行明确的了解，这些都是在 SEM 初始建立的前期所需要做的准备工作。SEM 在本质上不是一种探索性的分析，而是一种验证性的统计分析方法。换句话讲，即研究者是利用 SEM 来对一个模型进行确定，并对这个模型所针对某个研究的问题是否合理进行验证，以及验证模型与数据是否可以有较好的拟合，而不是用此方法来发现与探寻一种较为合适的模型。因此，对于 SEM 的运用都是以设定一个初始模型这一步骤所展开的，然后再把具体的、详细的样本数据应用到这个模型中，通过每一次的输出计算结果以及研究者关于研究问题的有关的经验和知识，对模型关系设定的合理性以及其拟合程度进行验证，接下来再修正模型，一直到最终合理模型的获得。

以下三个方面是 SEM 的初始设定所包括的内容：①测量变量（也即潜变量和显性指标）之间的关系；②各潜变量间的结构关系；③按照研究者掌握的有关研究问题的先验知识和理论，对复杂模型中的因子相关系数或因子负荷等一些参数的数值作一些必要的、合理的限制。

建立路径图是设定模型最简单、最直观的方法，通过路径图对模型进行描述，可以把统计模型间复杂的测量模型方程与结构模型方程经过可视化的方法详细、直观地展现。

第二步：模型的识别。

对模型初始的设定完成后，紧接着就进入了模型的识别阶段。模型的识别主要是对根据样本数据的计算求得的每个自由参数的估计值进行检测，它在 SEM 最终是否可以对参数作出估计起着重要的作用。所估计的模型必须是恰好识别或者过度识别的，这是 SEM 的参数估计必须要满足的一个根本性前提。若假设的模型自身不能识别，那么便不能计算出路径系数的估计值，这也证明了所建立的模型是不科学的。如果在研究过程中遇到了模型不可识别的情况，就需通过对初始模型进行调整，即对原来设定的路径进行修改或增设某些限制性的条件，让整个迭代过程能够收敛，此时，模型就满足了可识别的要求，即模型所涉及的全部参数都能够通过参数估计的方法得到。

第三步：模型参数的估计。

在设定了一个能够识别的模型后，接下来的一个步骤便是求出模型参数的估计值和模型拟合度检验，此过程被称为模型拟合（Model Fitting）或者模型估计（Model Estimating）。模型拟合，就是指把统计模型和样本数据进行比较，用一定的适配性指标对它的拟合程度进行衡量与检验，而模型估计则是人们通常所讲的参数估计，目的是使样本协方差矩阵和模型隐含的协方差矩阵间的不同达到最小，此不同实际上就是拟合函数。估计两个矩阵间的拟合函数有许多种不同的方法，包括不加权最小二乘法、最大似然法、加权最小二乘法以及广义最小二乘估计法等。在上述列举的方法中最常用的估计方法是最大似然法。

通过迭代十几次拟合函数值便可满足一般简单的模型预设的精度要求。但是随着模型复杂度的逐步提高，变量间需要估计的参数的个数不断增多，迭代次数也会随之而增加，如果迭代的次数超过了一定的限制，但还不能达到预定的精度，此时便认为迭代是不收敛的，也即这一模型没有解，若是出现此种情况，通常都是模型的建构发生了问题，此时，研究者就应该重新建构模型。

第四步：模型的评价。

收敛并不只是模型参数估计出来之后所要的结果，还需要在现有的理论与研究基础上，对模型路径参数的显著性进行考察以及对数据和评价模型的适配性进行验证。此外，在对模型的适配性进行检验时，模型拟合不仅要看适配性指数是否符合要求，还要看各个路径等的参数的估计值是否在理论上合理并且还具有实质性上的意义，有解释现实的作用。在对模型进行估计以后还要检查模型里面的每个参数，以便确保不合理关系的不存在。

第五步：模型的修正

对一个模型的优劣进行研究并不完全是从统计学的视角去考虑。即便一个模型的适配性良好，其适配性指标全部在要求的范围内，这也并不意味着此模型就是"最优的"或者"正确的"。此外，还要把握以下几点：①所有估计出来的参数都必须要得到合理的解释；②遵循从简原则，也就是说，若是按照适配性指数，等价的模型都能较好地拟合数据，也即复杂模型的拟合和简单模型的拟合没有太大的差别，这时就应该接受简单的模型。由于不管是采用结构方程还是用其他方法进行建模，构造一个简单、合理的模型都是研究者的最终目的。所以，在用结构方程建构模型时，模型里面待估计的参数不是越多越好，而是越少越好。因此，在采用 SEM 建立模型时需要从多个方面来考察。不仅在模型进行评估时，而且在对模型进行修正时也应该把 SEM 建立在具有较强解释力的理论基础之上。

模型的修正是为了对初始模型的拟合性进行调整以及对参数的显著性进行改善。若是初始模型的输出结果不能满足研究者对于适配性与显著性的要求，则模型的修正这一步骤将不可或缺。结构方程的建模过程本质上就是一个一直在间断或不间断调整的过程，在模型的不断修正过程中，按照输出结果给出的修正意见，常常能够从其他备选模型得到一定的启发，进而能够在修正的过程中得到更加合适、合理的模型。若是初始模型不能很好地对样本数据进行拟合，这就说明模型中存在不合理的参数的设定或变量间的关系，这时就需依据模型的修正意见和输出结果对模型作出调整。

11.1.5　SEM 在管理研究领域中的运用

从 SEM 的基本特点分析可以看到，在管理研究领域，SEM 有比较广泛的适用范围，主要从以下三个方面来体现：

（1）SEM 为管理研究涉及的许多很难衡量的概念提供了一个概念化建模与验证过程。管理领域与许多的社会科学研究领域一样，存在着非常多的不可以直接观测的概念，在管理活动中也常常会有很多指标难以进行直接量化，在管理研究中往往需要对这些概念的具体内涵和它们与其他管理要素间的关系进行研究；SEM 为人们对这些变量进行测量和进一步深入研究提供了一个非常有效的分析工具。

（2）管理活动是一个极其复杂的系统，假如要对两个变量间的关系进行研究，只是对这两个变量间的相关关系进行研究是远远不能达到目的的，还必须把所有相关的要素考虑进去，这样所得到的研究结果才具备真实性、可靠性，传统的统计方法很难对这一类型的问题很好地处理，尤其是当变量自身还具备测量误差时，SEM 通过一个系统的结构模型，可以把所有内生变量和外生变量的全部信息都给以考虑，所拟合出的模型具有非常强的参考价值。

（3）SEM 对管理研究领域一些特殊的问题处理起来非常方便。例如同一个概念，如企业战略，是属于一阶的概念（即战略的本身可直接分为低成本、差异化等一系列维度，每一个维度战略即可以采用指标进行衡量）还是属于两阶的概念（即战略分为产品开发维度与市场开发维度，在这两个一阶维度下面再分为低成本、差异化等二阶维度），SEM 能够非常容易地对这两种维度划分模型的拟合效果进行比较，进而从中选择更加适当的模型。

11.2　拟合指数

11.2.1　拟合指数概述

SEM 作为验证性分析众多方法中的一种，进行参数估计之后必须对模型的合理性作出评价，进而对模型的拟合效果进行评价。在检查模型的拟合程度时常常会考虑 χ^2 统计量。根据所设定的检验水准，如果 χ^2 值小于相应的临界值，则认为模型拟合效果较好；如果 χ^2 值大于相应的临界值，便可认为拟合效果不好。其实，SEM 中直接用 χ^2 统计量来对模型的拟合进行推断，其效果并不是最佳的，由于自由度（degree of freedom，df）和 χ^2 值密切相关，自由度较大时，相应的 χ^2 值也较大，这就非常容易拒绝一个实际上拟合效果较好的模型；当自由度较小时，相应的 χ^2 值也较小，即便真实模型的拟合效果并不理想，也常常容易得到拟合效果比较理想的结论。除此之外，由于 SEM 中的自由度和样本量不相关，所以，χ^2 统计量并不能真实地反映样本量对模型拟合效果的影响。为了解决以上问题，先后曾出现了四十多种拟合指数对模型的拟合效果进行评价，这些拟合指数大都把 χ^2 统计量作为基础，但是对于样本量及自由度作了不同形式的校正。

11.2.2 拟合指数的类别

拟合指数被 Marsh 等学者分成三大类：相对指数（Relative Index）、绝对指数（Stand-alone Index 或 Absolute Index）以及简约指数（Parsimony Index）。表 11-1 给出了比较常用的拟合指数的计算公式以及它们的取值范围。

表 11-1　SEM 中比较常用的拟合指数的计算公式及取值范围[①]

拟合指数	计算公式	取值范围	拟合指数	计算公式	取值范围
绝对指数			相对指数		
χ^2/df	χ^2/df	<3.00	NFI	$(\chi_N^2-\chi_T^2)/N$	>0.90
DK	$(\chi^2-\text{df})/(N-1)$	—	NNFI	$(\chi_N^2/\text{df}_N-\chi_T^2/\text{df}_T)/(\chi_N^2/\text{df}_N-1)$	>0.90
Mc	$\text{Exp}(-\text{DK}/2)$	>0.90	CFI	$1-\max\{\chi_T^2-\text{df}_T,0\}/\max\{\chi_N^2-\text{df}_N,0\}$	>0.90
PDF	$\text{Max}\{(\chi^2-\text{df})/(N-1),0\}$	—	IFI	$(\chi_N^2-\chi_T^2)/(\chi_N^2-\text{df}_T)$	—
SRMR	$\text{Sqrt}\{2\sum\sum(S_{ii}-e_{ii})^2/[p(p+1)]\}$	<0.08	RFI	$(\chi_N^2/\text{df}_N-\chi_T^2/\text{df}_T)/(\chi_N^2/\text{df}_N)$	—
RMSEA	$\text{Sqrt}(\text{PDF}/\text{df})$	<0.10	简约指数		
GFI	$1-\text{tr}[\boldsymbol{E}^{-1}\boldsymbol{S}-\boldsymbol{I}']/\text{tr}[(\boldsymbol{E}^{-1}\boldsymbol{S})]$	>0.90	PNFI	$\{\text{df}_T/[0.5p(p-1)]\}\text{NFI}$	
AGFI	$1-[p(p+1)/2\text{df}](1-\text{GFI})$	>0.90	PGFI	$\{\text{df}_T/[0.5p(p+1)]\}\text{CFI}$	

① 表示通常情况下能够接受的取值范围。N——样本含量；p——观测变量个数；e_{ii}——再生相关矩阵的元素；S_{ii}——样本相关矩阵的元素；$\boldsymbol{S}$——样本协方差矩阵；$\boldsymbol{I}$——单位矩阵；$\boldsymbol{E}$——再生协方差矩阵；χ_N^2——虚模型的卡方；χ_T^2——理论模型的卡方；df_T——理论模型的自由度；df_N——虚模型的自由度。
（资料来源：王长义，王大鹏，赵晓雯，方庆伟，刘艳. 结构方程模型中拟合指数的运用与比较［J］. 现代预防医学，2010，1（37）：8.）

1. 相对指数

相对指数是把虚模型和理论模型进行比较，以便对拟合程度的改进情况进行观察，其中较为常用的有：非规范拟合指数（Non-normed Fit Index, NNFI，又被称为 TLI）、规范拟合指数（Normed Fit Index, NFI）以及比较拟合指数（Comparative Fit Index, CFI）。

2. 绝对指数

绝对指数是所有拟合指数中运用最多的，它对所考虑的样本数据和理论模型的拟合程度进行了衡量，只因基于理论模型的自身，不把其他模型与此进行相互比较，具体又可以分成：基于离中参数的指数、基于拟合函数的指数、拟合优度指数、近似误差指数及信息指数五大类，其中比较常用的有：DK、χ^2/df、Mc、SRMR、PDF、AGFI、RMSEA 以及 GFI 等。

3. 简约指数

简约指数是指前面两类指数的派生指数，其计算方法为省俭比（Parsimony ratio, df_T/df_N）和前面两类指数的乘积，省俭比里面的 df_T 与 df_N 分别为理论模型与虚模型的自由度，其中 $\text{df}_N=0.5p(p-1)$，p 表示观测变量的个数。

11.2.3 理想的拟合指数需具备的基本特征

一个理想的拟合指数需具备的基本特征可以归纳为以下三点：

（1）不受样本量的影响。假如拟合指数随着样本量的变化而变化，由样本所计算的指数便是总体指数的有偏估计，用它对模型进行检验时不同的样本常常会得到相异的结果。所以，比较理想的拟合指数必须要可以克服样本量对其产生的影响，或者可以在最大程度上降低样本量所产生的影响。

（2）能够对比较复杂的模型给予惩罚。在多元回归分析中，期望使用尽可能少的自变量来相对表达因变量尽可能多的变异，相类似的，在 SEM 中也希望可以采用相对比较简单的模型对事物之间的关系进行描述。相对于一个预先设定好的模型，待估计的自由参数越多其模型就越复杂、χ^2 值就越小，即便所增加的自由参数是多余的，仍然可以感觉到模型的拟合效果是有所改进的。Lind 与 Steiger 认识到，采用不能惩罚复杂模型的指数会致使最终选择一个最为复杂的模型。研究者可以通过数据模拟比较或者通过分析指数公式的代数特性，对一个指数是否可以惩罚复杂模型进行评价。

（3）对误设模型具有敏感性。当使用同一个总体的不同样本来对同一个模型进行拟合时，理想指数应当在比较小的范围内波动；当使用同一个样本对真模型和误设模型进行拟合时，理想指数应该可以进行明显的辨别，也即对误设模型具有很强的敏感性。Marsh 曾多次指出，应该把指数是否可以区别正确模型和各种不同程度的误设模型作为评价指数好坏的一个参照标准；Bentler 与 Hu 也认为，当错误的模型得到了拟合，而指数却没有敏感地把实际情况反映出来，这样的指数便不可以使用。在科研中真模型常常是不可知的，所以考察拟合指数对误设模型的敏感性只可以采用模拟实验来进行研究。

11.2.4 拟合指数性能的介绍和比较

结构方程模型在具体专业中的应用研究逐步增多，但是有关其方法学的研究数目还比较少，在实际运用中哪些拟合指数的效果比较好，对于合理地运用结构方程模型非常重要，但是当今有关拟合指数应用性能方面的文献还比较少。有研究者通过对知网、PubMed、维普、万方数据库进行文献检索，仅仅发现 Marsh、Steiger、Hu、温忠麟、Bentler 等学者对拟合指数的性能作了一些研究，经过综合的对比和分析，得出了他们建议使用的拟合指数的主要性能，如表 11-2 所示。

表 11-2 研究者建议使用的指标及性能比较表

拟合指数	建议使用的第一作者	主要性能
NNFI	Marsh, Bentler, 温忠麟等	能够惩罚复杂模型，但具有样本波动性
RMSEA	Steiger, Hu, 温忠麟等	受样本含量的影响较小，对参数较少的误设模型敏感
CFI	Bentler, 温忠麟等	基于真模型的小样本资料标准差较小
RNI	Marsh 等	在数据模拟方面的效果比较好
Mc	Bentler, 温忠麟等	基本上不受样本含量的影响，对误设模型敏感
SRMR	Hu 等	对于采用 ML 和 GLS 进行参数估计的 SEM 效果比较好

资料来源：王长义，王大鹏，赵晓雯，方庆伟，刘艳. 结构方程模型中拟合指数的运用与比较 [J]. 现代预防医学，2010，1 (37)：8.

Tucker-Lewis 指数（TLI 或 NNFI）是最早出现的相对指数，由于它的取值可以超出 0 ~ 1 的范围，因此在使用时很难对其进行准确把握，但是后来 Bentler 与 Marsh 通过对其计算公式进行代数的变形，发现 Tucker-Lewis 指数可以惩罚复杂的模型，但是其样本的波动性较大；Lind 与 Steiger 提出，样本量对 RMSEA 的影响比较小，并且 RMSEA 对参数较少的误设模型具有比较好的敏感性；Bentler 用模拟的方法对 Tucker-Lewis 指数（NNFI）、规范拟合指数（NFI）、递增拟合指数（IFI）、比较拟合指数（CFI）、Mc 与 RNI 进行了考察，发现仅有 NFI 易受到样本量的影响，对于基于真模型的小样本资料来讲，CFI 的标准差最小；Marsh 等一些学者认为 RNI 会更好一些，因为它不仅与 CFI 一样有很多的优点，如能够对误设模型作出敏感的反应、不受样本量的影响等，并且在数据模拟方面的性能比较好；Bentler 与 Hu 通过模拟研究以及文献分析，采用 GLS 法和 ML 法对参数进行估计，发现 SRMR 对误设模型的敏感性比较强，并且样本量对其没有很大的影响，因此着重推荐使用 NNFI 和 SRMR、RMSEA、RNI 几个指数中的任意一个，来共同检验对模型的拟合效果；温忠麟等学者通过模拟实验，对 Bentler 与 Hu 所推荐的七个指数进行分析和研究，最终建议使用 CFI、NNFI、RMSEA 与 Mc 这四个指数。

通过上面的论述可以得出：RMSEA 与 NNFI 能够作为结构方程模型中相对值得信赖的拟合指数，并且 RNI、CFI 与 Mc 也有其自身特有的一些优势，在研究中具有一定的参考价值，除此之外，在用 GLS 法或 ML 法进行参数估计时还应该与 SRMR 联合使用。因为，除了 χ^2 值之外，剩余的拟合指数都是一种描述性的指标，较缺乏统计推断，所以建议在研究中要对指数 χ^2/df 的值进行报告。

11.3 中介变量与调节变量

11.3.1 中介变量的概念

1932 年，托尔曼（Edward Tolman）提出了中介变量的概念，他是为了对行为主义者华生（John Waston）提出的 S-R 公式中的缺陷进行弥补，中介变量强调要注意有机体内部因素在行为中所起的作用。

托尔曼认为刺激和反应间有一系列不可被直接观察到的，但是可以根据引起行为的先行条件的存在以及最终的行为结果自身来推断出的中介因素，便是中介变量。即把 S-R 理解为 S-O-R，其中的中介变量就是在 O（有机体）内正在进行的一系列活动。它是完全可以客观定义与定量的，并且它可以精确、客观地同一定的因变量与自变量联系起来。

起始托尔曼认为，动物与人类有两种中介变量——需求变量、认知变量。1952 年，因受到格式塔学派心理学家勒温（Kurt Lewin）的影响，托尔曼把两种中介变量改为了三种中介变量：需要系统、信念—价值符号排列矩阵图以及行为空间。

对中介作用进行研究的目的是在已知的某些关系的基础上，对产生这个关系的内部作用机制进行探索与分析。中介变量是在原有的两个变量关系的基础上所作的进一步研究。只有当两个变量间的关系已确定存在时，才需用中介变量对其关系中间的机制进行讨论。

1986 年，Kenny 与 Baron 提出，在实验中存在中介应满足如下几个条件：①中介变量和自变量间有显著的相关关系；②因变量和中介变量间有显著的相关关系；③因变量和自变量间有显著的相关关系；④当把中介变量引入回归方程之后，回归系数或者因变量和自变量间的相关性显著降低。

按照 Kenny 与 Baron 所作出的解释，中介变量是自变量对因变量发生的影响的中介，是自变量对因变量产生影响的内在的、实质性的原因，简单来说，就是自变量是通过中介变量来对因变量产生作用。

中介变量示意图如图 11-2 所示。用文字可以描述为：考虑自变量（X）对因变量（Y）的影响，假如自变量（X）通过影响变量（M）来对因变量（Y）产生影响，其中 M 既是一个变量 X 的结果，又是另外一个变量 Y 的原因，它在 X 与 Y 之间起连接的作用，则称变量

（M）为中介变量，它解释了 X 和 Y 之间为什么会存在一定的关系及这些关系是怎样发生的（也即关系内部的作用机制）。例如，有关领导的归因研究：普通员工的表现——领导对普通员工的表现进行归因——领导对普通员工的表现所作出的反应。其中的"领导对普通员工的表现进行归因"就为中介变量。在图 11-2 中，c 表示的是 X 对 Y 的总效应，也即 c 为自变量对因变量的影响；c' 表示的是直接效应，也即 c' 为在有中介变量作用时自变量对因变量产生的直接影响；a 与 b 表示的是经过中介变量 M 的中介效应，也即 a 为自变量对中介变量产生的影响，b 为中介变量对因变量产生的影响。当只存在一个中介变量的时候，效应之间的关系可以用下式来表示：

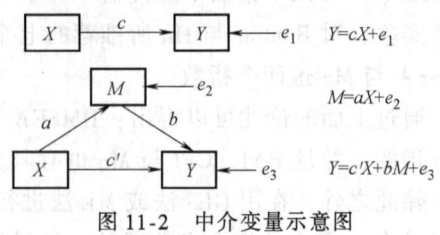

图 11-2　中介变量示意图

$$c = c' + ab$$

中介变量被引入的意义在于：揭示自变量对因变量影响的原因以及作用机制。例如，当很多研究发现因变量与自变量之间存在某种关系，但是很少有研究可以对其之间存在关系的原因作出解释，这时便是引入中介变量的最佳时机，通过中介变量的引入，可以揭开因变量和自变量间产生关系的黑箱（或暗箱），并对其作用机制作出详细的阐明。

11.3.2　中介变量的检验方法

对中介变量进行检验最传统的方法是回归方法，可以建立回归方程，即

$$M = i_1 + aX + e_1$$
$$Y = i_2 + cX + e_2$$
$$Y = i_3 + c'X + bM + e_3$$
$$Z = \frac{ab}{(b^2 S_a^2 + a^2 S_b^2)^{1/2}}$$

式中　　M——中介变量；
　a、b、c、c'——回归系数；
　　i_1、i_2、i_3——回归方程常数项；
　e_1、e_2、e_3——回归方程误差项；
　　　　　Z——Sobel 检验统计量；
　S_a、S_b——分别为 a、b 的标准误。

在建立的回归方程中：如果 a 显著，则说明自变量和中介变量之间存在线性关系；如果 c 显著，则说明自变量和因变量之间存在线性关系；如果 b 显著，则说明中介变量和因变量之间存在线性关系，并且还说明自变量是通过中介变量而对因变量产生影响。假如 a、b、c 都显著，则说明有中介效应的存在，c' 则与为自变量对因变量的总效应，也说明了自变量对因变量产生的直接效应（Direct Effect），ab 则表示自变量对因变量产生的间接效应（Indirect Effect）。对中介效应是否显著进行检验用的是 Sobel 检验。若 c' 显著，则说明检验结果是部分中介（Partial Mediation）；若 c' 不显著，则说明检验结果不是部分中介，而是完全中介（Full Mediation）。

11.3.3 中介效应分析方法

中介效应是一种间接效应,无论它的变量是否涉及潜变量,研究者都可以通过 SEM 对中介效应进行分析。分析步骤为:

第一步,对系统 c 进行检验,假如 c 不显著,则说明 Y 和 X 之间的相关关系不显著,应该停止对中介效应的分析;假如 c 显著,则需要进行第二步。

第二步,依次对 a 和 b 进行检验。假如 a 和 b 都显著,那么就对 c' 进行检验。如果 c' 显著,则说明部分中介效应显著;如果 c' 不显著,则说明完全中介效应显著。如果在 a 和 b 中至少有一个是不显著的,则进行 Sobel 检验,如果检验结果显著,则说明中介效应显著,如果检验结果不显著,则说明中介效应不显著。

11.3.4 调节变量的内涵

若从变量间关系的视角看,一个模型的边界条件是指某一些或者某一个预测变量的预测效果或它和因变量间因果关系的形态,是另外某一些或某一个变量的函数,进而发生系统性的变化,这就有了 Moderator 变量的概念。

Moderator 变量被定义为,系统地改变一个预测变量和一个标准变量间关系的形态或强度的变量;也或者说是影响一个预测变量或者独立变量与一个标准变量或者因变量间关系的方向或强度的变量。

依据 Moderator 变量的定义以及作用,把其译成"调节变量"。仅从词义上来讲,Moderate 是"减轻""节制"的意思,向"小"的方向而变化。但事实上,无论对另外两个变量间关系的强度还是形态或者方向(如直线方程的斜率)进行改变,调节变量产生的作用都是双向的,它不仅可以减弱或者增强强度,还可以使斜率在正和负间发生变化,因此,它的作用是对某种关系的双向调节。

通俗来讲,如果变量(Y)与变量(X)的关系(作用强度和方向)受到另外一个变量 M 的影响,则称 M 为调节变量。也就是说,Y 和 X 的关系受 M 的影响。三者的关系可用图 11-3 来表示。

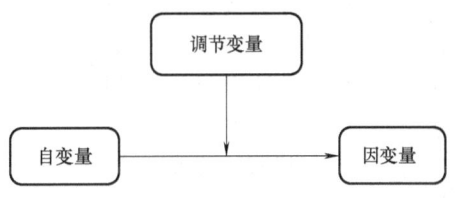

图 11-3 调节变量示意图

调节变量可以是定量的(如受教育年限、年龄、刺激的次数等),也可以是定性的(如种族、性别、学校的类型等),它会对因变量与自变量间关系的强弱和方向(正或负)产生影响。例如,学生的学习效果与指导方案间的关系,通常会受学生个性的影响:一种指导方案对某些学生非常有效,对另一些学生却无效,因而学生的个性便是调节变量。又如,学生的一般自我概念和某项自我概念(如体能、外貌等)之间的关系,会受到学生对该项自我概念的重视程度的影响:很重视体能的人,体能不好会大大降低他的一般自我概念;不重视体能的人,体能不好对他的一般自我概念没有太大影响。因而对该项自我概念的重视程度便是调节变量。

调节变量的意义在于可以对自变量影响因变量的边界条件进行识别,把一个新的调节变量引入进来是对理论作出贡献的重要进口。例如,假如现有研究发现自变量和因变量之间的关系不一致，它们的关系有时正有时负，有时增强有时减弱，有时存在有时消失，此种复杂多变的关系暗示研究者可能存在一个或者多个潜在的调节变量起作用，这时是引入调节变量的最佳时机，由此能够清楚地展示出自变量和因变量间在何时、存在什么样的关系。

11.3.5 调节变量的分类

调节变量所表现出的最本质的特征是它和其他变量的交互作用，并且在回归方程中表现为一个交互项，所以，其调节作用常常被称为交互作用。若所在情况不同，则调节变量的作用及它和其他变量之间的关系也有差异，因此有不同种类的调节变量。

1981年，Sharma等学者按照调节变量是否和预测变量之间有交互作用，把调节变量分成了两种最基本的类型。一种类型的调节变量和预测变量之间没有交互作用，但是它会对一个模型中预测变量和因变量间关系的强度产生影响。另一种类型的调节变量和预测变量之间有交互作用，它会对预测变量和因变量之间关系的方向或形态产生影响，按照调节变量和因变量与预测变量是否相关，又可把这种类型的调节变量分为：纯调节变量与半调节变量。相关类型见图11-4中的象限2、3、4，象限1中的变量不属于调节变量范畴。

	与因变量和预测变量相关	与因变量和预测变量不相关
和预测变量没有交互作用	1 干涉、外生、前提、压制等预测变量	2 同质调节变量
和预测变量有交互作用	3 半调节变量	4 纯调节变量

图 11-4 类型图

资料来源：李艾，李君文. 调节变量（moderator）辨析：类型、表述和识别 [J]. 数理统计与管理，2008，2 (27): 259.

1. 同质调节变量

它和预测变量之间没有交互作用，会对因果关系的强度产生影响，并且这一调节变量和因变量与预测变量之间都没有显著的相关关系。

对个体 n，设预测变量和因变量间的函数关系式为：

$$Y_n = f(X_n) + e_n$$

式中 Y_n——因变量；

X_n——预测变量；

e_n——随机误差项（各变量名的意义下同）。

1981年，Sharma等学者对其作了解释，变量（X）和变量（Y）间关系的强度取决于误差项 e 的大小，误差项 e 越大，变量（X）和变量（Y）之间关系的程度便越小（如在线性回归方程中，回归系数的显著性水平及估计出的回归方程解释了多少方差决定了 X 和 Y 关系的程度），反之也一样。若是假定的误差项是某变量（如 Z）的函数，那么以该变量 X 为基础把观测样本分为若干组，其中各组内的个体误差的方差均一样，但是组间的方差却不同，那么一些组的预测效力便会较小，然而某些组的预测效力要远远高于全部样本的预测效力。用来把样本划分为一些同质（也即同方差）的组的这个变量（Z），必定是一个调节变量，被称为同质调节变量，这类调节变量会导致预测变量的预测效力在子样本（或者组）之间产生一定的差异。

由此可知，误差项 e 是同质调节变量的作用对象，它使 X 和 Y 函数关系中的误差项产生异方差性，进而对于不同的子样本（或者组），X 和 Y 关系的程度有差异。

2. 纯调节变量与半调节变量

纯调节变量与半调节变量能对预测变量与因变量之间关系的方向或形态产生影响。Sharma 等人认为，由于变量（X）和变量（Y）之间关系的形式并不会对讨论调节变量的概念产生影响，为了方便和简单，通常都会假定变量（X）和变量（Y）为线性关系，即

$$Y = a + b_1 X$$

再假定此种线性关系的形态是第三个变量的函数，其关系式可以写为：

$$Y = a + (b_1 + b_2 Z) X$$

显而易见，变量（Z）的变化将会改变上式的斜率，也可以说是对 X 和 Y 之间关系的方向或形态产生了影响。

上式可以改写为：

$$Y = a + b_1 X + b_2 ZX$$

在上式中，变量（Z）与预测变量（X）与因变量（Y）之间都没有相关关系，但是它通过和变量 X 的交互作用（以乘积 ZX 作为载体）改变了 X 和 Y 关系的形态，此类调节变量被称为纯调节变量。

调节变量不仅可以是定量的或者连续变量，还可以是定性的或者离散变量（Baron 和 Kenny，1986；Sharma 等，1981），最简单、方便的情况是，假如调节变量 Z 为二分变量，它对预测变量（X）和因变量（Y）关系的影响如图11-5a 所示；如果 Z 是连续变量，那么它将连续地改变直线方程的斜率，如图 11-5b 所示。

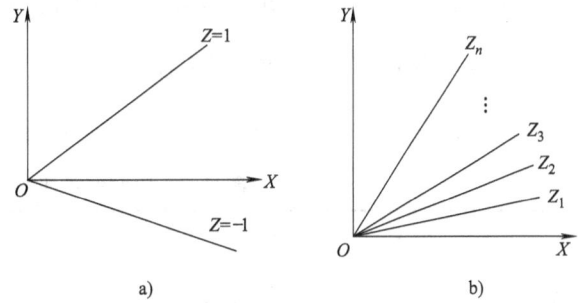

图 11-5　调节变量对预测变量和因变量关系的影响
资料来源：李艾，李君文. 调节变量（moderator）辨析：类型、表述和识别 [J]. 数理统计与管理，2008，2 (27)：260.

若调节变量（Z）不仅和预测变量（X）之间有交互作用，并且自身也是一个预测变量，它就是半调节变量，可以用线性方程表示为：

$$Y = a + b_1 X + b_2 ZX + b_i Z$$

因为半调节变量自身也是预测变量，所以它当然应和因变量（Y）有相关的关系，而且还可以和预测变量（X）之间有相关的关系。

因在上式中 Z 和 X 具有的对称性，单单按照数学的形式不能判断出 Z 和 X 哪一个是调节变量。此问题虽然在数学上面显得（如对方程进行估计时）不重要，但是它的理论意义却大不相同，若是对这两者不进行区分，极有可能会出现一个模型理论解释上的逻辑混乱。

11.3.6　调节变量的性质和作用

调节变量所要解释的是自变量在哪种条件下会对因变量产生影响，换句话讲，当其他因素对自变量和因变量的正负方向或相关大小产生影响时，此其他因素便是该自变量和因变量间的调节变量。它对自变量与因变量间关系的边界条件作了界定，不仅可以是质化形式的变

量（如性别、年龄等），还可以是量化形式的变量（如表扬程度或方式等）。它的作用原理可以用图 11-6 来表示。

在相关分析的过程中，影响两变量零阶相关的第三变量即调节变量。不可否认，若是两变量的关系由于第三因素而发生了方向性的变化，也可把这类第三因素称为调节变量。在方差分析的过程中，若是自变量与限定自变量作用的条件的

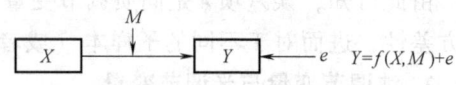

图 11-6　调节变量示意图
资料来源：卢谢峰，韩立敏．中介变量、调节变量与协变量——概念、统计检验及其比较［J］．心理科学，2007，30（4）：935．

另外一个因素间有交互效应的出现，则称另外一个因素为调节变量。与交互效应比较而言，从强到无或者从强到弱的相关关系的变化情况会让调节变量的作用体现得更加明显。虽然交互效应分析在统计上更加有力一些，但是它却没有残差主效应，所以，从理论上来讲，自变量在调节变量的另外一个水平上没有效应的结论可能会更加具有说服效果。在多层线性模型的分析当中，若是第二层的变量对第一层的预测关系产生了影响，那么也可以把第二层的变量看作调节变量。所以，实际上多层线性模型解决的是跨层次的调节作用的问题。

11.3.7　中介变量和调节变量的比较

通过表 11-3 可对中介变量与调节变量有清楚、明了的理解。

表 11-3　中介变量和调节变量的比较

	中介变量 M	调节变量 M
研究的目的	X 怎样对 Y 产生影响	X 何时会对 Y 产生影响或者何时对 Y 的影响较大
相关的概念	中介效应以及间接效应	调节效应以及交互效应
哪些情况下考虑	X 对 Y 的影响较强，并且稳定	X 对 Y 的影响时强时弱，没有固定性
典型的模型	$M = aX + e_2$　　$Y = c'X + bM + e_3$	$Y = aM + bX + cXM + e$
在模型中的位置	M 在 X 之后，在 Y 之前	X、M 在 Y 的前面，M 可以在 X 的前面
作用	它代表一种机制，X 通过它对 Y 产生影响	它对 Y 与 X 间关系的强弱或方向（正或负）产生影响
和 X、Y 的关系	和 X、Y 都是显著的相关关系	和 X、Y 间的相关关系可以是显著的，抑或是不显著的（后者较理想）
效应	回归系数的乘积 ab	回归系数 c
效应的估计	$\widehat{ab}$	$\widehat{c}$
效应的检验	ab 是否为 0	c 是否为 0
检验的策略	依次进行检验，在必要的时候作 Sobel 检验	进行层次回归分析，检验偏回归系数 c 的显著性（即 t 检验）；或者对测定系数的变化（即 F 检验）进行检验

小　结

本章主要介绍了结构方程模型的一些基础知识。首先介绍了结构方程模型的内涵,包括基本概念、基本原理、主要特点和构建结构方程模型的主要步骤;接着介绍了结构方程建模中拟合指数的知识;最后介绍了管理学研究中常用的两个研究模型,即中介变量和调节变量模型。

思考题

1. 请对结构方程模型的概念进行详细的描述。
2. 可观测变量、潜变量、外生变量及内生变量的含义分别是什么?并分别给予实例。
3. 结构方程模型的主要特点有哪些?
4. 请对结构方程模型的构建步骤进行描述。
5. 结构方程模型在管理研究领域中的运用主要体现在哪些方面?
6. 请对拟合指数的类别进行描述。
7. 理想的拟合指数需具备的基本特征有哪些?
8. 请对常用的拟合指数进行比较说明。
9. 请对中介变量的概念进行详述。
10. 请对调节变量的内涵进行描述。
11. 调节变量可以分为哪几种?含义分别是什么?
12. 中介变量和调节变量的不同之处有哪些?

参考文献

[1] 唐剑岚. 学生数学认识信念的研究述评 [J]. 数学教育学报, 2007, 16 (1): 29-33.
[2] 唐剑岚, 周莹, 黄国稳. 初中生数学认识信念量表的数学模型 [J]. 广西师范大学学报(自然科学版), 2007, 25 (3): 60-63.
[3] Valenzuela A, Mellers B, Strebel J. Pleasurable surprises: A cross-cultural study of consumer responses to unexpected incentives [J]. Journal of Consumer Research, 2010, 36 (5): 792-805.
[4] 温忠麟, 侯杰泰, 张雷. 有中介的调节变量和有调节的中介变量 [J]. 心理学报, 2006, 38 (3): 448-452.
[5] Judd C M, Kenny D A. Data analysis in social psychology: Recent and recurring issues [M] // Fiske S T, Gilbert D, Lindey G. The Handbook of Social Psychology. 5th ed. New York: Wiley, 2010: 115-139.
[6] Preacher K J, Hayes A F. Asymptotic and resampling strategies for assessing and comparing indirect effects in multiple mediator models [J]. Behavior Research Methods, 2008, 40 (3): 870-891.
[7] 吴明隆. 结构方程模型——AMOS 的操作与应用 [M]. 重庆: 重庆大学出版社, 2009.

第12章 管理研究论文写作

本书前面的11章介绍了科学研究的过程，回顾一下，一个科学的研究过程通常从观察现象开始，研究者在现实的世界中观察到了有趣的现象，想要去探寻产生这种现象的原因，这就启动了一个研究。为了寻找答案，研究者通常试图从理论上给予解释，这是一个把现实中的现象抽象为理论解释的过程，也称之为理论化的过程。有了理论之后，研究者通常会建立一个理论模型，以描述各个构念之间的关系，并基于理论模型发展出一系列的研究假设，为了验证这些假设，研究者再次回到现实的世界当中收集数据，如果假设得到现实数据的支持，则说明研究者之前的理论模型是可以接受的，该理论模型可以应用到其他符合理论描述的地方；如果假设没有得到现实数据的支持，则有可能是理论模型或数据收集出现了问题，研究人员可以重复进行理论化与实证检验的过程。

以上是对前面章节中介绍的研究过程的一个简单概括，这个研究过程的最后一步，通常是要将研究的结果报告出来，即写作研究论文，本章介绍管理研究论文的写作方法。正如研究方法分为演绎法和归纳法两大类一样，管理研究论文的写作也分为演绎式的论文写作和归纳式的论文写作，本书主要介绍的是演绎法，因此，关于论文写作也主要介绍演绎式的论文写作方法。

12.1 演绎式论文写作

12.1.1 论文结构

科学研究是一个严谨的过程，研究论文的写作也通常遵循一定的模式。管理学的演绎式论文的写作，其论文也通常有一个较为固定的结构。一篇演绎式论文主要由以下几个部分组成：论文题目、摘要、关键词、正文、参考文献。正文主要包括以下部分：①引言；②研究综述或研究回顾；③理论模型与研究假设；④研究方法；⑤研究结果；⑥讨论；⑦结论与未来研究方向。引言部分主要介绍论文的研究问题；研究综述部分则主要回顾与论文研究问题相关的前人的研究成果，并指出论文的研究与前人研究之间的关系；理论模型与研究假设部分是论文的理论基础，作者围绕研究问题发展理论模型与研究假设；研究方法部分则主要介绍作者进行研究的方法；研究结果部分则把数据分析的结果原汁原味地呈现出来，这个部分不需要对研究结果进行评述；研究结果的评述放在讨论部分进行，作者可以从理论上进行分析，讨论为什么得到了这样的研究结果；论文的最后一个部分是结论与未来研究方向，在这个部分，作者主要介绍论文研究得到了什么样的结论，有什么样的理论贡献和实践贡献，研究还存在什么不足，未来的研究可以从哪些方向进行。以下具体介绍每部分内容。

12.1.2 引言部分

引言部分要说明论文的研究问题是什么。怎么样来描述研究问题呢？通常可以从现象开始描述，引言的第一段描述一个论文要研究的现象，并说明这个现象为什么是有趣的或者是重要的。

例如，本书编者曾与老师合作过一篇论文，讨论的是运用网络进行问卷调查与运用打印的问卷进行问卷调查，两种方法收集到的数据是否具有一致性的问题[一]。之所以对这个问题感兴趣，是因为在现实中发现既有一些研究者运用打印的问卷进行问卷调查，也有一些研究者运用网络进行问卷调查，但是很少有人关注两种方法收集的数据是否具有一致性这个问题。在用问卷调查法进行研究时，分析数据的第一步不是进行回归等统计分析，而是进行数据质量的分析，现在既然存在两种不同的问卷收集方法，如果不报告两种方法收集数据的质量，那怎么相信后面的统计分析结果呢？因此，在这篇文章引言的第一段，是这样描述的：

随着网络技术的飞快发展，许多研究者开始运用网络调查收集数据，与传统的纸笔调查（又称书面调查）技术相比较，网络调查更加节省时间成本和金钱成本，因而网络调查近年来变得越来越流行。例如，国外的一个网络调查网站"Zoomerang"可以向使用者提供250万人的一个样本库；国内的网络调查网站"问卷星"则可以向使用者提供260万人的一个样本库，已经有40多万人、600多所高校和7000多家企业正在使用"问卷星"网络调查平台。随着网络调查的兴起，研究者必须回答这样一个问题，即网络调查与传统的纸笔调查效果相同吗？已有研究已经开始比较纸笔调查与网络调查的效果，然而，这些研究大多集中于比较纸笔调查与网络调查在回答率（Response Rates）上的差异，例如，Shih 和 Fan 对1998～2006年间发表的39篇比较纸笔调查与网络调查的文章进行了元分析，发现从总体上看，纸笔调查比网络调查的回答率更高。但还较少有研究从数据收集的质量和测量的效果角度来讨论纸笔调查与网络调查是否具有相同的结果。

引言部分接下来需要交代的内容，是描述对于论文所研究的现象，现有的研究已经取得了哪些研究成果，这些研究成果是论文进行研究的基础；同时还应该分析现有研究还存在什么不足，这些不足称为研究缺口，这个缺口正是研究重心。因此，引言部分还应该描述该研究是如何补充现有研究的不足的。

例如：

在网络调查早期，Kiesler 和 Sproull 就已经将网络调查与传统的纸笔调查相比较，他们发现，当网络调查的回答率得到有组织的管理时，运用网络调查比纸笔调查更加节省时间。他们也发现，与纸笔调查相比较，网络调查的不完全回答率更少，但同时他们也提出，即使纸笔调查与网络调查的回答率相似，两种调查方法也不应该相互替代。Boyer 等则从宏观和微观两个层面对纸笔调查与电子调查进行对比。然而，与已有研究的年代相比较，当今计算机技术和网络应用的发展已经发生了巨大的变化，对于当年的调查对象来说，计算机网络还是新生事物，但是对于今天的许多人来说，计算机网络已经成为了生活当中不可或缺的一部分，因此，在今天的技术环境和应用环境下，需要对网络调查和纸笔调查的异同进行更为细致的研究。

[一] 原文发表于《统计与信息论坛》，2011年第10期。

本文参考 Boyer 等的研究，将从两个层面来讨论纸笔调查与网络调查的异同。在表面（Surface）层面上，我们比较纸笔调查与网络调查在数据汇总方面的特征，包括有效回答率、缺失数据率（Proportion of Missing Data）、量表均值（Scale Means）和测量效度上是否相同；在更为细致的（Fine-grained）层面上，我们比较纸笔调查与网络调查在数据运行分析（Data Runs Analysis）和测量模型上是否存在差异。

12.1.3 研究综述部分

作研究综述的目的，是要告诉读者自己的研究是在什么基础上进行的，研究综述说明了研究者对于所要研究的问题了解的程度。一篇好的管理学研究论文，一个基本的要求就是论文要有所贡献，这个贡献主要指的是理论上的贡献，还包括管理实践上的贡献，即这篇文章在理论上有没有告诉人们一些新的内容，一些原来人们还不了解或者不清楚的内容。那么，如何判断一篇论文是否具有新的内容呢？这就需要了解对于该论文所研究的问题，前人的相关研究已经进展到了什么程度，这项工作就是研究综述。

在进行研究综述写作的时候，应该注意一个问题，研究综述不是简单地将已有研究的成果进行罗列。许多初学者在作研究综述时，喜欢罗列研究成果，如按照时间顺序罗列已有的研究成果，这不是一个好的方法。在作研究综述时，应该基于一定的逻辑来总结和归纳现有的研究成果，那么基于什么样的逻辑来写呢？至少可以有两种方法：①从因变量开始讨论，分别综述不同的研究者分析因变量的不同角度，比较他们的联系与区别；②从自变量开始，分析自变量的变化会产生什么样的不同结果，为什么自己的研究中要讨论这几个自变量，这几个自变量与因变量之间有什么样的关系等。无论用什么方法作研究综述，在综述了已有研究成果之后，一定要分析这些成果存在的不足，并说明自己打算如何来补充这些不足。

例如：

学术界和实务界对网络调查分外青睐的原因是网络调查具有节省调查工作费用的潜力。Weible 和 Wallace 比较了电子调查（Electronic Surveys）和邮寄调查（Mail Surveys），指出电子调查在成本上具有优势。虽然成本问题非常重要，但是在选择调查方法上不应该仅仅考虑成本，在许多情况下，对于研究者来说，数据收集的质量才应该是选择调查方法的主要驱动因素。

20 世纪 90 年代，Walsh 等人提出，在互联网上广泛运用网络调查，可以提高回答率，增加自我揭露（Self-disclosure）、主动贡献（Unsolicited Contributions）和自我选择（Self-selected）回答。他们随机调查了 300 个互联网用户，并同时通过电子邮件和电子公告板（BBS）发放问卷，结果发现，选择在 BBS 上接受调查的对象，对问卷回答的完成程度和回答的质量都要高于通过电子邮件进行调查的。Mehta 和 Sivadas 对网络调查和纸笔调查进行了直接的比较，他们将调查的样本分为了五个部分：①对没有提前通知、没有回答激励、也没有回访的对象进行纸笔调查；②对进行提前通知、有回答激励和回访的对象进行纸笔调查；③对与第一组类似的对象进行网络调查；④对与第二组类似的对象进行网络调查；⑤对与第四组同等条件的国际调查对象进行网络调查。Mehta 和 Sivadas 的研究发现，在五个组中，第二组的回答率最高，有 83%；基于同等条件的第四组和第五组具有相似的回答率，分别为 63% 和 65%；他们还发现，当提前通知要进行网络调查时，即使告知调查对象有回答激励，第三组的调查对象仍然有许多人拒绝接受调查。其他研究也发现，通过发送电子邮件进行网络调查，通常会让调查对象认为调查问卷是垃圾邮件，从而拒绝接受访问。这些研究结果表明，从总体上看，网络调查的回答率比纸笔调查要低，运用网络调查方法的研究者必须想办法解决垃圾邮件问题。

类似的研究也发现网络调查的回答率比纸笔调查低。例如，Schuldt 和 Totten 发现基于电子媒介进行调查的回答率低于传统的纸笔调查，他们认为可能的原因是由于当时电子媒介的有限性，因此需要进行更深入的研究。Tse 也发现，通过电子邮件进行调查，回答率低于通过传统邮寄进行的调查，原因是电子邮件用户通常不愿意使用电子媒介参与调查。在营销研究中，Mehta 和 Sivadas 也指出，消费者对于那些陌生的电子调查邮件通常持有消极的态度，因为消费者不愿意"被垃圾"。

与传统的纸笔调查一样，为了提高数据收集质量而进行努力，从而引起特定调查对象的兴趣而对调查题项进行设计的能力非常重要。Cheyne 和 Ritter 提出，新闻组（Newsgroups）是选择那些对调查主题有兴趣的调查对象的有效方法，能够减少调查对象对网络调查的负面回应。相应的，Rogelberg 等人发现，人们对于调查的态度与其对调查回应行为具有相关关系，这个发现暗示，如果调查对象对于网络调查具有正面的态度，那么，这些调查对象将更加适应网络调查，也将在网络调查中提供更为有用的信息。在另外一项研究中，Crawford 等人将网络调查的低回答率与网络问卷的设计以及调查对象完成网络问卷的烦琐程度相联系起来，他们针对反歧视行动和相关问题设计了网络调查问卷，向一组大学生进行调查，他们发现，网络调查的设计对于设计者来说是一个双重的任务，第一是要吸引调查对象参与到网络调查中来，第二就是要保持调查对象在参与调查过程中的兴趣。Couper 也将网络调查的设计工具与可用性联系起来，提出从设计的观点来看，设计者应该关注于系统的用户，而不是系统本身。

Boyer 等人从宏观和微观两个层面对纸笔调查与电子调查进行了比较。他们的研究发现，在宏观层面上，电子调查与纸笔调查的测量均值和测量信度没有显著差异，但电子调查比纸笔调查有更低的缺失数据率，电子调查有利于解决缺失数据问题；在微观层面上，电子调查与纸笔调查的测量模型没有显著差异，二者的测量误差也没有显著差异。

Boyer 等人的研究框架为本研究提供了参考，然而，Boyer 等人的研究比较的是传统的纸笔调查与电子调查，他们是利用计算机程序将传统的调查问卷录入软盘，再将软盘作为电子问卷发放给调查对象，就调查方法来说，他们所考查的电子调查与我们所要考查的网络调查是有所区别的。我们所要考查的网络调查，指的是运用网络调查平台制作调查问卷，并通过网络调查平台向调查对象发放问卷，调查对象自主在网络调查平台上完成问卷的整个调查过程。

综上所述，已有研究虽然对纸笔调查与网络调查进行了比较，但仍然存在两点不足：①已有研究主要讨论纸笔调查与网络调查在回答率上的差异，缺少将二者进行更为深入的对比研究；②已有研究大多发表于 2000 年前后，目前互联网的普及与应用与十几年前有了巨大的变化，十几年前，国内还没有专业的网络调查平台，目前流行的"问卷星"网络调查平台于 2006 年才开始投入运行，因此，已有的研究结果也需要在现行环境下进一步检验。

12.1.4 理论模型与研究假设部分

理论模型通常是描述研究中所涉及的各个构念之间的关系，通常以图形的形式来表示，但并不是每一篇论文都需要描述理论模型，这里所列举的网络调查与纸笔调查的这篇论文，就没有描述理论模型。本书第2章的图2-2就是一个理论模型的例子。在有些论文中，也有作者把理论模型用理论框架这个术语来描述。

研究假设部分是描述论文需要验证的问题。通常有三种叙述研究假设的方法：①运用前人实证研究的结果来说明自己所假设的变量之间的关系；②基于一定的理论来演绎自己所要假设的变量之间的关系；③基于一定的逻辑进行描述。三种方法中，最常见的是运用前人实证研究的结果来进行说明。

例如：

本文的研究假设围绕网络调查和纸笔调查两种不同的数据收集方法提出，并从两个层面进行讨论，在表面层面上，我们通过数据汇总的指标比较纸笔调查与网络调查在数据收集质量上是否存在差异，包括有效回答率、缺失数据率、量表均值和测量效度。

虽然一些文献认为纸笔调查的回答率比网络调查高，但也有一些文献发现，通过电子邮件进行调查，回答率虽然低于传统的纸笔调查，但是二者的差别是很小的。Boyer等人通过计算机软盘发放电子问卷与传统的纸笔问卷进行比较，发现纸笔调查的回答率为41.4%，电子调查的回答率为37.3%，同样也认为电子调查与纸笔调查的回答率没有显著的差异；同时，Boyer等人还比较了电子调查与纸笔调查的测量均值与测量信度，发现电子调查与纸笔调查的测量均值没有显著差异，二者都具有较高的测量信度。Huang通过开放问题的形式比较了网络调查与纸笔调查的缺失数据，发现当开放问题所要求回答的答案较短时，网络调查与纸笔调查的空白率相同；当开放问题所要求的回答较长时，网络调查与纸笔调查的无效回答率没有显著差异。

根据以上的分析，我们假设网络调查在数据收集质量上与传统的纸笔调查没有显著的差异，具体假设如下：

H1：纸笔调查与网络调查的有效回答率相同。

H2：纸笔调查与网络调查对构念测量的均值相同。

H3：纸笔调查与网络调查测量的信度相同。

H4：纸笔调查与网络调查的缺失数据率相同。

在细致的层面上，我们对两种数据收集方法进行更为深入的考查。我们从两个方面具体考查纸笔调查与网络调查是否存在差异，一方面，我们考查两种方法的测量模型是否存在差异；另一方面，我们考查两种方法在每一个测量构念上数据的离散程度即测量误差是否存在差异。

Boyer等人对电子调查与纸笔调查进行了验证性因子分析，通过限制电子调查测量模型的系数和误差项与纸笔调查测量模型相等进行分析，结果发现电子调查与纸笔调查的测量模型没有显著的差异。对于网络调查与纸笔调查测量误差的比较，Huang将网络调查与纸笔调查对构念测量的标准差进行了对比分析，结果发现，网络调查与纸笔调查的测量误差没有显著差异。Boyer等人也是以测量的标准差为指标对电子调查与纸笔调查进行了比较，结果发现二者没有显著差异。通过以上分析，我们提出以下假设：

H5：纸笔调查与网络调查的测量模型相同。

H6：纸笔调查与网络调查的测量误差相同。

12.1.5 研究方法部分

在研究方法部分，研究者需要详细介绍进行假设检验的实证方法，包括研究的对象、样本的选择、数据收集的过程和构念的测量等。这一部分的写作，可以参考与自己的研究相似的其他研究作为模板。

例如：

我们以小组项目教学效果为例来比较纸笔调查与网络调查的异同。小组项目是在教学过程中，将学生分为几组，各组学生根据教学要求到企业中去识别经营中的管理问题，确认所要研究的内容，查找相关文献，设计研究框架，提出研究方法，收集数据资料，最终提出研究报告的一个完整的过程。根据学习导向文献，组织的学习导向包括三个变量，即学习承诺（Commitment to Learning）、共同愿景（Shared Vision）和开放思想（Open Mindedness），会影响组织学习创造性，包括意义创造性（Meaningfulness）和内容创造性（Novelty），进而影响组织学习绩效。在本研究中，我们通过对大学本科生和研究生进行纸笔调查和网络调查，考查小组项目教学中学习导向、学习创造性以及学习绩效的测量在纸笔调查和网络调查中是否相同。

1. 调查对象和数据采集

参加纸笔调查的共有126人。126人中，有9人没有完成问卷。117人完成问卷，其中本科生13人，研究生104人。有效问卷为117份。参加网络调查的共有89人，其中本科生70人，研究生19人，所有人都完成了问卷，有效问卷为89份。

我们在课堂上完成纸笔调查的数据采集。学生来自广州某些大学，我们要求学生将调查问卷作为一次课堂练习，问卷采取匿名方式，个人信息仅包括学生的性别和年龄。对于网络调查，我们运用的是"问卷星"网络问卷调查平台。网络调查问卷的内容与纸笔调查相同。我们将调查问卷的网址告诉学生，由学生自行根据网址访问网站，在网站上填写问卷。

2. 量表

我们测量的变量包括学习导向、学习创造性、学习绩效、学习能力和学习态度。学习导向的量表参考了Baker和Sinknla的研究，为5点李克特量表，包括三个变量，即学习承诺（6个题项）、共同愿景（4个题项）和开放思想（4个题项）；学习创造性的量表参考了Andrews和Smith的研究，为语义差别量表，包括两个变量，即意义创造性（4个题项）和内容创造性（5个题项）；学习绩效的量表参考了Denison、Hart和Kahn的研究（5个题项）。

12.1.6 研究结果部分

在研究结果部分，作者需要如实报告数据分析的结果。如果是运用问卷调查的研究，要首先报告构念测量的结果，即报告测量的信度和效度，然后再进行统计分析。通常可以运用表格和图形来进行辅助说明。需要强调的是，研究结果描述的是"是什么"的问题，而不回答"为什么"的问题，即作者只需要将数据分析的结果呈现出来，而不需要分析为什么会出现这样的结果，分析的工作留到下一个部分。

例如：

我们的数据分析参考了Boyer等人的研究，分为两个层面。在表面层面上，我们分析纸笔调查与网络调查在有效回答率、缺失数据率、测量均值、测量信度等方面是否存在差异；

在细致层面上，我们分析纸笔调查与网络调查的测量模型是否相同，我们还对每一个测量构念分析测量数据的离散程度是否相同。

（一）表面层面的数据分析结果

我们通过"问卷星"网络平台发放了89份网络问卷，回收有效问卷89份，有效回答率为100%；发放打印问卷126份，回收有效问卷117份，有效回答率为92.9%。两种调查方法都有很高的有效回答率。

接下来我们对纸笔调查与网络调查测量的均值和信度进行分析。表12-1展示了网络调查和纸笔调查的描述性统计分析结果和信度，从结果可以看出，在8个测量构念中，有5个构念的网络调查测量的均值与纸笔调查测量的均值存在显著差异，且都是网络调查的测量均值显著小于纸笔调查测量的均值，H2没有得到支持。从测量的信度上看，8个测量构念中，共同愿景和内容创造性存在较大差异，共同愿景和内容创造性网络测量的信度都高达0.8以上，但是在纸笔调查中，共同愿景和内容创造性的信度却都小于0.5；意义创造性的网络调查和纸笔调查的信度都很低，都小于0.5；其他构念的测量信度，网络调查和纸笔调查都大于0.6，表现出了较高的测量信度，H3得到了部分支持。

表12-1 描述性统计分析结果和信度

	题项数/个	纸笔调查均值	网络调查均值	全部样本均值	标准差	Cronbach's alpha		
						全部	纸笔调查	网络调查
学习能力	6	3.99***	3.66***	3.85		0.793	0.647	0.833
学习承诺	6	4.28**	4.03**	4.17		0.757	0.753	0.749
共同愿景	4	3.98**	3.52**	3.78	0.079	0.429	0.176	0.807
开放思想	4	4.17*	3.91*	4.06	0.053	0.756	0.726	0.768
学习绩效	5	3.33	3.52	3.41	0.049	0.669	0.617	0.750
意义创造性	4	3.11	3.18	3.14	0.038	0.269	0.202	0.355
内容创造性	5	3.35	3.26	3.31	0.044	0.715	0.481	0.847
学习态度	3	4.03*	3.76*	3.92	0.069	0.684	0.677	0.675

注：* 表示 $P<0.05$，** 表示 $P<0.01$，*** 表示 $P<0.001$。

在对比了纸笔调查与网络调查测量均值和信度的差异之后，我们接下来讨论纸笔调查与网络调查在缺失数据上的差异。缺失数据是在调查中经常会遇到的问题，调查对象有时候会故意跳过一些问题，有时候也可能因为其他原因而忽略了一些问题，造成缺失数据，使得问卷的回答并不完整。这也给研究者提出了一个挑战，就是在调查中如何处理缺失数据问题。我们对纸笔调查与网络调查的缺失数据进行了比较，我们对问卷的每一个问题进行了重新编码，如果某个问题调查对象没有回答，那么我们就标记为"1"，表示此题有缺失数据，如果调查对象回答了该问题，我们就标记为"0"，表示此题没有缺失数据。重新编码后，我们运用列联表进行卡方检验，结果显示，在纸笔调查的所有4563个回答中，有22个缺失数据，缺失数据率为0.5%；而在网络调查的所有3471个回答中，没有缺失数据，缺失数据率为0，纸笔调查与网络调查的缺失数据率差异显著（$\chi^2=16.781, P=0$），H4没有得到支持。表12-2展示了缺失数据结果。

表 12-2 缺失数据结果

	回答频次	缺失频次	缺失率
纸笔调查	4563	22	0.5%***
网络调查	3471	0	0***

注：***表示 $P<0.001$。

(二) 细致层面的数据分析结果

在表面层面上，我们分析了纸笔调查与网络调查在有效回答率、测量均值、测量信度和缺失数据率上的差异，这些指标都是对问卷数据进行汇总之后所获得的。为了对纸笔调查与网络调查的差异进行更为细致的分析，我们进一步从两个方面进行讨论，一方面，我们运用 SEM 进行验证性因子分析，比较网络调查和纸笔调查所获得的测量模型是否一致；另一方面，我们针对每一个构念的每一个测量题项的变异程度进行分析。

1. 测量模型的比较分析

我们运用 SEM 的多群组同时分析（Simultaneous Analysis of Several Groups）来比较纸笔调查与网络调查的测量模型是否一致。多群组的 SEM 分析检验目的是为了评估一个适配于某一个样本群体的模型，是否也适配于其他不同样本的群体，也就是评估研究者所提出的理论模型在不同样本群体之间是否相等（Equivalent）或参数是否具有不变性（Invariant）。

由于我们的目的是比较纸笔调查与网络调查的测量模型是否一致，因此我们运用的是群组不变性检验中常用的测量不变性（Measurement Invariance）检验，既检验纸笔调查与网络调查相对应的潜变量与指标变量之间的因子负荷量是否相等，虚无假设是群组间各潜变量与指标变量间的因子负荷量相等，如果虚无假设没有被拒绝（$P>0.05$），则可以认为测量模型的恒等性是可以接受的。我们的分析使用 AMOS17.0 软件。

表 12-3 展示了测量模型的适配指标。模型 A 为未限制参数的模型，即基准模型，模型 B 为参数限制模型，即设定纸笔调查与网络调查的测量模型因子负荷量（回归系数）相同。从结果上看，模型 A 的卡方自由度比为 1.51，比值小于 2；PCFI 值为 0.664，大于 0.5；RMSEA 值为 0.05，小于 0.08；只有 CFI 值偏小，为 0.823，虽然小于 0.9，但是根据 Boyer 等人的文章，这个数值仍然可以接受。因此，我们接受模型 A，认为未加参数限制的模型 A 适配度可以接受，说明纸笔调查与网络调查具有相同的因子分析模型。

同样，模型 B 的卡方自由度比为 1.46，比值小于 2；PCFI 值为 0.684，大于 0.5；RMSEA 值为 0.05，小于 0.08；CFI 值也是偏小，为 0.815。我们同样接受这些数值。因此，我们认为加了参数限制的模型 B 适配度可以接受。

表 12-3 模型的适配指标

	卡方值	自由度	卡方自由度比	CFI	PCFI	RMSEA
模型 A(未限制参数)	732.953	484	1.51	0.823	0.664	0.05
模型 B(限制参数)	736.157	503	1.46	0.815	0.684	0.05
评价标准			<2	>0.9	>0.5	<0.08

以上结果说明，无论是否对参数进行限制，纸笔调查与网络调查的测量模型的适配度都是可以接受的，但并未说明纸笔调查与网络调查的测量模型是否具有测量不变性。接下来我

们讨论测量模型的不变性。

我们通过嵌套模型来比较模型 A 与模型 B 的差异，表 12-4 展示了当以未加参数限制的模型 A 为基准模型时，参数限制模型 B 与模型 A 的差异。通过比较两个模型卡方的差异来判断模型是否有差异，从结果中可以看出，模型 B 与模型 A 的卡方差异为 30.205，自由度差异为 19，卡方差异刚好在显著性水平 0.05 上。此时，我们难以判断是否接受模型 A 与模型 B 的差异显著。

表 12-4　嵌套模型比较表（以模型 A 为基准）

	df	CMIN	P	NFI Delta-1	IFI Delta-2	RFI Rho-1	TLI Rho-2
模型 B	19	30.205	0.05	0.015	0.20	0.001	0.001

由于测量不变性的虚无假设是模型潜变量与指标变量的因子负荷量相等，因此，我们进一步通过比较纸笔调查与网络调查测量模型中潜变量与指标变量的因子负荷量来判断模型 A 与模型 B 的差异。如果纸笔调查与网络调查测量模型中潜变量与指标变量的因子负荷量相等，那么我们认为无法拒绝虚无假设，即认为模型 A 与模型 B 的差异不显著。我们对纸笔调查与网络调查的未标准化估计值进行了比较，结果显示，纸笔调查与网络调查测量模型中潜变量与指标变量的因子负荷量均相同。因此，我们认为模型 A 与模型 B 的差异不显著，说明纸笔调查与网络调查具有测量不变性，H5 得到支持。由图 12-1 可知纸笔调查测量模型的因子负荷量，由图 12-2 可知网络调查测量模型的因子负荷量。

2. 测量变异程度的比较分析

在细致层面上，我们还对纸笔调查与网络调查所收集数据的变异程度进行比较分析。有时候，调查对象在回答问题时总是回答相类似的分数。例如，在 7 点李克特量表中，调查对象可能集中于回答高分（6 分或者 7 分），也可能集中于回答低分（1 分或者 2 分），也有一些调查对象集中于回答中等分数（3 分、4 分或者 5 分）。在整个回答问题的过程中，调查对象都有可能按照这种回答模式进行回答，即所有的问题都回答高分，或所有的问题都回答低分。需要指出的是，这里存在一个重要的问题，即任何测量构念都存在一个"真值效应"（True Effect）和"误差效应"（Error Effect），如果回答者在回答问题的过程中按照某种模式回答问题，而不是根据构念的真实情况回答问题，则通常会造成误差效应。

在具体的考查过程中，我们以每个测量题项的标准差来反映数据的变异程度。以 5 点李克特量表为例，同样一个构念（如有 5 个测量题项），有些调查对象回答的结果可能是（3，3，3，3，3），而有些调查对象回答的结果可能是（2，2，3，4，4），两种结果的均值都是 3，但是，两种回答的标准差是不一样的。低的标准差可能表示回答者在回答问题时答案更为集中，误差更小，也可能是回答者受到了回答模式的影响，而存在误差效应。根据 Boyer 等人的建议，我们并不是简单地以标准差的大小来定义测量误差，由于我们已经对每个测量构念进行了信度的检验，对于那些通过了信度检验的构念，我们认为无论是运用网络调查，还是运用纸笔调查，测量结果都是可信的，在这种情况下，如果数据的变异越小，也就是标准差越小，则说明测量的误差越小。

在具体的分析过程中，我们首先计算出每一个调查对象在每一个构念上回答的标准差，然后分别对网络调查和纸笔调查的每一个调查对象在每一个构念上回答的标准差计算平均

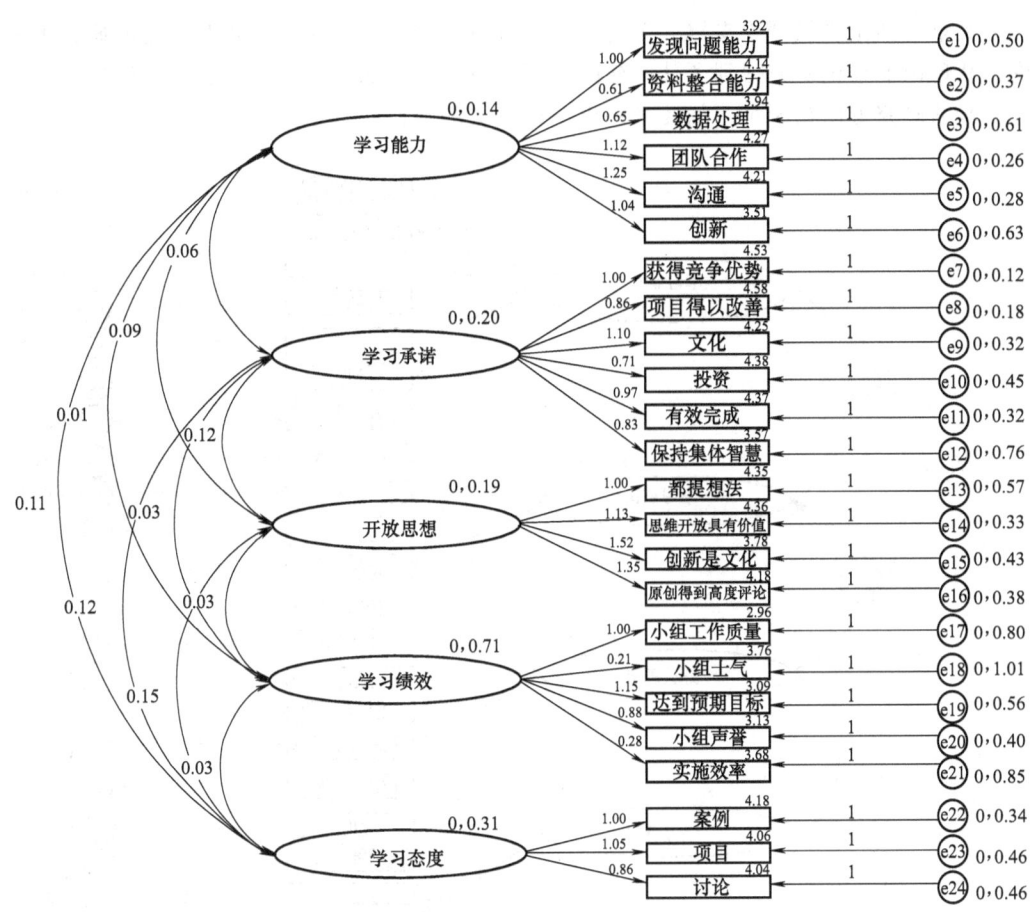

图 12-1　纸笔调查未标准化估计值图

注：1. 双箭头附近的数字为潜变量之间的协方差。
2. 表示潜变量的椭圆形，以及表示误差项的椭圆形的附近，有两组数字，意义为（均值，方差），例如："学习能力"右上方的（0，0.14）的意义是"学习能力"的均值为 0（此值为 AMOS 系统预设值），方差为 0.14。
3. 矩形附近的数字为该测量项目的方差。
4. 单向箭头上方的数字为非标准化的回归系统，如果取值为 1，则为系统预设值。

数，获得每一个测量构念在网络调查和纸笔调查上回答的标准差均值，通过比较这个均值，我们对比纸笔调查与网络调查的测量误差。计算结果如表 12-5 所示，在 8 个测量构念中，有 6 个构念的测量误差在纸笔调查与网络调查中差异显著，其中有 4 个构念，网络调查的标准差大于纸笔调查的标准差，只有两个构念网络调查的标准差小于纸笔调查的标准差，说明从总体上看，网络调查的测量误差要大于纸笔调查的测量误差，H6 没有得到支持。

12.1.7　讨论、结论与未来研究方向部分

本部分的主要工作是进行理论的升华。论文的"研究结果"部分只是呈现了数据分析的结果，并没有解释为什么会得到这样的结果，这部分的工作在"讨论"部分进行。作者一般要基于一定的理论来分析，为什么有些研究假设得到了数据的支持，这说明了什么理论问题；为什么有些研究假设没有得到数据的支持，这又说明了什么理论问题。通过这样的分

析,为文章的结论提供理论支撑。对研究结果进行讨论之后,作者需要对自己的研究下一个结论,从理论上讨论研究得到了什么样的发现,有什么样的贡献,还存在什么样的不足,今后进一步的研究方向在哪里,如此来结束一篇论文的写作。

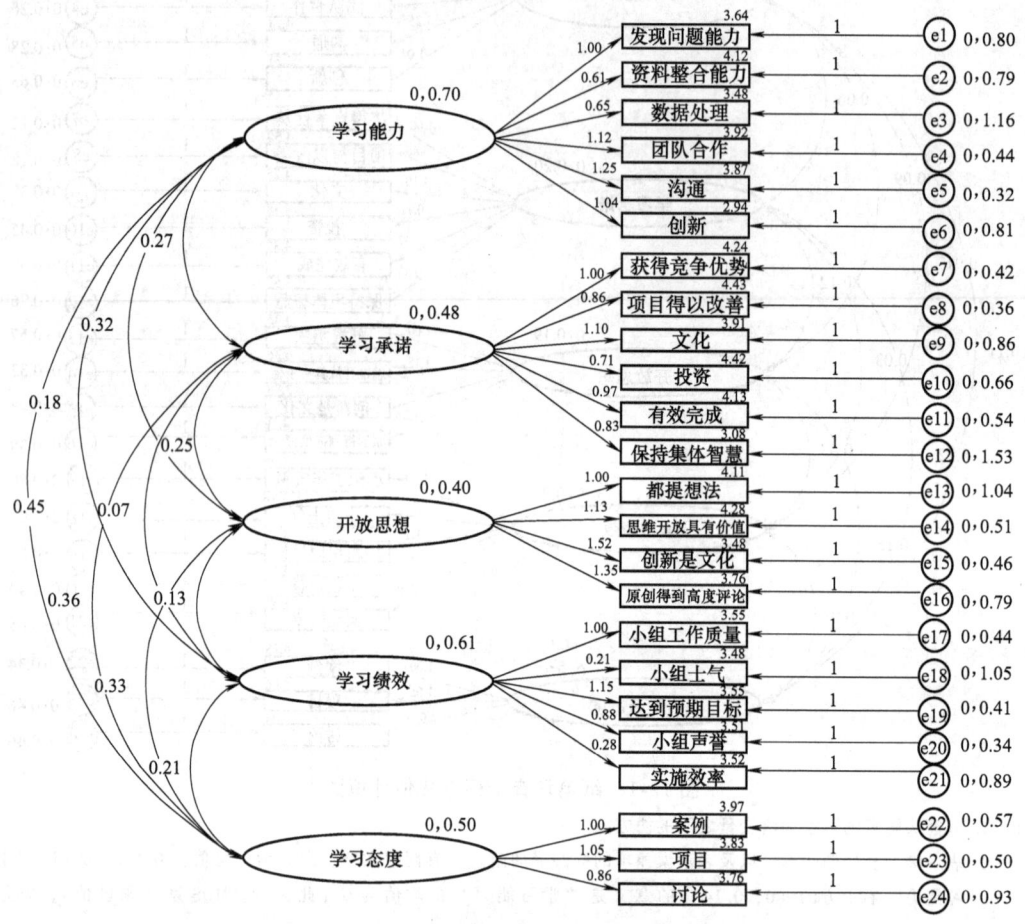

图 12-2　网络调查未标准化估计值图

表 12-5　构念的测量误差

	纸笔调查标准差	网络调查标准差
学习能力	0.664***	0.851***
学习承诺	0.599***	0.878***
共同愿景	0.757	0.779
开放思想	0.620*	0.748*
学习绩效	0.866*	0.669**
意义创造性	0.835	0.895
内容创造性	0.716*	0.564*
学习态度	0.508**	0.699**

注:*表示 $P<0.05$,**表示 $P<0.01$,***表示 $P<0.001$。

例如:

(一) 讨论

本文比较了两种数据收集方法,即纸笔调查与网络调查之间的差异。我们从两个层面进行了比较。在表面层面上，我们将调查数据加总后，比较纸笔调查与网络调查在测量均值、测量信度以及缺失数据率上是否相同；在细致层面，我们比较纸笔调查与网络调查是否具有测量不变性，是否在数据变异程度上存在差异。

在表面层面上，我们发现，纸笔调查对构念的测量均值要显著高于网络调查，这可能是受到社会期望（Social Desirability）的影响。有研究表明，相对于自我管理的调查环境，在访谈调查中，回答者更容易受到社会期望效应的影响，更倾向于回答研究者所期望的答案。相对于纸笔调查，网络调查更加具有自我管理的特性，因此网络调查受到社会期望效应的影响会小于纸笔调查。我们发现纸笔调查对构念的测量均值高于网络调查，很可能是由于纸笔调查受到社会期望效应的影响。而在对构念的测量信度上，纸笔调查与网络调查都表现出了较高的测量信度，这个结果说明纸笔调查与网络调查都同样具有测量信度。在缺失数据率方面，我们发现网络调查的缺失数据率要显著低于纸笔调查，可能的原因是在进行网络调查的时候，可以设置"必答题"，当问题设置为"必答"时，回答者必须回答这个问题，否则问卷无法完成，这个发现对于那些受到缺失数据问题困扰的研究者来说具有参考价值。

在细致层面，我们检验了纸笔调查与网络调查的测量不变性和数据变异程度。从测量不变性检验的结果来看，纸笔调查与网络调查对于相同的测量构念具有相同的因子结构，测量模型中潜变量与指标变量间的因子负荷量相同，表明纸笔调查与网络调查具有测量不变性。在数据变异程度方面，我们发现，对于每一个调查对象在每一个测量构念上测量数据的标准差的均值，网络调查要显著大于纸笔调查，在测量信度和测量模型都可以接受的情况下，测量数据的标准差越大，说明数据的变异程度越大，则测量误差也越大，相对于网络调查来说，传统的纸笔调查测量的误差更小。

（二）结论与未来研究方向

从我们的研究结果上看，由于纸笔调查与网络调查具有测量不变性，也具有相同的测量信度，因此我们认为纸笔调查与网络调查测量的效果是相同的。我们发现纸笔调查对构念的测量均值高于网络调查，从社会期望效应的角度分析，我们认为纸笔调查受到社会期望效应的影响更大一些，因此在构念的测量均值方面，网络调查比纸笔调查更加精确一些。我们还发现纸笔调查的数据变异程度小于网络调查，这说明在数据变异方面，纸笔调查比网络调查的误差要小，因此纸笔调查又比网络调查更加精确一些。在缺失数据率上，我们发现网络调查比纸笔调查更低。

总的来说，我们认为在具有测量不变性的基础上，纸笔调查与网络调查又具有各自的优势，纸笔调查在数据变异上的误差更小，而网络调查对于构念的测量均值更加精确，同时网络调查还有利于减少缺失数据率。因此，一些研究者也建议，应该将多种调查方法结合起来，多种调查方法结合也成了研究的趋势。因此，未来的研究可以具体地考察将纸笔调查与网络调查结合起来，其数据收集质量是否比单一的纸笔调查或者网络调查的质量要更好。

12.2 摘要、引用和参考文献的写作

12.2.1 摘要的写作

摘要是一篇文章的总括或者大纲，在论文排版的时候，摘要部分是放在论文最前面的，

在阅读一篇文章的时候，人们通常也是先从摘要开始阅读，但是，在论文写作过程中，摘要却不是最开始写作的部分，写作摘要，需要作者把正文都完成后，才能动笔对整篇论文进行总括。摘要部分一般应该包括如下的内容：①论文的研究问题；②前人研究成果及不足；③自己的研究方法；④自己的研究结果；⑤自己的研究贡献。

学习写作摘要最好的方法是多阅读顶级学术期刊上论文的摘要，并不是每一篇摘要都要严格按照以上五个部分来写作，但这五个部分是摘要通常应该包括的主要内容，多阅读有助于体会如何对自己的文章进行总括。

例如：

摘要：随着网络调查的兴起，研究者必须确认网络调查与传统的纸笔调查效果是否相同。从数据收集质量和测量效果两个方面对纸笔调查与网络调查进行了比较。结果发现，纸笔调查与网络调查的测量模型和测量信度没有显著差异，但是，纸笔调查的测量均值高于网络调查，而网络调查的测量误差高于纸笔调查，网络调查的缺失数据率更低。结果表明纸笔调查与网络调查具有测量不变性，最后讨论了未来研究方向。

12.2.2 引用的写作方法

"站在巨人的肩膀上"这句话是进行研究的一个真实写照，这说明我们的研究是基于前人的研究成果而发展出来的，因此，在进行研究论文写作的时候，就经常需要引用前人的研究观点和研究成果，这里就涉及了规范引用的问题。

现在的学术期刊大多采用"实引制"，即论文所引用的每一个观点或研究成果都需要标示出来，并且要一一对应。初学者在进行论文写作时，一定要注意引用的规范问题。

一般来说，在正文中的引用的写作有两种格式。

第一种是用"作者、年份"的引用格式，例如：

卢俊宏（1982）的研究发现……

我国学者（张景媛，1984）的研究发现……

大专学生极大多数有责任感（何英奇，1977）。

有多位学者时，按照姓氏笔画顺序列出：

我国一些学者（柯永河，1961；黄坚厚，1978；刘美珍，1965）的研究指出……

有两个共同作者时，两个名字中间用顿号隔开：

偏重学生学习的教育心理学并无法解释教师如何影响学生的学习（张春兴、林清山，1970）。

徐台阁、陈进龙（1980）亦指出……

引用外文文章的写作方法也类似：

Weinberg（1988）的研究发现……

国外学者（Becker，1978）的研究发现……

有多位学者时，按照姓氏英文字母的顺序排列。若第一个字母相同时，则比较第二个字母，以此类推。字母在前的列在前面：

国外一些学者（Becker，1978；Erez，1977；Fowler，1978）的研究都指出……

当采用"作者，年份"的引文写作方法时，在后面的参考文献部分，则通常按照作者姓氏的汉语拼音顺序或英文首字母的顺序进行排序。

正文引文写作的第二种方式是用方括号的上标来标注引文，例如：

学术界和实务界对网络调查分外青睐的原因是网络调查具有节省调查工作费用的潜力[4]。Weible 和 Wallace 比较了电子调查（Electronic Surveys）和邮寄调查（Mail Surveys），指出电子调查在成本上具有优势[5]。虽然成本问题非常重要，但是在选择调查方法上不应该仅仅考虑成本，在许多情况下，数据收集的质量才应该是选择调查方法的主要驱动因素[4]。

当采用上标的方法标注引文时，在后面的参考文献中，应该按照正文引用的顺序排序。

12.2.3 参考文献的写作方法

参考文献的格式要按照国家标准来进行写作，通常的格式如下：

连续出版物：作者. 文题 [J]. 刊名，年，卷（期）：起始页码-终止页码.
专著：作者. 书名 [M]. 出版地：出版者，出版年.
译著：作者. 书名 [M]. 译者. 出版地：出版者，出版年.
论文集：作者. 文题 [C]. 编者. 出版地：出版者，出版年：起始页码-终止页码.
学位论文：作者. 文题 [D]. 所在城市：保存单位，年份.
专利：申请者. 专利名 [P]. 国名及专利号，发布日期.
技术标准：技术标准代号. 技术标准名称 [S].
技术报告：作者. 文题 [R]. 报告代码及编号，地名：责任单位，年份.
在线文献：作者. 文题 [EB/OL]. http：//…，日期.

12.3 例子

消费者情绪对品牌信任的影响及品牌熟悉度的调节作用[○]

摘要：运用实验研究的方法讨论了消费者情绪对品牌信任的影响及品牌熟悉度的调节作用，报告了两个实验研究的结果。基于情感信息模型，研究一的结果发现，在消费者对品牌不熟悉的情况下，消费者的不同效价与不同评估类型的情绪影响了消费者对品牌信任的评价。基于情感注入模型，研究二的结果发现，品牌熟悉度调节了消费者情绪对品牌信任的影响。最后讨论了理论意义和营销启示。

关键词：情绪；信任；品牌信任；品牌熟悉度

一、引言

信任在有效管理（Effective Management）、有效政府（Effective Government）和有效社会制度（Effective Social Systems）等方面都有重要的影响作用[1,2]。在组织管理领域，Mayer、Davis 和 Schoorman[3]提出的信任模型认为，能力（Ability）、友善（Benevolence）和正直（Integrity）是信任者判断被信任者是否具有可信性的主要因素，对整体信任水平分别有着直接的影响作用。Mayer 和 Davis[4]对该信任模型中影响信任水平的三个前因变量，能力、友

○ 原文发表于 2013 年第 10 期《商业研究》，有改动。

善和正直进行了实证研究,验证了三个因素对整体信任水平的直接影响作用。

信任是这样一种心理状态,当个人无法确定地判断他人的动机、意向或者本质的时候,个人对他人关于某一方面的正面预期。因为信任产生于对不确定性的判断和推断,因此一些学者将信任视为一种近似理性决策或选择过程的后果[5-7]。然而,近年来,越来越多的学者认为信任并不是一种完全理性的决策过程,信任不仅涉及理性的认知成分,还包括文化维度[8]、情感成分[9]和社会关系层面[10]等。Schoorman、Mayer和Davis[11]提出,情感因素的影响在信任的研究中将是一个有趣的方向。

在营销领域,在Mayer、Davis和Schoorman[3]信任模型的基础上,大量的研究者讨论友善、正直等前因变量对信任形成的正向影响作用[12-15]。徐岚等[16]进一步对影响友善和正直与品牌信任关系的调节因素进行了研究。然而,这些研究的视角都集中于被信任者本身的相关因素(能力、友善和正直)如何影响信任者对被信任者信任水平的判断。

如果我们同意信任并不是一种完全理性的决策过程的观点,那么,除了被信任者方面的影响因素以外,信任者方面的主观因素会不会影响对被信任者信任水平的判断呢?进一步的,在营销领域,是否消费者自身的某种主观因素也会影响其对品牌信任的判断呢?Jones和George[17]、Williams[18]、Dunn和Schweitzer[19]等学者研究了情感(Affect)、情绪(E-motion)对信任的影响,为信任者自身的主观因素也会影响其对被信任者信任水平的判断提供了证据。然而,还较少有营销文献讨论消费者个人情绪对品牌信任的影响关系。

本文试图补充现有营销文献的缺口,我们的研究问题是消费者个人的情绪如何影响其对品牌信任的判断,进一步的,由于情绪对品牌信任的影响基于消费者主观的推断,那么是否还存在一些因素调节了消费者个人情绪对品牌信任的影响?本研究在理论上丰富了信任研究的相关文献,在实践上对于营销经理也具有指导意义。

二、文献回顾

(一) 可信性因素的期望

文献研究认为信任主要产生于两类因素:个人信任倾向和个人对被信任者未来行为的期望[3]。信任倾向是信任者对于在各种情况下各种类型的其他人的总体一致的信任方面的倾向[20]。信任倾向是信任者的一种个人特征,个人的性格、经历等都会影响个人的信任倾向[3]。

对于第二个因素,文献研究认为可信性因素(Trustworthiness)的期望(Expectation)受被信任者的属性,如能力、友善和正直的影响[3,21]。这些属性大多是由信任者从对被信任者过去的体验中推断出来,并且受到信任者所获取到的被信任者的声望、目的等信息的影响[22,23]。需要注意的是,信任者必须根据他们对于被信任者特性的感知来推断其对被信任者的信任水平。我们把研究视角从被信任者身上拉回信任者本身,我们旨在研究消费者自身的主观因素——消费者个人的即时情绪(Incidental Emotion)如何影响消费者对于品牌信任的判断。

(二) 情绪对判断影响的两个模型:情感信息模型和情感注入模型

对于情感、情绪的研究已经发展出了不少模型。例如,Bower[24]认为情绪(Mood)通过从记忆中提出与情绪一致的信息来影响判断;Martin等[25]人认为情绪与判断之间的关系有赖于个人对自己情绪的解释；情绪维持模型（Mood Maintenance Model）认为，由于人们有维持或者修复他们当前情绪的动机和目的，人们会为此付出特别的行动[26, 27]。

情感信息（Affect as Information）模型[28]和情感注入模型（Affect Infusion Model）[29]为本文的研究提供了理论视角。这两个模型都已经得到了实证研究的支持。

情感信息模型认为，人们通常会将自己的情感错误地归因（Misattribute）到将要进行判断的对象上。Schwarz和Clore[28]的研究指出，当人们在评估判断的时候，他们会下意识地问自己"我对这个判断的感觉如何？"为了回答这个问题，人们通常会用他们的与要判断的对象无关的情感来进行判断，这个过程实际上就是一个错误的归因过程。一个例子可以很好地说明这个错误的归因过程。Schwarz和Clore[30]研究了人们对生活的满意度问题，Schwarz和Clore要求被试者对生活满意度进行评价，他们发现，被试者在晴天的时候对生活满意度的评价要高于在阴雨天的时候对生活满意度的评价。但是，当Schwarz和Clore要求被试者先把他们的情感归因于天气，然后再对生活满意度进行评价，结果发现，无论是在晴天还是在阴雨天，被试者对生活满意度的评价没有显著差异[30]。

情感注入模型强调，当人们采用直接存储处理（Direct Access Processing）或动机性思考（Motivated Thinking）的时候，情感并不会对最后的判断产生显著影响；然而，当人们采用开放式处理策略（Open-ended Processing Strategies），如启发式处理（Heuristic Processing）或实质性处理（Substantive Processing）的时候，情感就会对判断产生显著影响。

情感注入模型强调在情感与判断的关系之间存在一些重要的调节变量，认为不同类型的判断对象可能会对情感与判断之间的关系产生不同的影响。Dunn和Schweitzer[19]根据情感注入模型研究了情绪与信任之间的关系，他们实证研究的结果指出，信任者对被信任者的熟悉程度调节了情绪与信任之间的关系。在信任者与被信任者不熟悉的情况下，信任者在进行判断的时候通常会采用启发式处理，在这种情况下，信任者的情绪将会影响其对被信任者的判断。然而，在信任者对被信任者熟悉的情况下，信任者通常会采用直接存储处理，对于自己熟悉的朋友，信任者不需要特别的证据来进行推断，因此，在这种情况下，信任者的情绪对被信任者信任水平的判断的影响将会较小。

（三）情绪与判断

情绪可以按照效价（Valence）分为正面情绪和负面情绪，进一步的，按照评估类型（Appraisals）情绪还可以分为：较少受到评估控制（Lack Strong Appraisals of Control），如快乐；受环境控制（Situational Control），如悲伤；受他人控制（Other-person Control），如愤怒等[31]。

文献研究发现，即使是相同效价的情绪，如果受到不同类型评估的影响，则对判断可能会产生不同的影响[32-35]。Lerner和Keltner[36]发现，害怕（Fear）和愤怒（Anger）都属于负面情绪，但两种情绪却对风险的判断有着不同的影响。处于愤怒情绪的人相对于处于害怕情绪的人，对风险的判断会更加乐观。Dunn和Schweitzer[19]的实证研究考查快乐、悲伤和愤怒三种情绪的被试者对被信任者信任水平的判断，如前所述，三种情绪分别属于不同的效价和评估类型。两位研究者的结果显示，处于快乐的个人相对于处于悲伤情绪的个人，对陌生人信任水平的判断会更高；处于悲伤情绪的个人，相对于处于愤怒情绪的个人，对陌生人信任水平的判断会更高。

以上的研究成果主要集中在心理学领域，我们的研究试图将心理学的研究成果应用到营销领域。首先，根据情感信息模型，我们将考查消费者个人的不同效价和评估类型的情绪是否会对品牌信任产生影响。其次，根据情感注入模型以及Dunn和Schweitzer[19]的研究成果，我们把消费者对品牌的熟悉度作为一个调节变量，考察消费者对品牌的熟悉度是否调节了消费者情绪与品牌信任之间的关系。最后，我们将根据研究的结果讨论营销意义。

三、概念框架与研究假设

（一）概念框架

我们的研究关注的是消费者个人的情绪如何影响其对品牌信任的判断。根据Sirdeshmukh等[37]和McAllister[38]的定义，品牌信任可定义为消费者认为可以信任某一品牌的心理状态。我们所要研究的消费者情绪是一种即时（Incidental）的情绪（Emotion），即时情绪的特点是持续的时间较短（Shorter in Duration），情绪比较强烈（More Intense），并且可以根据不同的认知评估（Cognitive Appraisals）进行分类[31]。Dunn和Schweitzer[19]研究了信任者的即时情绪与信任判断之间的关系，认为信任者会将情绪错误地归因于被信任者，研究结果显示情绪对信任判断有显著的影响。我们的研究借鉴了Dunn和Schweitzer[19]的成果，我们将讨论消费者的情绪是否会对品牌信任产生影响，论证消费者在对品牌信任进行判断的时候是否也会启动错误的归因过程。根据情感注入模型，我们还将讨论消费者的品牌熟悉度对消费者即时情绪与品牌信任关系是否具有调节作用。我们的研究框架如图12-3所示。

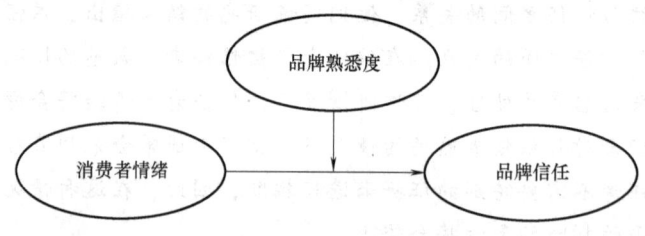

图12-3　研究框架

（二）研究假设

1. 不同效价与不同评估类型的情绪对品牌信任的影响

情感信息模型认为个人会将自己的情绪错误地归因于被判断的对象，从而导致情绪对判断产生影响，这个归因过程受到情绪效价的影响。当人们处于正面情绪状态时，对目标对象会倾向于正面的评价；而当人们处于负面情绪状态时，对目标对象就会倾向于负面的评价[19]。进一步的，研究还发现，即使是同一个效价的情绪，由于受到不同评估类型的影响，对人们的判断和评价的影响程度也会不同[32-35]。

Dunn和Schweitzer[19]的实证研究发现，在判断对象为陌生人时，不同效价和不同控制类型的情绪将会对信任判断产生不同的影响。处于快乐情绪的个人相对于处于悲伤情绪的个人，对陌生人信任水平的判断会更高；处于悲伤情绪的个人相对于处于愤怒情绪的个人，对陌生人信任水平的判断会更高。

我们的研究将考察在营销领域，消费者在对品牌信任进行判断时是否会将情绪错误地归因于品牌。我们将分别考察消费者的三种情绪，即快乐、悲伤和愤怒对于陌生品牌信任判断的影响。快乐是正面情绪，根据情感信息模型，处于正面情绪状态下的人在作判断时容易对目标对象产生正面的评价，因此，我们认为处于快乐情绪状态的消费者对品牌信任的评价应该较高。而悲伤和愤怒都是负面情绪，同样根据情感信息模型，处于负面情绪状态下的人对目标对象的评价更倾向于负面的评价，因此，我们认为处于悲伤和愤怒情绪状态下的消费者对品牌信任的评价应该较低。进一步的，虽然悲伤和愤怒同属于负面情绪，但两种情绪受到不同评估类型的影响，悲伤受到环境控制的影响，而愤怒受到他人控制的影响，与悲伤相比较，处于愤怒情绪状态的个人更容易将判断错误地归因于其他个人或判断对象。因此，我们认为处于愤怒情绪状态下的消费者，对品牌信任的负面评价将比处于悲伤情绪状态下的消费者更加强烈。为此，我们提出如下假设：

H1a：在消费者对品牌不熟悉的情境下，处于快乐情绪的消费者相对于处于悲伤情绪的消费者，对品牌信任水平的判断会更高。

H1b：在消费者对品牌不熟悉的情境下，处于悲伤情绪的消费者相对于处于愤怒情绪的消费者，对品牌信任水平的判断会更高。

2. 品牌熟悉度对于消费者情绪与品牌信任关系的调节作用

情感注入模型认为不同类型的判断对象将会调节情绪与判断之间的关系，Dunn 和 Schweitzer[19] 提出一个可能的调节因素是个人对于判断对象的熟悉度。两位作者通过实验得出结论：当信任者与被信任者不熟悉时，信任者情绪对被信任者信任水平的判断有显著影响；相反，当信任者与被信任者熟悉时，情绪与信任判断之间的关系不显著。在营销领域，一个有趣的问题是新进入市场的品牌，即消费者不熟悉的品牌，如何快速获取消费者的信任呢？如果消费者情绪对新品牌的信任有显著的影响，那么营销经理在新品牌广告诉求方面就需要考虑如何引发消费者相关情绪的问题。为此，我们提出如下假设：

H2：当消费者对品牌不熟悉时，消费者情绪将显著影响消费者对品牌的信任；当消费者对品牌熟悉时，消费者情绪对品牌信任的影响不显著。

我们将通过两个实验来检验我们的假设。研究一检验消费者情绪对于陌生品牌信任的判断；研究二检验品牌熟悉度对于消费者情绪与品牌信任关系的调节作用。

四、前测

在进行主实验之前，我们首先进行了前测。前测的目的主要是为主实验的两个操纵进行检验，一是检验对品牌熟悉度的操纵是否成功，二是检验对情绪的操纵是否成功。我们运用虚拟品牌和真实品牌来操纵消费者的品牌熟悉度，显然，消费者对真实品牌的熟悉度要高于对虚拟品牌的熟悉度。我们将检验两个产品品类，即手机和运动鞋。对于手机，我们选择了两个真实品牌，诺基亚和三星，两个虚拟品牌，GTR 和酷语；对于运动鞋，我们选择的两个真实品牌是耐克和李宁，两个虚拟品牌是 Sport 和汇步。我们将询问被试者对这些品牌熟悉的程度，用 9 点量表进行测量（1 = 非常不熟悉，9 = 非常熟悉）。

主实验的情绪操纵方法运用的是情绪诱导练习，这个诱导过程是 Strack、Schwarz 和

Gschneidinger[39]发展出来的。一些实证研究为这个诱导过程的有效性提供了证据[19, 34, 36]。我们的情绪诱导练习将参考 Dunn 和 Schweitzer[19]的方法，要求被试者首先写下生活中的 3～5 件感受到目标情绪状态的事情，紧接着再详细描述一件感受到目标情绪状态的事情。在完成这个练习后，我们用一个 9 点量表来测量被试者的情绪状态，要求被试者评价自己是否感受到目标情绪（1 = 根本没有感受，9 = 非常强烈地感受到）。由于我们的实验涉及三种情绪，因此我将要求被试者评价自己目前是否快乐、悲伤和愤怒。

60 名广西某大学的本科生参加了前测。前测共分为两部分：要求被试者对两个产品品类（手机和运动鞋）的 8 个品牌的熟悉程度进行评价，评价完品牌熟悉度后；被试者进行情绪诱导练习，60 名被试者分为三组，每组 20 人，分别诱导快乐、悲伤和愤怒情绪，情绪诱导练习完成后，要求每一位被试者对自己当前是否感到快乐、悲伤和愤怒的情绪进行评价。

我们首先对品牌熟悉度的结果进行了单样本 t 检验，检验的值为中值"5"，结果显示，被试者对真实品牌的熟悉度的评价均值都显著高于中值"5"（诺基亚 = 7.02，$t = 9.965$，$P = 0$；三星 = 6.17，$t = 7.303$，$P = 0$；耐克 = 7.08，$t = 15.191$，$P = 0$；李宁 = 6.80，$t = 12.483$，$P = 0$）；被试者对虚拟品牌的熟悉度的评价都显著低于中值"5"（GTR = 1.65，$t = -34.36$，$P = 0$；酷语 = 1.80，$t = -34.995$，$P = 0$；Sport = 1.52，$t = -41.464$，$P = 0$；汇步 = 1.63，$t = -37.9$，$P = 0$）。结果说明在主实验中，我们可以用真实品牌和虚拟品牌来操纵被试者对品牌的熟悉度：用真实品牌时，被试者对品牌的熟悉度高；用虚拟品牌时，被试者对品牌的熟悉度低。

对情绪诱导的操纵检验结果显示，当诱导被试者的快乐情绪时，被试者报告他们感受到快乐情绪的均值要显著高于他们感受的悲伤情绪和愤怒情绪的均值（$M = 6.30$ VS $M = 1.90$ VS $M = 2.15$；$F(2, 57) = 61.862$，$P = 0$）；诱导悲伤情绪的被试者报告他们感受到悲伤情绪的均值显著高于他们感受到快乐情绪和愤怒情绪的均值（$M = 6.60$ VS $M = 1.45$ VS $M = 1.60$；$F(2, 57) = 142.867$，$P = 0$）；诱导愤怒情绪的被试者报告他们感受到愤怒情绪的均值显著高于他们感受到快乐情绪和悲伤情绪的均值（$M = 5.40$ VS $M = 1.30$ VS $M = 2.20$；$F(2, 57) = 55.025$，$P = 0$）。检验结果说明我们采用的情绪诱导练习的方法对被试者情绪的操纵是成功的。

根据 Dunn 和 Schweitzer[19]的方法，我们在前测中确认了情绪诱导练习的方法可以成功地操纵被试者的情绪后，在主实验中，我们只对被试者进行情绪诱导练习，不再对情绪进行操纵检验。

五、研究一

在研究一中，我们将考虑三种情绪，即快乐、悲伤和愤怒对于陌生品牌信任的影响。这三种情绪分别属于不同的效价和不同的评估类型，并且三种情绪经常被用于实验研究[19, 29]。快乐是正面情绪，悲伤和愤怒都是负面情绪。根据 Smith 和 Ellsworth[31]的分析，快乐较少受到评估控制，悲伤情绪受到环境的控制，而愤怒则受到他人的控制。

(一) 研究方法

1. 实验设计与参与人员

采取单因素被试间设计,自变量为消费者的情绪状态,分为三个水平,即快乐、悲伤和愤怒,因变量为对品牌信任的评价。66名广西某大学的本科生参加了实验。被试者被随机分为三组,第一组被试者将诱导快乐的情绪,称为快乐情绪组,共21人;第二组被试者将诱导悲伤情绪,称为悲伤情绪组,共23人;第三组被试者将诱导愤怒情绪,称为愤怒情绪组,共22人。

2. 实验材料

每组被试者都将看到两个单元的实验材料,一是情绪诱导练习,二是品牌信任评价量表。研究一采用的产品品类为手机,由于研究一考察的是消费者对品牌不熟悉的情况下情绪的影响,因此,我们采用的是前测中检测过的虚拟手机品牌GTR。在实验材料的首页我们将强调,实验包括两个独立的和不相关的研究。两个单元的材料用不同的格式和字体呈现,以表明两个单元的独立性。

3. 实验过程

在情绪诱导步骤,被试者需要完成一个为了操纵情绪而设计的直接写作任务(Directed-Writing Task)。我们的被试者间设计将分别操纵三种情绪,快乐、悲伤和愤怒。情绪诱导练习将首先要求被试者简要描述被试者认为感到最为快乐(或悲伤、或愤怒)的3~5件事情。紧接着,被试者需要详细描述在他们生活当中他们认为感到最快乐(或悲伤、或愤怒)的情境,描述的要求是,当其他人听到这个情境,并且阅读了被试者的描述后,也同样会感到快乐(或悲伤、或愤怒)。这个诱导过程能引发出被试者的有关情绪。

完成以上步骤后被试者将填写品牌信任评价量表。品牌信任的测量我们采用徐岚等[16]的品牌信任总体水平量表,对品牌信任的测量包括三个项目,"我完全信任该品牌""该品牌毫无疑问是值得信任的""购买该品牌给我一种安全感"。我们采用7点量(1=完全不同意,7=完全同意)。

(二) 结果与讨论

研究一检验的是三种不同的情绪,快乐、悲伤和愤怒对品牌信任的影响,我们采用单因素方差分析法(One Way ANOVA)来分析数据,数据分析工具使用SPSS16.0软件。品牌信任量表的测量信度符合要求($\alpha=0.912$),单因素方差分析的结果显示,经历快乐情绪状态的被试者,对品牌信任的评价显著高于经历悲伤情绪的被试者($M=5.873$ VS $M=4.116$; $F(1,42)=116.28$, $P=0$),H1a得到支持。同样,经历了悲伤情绪的被试者对品牌信任的评价要显著高于经历了愤怒情绪的被试者($M=4.116$ VS $M=3.076$; $F(1,42)=43.164$, $P=0$),H1b得到支持。

研究一的结果显示,当消费者对品牌不熟悉时,消费者所经历的不同效价和不同评估类型的情绪对品牌信任具有显著的影响。经历快乐情绪的消费者对品牌信任的评价最高,经历悲伤情绪的消费者对品牌信任的评价较低,而经历愤怒情绪的消费者对品牌信任的评价最低。

六、研究二

研究二主要是检验品牌熟悉度对消费者情绪与品牌信任之间关系的调节作用。研究二考察两种情绪状态,即快乐和悲伤与品牌熟悉度之间的交互作用。研究二将考察消费者对两种产品品类(手机和运动鞋)的评价,我们运用虚拟品牌与真实品牌对品牌熟悉度进行操纵。

(一)研究方法

1. 实验设计与参与人员

研究二采用2(情绪:快乐VS悲伤)×2(品牌熟悉度:熟悉VS不熟悉)被试者间设计。自变量为情绪状态,分为两个水平,即快乐和悲伤;调节变量为品牌熟悉度,分为两个水平,即熟悉和不熟悉;81名广西某大学的本科生参加了研究二。被试者被随机分为4组,其中在对品牌熟悉的情境下,诱导快乐情绪的共20人,称为快乐熟悉组。诱导悲伤情绪的共21人,称为悲伤熟悉组;在对品牌不熟悉的情境下,诱导快乐情绪的共21人,称为快乐不熟悉组;诱导悲伤情绪的共19人,称为悲伤不熟悉组。

2. 实验材料与实验过程

研究二的实验材料与研究一的类似,所不同的是在进行了情绪诱导练习后,被试者将对两个产品品类,即手机和运动鞋进行品牌信任的评价。

实验过程与研究一的过程一样,首先进行情绪诱导练习,诱导的方法与研究一相同,然后对品牌信任进行评价。其中,快乐熟悉组的被试者诱导的是快乐情绪,他们将对两个真实的品牌,即手机品牌诺基亚和运动鞋品牌李宁进行评价;悲伤熟悉组的被试者诱导的是悲伤情绪,同样也对诺基亚和李宁进行评价。而快乐不熟悉组的被试者在诱导完快乐情绪后,将对两个虚拟品牌进行评价,即手机品牌酷语和运动鞋品牌汇步;悲伤不熟悉组的被试者在诱导完悲伤情绪后,也同样对这两个虚拟品牌进行评价。

(二)结果与讨论

首先讨论被试者对手机的评价结果。品牌信任的三个测度项通过了信度检验($\alpha = 0.817$)。由于研究二是2×2的设计,两因素方差分析结果显示,情绪的主效应显著($F(1, 77) = 48.758, P = 0$),品牌熟悉度的主效应也显著($F(1, 77) = 40.267, P = 0$),重要的是,情绪与品牌熟悉度的交互效应也同样显著($F(1, 77) = 39.703, P = 0$)。由于情绪与品牌熟悉度的交互效应显著,我们将数据分为了品牌熟悉和品牌不熟悉两个部分,分别讨论在品牌熟悉的情况下以及在品牌不熟悉的情况下情绪对品牌信任的影响作用。结果显示,当被试者对品牌不熟悉时,经历快乐情绪的被试者对品牌信任的评价要显著高于经历悲伤情绪的被试者($M = 5.778$ VS $M = 4.123$;$F(1, 38) = 135.244, P = 0$);而当被试者对品牌熟悉时,情绪对品牌信任没有显著的影响($M = 5.783$ VS $M = 5.698$;$F(1, 39) = 0.175, P > 0.6$)。

被试者对运动鞋的评价也得到了同样的结果。品牌信任的测量通过了信度检验($\alpha = 0.793$)。两因素方差分析的结果显示,情绪的主效应显著($F(1, 77) = 65.291, P = 0$),品牌熟悉度的主效应也显著($F(1, 77) = 54.173, P = 0$),同样,情绪与品牌熟悉度的交互效应也显著($F(1, 77) = 74.933, P = 0$)。当被试者对品牌不熟悉时,快乐情绪不熟悉组的被试者对品牌信任的评价要显著高于悲伤情绪不熟悉组的被试者($M = 5.809$ VS $M = 3.965$;$F(1, 38) = 203.887, P = 0$);当被试者对品牌熟悉时,情绪对品牌信任没有显著的影响($M = 5.667$ VS $M = 5.730$;$F(1, 39) = 0.128, P > 0.7$)。

研究二的结果支持了H2,即品牌熟悉度调节了消费者情绪与品牌信任之间的关系,当消费者对品牌不熟悉时,消费者情绪对品牌信任有显著的影响;但是当消费者对品牌熟悉时，情绪对品牌信任就没有显著的影响。品牌熟悉度的调节作用见图12-4。

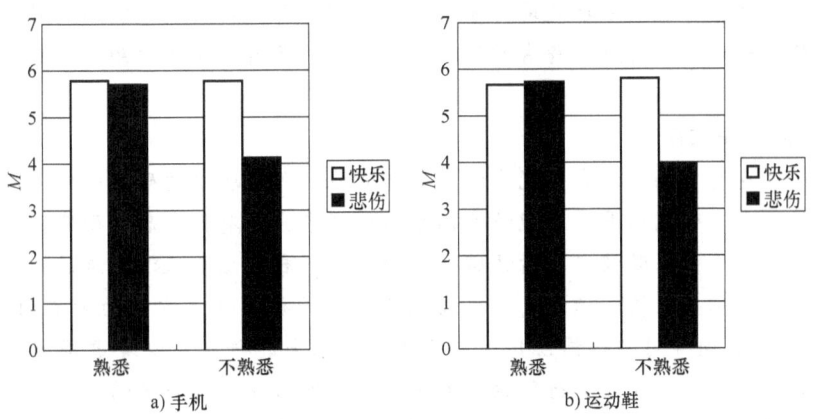

a) 手机 b) 运动鞋

图 12-4　品牌熟悉度的调节作用

七、总的讨论

（一）结论与启示

我们的研究关注的是消费者的情绪状态是否会影响消费者对品牌信任的判断，同时，我们还关注品牌熟悉度是否调节了消费者情绪与品牌信任之间的关系。研究一的结果显示，在消费者对品牌不熟悉的情境下，不同效价和不同评估类型的情绪对品牌信任产生了不同的影响。相对于经历悲伤情绪和愤怒情绪的消费者，经历快乐情绪状态的消费者，对品牌信任的评价最高。进一步的，我们还发现，同样是负面情绪，由于受到不同评估类型的影响，对品牌信任的影响程度也是不同的，由于愤怒情绪在评估类型上是以他人控制为主，经历愤怒情绪的人更容易将判断归因于他人或判断对象。我们的研究结果显示，经历了愤怒情绪的消费者，对品牌信任的评价要比经历了悲伤情绪的消费者更低。研究二检验了品牌熟悉度的调节作用。我们发现：当消费者对品牌不熟悉时，消费者情绪对品牌信任有显著的影响作用；当消费者对品牌熟悉时，消费者情绪对品牌信任没有显著的影响。

我们的研究结果丰富了对信任影响因素的理论认识。以往的文献在研究信任的前因变量时，主要的研究视角都集中于讨论被信任者方面的因素，如被信任者表现出的友善和正直的水平[3,4]。虽然心理学领域有文献从信任者的主观视角讨论了情绪对他人的信任的影响，但在营销文献中，还较少有研究讨论消费者的情绪对品牌信任的影响。我们的研究从信任者的主观视角出发，讨论了信任者的情绪状态对品牌信任的影响，研究结果丰富了信任文献，也为营销文献对品牌信任的研究提供了更多的视角。同时，我们的研究还检验了品牌熟悉度的调节作用，研究结果对于品牌管理文献也具有贡献。

我们的研究也为营销实践提供了启示。我们的研究发现，当消费者对品牌不熟悉时，消费者方面的一个主观因素，即情绪，会影响消费者对品牌信任的判断。往往消费者在经历正面的情绪时，对品牌信任的判断会更倾向于正面。因此，这个发现给新进入市场的品牌如何快速赢得消费者的信任提供了理论指导。一方面，新品牌上市时，由于消费者对品牌不熟悉，因此消费者的情绪会影响他们对品牌信任的判断，这个时候，营销实践者应该在对新品牌的广告宣传方面注重引导消费者的正面情绪，这样可以更快地获得消费者对新品牌的信任。另一方面，由于负面情绪会降低消费者对新品牌的信任评价，如果新品牌发生了一些负面事件，营销经理除了要实事求是地对事件进行处理以外，还应该注重对消费者负面情绪的修复工作，尽量采取措施缓解消费者的负面情绪，使消费者不至于对新品牌产生过于负面的评价。

（二）局限与未来研究

我们的研究也有其局限。在研究方法上，与其他运用实验法的研究一样，我们以大学本科生作为实验样本，研究结果是否能够运用于其他样本，还有待今后的研究进一步检验。我们的研究视角不同于以往营销文献对品牌信任的研究，我们主要从消费者的角度讨论情绪对品牌信任的影响，但也应该认识到，以往文献所讨论的被信任者方面的影响因素，如能力、友善和正直[4, 16]，同样对品牌信任具有影响作用。未来的研究可以考虑将消费者方面的因素与品牌方面的因素结合起来进行讨论。例如，品牌所传递给消费者的能力、友善与正直方面的信息对品牌信任具有影响作用，这个作用是否受到消费者不同情绪的影响呢？消费者的情绪与品牌的能力、友善与正直是否具有交互作用呢？这些问题都可以构成未来的研究方向。

参考文献

[1] Bazerman M H, Moore D A. Judgment in managerial decision making [M]. New York: Wiley, 1986.

[2] Donaldson T. The ethical wealth of nations [J]. Journal of Business Ethics, 2001, 31 (1): 25-36.

[3] Mayer R C, Davis J H, Schoorman F D. An integrative model of organizational trust [J]. Academy of Management Review, 1995, 20 (3): 709-734.

[4] Mayer R C, Davis J H. The effect of the performance appraisal system on trust for management: A field quasi-experiment [J]. Journal of Applied Psychology, 1999, 84: 123-136.

[5] Bhattacharya R, Devinney T M, Pillutla M M. A formal model of trust based on outcomes [J]. Academy of Management Review, 1998, 23 (3): 459-472.

[6] Kramer R M. Trust and distrust in organizations: Emerging perspectives, enduring questions [J]. Annual Review of Psychology, 1999: 569-570.

[7] Wicks A C, Berman S L, Jones T M. The structure of optimal trust: Moral and strategic implications [J]. Academy of Management Review, 1999, 24 (1): 99-116.

[8] Huff L, Kelley L. Levels of organizational trust in individualist versus collectivist societies: A seven-nation study [J]. Organization Science, 2003, 14 (1): 81-90.

[9] Aiken K D, Boush D M. Trustmarks, objective-source ratings, and implied investments in advertising: Investigating online trust and the context-specific nature of Internet signals [J]. Journal of the Academy of Marketing Science, 2006, 34 (3): 308.

[10] Levin D Z, Whitener E M, Cross R. Perceived trustworthiness of knowledge sources: The moderating impact of relationship length [J]. Journal of Applied Psychology, 2006, 91 (5): 1163.

[11] Schoorman F D, Mayer R C, Davis J H. An integrative model of organizational trust: Past, present, and future [J]. Academy of Management Review, 2007, 32 (2): 344.

[12] Brashear T G, Boles J S, Bellenger D N, et al. An empirical test of trust-building processes and outcomes in sales manager-salesperson relationships [J]. Journal of the Academy of Marketing Science, 2003, 31 (2): 189.

[13] Delgado-Ballester E. Applicability of a brand trust scale across product categories: A multigroup invariance

analysis [J]. European Journal of Marketing, 2004, 38 (5/6): 573-592.

[14] Ganesan S, Hess R. Dimensions and levels of trust: implications for commitment to a relationship [J]. Marketing Letters, 1997, 8 (4): 439-448.

[15] Siguaw J A, Simpson P M, Baker T L. Effects of supplier market orientation on distributor market orientation and the channel relationship: the distributor perspective [J]. The Journal of Marketing, 1998, 62 (3): 99-111.

[16] 徐岚, 杨志林, 周南, 等. 友善和正直: 何时对品牌信任更重要?——影响友善和正直与品牌信任关系的调节变量研究 [J]. 营销科学学报, 2009, 4 (001): 15-35.

[17] Jones G R, George J M. The experience and evolution of trust: Implications for cooperation and teamwork [J]. Academy of Management Review, 1998, 23 (3): 531-546.

[18] Williams M. In whom we trust: Group membership as an affective context for trust development [J]. Academy of Management Review, 2001, 26 (3): 377-396.

[19] Dunn J R, Schweitzer M E. Feeling and believing: The influence of emotion on trust [J]. Journal of Personality and Social Psychology, 2005, 88 (5): 736-748.

[20] McKnight D H, Cummings L L, Chervany N L. Initial trust formation in new organizational relationships [J]. Academy of Management Review, 1998, 23 (3): 473-490.

[21] Butler J K. Toward understanding and measuring conditions of trust: Evolution of a conditions of trust inventory [J]. Journal of management, 1991, 17 (3): 643.

[22] Cook J, Wall T. New work attitude measures of trust, organizational commitment and personal need non-fulfilment. [J]. Journal of Occupational Psychology, 1980, 53 (39-52).

[23] Lewicki R J, Wiethoff C. Trust, trust development, and trust repair [M] //Deutsch M, Coleman P T. Handbook of conflict resolution: Theory and practice. San Francisco: Jossey-Bass, 2000: 86-107.

[24] Bower G H. Mood and memory [J]. American Psychologist, 1981, 36 (2): 129.

[25] Martin L L, Ward D W, Achee J W, et al. Mood as input: People have to interpret the motivational implications of their moods [J]. Journal of Personality and Social Psychology, 1993, 64 (3): 317-326.

[26] Isen A M, Nygren T E, Ashby F G. Influence of positive affect on the subjective utility of gains and losses: It is just not worth the risk [J]. Journal of Personality and Social Psychology, 1988, 55 (5): 710-717.

[27] Manucia G K, Baumann D J, Cialdini R B. Mood influences on helping: direct effects or side effects? [J]. Journal of Personality and Social Psychology, 1984, 46 (2): 357-364.

[28] Schwarz N, Clore G L. How do I feel about it? The informative function of affective states [M] //Fiedler k, Forgas J. Affect, Cognition, and Social Behavior, Toronto: Hogrefe, 1988.

[29] Forgas J P. Mood and judgment: The affect infusion model (AIM). [J]. Psychological Bulletin, 1995, 117 (1): 39.

[30] Schwarz N, Clore G L. Mood, misattribution, and judgments of well-being: Informative and directive functions of affective states [J]. Journal of Personality and Social Psychology, 1983, 45 (3): 513-523.

[31] Smith C A, Ellsworth P C. Patterns of cognitive appraisal in emotion [J]. Journal of Personality and Social Psychology, 1985, 48 (4): 813-838.

[32] Bodenhausen G V, Sheppard L A, Kramer G P. Negative affect and social judgment: The differential impact of anger and sadness [J]. European Journal of Social Psychology, 1994, 24 (1): 45-62.

[33] DeSteno D, Petty R E, Wegener D T, et al. Beyond Valence in the Perception of Likelihood: The Role of Emotion Specificity [J]. Journal of Personality and Social Psychology, 2000, 78 (3): 397-416.

[34] Keltner D, Ellsworth P C, Edwards K. Beyond simple pessimism: Effects of sadness and anger on social perception [J]. Journal of Personality and Social Psychology, 1993, 64: 740.

[35] Lerner J S, Keltner D. Beyond valence: Toward a model of emotion-specific influences on judgement and choice [J]. Cognition & Emotion, 2000, 14 (4): 473-493.

[36] Lerner J S, Keltner D. Fear, anger, and risk [J]. Journal of Personality and Social Psychology, 2001, 81 (1): 146-159.

[37] Sirdeshmukh D, Singh J, Sabol B. Consumer trust, value, and loyalty in relational exchanges [J]. The Journal of Marketing, 2002, 66 (1): 15-37.

[38] McAllister D J. Affect- and cognition-based trust as foundations for interpersonal cooperation in organizations [J]. Academy of management journal, 1995, 38 (1): 24-59.

[39] Strack F, Schwarz N, Gschneidinger E. Happiness and Reminiscing: The role of time perspective, affect, and mode of thinking [J]. Journal of Personality and Social Psychology, 1985, 49 (6): 1460-1469.

小　　结

本章讨论管理研究论文的写作规范，主要介绍的是演绎式论文的写作范式。一篇演绎式论文主要由以下几部分组成：论文题目、摘要、关键词、正文、参考文献。正文主要包括以下部分：①引言；②研究综述或研究回顾；③理论模型与研究假设；④研究方法；⑤研究结果；⑥讨论；⑦结论与未来研究方向。本章以一篇论文作为例子，对每一个部分的写作进行了讲解，还对摘要的写作、引用的规范和参考文献的写作方法进行了说明。

思考题

1. 学习完本章后，请阅读十篇你所感兴趣的领域顶级期刊上发表的论文摘要。
2. 请注意学习这十篇论文的参考文献的引用方法。

参考文献

[1] 黄炽森. 组织行为和人力资源研究方法入门 [M]. 北京：中国财政经济出版社，2006.
[2] 陈晓萍，徐淑英，樊景立. 组织与管理的实证方法 [M]. 北京：北京大学出版社，2008.